Jesus-Transformationen

Jesus-Transformationen

Festschrift zum 60. Geburtstag von
Professor Dr. Martin Leutzsch

Herausgegeben von Richard Janus, Sophia Niepert-Rumel,
Ilona Nord, Jochen Schmidt und Harald Schroeter-Wittke

EVANGELISCHE VERLAGSANSTALT
Leipzig

Bibliographische Information der Deutschen Nationalbibliothek
Die Deutsche Nationalbibliothek verzeichnet diese Publikation in der Deutschen Nationalbibliographie; detaillierte bibliographische Daten sind im Internet über http://dnb.dnb.de abrufbar.

Printed in Germany

Das Buch wurde auf alterungsbeständigem Papier gedruckt.

Cover: Zacharias Bähring, Leipzig
Coverabbildung: © Richard Janus, Paderborn
Satz: Richard Janus, Paderborn
Druck und Binden: Hubert & Co., Göttingen

ISBN 978-3-374-04805-2
www.eva-leipzig.de

Vorwort

Dieser Band dokumentiert die Ringvorlesung »Jesus-Transformationen«, die im Wintersemester 2015/2016 an der Universität Paderborn stattgefunden hat. Der Anlass für die Beschäftigung mit den vielfältigen Transformationen von Jesus bestand im 60. Geburtstag von Prof. Dr. Martin Leutzsch. Aus Beiträgen dieser Ringvorlesung sowie weiteren Aufsätzen wurde dieser Band zusammengestellt. Dabei geben die aus der Vorlesung entstandenen Aufsätze den Stand der Diskussion zur Zeit der Vorlesung wieder.

Ein wichtiges Anliegen von Martin Leutzsch ist die Genderfrage. So gehörte er auch zum Herausgeberinnen-Kreis der *Bibel in gerechter Sprache*. Es schien uns deshalb angemessen, im Text die weibliche Sprachform zu verwenden. Alle anderen geschlechtlichen Möglichkeiten sind eingeladen, sich darin wiederzufinden.

Es ist an dieser Stelle auch Dank auszusprechen. Frau WHB Judith Buse, B. Ed. hat einen wichtigen Beitrag zur Erstellung der Druckvorlage geleistet. Auch hat der Verlag an dem Veröffentlichungsprojekt durch die lange Entstehungszeit hindurch festgehalten.

Paderborn, im Januar 2019 — Die Herausgeberinnen

Inhalt

Einleitung

Ilona Nord

Dieser Band geht auf die Ringvorlesung »Jesus-Transformationen« zurück, die im Wintersemester 2015/2016 am Institut für Ev. Theologie an der Universität Paderborn stattfand. Alle Mitwirkenden haben hiermit Martin Leutzsch zu seinem 60. Geburtstag gratuliert. Der Jubilar lehrt seit 1998, nun über zwanzig Jahre, als Neutestamentler Biblische Exegese und Theologie in Paderborn.

Das Thema der Ringvorlesung greift selbstverständlich die Forschung und Lehre von Leutzsch auf. In einem Satz gesagt geht es ihm um die in Traditionsgeschichten konstruierten Bilder Jesu. Sie unterliegen Transformationsprozessen, in denen sich Entwicklungen (nicht nur) der abendländischen Kultur abbilden. Spätestens mit Ostern und dem Christus-Namen beginnt diese Geschichte der Transformationen, so Harald Schroeter-Wittke für die damalige Vorlesungsankündigung. Die Erforschung der kulturellen und sozialen Koordinaten, in denen diese Transformationsprozesse eingebettet sind, gehören zu den Schwerpunkten der Lehre und Forschung von Leutzsch. Er bearbeitet die Sozial- und Wirtschaftsgeschichte der biblischen Kulturen wie sie in den Ekklesiologien des antiken Christentums, der Geschlechtergeschichten des Urchristentums, der ethischen Dimensionen der Bibel sowie insgesamt der Rezeptionsgeschichten der Bibel auffindbar sind. Dabei versteht er die Bibel nie als ein feststehender Korpus von Texten, sondern stets als Variable, Leutzsch schreibt: »Bibel ist nie nur die eigene Bibel, sondern immer auch die Anderer. Und die der Anderen ist anders. Daher ist die Bibel interreligiös, inter- und intrakonfessionell als Variable zu sehen.«[1]

Am Anfang der akademischen Karriere von Leutzsch stand eine Dissertation mit dem Titel »Die Wahrnehmung sozialer Wirklichkeit im *Hirten des Hermas*«[2]. Die zugrunde liegende frühchristliche Schrift »Der Hirte des Hermas« ist in Rom entstanden und für die Erforschung der Sozialgeschichte des Christentums von hoher Bedeutung. Sie ermöglicht es nämlich, einen Einblick in die Situation einer Großstadtgemeinde zu Beginn des zweiten Jahrhunderts zu nehmen. Leutzsch fasst dies so:

---

[1] M. Leutzsch, Medien in der Bibel – Bibel als Medium – Bibel in den Medien, in: I. Nord/H. Zipernovszky (Hrsg.), Religionspädagogik in mediatisierter Welt, Stuttgart 2017, 61-79, hier 61.

[2] M. Leutzsch, Die Wahrnehmung sozialer Wirklichkeit im *Hirte des Hermas*. Göttingen 1989. Buchrücken.

> In der vorliegenden Arbeit werden die Rollen des Hermas in der römischen Gemeinde und in der römischen Gesellschaft beschrieben. Seine Sicht des Verhältnisses von Sklaven und Freien, Armen und Reichen, Männern und Frauen, Eltern und Kindern in der Gemeinde wird herausgearbeitet. Es wird untersucht, wie und zu welchem Zweck Hermas Spannungen und Konflikte thematisiert, welchen Ort er den Christen in der nichtchristlichen Gesellschaft zuweist und wie er zu differenzierten Analysen der Kirche seiner Zeit kommt.[3]

Am Ende schreibt er als Resümee über den Hermas:

> Mit seinem großen Interesse an den Fragen der Wahrnehmung normkonformen und abweichenden Verhaltens, mit der differenzierten Wahrnehmung sozialer Wirklichkeit und der dazu erforderlichen Erarbeitung, Revision und Präzisierung von Modellen zur Erfassung dieser Wirklichkeit sowie mit dem Versuch, Verhalten und soziale Stellung zumindest im Fall der Reichen zu korrelieren, liegen bei Hermas gute Ansätze zur Entwicklung einer Kirchensoziologie vor.[4]

Es ließe sich Ähnliches über den Neutestamentler Martin Leutzsch sagen. Seine Publikationsliste zeigt, wie er mit Akribie, Texttreue und sozialgeschichtlicher bzw. soziologischer Bildung herausarbeitet, wie wer wann und warum das Evangelium Jesu Christi transformierte bzw. sich an Transformationsprozessen beteiligte und welche Bedeutung dies alles für die Wahrnehmung christlicher Traditionen heute hat. Es ist hier nicht möglich, alle Schwerpunkte seines Wirkens zu benennen, nur soviel soll festhalten werden: Die Bedeutung von Bibelübersetzungen zu erforschen und theologisch zu reflektieren ist ihm ebenso wichtig wie die Arbeit an Themen von Inklusion und Diversität. Man kann sagen, dass er ein Pionier ist, wenn es um die Verankerung inklusiver bzw. diversitätsorientierter Themen innerhalb der biblischen Theologie geht: Gender, Migration, sozialer Status, Behinderung, darüber hinaus die Reflexion auf den Begriff der Intersektionalität, nicht zuletzt Religion(en) im Kontext anderer Weltanschauungen. Es ist beeindruckend, mit welcher Selbstverständlichkeit er seit mehr als zwei Jahrzehnten in die Mitte der Theologie rückt, was häufig an ihren Rändern situiert wurde und zum Teil heute noch dorthin platziert wird. Hierfür ist Dir, lieber Martin, ein ganz großer Dank auszusprechen!

Zur Übersicht über den Band erfolgt nun einleitend die Vorstellung der einzelnen Beiträge:

JÜRGEN EBACH, emeritierter Altestamentler an der Ev.-theol. Fakultät der Universität Bochum, greift eine Diskussion auf, die die fachwissenschaftliche Bedeutung von Transformationsprozessen im Hinblick auf die Rezeption der

---

[3] LEUTZSCH, Hermas, Einleitung.
[4] LEUTZSCH, Hermas, 244.

christlichen Botschaft reflektiert. Ebach liefert »Information« gegen die »Deformation«, die eintritt, wenn alte und immer wieder neue Versuche gestartet werden, Jesus aus dem Alten Testament und dem Judentum herauszulösen, Jesus sozusagen zu »entjuden«. Das Neue Testament führt – das ist eine seiner Grundthesen – nicht aus dem Alten heraus, sondern ins Alte Testament hinein. So zeigt sich dies z.B. am so genannten Stammbaum Jesu (Mt 1; Lk. 3). Ebach erhebt Lk 10,26: »Wie liest du?« zur methodischen Grundfrage der Bi-belauslegung. Im Gespräch mit weiteren Stellen geht es um alttestamentliche Inszenierungen der Geschichte(n) Jesu.

Sophia Niepert-Rumel, wissenschaftliche Mitarbeiterin am Lehrstuhl für biblische Exegese des Instituts für evangelische Theologie in Paderborn, liefert einen Beitrag zum Verständnis des Namens »Jesus« als Metapher. Sie schließt hiermit an in der heutigen Forschung gängige Sichtweisen an, die Metaphern als komplexe Phänomene darstellen. Dabei spielen ihr zufolge mindestens zwei Komponenten eine entscheidende Rolle: der »Tenor« (oder Bildempfänger) und das »Vehicle« (oder Bildspender). Es werden sowohl solche Metaphern betrachtet, in der Jesus den Tenor darstellt und die bereits im Neuen Testament verbreitet sind, als auch solche, in denen Jesus als Vehicle dient und die weitaus seltener vorkommen. Beide Arten transformieren Jesus auf eigene Weise. Zum Schluss thematisiert Niepert-Rumel Ansätze, denen zufolge Jesus als Gesamtmetapher betrachtet werden kann.

Elisa Klapheck, Professorin für Jüdische Studien an der Universität Paderborn und Rabbinerin in Frankfurt am Main, gibt Einblick in Jesus-Transformationen im Judentum. Hierfür greift sie auf verschiedene Beispiele davon zu, wie Jesus im Babylonischen Talmud des 6. Jahrhunderts gesehen wird. Es entsteht ein interessantes, weil ausdifferenziertes Bild. Die Stellen zeigten, wie Klapheck ausführt, dass die Rabbinen in Jesus zwar einen Abtrünnigen sahen, sie die Auseinandersetzung mit ihm aber bis zu einem gewissen Grade auch mit einer Selbstkritik verbinden konnten. Der Talmud habe das Christentum ab einem gewissen Punkt vehement abgelehnt. Bisweilen entstehe aber der Eindruck, dass der Talmud denjenigen, die Neugier für das Christentum zeigten, auch Verständnis entgegenbringe. Klapheck profiliert zudem eine Transformation innerhalb der jüdischen Jesus-Forschung. In der Vergangenheit sei Jesus von jüdischer Seite zumeist nur im Lichte der christlichen Zeugnisse interpretiert worden. Weil es bislang wenig Auseinandersetzung mit den rabbinisch-talmudischen Aussagen zu Jesus – also der innerjüdischen Rolle von Jesus – gegeben habe, legt Klapheck eine exemplarische Studie hierzu vor.

Klaus von Stosch, Professor für Systematische Theologie am Institut für katholische Theologie der Universität Paderborn, steuert Transformationsprozesse zum Jesus-Bild innerhalb des Korans bei. Er arbeitet dabei in komparativ theologischer Perspektive und folgt methodisch einer diachronen und surenholistischen Betrachtungsweise. Von Stosch hat drei Suren des Korans ausgewählt, in denen sich mit Jesus von Nazareth auseinandergesetzt wird: Es sind die nach dem Haus des Vaters von Maria benannte Sure 3 des Korans, die nach Maria benannte Sura 19, schließlich bearbeitet von Stosch Sure 5 mit dem Titel »Der Tisch«. Alle drei stünden für markante Etappen in der Auseinandersetzung des Korans mit dem Christentum.

Richard Janus, wissenschaftlicher Mitarbeiter im Fach Praktische Theologie am Institut für evangelische Theologie an der Universität Paderborn, beschäftigt sich aus christlicher Perspektive mit Jesus-Transformationen in der Kunst. Er macht darauf aufmerksam, dass es durch die Geschichte des Christentums hindurch vor allem Künstlerinnen waren, die versucht haben, Jesus Christus ein Antlitz zu geben. Janus widmet sich exemplarisch der Skulpturengruppe »Christus mit den zwölf Aposteln« (1839), die von Berthel Thorvaldsen stammt, der hiermit eine kunsthistorisch bedeutende zeitgemäße Skulptur schuf. Christus wird hier als der Auferstandene gezeigt, der Menschen zu sich einlädt. Janus wählte sie aus, weil diese Darstellung im Laufe des 19. Jahrhunderts viele (protestantische) Menschen angesprochen hatte, sodass Nachbildungen von ihr in Kirchen aufgestellt wurden oder Gräber schmückten.

Maria Japs, Promotionsstipendiatin an der Fakultät für Kulturwissenschaften der Universität Paderborn, greift für ihren Beitrag über Jesus-Transformationen auf Nahida Ruth Lazarus-Remys Werk zurück. Ende des 19. Jahrhunderts setzte sich die zunächst christliche, dann zum Judentum konvertierte Schriftstellerin Nahida Ruth Lazarus-Remy (1849-1928) mit kulturhistorischen Werken apologetisch für die Anerkennung des Judentums innerhalb der zeitgenössischen deutschen Gesellschaft ein. So verfasste sie - noch als Christin - beispielsweise die Monographie *Das jüdische Weib* (4 Auflagen, 1891-1922), eine einflussreiche Schrift dieser Zeit. Jesus von Nazareth wird von ihr als exemplarischer Jude, als mahnender Prophet und liebevoller Rabbi, als Revolutionär oder Genie dargestellt. Japs betrachtet Lazarus-Remys Jesus-Darstellungen im Kontext der im 19. Jhd. aufkommenden so genannten Heimholung Jesu in das Judentum. Sie reflektiert hierbei eine Form eines modernen Antisemitismus.

Gisela Maria Sander, Studienrätin am Gymnasium Delbrück und in Paderborn promovierte Kulturwissenschaftlerin, widmet sich ebenfalls der Analyse des Jesus-Bildes in der Literatur. Es geht um seine Bedeutung im Leben und im lyrischen Werk von Rainer Maria Rilke, der bekannter Weise dem Christentum distanziert gegenüberstand. Dafür waren vor allem negative Erfahrungen mit dem christlichen Glauben in seiner Kindheit und Jugend die Ursache. So lehnte er den Glauben an Christus als Gottessohn und Mittler ab. Sander geht der Frage nach, warum sich der Dichter dennoch immer wieder mit dem Menschen Jesus von Nazareth auseinandersetzte, warum er neutestamentliche Prätexte studierte, die seine lyrischen Werke nachweislich inspirierten.

Gabriele Jancke, Historikerin und Privatdozentin an der Freien Universität Berlin, wechselt die Perspektive in eine besondere Spielart, das Motiv der

Transformationsprozesse zu deuten. Sie greift auf die Kinderliteratur von Heidi (Johanna Spyri) und von Pippi Langstrumpf (Astrid Lindgren) zu und liest von hieraus die Perikope des 12jährigen Jesus im Tempel (Lk 2, 41-52). Ihre Fragestellung lautet: Was passiert, wenn der 12jährige Jesus vor der Folie von Heidi und Pippi gelesen wird? Denn Transformationen sind nicht allein Ergebnisse von spezifischen Rezeptionen, sondern zugleich Resultate einer bestimmten Wahrnehmungseinstellung, sozusagen der eigenen Lesebrille. Hiermit greift sie direkt auf Perspektiven zu, die auch Leutzsch einsetzt, z.B. wenn er Jesusbeschreibungen und -rezeptionen immer für Transformationen und Konstruktionen hält, in die die eigenen Konzepte und kulturellen Muster als Konstruktionsprinzipien eingehen. So haben Forschungen letztere rekonstruierend allererst zu eruieren, um Jesusvorstellungen de-konstruieren zu können.

JONATHAN FROMMANN-BRECKNER, wissenschaftlicher Mitarbeiter im Fach Systematische Theologie des Instituts für Evangelische Theologie an der Universität Paderborn, geht Jesus-Transformationen im Rahmen einer entwicklungspsychologischen Fragestellung nach. Er möchte Hinweise darauf sammeln, welchen Einfluss das Spielen auf die religiöse Entwicklung Jesu im Kindheits- und Jugend- bzw. jungen Erwachsenenalter gehabt haben könnte. Zur Bearbeitung zieht er zwei sehr unterschiedliche literarische Zeugnisse heran: Zum einen ist dies eine Textpassage aus dem apokryphen Kindheitsevangelium des Thomas[5] und zum anderen bezieht er sich auf einen Auszug aus Moores Roman *Die Bibel nach Biff*[6]. Beide Texte liefern Vorstellungen zur Kindheit Jesu bis zu seinem frühen Erwachsenenalter, die innerhalb der biblischen Evangelien nicht auffindbar sind. Obwohl das Kindheitsevangelium und auch der gewählte Roman nicht die Autorität der biblischen Evangelien in Bezug auf Aussagen über die Offenbarung Gottes in Jesus als Christus besäßen, hält Frommann-Breckner beide Texte aus theologischer Sicht für hochinteressant. Sie bezeugten die Wahrheitssuche von Menschen, die sich Einblicke in die Persönlichkeitsentwicklung des Kindes Jesus wünschten und bereits in seinem frühen Auftreten Andeutungen von dessen Messianität erhofften. Zur theoretischen Reflexion seiner Arbeitsweise baut er auf G. H. Meads Text Spiele und Spielen als Beiträge zur Genese des Ich[7] auf.

HARALD SCHROETER-WITTKE, Professor für Praktische Theologie und Religionspädagogik am Institut für Ev. Theologie der Universität Paderborn, erweitert das ästhetische Potential der Erkundung von Jesus-Transformationen in

---

[5] Vgl. O. CULLMANN, Kindheitsevangelien, in: W. SCHNEEMELCHER (Hrsg.), Neutestamentliche Apokryphen. In deutscher Übersetzung, Bd. 1: Evangelien, Tübingen [6]1990, 352.

[6] Vgl. C. MOORE, Die Bibel nach Biff. Die wilden Jugendjahre von Jesus, erzählt von seinem besten Freund, übers. v. J. INGWERSEN, München [34]2002, 20 ff.

[7] Vgl. G. H. MEAD, Spiele und Spielen als Beiträge zur Genese des Ich (posthum 1956), in: H. SCHEUERL (Hrsg.), Das Spiel, Bd. 2: Theorien des Spiels, Weinheim/Basel [12]1997, 112-123.

den Bereich der Musik. Anlass hierzu gab eine Exkursion, die Schroeter-Wittke kurz nach Ankunft in Paderborn im Jahre 2003 mit dem Jubilar nach Neapel unternehmen konnte. In einem Antiquariat der Stadt fiel ihm der Jesus-Klavierzyklus *Das Leben Jesu in 28 Klavierstücken* des jüdischen Komponisten Mario Castelnuovo-Tedesco (1895-1968) in die Hände. Während der Ringvorlesung ließ Schroeter-Wittke Teile dieser musikalischen Jesusgeschichten auf dem Piano erklingen und legt diese nun in seinem Beitrag weiter aus. Er unterscheidet hierfür drei unterschiedliche Ebenen, eine religiöse, eine musikalische sowie eine pädagogische Ebene der Interpretation. Interessant ist ferner, dass er Castelnuovo-Tedescos Jesus-Zyklus als nicht-identitäre Jesus-Transformation bezeichnet. Mit diesem Jesus müsse sich niemand identifizieren, so Schroeter-Wittke, deshalb ginge er auch zu Herzen.

MARION KEUCHEN, Privatdozentin für Religionspädagogik am Institut für Ev. Theologie der Universität Paderborn, thematisiert Jesus-Transformationen nicht nur im, sondern auch für den Religionsunterricht. Sie arbeitet heraus, wie zentral die Frage nach Jesus als Mensch und zugleich als Sohn Gottes für die Lernprozesse im Religionsunterricht ist und bietet zu dieser zugleich weiterführende Differenzierungen an. Wer nach Jesus frage, werfe zugleich weitere Fragen auf, wie etwa diejenige, wer Jesus für die jeweils fragende Person sei. Diese identifikatorische Perspektive unterscheidet sie von derjenigen, die auf die Historizität und auch auf institutionelle Traditionsbildungen der Jesus-Erzählungen mit der Frage »Wer war Jesus von Nazareth?« zielt. Jesus und seine Botschaft sprächen bis heute viele Menschen unterschiedlicher Glaubensrichtungen, verschiedener Weltanschauungen und Werthaltungen an. Bei Schülerinnen aller Altersstufen dominiere vor allem die Verbindung Jesu mit ethischem Handeln und seinem Einsatz für Schwache und Entrechtete. Auch für solche Kinder und Jugendliche, die sich selbst als atheistisch und/oder kirchenfern betitelten, sowie Angehörige anderer Religionen sei der Fragehorizont interessant. Keuchen geht auf der Grundlage ihres gemeinsam mit Silke Hagemann verfassten Schulbuchs zur Thematik des Umgangs mit Jesus Christus im Religionsunterricht auch auf schülerinnenorientierte Zugänge für das Unterrichtsgeschehen ein.

HELGA KUHLMANN, Professorin für Systematische Theologie und Ökumene am Institut für Evangelische Theologie der Universität Paderborn, bietet zum Abschluss des Bandes Einordnungen zu zentralen christlichen Verständnissen der Person und Bedeutung Jesu Christi. Ferner ordnet sie diese Jesus-Transformationen in die gegenwärtige interreligiöse und auch feministisch-theologische Diskussion ein. Dabei macht sie deutlich, dass und wie Jesus-Transformationen gewachsenen Überzeugungen ihrer Autorinnen sprechen. Sie widerspricht Positionen, die in dieser Lesart behaupten, die Auslegung der Bedeutung Jesu Christi würde so beliebig werden, vielmehr bestehe diese Gefahr nicht, wenn sie sich an der biblischen und späteren theologiegeschichtlichen Überlieferung orientierten. Kuhlmann konzentriert sich demgemäß auf drei Jesus-Transformationen, die für das christliche Selbstverständnis zentral sind:

> a) Jesus wird als Christus bekannt. b) Die eigene Person wird mit Christus gleich gestaltet, sogar als ›Nicht-Ich‹ und ›Christus in mir‹ beschrieben und zieht Christus an (Röm 8,29; Gal 4,19; Gal 2,20; Phil 3,10) c) Die christliche Gemeinschaft versteht sich als Leib Christi, in den sie hineingetauft wird (Röm 12, 1 Kor 12, Gal 3,27 f.).[8]

Nach der Auslegung dieser biblisch orientierten und dann eben auch weiterer in der Theologiegeschichte wirksamen Aspekte der Deutung Jesu traktiert sie die Frage, wie mit dem Diktum der Exklusivität, der Einzigkeit oder der Einzigartigkeit Jesu Christi, um die seit der Alten Kirche gestritten wird, umzugehen sei. Kuhlmann reflektiert, ob an ihr die christliche Identität hänge, ob die Einzigkeit Jesu Christi bekannt werden müsse, schließlich wie sie »gut« verstanden werden könne.

Im Rückblick auf die Beiträge im Band erschließt sich in deren Vielfalt, wie hier der Begriff der Transformation verstanden werden wollte. Mit ihm wird signalisiert, dass wir in Zeiten kultureller Wandel leben und diese selbst als hochkomplexe Phänomene zu verstehen sind. Mit ihm wird signalisiert, dass Transformationen aber nicht allein moderne Phänomene sind, sondern z.B. konkret die Geschichte der Jesus-Bewegung und des späteren Christentums immer begleitet haben und weiter begleiten. Religion(en) und Glaube waren und sind kulturelle Phänomene und stets spiegeln sich in ihren Artikulationen wider, wie und wo Menschen lebten, von welchen Begegnungen sie geprägt wurden und werden, welche Vorstellungen sie von ihren (Lebens-) Geschichten und ihren Erwartungen an die Zukunft hatten und haben. Ihr Alter, ihre geschlechtliche Orientierung, ihre kulturellen Herkünfte, ihre sozialen Verhältnisse, ob und wie sie mit Behinderungen lebten, all das ist auch in die Arten und Weisen, ihre Religion(en) zu praktizieren und zu reflektieren, eingegangen. Die Rede von den Jesus-Transformationen in diesem Band zeigt damit auf, wie und dass religiöse und weltanschauliche Traditionen davon leb(t)en, dass sie immer wieder neu und in unterschiedlichsten Kontexten das Ereignis des Auftretens Jesu, der als Christus geglaubt wird, auszulegen versuchen. Nicht in jedem Beitrag zugespitzt auf allein diesen Fokus, aber doch überall erkennbar kam zum Ausdruck, dass die Deutungsmachtansprüche, die mit Jesus-Transformationen verbunden sind, durchaus zu (inter-)religiösen und darüber hinaus auch (inter-)kulturellen Konflikten führten und führen. Diesem Aspekt der Jesus-Transformationen nicht aus dem Weg zu gehen, entspricht ebenfalls dem Ansatz des Jubilars Martin Leutzsch, Theologie zu treiben in hohem Maße.

---

[8] Vgl. KUHLMANN in diesem Band, 238.

Das Buchprojekt kann aus der Sicht der Autorin dieser Einleitung als Versuch dazu gesehen werden, die hohe Vielfalt, in der Jesus-Transformationen an vielen verschiedenen Orten und in vielen verschiedenen Traditionen und kulturellen Produktionen vorliegen, wenigstens exemplarisch deutlich werden zu lassen und diese Arbeit an einem durchaus auch ästhetisch zu würdigenden Kaleidoskop nicht banalisierend in ein Gehäuse einzuarbeiten, in dem sozusagen alles recht und gleich-/gültig ist. Vielmehr sollen die vorgelegten Jesus-Transformationen dazu anregen, weitere Bilder (von Jesus, der als der Christus geglaubt wird) zu beforschen. Dabei wird voraussichtlich erkennbar werden, dass und wie solche Bilder immer ambivalente Wirkungen haben, weil sie Religiosität einerseits lebensdienlich befütter(te)n, andererseits nicht selten lebensfeindlich befeuer(te)n, indem sie etwa zu religiös legitimierten gewalttätigen Auseinandersetzungen führten. Die mehrdeutigen Wirkungen der Jesus-Transformationen herauszuarbeiten, entspricht der Hoffnung, dass ihre Thematisierung, Reflexion und Diskussion (verschiedener Jesus-Transformationen) dazu beiträgt, Perspektivwechsel und Horizonterweiterungen zu fördern. Dazu gehört sicher auch, mit einem wissenschaftlich nachvollziehbaren Verfahren sichtbar zu machen, ob nicht nur die eigene Positionalität, sondern auch die eigene Relativität in Glaubens- bzw. Religionsfragen bekannt werden kann. Wo dies gelingt, wird in einer religiös und weltanschaulich pluralen Gesellschaft dazu beigetragen, gegen die Vereindeutigung von kulturellen und religiösen Vorstellungen und gegen Positionen, die die Gleichgültigkeit in Sachen Religion(en) protegieren, vorzugehen und in diesem Sinne für ein wachsendes Maß an Ambiguitätstoleranz[9] einzutreten.

---

[9] Vgl. T. BAUER, Die Vereindeutigung der Welt. Über den Verlust an Mehrdeutigkeit und Vielfalt. Hamburg ²2018.

Das Alte Testament als Verstehensraum der Jesus-Geschichte(n)

Beobachtungen und Impressionen zu Deformationen, Transformationen und Inszenierungen

Jürgen Ebach

1 Irritationen zu Beginn[10]

Jesus hatte einen Vater, der Elieser, und einen Sohn, der Er hieß. Er hatte zudem einen Enkel namens Elmodam und einen Urenkel namens Kosam. So steht es in Lukas 3,28 und 29.

Womöglich löst dieser Einstieg eine nicht geringe Irritation aus. Mit dem Vater Jesu ist es ja bekanntlich eine vertrackte Sache – aber Jesus soll nach Lukas einen Sohn und einen Enkel gehabt haben, deren Namen man kennt? Wenn man die entsprechenden Verse im Lukasevangelium aufschlägt, hängt die Fortsetzung oder aber die Transformation der Irritation davon ab, zu welcher Textfassung man greift. Wer die Lutherbibel in ihrer einstweilen letzten Fassung von 1984 zur Hand nimmt, wird dort »Jesus« gar nicht finden. Der in V. 29 genannte Sohn Eliesers und Vater Ers heißt da (wie auch in der *Einheitsübersetzung* und der *Elberfelder Bibel*) »Joschua« und nicht Jesus. In der *Lutherbibel* der Revision von 1912 heißt er dagegen (wie in der *Bibel in gerechter Sprache* und in den *Zürcher Bibeln*) *Jesus*, in Luthers eigener Übersetzung (1534/1545) lautet sein Name »Jeso«. Im griechischen Text steht da jedoch der Name Jesus (*Iēsous*). Nun wird die Lektüre von Lukas 3 allerdings rasch zeigen, dass der in V. 29 genannte Jesus gar nicht *der* Jesus ist, der im Zentrum des Neuen Testaments steht, sondern einer seiner Vorfahren und sein Namensvetter, von dem wir übrigens über jene genealogische Notiz hinaus nichts wissen.

---

[10] Der mündliche Stil des Beitrags sowie der Versuch der Elementarisierung zentraler Themen und Fragestellungen sind in dieser Druckfassung beibehalten. Hinzugefügt sind einige Anmerkungen und Hinweise auf weitere Literatur, dabei auch auf Arbeiten des Verfassers, in denen das, was hier nur knapp angedeutet sein kann, ausführlicher behandelt ist.

Es sollte keineswegs nur um einen irritierenden Auftakt gehen, denn der bezeichnete und bezeichnende Umgang mit dem Jesus-Namen verdient weitere Aufmerksamkeit. Die Wiedergabe des griechischen Namens *Iēsous* mit Joschua ist zunächst einmal nicht falsch; in der Septuaginta, der wichtigsten griechischen Übersetzung der hebräischen Bibel, heißt Moses Nachfolger Josua »Jesus« (*Iēsous*). Aber die Irritation bleibt. Denn warum lassen die Übersetzungen des Neuen Testaments, die jenen Jesus als Joschua wiedergeben, nicht auch den berühmten und im Griechischen völlig gleich geschriebenen Jesus einen Joschua sein? Und warum geben sie den Namen Jesus in Lk 3,29 als Joschua wieder und nicht als Josua, wie sie es bei dem bekannten Namensgeber des Josuabuches tun? So verfahren sie vermutlich, damit man jenen randständigen Jesus aus Lk 3,29 nicht etwa mit dem »richtigen« Jesus verwechselt und auch nicht mit den Protagonistinnen des Josuabuches. Hier ist ein übersetzungsleitendes Interesse zu erkennen: Eine eher unbedeutende biblische Figur kann offenbar ihren hebräisch-jüdischen Namen behalten – oder ihn bekommen. Eine zentrale Figur dagegen soll die Übersetzung in der Namensform überliefern, die sie in der christlichen Tradition hat. Und vollends der *eine, wahre* Jesus soll bereits in seinem Namen abgehoben sein von weiteren israelitischen Trägern dieses Namens im Neuen und im Alten Testament.

2 Ein »entjudeter« Jesus, ein »entjudetes« Fest

Noch ein weiteres Beispiel für eine Übersetzung, die Jesus aus alttestamentlich-jüdischen Bezügen herauslöst: Nach Mt 9,20 berührt die sogenannte »blutflüssige Frau« den – so die *Lutherbibeln* wie die *Einheitsübersetzung* und die *Neue Zürcher Bibel* – »Saum« des Gewandes Jesu. Das griechische Wort *kráspedon* meint hier die *zizit*, den »Schaufaden« (so die *Bibel in gerechter Sprache*) bzw. »die Quaste« (so die [alte] *Zürcher Bibel*), d.h. ein Kleidungsaccessoire, das nach Num 15,38 f. Israels Männer tragen.

Wie die Wiedergabe »Saum« an dieser Stelle etwas, das Jesus in seiner Kleidung unverkennbar als Juden kennzeichnet, unsichtbar macht, so zeigt sich an einem weiteren Übersetzungsbeispiel die anachronistische Christianisierung eines Festes, nämlich des dreimal im Neuen Testament als *pentekostē* erwähnten Wochenfestes (*Schawuot*), das 50 Tage nach Pesach gefeiert wird. Die meisten deutschsprachigen Bibeln geben *pentekostē* (der »50. [Tag]«) mit »Pfingsten« wieder. Nun ist »Pfingsten« in der Tat eine sprachliche Ableitung von *pentekostē*, aber diese Wiedergabe suggeriert etwa in Apg 20,16, Paulus habe an jenem Tag in Jerusalem das »christliche« Pfingstfest begehen wollen.[11]

[11] Immerhin geben die meisten gegenwärtigen Bibelübersetzungen *pas´cha*, das griechische Pendant von *pesach* inzwischen mit »Pascha« oder »Passa« wieder, während Luther selbst und die Lutherbibeln bis 1912 hier von »Ostern« sprachen.

Ich spitze den Anachronismus zu: Folgt man Bernhard Langs Datierung zentraler Ereignisse im Buch Ezechiel, so fand die in Ez 20,1 berichtete Konsultation des Propheten durch die Ältesten am 14. August 591 v. u. Z. statt.[12] Man stelle sich vor, man würde in einem Buch lesen oder in einer Predigt hören, jene Befragung Ezechiels am 14. August sei auf den Vorabend von »Mariä Himmelfahrt« gefallen.

Zum Glück vorbei sind die Zeiten des 1939 in Eisenach gegründeten »Institut(s) zur Erforschung und Beseitigung des jüdischen Einflusses auf das deutsche kirchliche Leben«[13] und vorbei sind die Zeiten, in denen man den Juden Jesus durch einen »arischen Kristus« ersetzen wollte.[14] Noch lange nicht überwunden sind jene sanften und oft unmerklichen Formen der »Entjudung« des Neuen Testaments und in ihm der Jesus-Gestalt durch Übersetzungskonventionen.

3 Das Alte Testament im Kanon der christlichen Bibel. Alte und neue Anfragen

Lange vorbei schienen bis vor kurzem auch die Bestrebungen, das Alte Testament aus dem Kanon der christlichen Bibel zu entfernen. Sie beginnen im 2. Jahrhundert mit Markion, der in gnostischer Perspektive den alttestamentlichen Schöpfer der Welt als böse Gottheit und die Botschaft der in seiner Sicht gültigen neutestamentlichen Schriften (es waren keineswegs alle) in der Erlösung *aus* dieser Welt ansah. Der bis heute geltende Kanon der das Alte und das Neue Testament umfassenden christlichen Bibel wurde nicht zuletzt gegen Markions Reduktionsversuche festgelegt. Doch immer wieder gab es Versuche, das Alte Testament aus der christlichen Bibel zu entfernen oder doch seine Bedeutung zu mindern. Adolf von Harnack urteilte (1921):

> ...das AT im 2. Jahrhundert zu verwerfen, war ein Fehler, den die große Kirche mit Recht abgelehnt hat; es im 16. Jahrhundert beizubehalten, war ein Schicksal, dem sich die Reformation noch nicht zu entziehen vermochte; es aber seit dem 19. Jahrhundert

---

[12] B. LANG, Ezechiel (EdF 153), Darmstadt 1981, 43.

[13] Dazu O. ARNOLD, »Die Entjudung des religiösen Lebens als Aufgabe Deutscher Theologie und Kirche«. Die Thüringer ›Kirchenbewegung Deutsche Christen‹ und das ›Institut zur Erforschung und Beseitigung des jüdischen Einflusses auf das deutsche kirchliche Leben‹ (von D. Schellong und M. Leutzsch betreute Diss. Paderborn), Detmold 2008.

[14] Dazu M. LEUTZSCH, Der Mythos vom arischen Jesus, in: L. SCHERZBERG (Hrsg.), Theologie und Vergangenheitsbewältigung im französischen Katholizismus und deutschen Protestantismus, Paderborn u. a. 2008, 173–186; DERS., Völkische Übersetzungen der Bibel, in: M. KEUCHEN u.a. (Hrsg.), Inszenierungen. Jüdische und christliche Bibeltransformationen der Heiligen Schrift vom Mittelalter bis in die Moderne, München 2009, 129–157.

als kanonische Urkunde im Protestantismus noch zu conservieren, ist die Folge einer religiösen und kirchlichen Lähmung.[15]

Diese Grundauffassung hat der Berliner Systematische Theologe Notger Slenczka positiv aufgenommen[16] und seinerseits dafür plädiert, das Alte Testament nicht dem Kanon der christlichen Bibel zuzurechnen, sondern ihm einen Ort entsprechend den »Apokryphen« zuzuweisen, d.h. nach Luther den Büchern, *»so der heiligen Schrifft nicht gleich gehalten / vnd doch nützlich vnd gut zu lesen sind.«*

Slenczka sieht das Alte Testament als religionsgeschichtliche Vorstufe des Neuen an. Er würdigt (wie auch Harnack) manche seiner Passagen, insbesondere aus den Psalmen und den Propheten, er sieht auch die große kulturgeschichtliche Bedeutung des Alten Testaments, aber das gelte ja etwa auch für Platon, aus dessen Philosophie zentrale Gedanken in die christliche Theologie eingingen, ohne dass Platon-Texte »kanonisch« geworden wären. Für das (in Schleiermachers Terminologie) »fromme Selbstbewusstsein« von Christinnen gilt nach Slenczka:

> [...] dass wir den Texten des AT in unserer Frömmigkeitspraxis einen minderen Rang im Vergleich zu den Texten des NT zuerkennen – die üblichen Zuordnungsschemata reflektieren lediglich dieses deutliche ›Fremdeln‹ des frommen Selbstbewusstseins. Ausdrücklich wird dieses Fremdeln in der Auswahl der alttestamentlichen Predigttexte und in der Versauswahl, die unter den Psalmen in den liturgischen Beigaben des EG vorgenommen wird.[17]

---

[15] A. VON HARNACK, Marcion. Das Evangelium vom fremden Gott. Eine Monographie zur Geschichte der Grundlegung der katholischen Kirche [1921] (TU 45), Leipzig ^{2}1924, hier 217.

[16] Zunächst in N. SLENCZKA, Die Kirche und das Alte Testament, in: E. GRÄB-SCHMIDT/ R. PREUL (Hg.), Marburger Jahrbuch Theologie XXV, Leipzig 2013, 83-119, dann in zahlreichen weiteren Einlassungen, die auf der Homepage seines Lehrstuhls für Systematische Theologie an der Humboldt-Universität Berlin dokumentiert sind. Von den vielen kritischen Stimmen seien genannt: F. HARTENSTEIN, Zur Bedeutung des Alten Testaments für die evangelische Kirche. Eine Auseinandersetzung mit den Thesen von Notger Slenczka, in: ThLZ 140 (2015) 738-751; R. LEONHARDT, Viel Lärm um nichts. Beobachtungen zur aufgeregten Diskussion um den Berliner Theologen Notger Slenczka, in: zeitzeichen 6/2015, 13-15; A. DEEG, Die zwei-eine Bibel. Der Dialog der Testamente und die offene christliche Identität, in: zeitzeichen 7/2015, 41-43; verwiesen sei zudem auf die Beiträge in: Die bleibende Relevanz des »Alten Testaments« für die Kirche, in: BLICKPUNKT.E. Materialien zu Christentum, Judentum, Israel und Nahost, hg. v. ImDialog. Evangelischer Arbeitskreis für das christlich-jüdische Gespräch in Hessen und Nassau, Sonderausgabe Mai 2015.

[17] SLENCZKA, Kirche, 119.

Ja, so ist es weithin. Freilich hängt alles davon ab, ob jene Beschreibung wie bei Slenczka zur Normativität des Faktischen gerät oder ob sie eine Problemanzeige darstellt. Skizziert sei das an den im *Evangelischen Gesangbuch* (und ähnlich im katholischen *Gotteslob*) amputierten Psalmen.[18] Weggelassen sind da viele Psalmen ganz und andere sind erheblich gekürzt. Nicht zur Sprache soll im christlichen Gottesdienst das kommen, was – mit Schleiermachers bzw. Slenczkas Formulierungen – das »fromme Selbstbewusstsein« »fremdeln« lässt. Es sind oft solche Passagen, die einen Psalm markant als Gebet *Israels* ausweisen, und vor allem solche, in denen Rache- und Gewaltwünsche zur Sprache kommen. Israels Beterinnen dürfen in den Psalmen alles, aber auch alles vor Gott bringen. Auch Rachewünsche kommen zu Wort – nicht zuletzt, damit sie nicht das letzte Wort behalten. Sind wir Christinnen frömmer, wenn wir solche Wünsche nicht aussprechen? Oder sind wir nur weniger ehrlich?

Slenczkas Bestandsaufnahme zur Rolle des Alten Testaments im christlichen Gottesdienst ist nicht ganz falsch, aber sie ist entschieden verkürzt. Sehr viele alttestamentliche Worte und Texte spielen in einem evangelischen Gottesdienst eine zentrale Rolle.[19] Er ist vom liturgischen Beginn bis zum Segen am Schluss von alttestamentlichen Worten erfüllt und er ist buchstäblich von A bis Z, von Amen bis Zion, voller hebräischer Wörter. Das Problem ist nicht, dass das »fromme Selbstbewusstsein« ihnen gegenüber »fremdelt«, sondern geradezu umgekehrt, dass diese Worte und Wörter weithin gar nicht als alttestamentliche wahrgenommen werden, sondern christlich nostrifiziert sind. Zudem suggerieren die zahlreichen Bibelausgaben, die lediglich das Neue Testament und die Psalmen enthalten, die Psalmen gehörten zum Neuen Testament. Immerhin gibt es auch kräftige Bestrebungen, das Alte Testament stärker ins Bewusstsein zu rücken. Dafür steht die z. Zt. in den evangelischen Kirchen erprobte »Neuordnung der gottesdienstlichen Lesungen und Predigttexte«, in der das Alte Testament deutlich mehr Raum und Gewicht bekommen soll als bisher.[20]

Slenczkas Fragen sind gleichwohl nicht abwegig und deren Etikettierung als antijüdisch, wenn nicht gar antisemitisch geht jedenfalls an dem vorbei, woran ihm gelegen ist. Freilich waren es gerade diese Skandalisierung und das voyeuristische Interesse an Berliner Fakultätsinterna, welche die Debatte bis in die FAZ und die TAZ und das »Neue Deutschland« und in weitere Presseorgane und in manche Radiosender brachten. Es gehört zum Trauerspiel

---

[18] Dazu ausführlicher J. Ebach, Das Alte Testament als Klangraum des evangelischen Gottesdienstes, Gütersloh 2016, bes. 72–89.

[19] Das ist das Gesamtthema in Ebach, Klangraum.

[20] Vgl. die Neuordnung der gottesdienstlichen Lesungen und Predigttexte. Entwurf zur Erprobung im Auftrag von EKD, UEK und VELKD, (Hannover 2014) – das AT ist nach diesem Entwurf deutlich stärker gewichtet als in den bisherigen Perikopenreihen, zudem sind nun erfreulicherweise auch Psalmen als Predigttexte vorgesehen.

einer medialen Öffentlichkeit, dass sie biblisch-theologischen Fragen allermeist nur dann Aufmerksamkeit widmet, wenn sie sich mit Skandalen (oder in historistischen Filmen mit *Sandalen*) verbinden.

Zurück zu Slenczkas Position: Das Alte Testament als kanonischer Teil der ganzen christlichen Bibel setze, so urteilt er, eine christologische Lektüre voraus, d.h. eine, die es als Zeugnis von Jesus Christus versteht, wie es seit der Alten Kirche und dann auch in der reformatorischen Theologie war. Aber das, so argumentiert er, vereinbare sich nicht mit der historisch-kritischen Lektüre der hebräischen Bibel, die sie eben nicht als Christuszeugnis verstehen kann, sondern allein als Dokument des Glaubens Israels. Slenczka plädiert darum dafür, das Alte Testament gleichsam den Jüdinnen zurückzugeben und es als ihr »Evangelium«, doch nicht als das unsere zu würdigen. Aber ist diese, schroff gesagt: *Entsorgung* des Alten Testaments die einzige Lösung? Anders gefragt: Kann man das Alte Testament, ohne Jüdinnen zu enteignen oder ihre Lektüre, wie Luther es nicht nur in seinen widerwärtigen Spätschriften über die Jüdinnen tat, sondern von Anfang an,[21] als eine grundfalsche, ja letztlich gottlose zu denunzieren, gleichwohl als konstitutiven Teil der christlichen Bibel ansehen? Das lässt sich in der Tat nicht einfach beantworten. Für Notger Slenczka ist im Neuen Testament selbst und dann für das »fromme Selbstbewusstsein« von Christinnen die lebendige Begegnung mit Jesus, dem Zimmermannssohn aus Nazaret, das Entscheidende und nicht die Lektüre und Interpretation von Texten. Aber wie begegnen wir Jesus im Neuen Testament? Fragen wir jenseits – oder besser: diesseits – theologiegeschichtlicher Dogmenbildungen darum vor allem nach der Bedeutung des Alten Testaments im Neuen selbst.

Eine erste grundlegende Antwort ist: Die hebräische Bibel (das Alte Testament) ist im Neuen Testament »die Schrift« (*hē graphē*) oder »die Schriften« (*hai graphai*). Daneben begegnet auch die Bezeichnung »die Tora und die Propheten« oder auch »die Tora des Mose, die Propheten und die Psalmen«, wobei die Psalmen für den dritten Teil der hebräischen Bibel, des TaNaCH, steht, nämlich »die Schriften« (*K´tuvim*). Die »Schrift« ist im Neuen Testament keine gelegentlich herangezogene Zitatenquelle, sondern seine Grundlage. Es gibt im ganzen Neuen Testament keine einzige Stelle, in der eine des Alten Testaments ins Unrecht gesetzt wird. Die Figur, das Auftreten und die Botschaft Jesu werden immer wieder auf diese Grundlage bezogen, ja sie lassen sich nur auf dieser Basis verstehen. Das Alte Testament bildet den Verstehensraum des Neuen. Es ist – mit dem Titel des Buches von Frank Crüsemann, das in Auf-

[21] Vgl. K. WENGST, Martin Luther und die Juden. Über theologische Judenfeindschaft als Geburtsfehler des Protestantismus, in: DERS., Christsein mit Tora und Evangelium. Beiträge zum Umbau christlicher Theologie im Angesicht Israels, Stuttgart 2014, 35-52; zur Thematik auch P. VON DER OSTEN-SACKEN, Martin Luther und die Juden, Stuttgart 2002; T. KAUFMANN, Luthers ‚Judenschriften'. Ein Beitrag zu ihrer historischen Kontextualisierung, Tübingen 2011.

nahme, Bündelung und Weiterführung neuerer Arbeiten zu einzelnen Themen und Themenkreisen einen so zuvor nicht unternommenen Gesamtentwurf bietet –, der »Wahrheitsraum des Neuen«.[22] Damit verbindet sich die Überschrift des folgenden Abschnitts, die als These formuliert ist.

4 Das Neue Testament führt nicht aus dem Alten heraus, sondern ins Alte hinein

Das Neue Testament führt nicht aus dem Alten Testament heraus; es führt vielmehr Menschen aus den Völkern (und so auch uns Christinnen) in das Alte Testament hinein und eröffnet ihnen einen Weg zu Israels Gott. Das zeigt sich gleich am Anfang des Neuen Testaments in Matthäus 1 mit dem Stammbaum bzw. mit Peter Fiedlers trefflicher Übersetzung von *biblos geneseōs* in Mt 1,1 dem »Stammbuch«[23] des Messias Jesus, das ihn in die Familiengeschichten und die Geschichte Israels einbindet. Den Lesenden ist damit ihrerseits ins Stammbuch geschrieben, sich in den Erzählraum der mit den in Matthäus 1 aufgeführten Namen verbundenen Geschichten hinein zu begeben, um zu verstehen, was es mit dem Messias Jesus auf sich hat. Das gilt für die großen Namen wie Abraham und David, das gilt aber auch für die als gezielte Erweiterung einer rein männlichen Genealogie aufscheinenden Namen von vier – dann mit Mirjam=Maria, der Mutter Jesu, fünf – Frauen verknüpften Erzählungen, welche die Heilsgeschichte geradezu als *Chronique scandaleuse* demonstrieren.[24] Gerade die prekären Geschichten werden nicht schamhaft verschwiegen, vielmehr fungieren die Namen »Tamar« und »Rahab«, »Rut« und »die (Frau) des Uria« als unüberhörbare Aufforderung, sich die von jenen Frauen und ihrem Geschick wie ihrem Tun handelnden Erzählungen zu vergegenwärtigen, um zu verstehen, was es mit dem Stammbuch Jesu auf sich hat. Es geht – mit Friedrich-Wilhelm Marquardt – »nicht um eine christliche Deutung des Alten Testaments, sondern um ein alttestamentliches Verstehen Jesu: was zweierlei ist.«[25] Und es geht allemal nicht um eine bloße religionsgeschichtliche Vorstufe des Christentums, sondern um eben den Wahrheits- und den Verstehensraum, in dem sich das Evangelium mit seiner Botschaft von Liebe und Gerechtigkeit, Gefährdung und Bewahrung, Treue und Widerstand entfaltet.

---

[22] F. Crüsemann, Das Alte Testament als Wahrheitsraum des Neuen, Gütersloh 2011.
[23] P. Fiedler, Das Matthäusevangelium (ThKNT 1), Stuttgart 2006, hier 39.
[24] Ausführlich dazu J. Ebach, Josef und Josef. Literarische und hermeneutische Reflexionen zu Verbindungen zwischen Genesis 37-50 und Matthäus 1-2 (BWANT 187), Stuttgart 2009, bes. 38-63.
[25] F.-W. Marquardt, Das christliche Bekenntnis zu Jesus, dem Juden. Eine Christologie, Bd. 2, München 1991, 295.

Und wie kommt die »Schrift«, das Alte Testament, im Neuen zu stehen, wenn es um das je *heute* Gebotene geht? Dazu ein längerer Abschnitt mit nur zwei von vielen möglichen Textbeispielen.

5 »*WIE* LIEST DU?«

Lk 10,25-37 erzählt von einem Diskurs zweier jüdischer Lehrer, in deren Verlauf der eine, nämlich Jesus, ein Gleichnis erzählt. Diese sehr bekannte Gleichniserzählung gibt in den meisten deutschsprachigen Bibelausgaben der ganzen Passage die Überschrift. Ich erinnere mich einer mündlichen Bemerkung von Martin Leutzsch, der dazu einmal trefflich fragte, wie denn wohl deren Rezeptionsgeschichte verlaufen wäre, wenn die Überschrift nicht »Der barmherzige Samariter« gelautet hätte, sondern: »Jesus und ein anderer jüdischer Schriftgelehrter sind sich in wesentlichen Fragen des Glaubens einig.«[26] Nicht nur Übersetzungskonventionen wie die am Anfang des Beitrags genannten richten die Lektüre der Texte oft in eine bestimmte Richtung, eine solche Zurichtung der Texte erfolgt nicht selten auch durch die nicht in den Texten selbst stehenden, sondern von den jeweiligen Herausgabekreisen der Bibelausgaben hinzugefügten Überschriften. Die Sequenz in Lukas 10 kann jetzt nicht ausführlich interpretiert werden; sie soll immerhin ganz zur Sprache kommen, wobei die Aufmerksamkeit vor allem der Struktur des Diskurses gelten soll.

Und seht! Ein Toragelehrter erhob sich, um ihn herauszufordern, und sagte:

»Lehrer, mit welchem Tun bekomme ich Anteil am unvergänglichen Leben?«

So beginnt es. Bevor wir die Antwort anschauen, die Jesus auf diese Frage gibt, sollten wir wahrnehmen, was er *nicht* sagt. Er sagt nämlich gerade nicht so etwas wie: »Glaub an mich und folge mir nach!« Nicht seine eigene Autorität liefert die Grundlage der Antwort auf die Frage nach dem ewigen, dem unvergänglichen, unzerstörbaren Leben, sondern die Autorität der »Schrift«:

Jesus sprach zu ihm: »In der Tora – Was steht da geschrieben? Wie liest du?«

Luther '84 gibt das *pōs anaginōskeis* mit »Was liest du?« wieder (die *Neue Zürcher Bibel* hat: »Was liest du da?«). Luther selbst übersetzte präziser: »Wie

---

[26] Eine entsprechende schriftliche Bemerkung Leutzschs findet sich für die in dieser Hinsicht vergleichbare Passage in Mk 12, zu der er notiert, es wäre »für Mk 12,28-34 nicht eine neutrale Überschrift wie »Die Frage nach dem höchsten Gebot« (Luther 1984) zu wählen, sondern etwa »Jesus und ein Schriftgelehrter sind sich in einer Grundfrage einig« o. ä., könnte eine wichtige Klarstellung sein« (M. LEUTZSCH, Dimen-sionen gerechter Bibelübersetzung, Sonderdruck zum Projekt *Bibel in gerechter Spra-che*, Gütersloh 2002, 5-32, hier 19.)

liesestu?« und noch in der Revision von 1912 steht (wie auch in der [alten] Zürcher Bibel) »Wie liesest du?« Es geht nicht nur um das »Was«, sondern immer auch um das »Wie« des Lesens. Die Antwort auf die Frage des (anderen) Schriftgelehrten findet sich mithin in der Tora und der ihr gemäßen Weise der Lektüre. *Wie* jener Toralehrer liest, zeigt sich in seiner Antwort, in der er zwei Gebote der Tora, das der Gottesliebe aus Dtn 6,5 und das der Nächstenliebe aus Lev 19,18 zitiert und sie in produktiver Lektüre zu *einem* Hauptgebot zusammenfügt:

> Er antwortete ihm und zitierte: ›Du sollst Adonaj, deinen Gott, lieben aus deinem ganzen Herzen und mit deinem ganzen Leben und mit deiner ganzen Kraft und mit deinem ganzen Denken, und deine Nächste, deinen Nächsten wie dich selbst.‹
>
> Jesus sprach zu ihm: ›Du hast richtig geantwortet. Tu das! Und du wirst leben.‹

Die beiden sind sich im Kern einig - das gilt auch für die in manchem entsprechende Passage in Mk 12,28-34, in der es zunächst Jesus ist, der im Diskurs mit einem Toralehrer Dtn 6,4 f. und Lev 19,18 zitiert. Die jeweils für beide Gesprächspartner geltende Autorität ist die der »Schrift« und ihrer Lektüre. Dass das Gebot der Nächstenliebe kein Gebot Jesu gegen das Alte Testament und das Judentum ist, sondern ein Zitat aus der Tora, hat sich glücklicherweise inzwischen unter Christinnen herumgesprochen. Noch nicht so herumgesprochen hat sich, dass wenige Verse nach dem Gebot der Nächstenliebe in Lev 19,34 das ganz entsprechend formulierte Gebot der Fremdenliebe steht: »Du sollst den Fremdling lieben wie dich selbst« oder, wie man hier und entsprechend auch in V. 18 übersetzen kann: »Du sollst den Fremdling lieben, denn er ist wie du.«[27]

Ich knüpfe dazu an eine Bemerkung des englischen Rabbiners James Baaden an. Als er beim Evangelischen Kirchentag 2009 in Bremen in einer gemeinsamen Bibelarbeit mit Marlene Crüsemann über die Geschichte vom »Barmherzigen Samariter« in Lukas 10 vom alttestamentlichen Gebot der Nächstenliebe sprach, bot er den Zuhörenden eine Eselsbrücke an. Sie sollten sich die Stelle Lev 19,18 unbedingt merken und sie sollten sie sich so merken, dass sie bei 19/18 an das Ende des Ersten Weltkriegs 1918 dächten. Die Nächstenliebe beginnt, wenn der Krieg endet. Ich finde das eine schöne Idee und ergänze sie durch einen weiteren Hinweis. Könnten wir uns nicht auch die Stelle über die Fremdenliebe in Lev 19,33 und 34 auf ähnliche Weise ein-

[27] Das Verstehen der Wendung *kamocha* als »denn er ist wie du« findet sich zuerst bei Moses Mendelssohns Zeitgenossen Naphtali Herz Wessely, dazu und zu weiteren jüdischen Übersetzungen und Interpretationen B. Schaller, Einführung zum Thema der Woche der Brüderlichkeit, in: »[...] denn er ist wie du«, Themenheft 2001, hg. vom Deutschen Koordinierungsrat der Gesellschaften für christlich-jüdische Zusammenarbeit, Bad Nauheim, 16-19.

prägen? Wie wäre es gewesen, wenn die Christinnen in Deutschland 1933 und 34 an diese Stelle gedacht und sie beherzigt hätten?!

Zurück zur Passage in Lukas 10. Der Toralehrer will ja konkrete Nächstenliebe üben und stellt darum die Frage nach der Konkretion des Wortes »der, die Nächste«.

Der wollte seinerseits dem gerecht werden und sagte darum zu Jesus: »Und wer ist mein Nächster, wer meine Nächste?«

Hier liegt alles daran, dass wir diese Gegenfrage als eine allemal berechtigte wahrnehmen. Wenn es in den *Lutherbibeln* (von 1534 bis 1984 unverändert) heißt: »Er aber wollte sich selbst rechtfertigen«, dann legt das mindestens eine falsche Spur. Es unterstellt dem Fragesteller eine Haltung, in der er nichts erfahren, sondern bloß Recht behalten will – ganz abgesehen von dem Unterton, den gerade in lutherischer Theologie die Rede von einer »Selbstrechtfertigung« hat. Wer »sich selbst rechtfertigen« will, hat die Grundlage der reformatorischen Rechtfertigungslehre nicht verstanden. Eine ähnliche Diskriminierung findet sich übrigens bereits beim einleitenden V. 25, der in den *Lutherbibeln* (abermals von 1534 bis 1984) davon spricht, dass jener Toralehrer Jesus habe »versuchen« wollen. Das griechische *(ek)peirazō* hat eine große Bandbreite; es kann »in Versuchung führen« meinen, aber auch so etwas wie »herausfordern«, »jemandem auf den Zahn fühlen«. Der Toralehrer, so lese ich das hier, will prüfen, ob Jesus einer ist, der etwas zu sagen hat, von dem man etwas lernen kann, mit dem zu diskutieren sich lohnt. So ist es auch bei seiner Nachfrage: »Und wer ist mein Nächster, meine Nächste?« Denn wer der oder die Nächste ist, ergibt sich ja nicht aus dem Wort selbst. Das in Lev 19,18 stehende Wort *rea* kann den Geliebten bezeichnen (wie im Hohenlied) oder den engen Freund (wie etwa die Freunde Hiobs), aber auch den engeren oder weiteren Verwandten und schließlich den Mitmenschen schlechthin. Gerade wenn ich dem Gebot der Nächstenliebe folgen, wenn ich sie konkret praktizieren und nicht nur als eine abstrakte Norm oder ein weltumschlingendes Gefühl ansehen will, muss ich doch wissen, wem ich was schuldig bin. Weiter im Text:

Jesus nahm diese Frage auf und sprach: ...

Fragen wir abermals zunächst nicht nach dem, was Jesus antwortet, sondern nach dem, was er *nicht* antwortet. Was für eine Antwort mag der (andere) Toralehrer erwartet haben? Ich imaginiere mir eine Szene in einer gegenwärtigen, wenn auch altmodischen Schule. Da gibt es, stelle ich mir vor, eine Tafel und Kreide und der Toralehrer verfertigt ein Schaubild, das seine Frage, wer der Nächste sei, erläutert. In der Mitte bringt er eine Markierung an, die ihn selbst bezeichnet. Und dann zeichnet er um diesen Mittelpunkt mehrere konzentrische Kreise, die für jeweils eine Bedeutung des Wortes »Nächste« stehen: einen engen Kreis für die nahen Freunde und Familienangehörigen, einen weiteren für die ferneren Verwandten, einen noch weiteren für die jüdischen Mitbürgerinnen und schließlich einen ganz weiten für alle Mitmenschen. Und jetzt, stelle ich mir weiter vor, drückt er Jesus die Kreide in die

Hand und bittet ihn, mit Pfeilen von der Mitte aus zu bezeichnen, bis zu welchem dieser Kreise welche Verpflichtung zu tätiger Nächstenliebe reichen soll. Dieser Nächsten bist du das schuldig, dieser immerhin das und auch dieser noch das. Die musst du versorgen und gegebenenfalls ihre Schulden übernehmen, diese etwas ferneren Nächsten sollst du besuchen, wenn sie krank sind, und diesen bist du, auch wenn du nie auf sie triffst, liebevollen Respekt schuldig. Der Fragesteller, so stelle ich mir weiter vor, ist sich bewusst, dass es ein ziemlich komplexes Schaubild werden muss. Wenn es so einfach wäre, hätte er die Frage ja nicht stellen müssen. Wo kommen z. B. in einem solchen Schaubild die nächsten Angehörigen zu stehen, die ich fast nie sehe, und umgekehrt die von weit her, die meine Nachbarn geworden sind? Und wie ist es mit denen, denen ich und die mir feind sind? Die einfache Lösung eines alle umfassenden Kreises verschlägt jedenfalls nicht. Doch Jesus, stelle ich mir nun vor, zeichnet nichts auf die Tafel, sondern erzählt eine Geschichte, eben die dann folgende Gleichniserzählung. Eine Geschichte sagt oft mehr als ein Schaubild (und mehr als manche PowerPoint-Präsentation, füge ich als altmodischer Hochschullehrer in schon langjährigem Ruhestand hinzu); sie kann zuweilen das zur Sprache bringen, was in keinem Schaubild aufgeht. Jesus erzählt *diese* Geschichte:

Ein Mensch ging von Jerusalem nach Jericho hinab und fiel Straßenräubern in die Hände. Diese plünderten ihn aus, misshandelten ihn, machten sich davon und ließen ihn halb tot liegen. Zufällig ging ein Priester den Weg hinab, sah ihn und ging auf der anderen Seite vorbei. Ebenso kam ein Levit zu der Stelle, sah ihn und ging auf der anderen Seite vorbei. Da kam ein Reisender, einer aus Samaria, dorthin, sah ihn und es ging ihm durch und durch. Er lief zu ihm hin und verband seine Wunden, wobei er Öl und Wein darauf goss. Dann hob er ihn auf sein eigenes Tier, brachte ihn in ein Gasthaus und kümmerte sich um ihn. Am folgenden Tag holte er zwei Denare heraus, gab sie dem Wirt und sagte: »Kümmere dich um ihn! Und falls du mehr ausgibst, will ich es dir bei meiner Rückkehr bezahlen.«

Was meinst du: Wer von den dreien ist dem der Nächste geworden, der den Räubern in die Hände gefallen war? Er sprach: »Der ihm durch sein Tun Barmherzigkeit erwiesen hat.« Jesus antwortete ihm: »Geh und handle du entsprechend!«

Das Entscheidende der Gleichniserzählung ist die Umkehrung der Positionen. Da stehe nicht ich in der Mitte konzentrischer Kreise von nahen, ferneren, fernen und ganz fernen Nächsten, sondern in der Mitte steht der oder die, die meine Hilfe brauchen und denen ich der Nächste werden soll – und kann.

Die Struktur des Diskurses – darum soll es hier vor allem gehen – ist in jeder Hinsicht gut rabbinisch. Da gibt es eine Frage, da gibt es dazu einschlägige »Schrift«-Stellen, da gibt es eine konkrete weitere Verstehensfrage nach einer Wortbedeutung und da gibt es von einem der miteinander Disputierenden eine Gleichniserzählung, welche die Fragestellung ebenso erhellt wie transformiert. Das alles begegnet in der rabbinischen Diskursliteratur immer wieder. Was das betrifft, wird hier im Text gar nichts transformiert, vielmehr transformiert die Übersetzungsgeschichte weithin einen üblichen rabbinischen Diskurs in ein Gespräch Jesu mit einem geradezu teuflischen Versucher, der Fangfragen stellt und sich selbst rechtfertigen will. Nicht »Transformation« ist hier angesagt, sondern gegen die »Deformation« schlicht »Information«!

6 ANTITHESEN?

Entsprechendes gilt auch für eine Sprachform, in der man oft einen Gegensatz zwischen Jesus und der Tora gesehen hat, nämlich die sogenannten »Antithesen« der Bergpredigt. Nicht nur am Rande sei daran erinnert, dass der Begriff »Antithesen« just auf Markion zurück geht, aber vor allem soll es jetzt um den in den betreffenden Sätzen Jesu aufklingenden Sprachraum gehen. Die in Mt 5,21-48 einem sechsmaligen *errethē* (»es ist gesagt«) gegenüber gestellte sechsmalige Einleitung *egō de legō* geben die meisten deutschsprachigen Übersetzungen mit »Ich aber sage euch« wieder. Diese Übersetzung - mit der Betonung des *egō* und der Überbetonung des griechischen *de*, als ob hier *alla* stünde - suggeriert in der Tat eine Absage an das, was in der Tora »gesagt ist«. Gerade hier ist es jedoch buchstäblich *not*-wendig, den hebräischen Sprachraum zu beachten, nämlich in jenem *egō de legō* das *wa'ani omer* wahrzunehmen, mit dem ein Rabbi seine Auslegung eines Torasatzes einleitet und sie der Lektüre eines anderen gegenüber stellt.[28] Luise Schottroffs viel gescholtene Wiedergabe in der *Bibel in gerechter Sprache* mit »Ich lege euch das heute so aus« trifft eben die Diskurse, in denen es um keine Anti-These zur Tora geht, sondern darum, wie ein Satz der Tora je *heute* zu lesen ist. Der Vorwurf, diese Übersetzung propagiere ein »Heute so und morgen so«, d.h. eine dem jeweiligen Zeitgeist geschuldete Beliebigkeit, geht fehl, denn in der Lektüre der »Schrift« ist es - in Jesu Zeiten und auch weiterhin - um das zu tun, was, wann, wem und wogegen gesagt ist, und damit auch um eine je gegenwärtige Profilierung. Die Antwort Jesu auf die Frage des (anderen) Toralehrers nach der konkreten Bedeutung des Wortes »der, die Nächste« ist eine solche Profilierung, die Auslegungen zentraler Worte der »Schrift« in der Bergpredigt sind es auch. Wer sie als »Antithesen« gegen die Tora liest, macht sie zu *Prothesen*, damit ein aus dem Verstehensraum der hebräischen Bibel

---

[28] Dazu K. WENGST, Hebräisch für Neutestamentler, in: K. SCHIFFNER u.a. (Hrsg.), Fragmentarisches Wörterbuch. Beiträge zur biblischen Exegese und christlichen Theologie. Horst Balz zum 70. Geburtstag, Stuttgart 2007, 177-187, bes. 182-184; sowie DERS., Das Regierungsprogramm des Himmelreichs. Eine Auslegung der Bergpredigt in ihrem jüdischen Kontext, Stuttgart 2010, bes. 77-81; ferner bereits die exzellenten exegetischen, hermeneutischen und homiletischen Ausführungen von H.-G. SCHÖTTLER, Christliche Predigt und Altes Testament. Versuch einer homiletischen Kriteriologie, Ostfildern 2001, zu den »Antithesen« bes. 531-571.

und aus dem Judentum herausgelöster und somit amputierter Jesus wenigstens laufen kann. Wer dann da läuft und was da dann in der Berufung auf ihn abläuft, trifft allemal nicht den Jesus des Neuen Testaments. Aber wer ist der Jesus des Neuen Testaments? Dazu nun eine weitere Facette mit Hilfe einer historischen und einer literarischen biographischen Beobachtung und Impression.

7 Alttestamentliche Inszenierungen der Geschichte(n) Jesu

Mit großer Wahrscheinlichkeit stammt Jesus aus Nazaret in Galiläa. Mk 6,1 nennt es seinen Heimatort (*patris*) und auch an mehreren Stellen des Johannesevangeliums ist die Herkunft Jesu aus Nazaret bzw. aus Galiläa vorausgesetzt. (Joh 1,45 f., vgl. 6,42; 7,41.52). An diesen Stellen kommt aber auch ein Problem in den Blick, das sich mit der Herkunft Jesu aus Nazaret verbindet. Joh 1,45 lässt Philippus zu Natanael sagen: »Von dem Mose in der Tora geschrieben hat und die Propheten, den haben wir gefunden: Jesus, den Sohn Josefs aus Nazaret«. Darauf reagiert Natanael mit der verwunderten Frage: »Aus Nazaret kann etwas Gutes kommen?« An späterer Stelle des Evangeliums (Joh 6,42) bekundet der Satz: »Ist das nicht der Sohn Josefs, dessen Vater und Mutter wir kennen?« den Zweifel an einer himmlischen Herkunft Jesu. Besonders aufschlussreich ist der auf eine Rede Jesu beim Sukkot-, dem Laubhüttenfest folgende Wortwechsel in Joh 7,40-42:

> Als sie nun diese Worte gehört hatten, sagten welche aus der Menge: ›Das ist wahrlich der Prophet.‹ Andere sagten: ›Das ist der Messias‹, und wieder andere sagten: ›Kommt denn etwa aus Galiläa der Messias? Hat nicht die Schrift gesagt: Vom Samen Davids und aus Betlehem, dem Ort Davids, kommt der Messias?‹

Die Herkunft aus Nazaret, aus Galiläa erscheint hier geradezu als eine Kontraindikation der Messianität Jesu. Der Messias wird als Nachkomme Davids erwartet und der seine Abkunft und seinen Anspruch kennzeichnende Ort müsste doch Betlehem sein! Im Hintergrund steht die alttestamentliche Verheißung aus Mi 5,1:

> Und du Betlehem Efrata, klein zwar unter den Sippen Judas,
> aus dir geht hervor, der Herrscher sein soll in Israel.
> Und sein Ursprung ist von der Vorzeit, von den Tagen der Urzeit her.

Einen derart ungeeigneten Ort wie Nazaret in Galiläa als Heimatort Jesu hätte man schwerlich erfunden; historisch spricht daher alles dafür, ihn als seinen tatsächlichen Herkunftsort anzusehen. Wenn ihn nun aber sowohl Matthäus als auch Lukas in Betlehem geboren sein lassen, so lässt sich das als eine sowohl räumliche als auch thematische Transformation verstehen. Die legendarischen Geburtsgeschichten in Matthäus 1 f. und Lukas 2 fügen der Gewissheit, dass Jesus der in der »Schrift« erwartete Messias ist, die zur Messias-Erwartung gehörende davidische und betlehemitische Herkunft hinzu. Gerade diese Transformation - Klaus Wengst spricht in seinem Johanneskommentar von einem »Ausdrucksmittel des Glaubens an Jesus«[29] - schreibt Jesus in den Verstehensraum der hebräischen Bibel, des Alten Testaments ein. Noch einmal mit Wengst: »Als Tatsachenberichte gelesen, stünden die matthäische und lukanische Fassung nicht nur im Gegensatz zu den Angaben bei Johannes, sondern wären auch untereinander nicht ausgleichbar.«[30] So ist es. Nach Matthäus ist Betlehem der Ort, an dem die Vorgeschichte und die Geschichte der Geburt Jesu spielt, und die Familie lässt sich erst viel später in Nazaret nieder. In Lukas 2 beginnt die Geschichte in Nazaret und die Familie begibt sich im Zuge der sogenannten Volkszählung nach Betlehem. Die alttestamentliche Verheißung als Grund der Transformation verbindet die matthäische und die lukanische Geburtslegende, die jeweilige literarische Inszenierung dieser Transformation unterscheidet sie.

Mehrfach im Neuen Testament heißt es, etwas geschehe, damit sich erfülle (*hina plērōthē*), was in der »Schrift« gesagt ist. An einem kleinen Motiv sei vorgeführt, dass und wie die »Erfüllung« sich nicht wundersam einstellt, sondern gezielt inszeniert ist. In der Sequenz in Matthäus 21, die den Einzug in Jerusalem einleitet, schickt Jesus Jünger aus. Sie sollen eine Eselin und ihr Füllen finden und zu ihm bringen, damit er auf ihnen in die Stadt einreitet. Im Hintergrund steht hier der Juda-Spruch aus Genesis 49, vor allem aber ein dann eingespieltes Mischzitat aus Jes 62,11 und Sach 9,9. Mt 21,4 f. lautet:

> Das aber ist geschehen, damit das Wort erfüllt wird, das durch den Propheten gesprochen wurde: ›Sagt zur Tochter Zion, sieh, dein König kommt zu dir, bescheiden und auf einer Eselin und auf einem Jungen des Lasttieres.‹

Die Fortsetzung lässt Jesus, wie immer man sich das vorstellen mag, auf beiden Eseln reiten. Da wird der Parallelismus des Prophetenspruchs aus Sacharja 9, der das *eine* Reittier doppelt charakterisiert (nämlich als Esel, der wie jeder Esel das Junge einer Eselin ist), im Versuch einer überwörtlichen Übertragung zur Ansage *zweier* Tiere. In dieser eigentümlichen Inszenierung erkennen die Leserinnen und Hörerinnen die alttestamentliche davidisch-messianische Grundierung wieder; abermals wird die »Schrift« zum Verstehensraum, der in Jesu Einzug eine neue Füllung erfährt. Die Füllung der Szene mit gleich mehreren alttestamentlichen Hypotexten transferiert Segens-

---

[29] K. WENGST, Das Johannesevangelium, 1. Teilbd.: Kapitel 1-10 (ThKNT 4,1), Stuttgart 2000, 296.
[30] WENGST, Johannesevangelium, 296.

und Verheißungsworte aus Genesis 49, Jesaja 62 und Sacharja 9 in eine in der Erzählung verwirklichte Inszenierung. In der Hör- und Leseperspektive wird diese Inszenierung zur Bewahrheitung der vertrauten oder durch sie vertraut werdenden »Schrift«-Worte. Ohne sie würde es jene Erzählsequenz gar nicht geben. Die alttestamentlichen Zitate füllen hier nicht das Erleben einer Szene auf, sie generieren vielmehr selbst die beschriebene Szene, die ohne diesen Verstehensraum zur absurden Vorführung einer Artistin würde, die auf zwei Eseln zugleich reiten kann.

Nur in wenigen Beispielen konnte ins Bild kommen, dass und wie das Alte Testament den Verstehens- und Wahrheitsraum des Neuen bildet und wie sich die Person, das Auftreten und die Botschaft Jesu nicht nur vor, sondern in diesem Raum entfalten. Vom Beginn der Lebensgeschichte Jesu im ersten Kapitel des Neuen Testaments war die Rede und nun könnte es in dieser Perspektive auch um das Ende dieser Lebensgeschichte gehen. Gerade die Passionsgeschichten zeigen, in welchem Maße sie von alttestamentlichen Motiven und Worten geprägt, ja inszeniert sind und wie die Evangelisten in diesem Verstehensraum je ihrem Jesusbild Gestalt geben.[31] Das gilt für die jeweiligen Szenen des Verhörs bzw. der Verhöre im Prozess Jesu, das gilt für viele Einzelmotive der Kreuzigungsszenen und ebenso für die letzten Worte, die Jesus in der Inszenierung jeweils der vier Evangelien sprach. Sie zeigen in deren je eigener Fokussierung Jesus als den unschuldig Leidenden aus Jesaja 53 und vielen Psalmen, sie zeigen den, der die Nächstenliebe bis zur letzten Konsequenz verkörperte, sie zeigen den, der bis zuletzt im Sprach- und Deutungsraum der Psalmen lebte – eine besondere Rolle spielt dabei Psalm 22 – und der in diesem Sprachraum starb. Die Frage, was Jesus gegenüber Pilatus und was er schließlich am Kreuz hängend *wirklich* gesagt habe, geht ebenso ins Leere wie die Frage, ob Jesus *wirklich* in Betlehem geboren wurde.

Es geht um die Überwindung einer falschen Alternative: Ich muss nicht *glauben*, was sich faktisch kaum so ereignet hat, und ich muss umgekehrt den Glauben nicht auf das reduzieren, was sich vermutlich faktisch so ereignet hat. Dazu eine kühne Parallele: Wenn in Verdis »La Traviata« Violetta im 3. Akt an Schwindsucht stirbt, hat sie kaum noch genug Luft zu atmen, aber sie hat genug Luft, eine große Arie zu singen. Was gäbe es Unrichtiges als das! Und doch ist manche Oper *wahrer* als jedes Reality-TV. Dazu ein luzider Aphorismus von Albrecht Fabri:

> Der Unterschied zwischen wahr und richtig ist
> nicht weniger groß als der zwischen richtig und falsch.[32]

---

[31] Vgl. dazu etwa M. Gielen, Die Passionserzählung in den vier Evangelien. Literarische Gestaltung – theologische Schwerpunkte, Stuttgart 2008.

[32] A. Fabri, Aphorismen (I), in: *Ders.*, Der schmutzige Daumen, in: I. Fabri/ M. Weinmann (Hrsg.), Albrecht Fabri. Gesammelte Schriften, Frankfurt a. M. 2000, 101.

8 Schlussbemerkungen

Was aber trägt das aus zu der Frage, wie wir Christinnen das Alte Testament als konstitutiven Teil der ganzen christlichen Bibel wahrnehmen können, ohne Israel zu enteignen oder überbieten zu wollen? Dazu die Aufnahme einer eigenen thetischen Formulierung: »Indem ich auf das höre, was Israel und was *in* Israel gesagt ist, haben die Worte, die Israel und *in* Israel gesagt sind, auch mir etwas zu sagen.«[33] Da ist das Alte Testament allemal mehr als eine religionsgeschichtliche Vorstufe des Neuen. Da bleibt es die »Schrift« Israels und da wird es zu etwas, das nicht uns gehört, das aber dann auch zu uns gehören kann, wenn wir so darauf hören. Das Neue Testament und die Figur, das Auftreten und die Botschaft Jesu erlauben mir als einem Menschen, der ich nicht zum Volk Israel gehöre, einen Zugang zu Israel Gott.

Deformationen, Transformationen und Inszenierungen sind im Untertitel des Beitrags angesprochen. All das – nebst manchen buchstäblich notwendigen Informationen – muss in den Blick kommen, wenn wir nach Jesus und dem Alten Testament fragen.

Eine Zwischenbemerkung (fast) zum Schluss: »Das Alte Testament als Jesus-Transformator«. Das war der Arbeitstitel, zu dem ich vor vielen Monaten von Harald Schroeter-Wittke für einen Beitrag in dieser Ringvorlesung angefragt wurde. Den Titel haben wir bald geändert, weil er uns beiden als etwas schief erschien. Aber eins will ich zum Stichwort »Transformator« dann noch anfügen: Ich hatte versucht, mich über die Funktionen eines Transformators schlau zu machen. Vieles, was ich da las, überstieg meine Verstehensfähigkeit als die eines humanistisch, doch sträflich gering naturwissenschaftlich und technisch gebildeten Menschen. Aber an *einer* Formulierung in den einschlägigen Artikeln bin ich hängen geblieben, nämlich der, mithilfe eines Transformators könnten Widerstände vergrößert oder verkleinert werden. So ist es wohl auch im Verhältnis zwischen dem Juden Jesus und seinen jüdischen Diskurspartnerinnen und seinen Gegnerinnen. Und beides, die Verkleinerung und die Vergrößerung der Widerstände, müssen wir nicht nur aushalten, sondern sollten uns ihrer als Reichtum der Tradition glücklich schätzen.

Ganz zum Schluss darum drei Zitate aus dem höchst beeindruckenden Buch »Kaddisch« des amerikanisch-jüdischen Intellektuellen Leon Wieseltier:[34]

»Die Suche nach dem, was man bereits gefunden hat, das heißt mit anderen Worten, die Tradition ernst zu nehmen.«

---

[33] Ausführlicher zu einer solchen christlichen Perspektive auf das Alte Testament: J. Ebach, Hören auf das, was Israel gesagt ist – hören auf das, was in Israel gesagt ist. Perspektiven einer »Theologie des Alten Testaments« im Angesicht Israels, in: EvTheol 62 (2002) 37–53.

[34] L. Wieseltier, Kaddisch [Kaddish, New York 1998], dt. Ausgabe, übers. v. Friedrich Griese, München 2000, hier 42, 100, 288.

»Eine Tradition, die völlig transparent ist, ist eine Tradition, die völlig am Ende ist.«

»Tradition wird nicht reproduziert. Sie wird geworfen und aufgefangen. Sie lebt lange in der Luft.«

Jesus als Metapher

Bildhafte Jesus-Transformationen im NT und darüber hinaus

Sophia Niepert-Rumel

»Jesus als Metapher« – dieser ungewöhnliche Beitragstitel ist insofern irreführend, als dass er dazu verleiten könnte, das komplexe sprachliche Phänomen Metapher zu simplifizieren. Die Konjunktion »als« könnte den Eindruck erwecken, dass eine Metapher nur in einem Ersatz eines »eigentlichen« Wortes durch ein »uneigentliches« besteht, wie dies die Metapherntheorie, die seit Max Blacks Theorienklassifzierung als Substitutionstheorie bezeichnet wird, behauptet.[1] Spätestens seit der von I. A. Richards und Max Black vorgebrachten Interaktionstheorie der Metapher ist diese Ansicht überholt, auch wenn sie in einzelnen Kontexten, insbesondere in der Alltagssprache oder in populärwissenschaftlichen Diskursen, in denen vor allem die Funktion der Metapher als stilistischer Schmuck im Vordergrund steht, noch immer vertreten wird.[2] Laut Interaktionstheorie kann eine Metapher nicht aus einem einzelnen Wort bestehen, sondern sie ist immer eine komplexe Aussage. Die Metapher besteht im Zusammenspiel und in der Interaktion von mindestens zwei Begriffen bzw. durch diese Begriffe vermittelte Konzepte. Für die verschiedenen Bestandteile der Metapher wurden in der Forschung unterschiedliche Termini verwendet, z.B. Bildspender und Bildempfänger oder Zielbereich und Herkunftsbereich. Grundlegend ist jedoch die Terminologie von I. A. Richards:

---

[1] Vgl. M. Black, Metaphor, in: M. Johnson (Hrsg.), Philosophical Perspectives on Metaphor Minneapolis 1981, 68-70.

[2] Ein gutes Beispiel bietet der deutschsprachige wikipedia-Artikel, dessen Kurzdefinition von Metapher lautet: »Eine Metapher ist ein Ausdruck, der statt des wörtlich Gemeinten etwas bezeichnet, das ähnlich ist. Der eigentliche Ausdruck wird durch etwas ersetzt, das deutlicher, anschaulicher oder sprachlich reicher sein soll, z. B. Baumkrone für ›Spitze des Baumes‹ oder Wüstenschiff für ›Kamel‹. Teilweise füllen Metaphern auch semantische Lücken, die nur durch aufwendigere Umschreibungen zu schließen wären (Flaschenhals).« (https://de.wikipedia.org/wiki/Metapher; Zugriff: 30.03.2016). Hier wird die Metapher sehr einseitig ganz auf Wortebene angesiedelt gesehen, als etwas, das in eigentliche Sprache übersetzt werden kann und deren einzige Funktionen im Schmuck und in der Schließung von Wortlücken bestehen. Die Definition des englischsprachigen Artikels (https://en.wikipedia.org/wiki/Metaphor; Zugriff: 30.03. 2016) ist dagegen ausgewogener, was möglicherweise ein stärkeres Bewusstsein der Komplexität des Phänomens im englischsprachigen Raum widerspiegelt.

Tenor, Vehicle und *Ground.*[3] Dabei bezeichnet *Tenor* denjenigen Bestandteil der Metapher, der »im eigentlichen Sinn« gebraucht wird und über den vorrangig eine (metaphorische) Aussage gemacht wird. *Vehicle* bezieht sich auf dasjenige Element, das aus dem Kontext herausfällt und den Sinnzusammenhang so »stört«, dass die Rezipientinnen angeregt werden, eine metaphorische Deutung vorzunehmen. Zur Illustration dient ein in der Metaphernforschung häufig zitiertes und daher schon etwas abgegriffenes Beispiel: »Achill ist ein Löwe«.[4] In diesem Satz ist »Achill« der *Tenor.* Es ist es, um den es hier eigentlich geht. »Löwe« ist das *Vehicle* - umgangssprachlich ist es das, was als Metapher bezeichnet wird. Man sagt: »In diesem Satz ist ›Löwe‹ eine Metapher für Achill.« Allerdings ist diese Aussage nach der Interaktionstheorie nicht korrekt. Sie müsste präziser lauten: »In diesem Satz liegt eine Metapher vor, in der ›Achill‹ und ›Löwe‹ zusammenwirken, wobei ›Achill‹ den *Tenor* und ›Löwe‹ das *Vehicle* darstellt.« Das angeführte Beispiel stellt die einfachste Form der Metapher dar, in der sowohl *Tenor* und *Vehicle* Substantive bezeichnen, die durch die Kopula verbunden werden, die also die Struktur »X ist Y« aufweist. Sowohl *Tenor* als auch *Vehicle* können aber auch durch andere Wortarten in

---

[3] I. A. RICHARDS, Lecture V. Metaphor, in: M. JOHNSON, (Hrsg.), Philosophical Perspectives on Metaphor. Minneapolis 1981, hier 52.

[4] An dieser Stelle sollen nur zwei Veröffentlichungen aus dem theologischen Bereich erwähnt sein, die diese Metapher beispielhaft anführen: M. BUNTFUß, Traditon und Innovation. Die Funktion der Metapher in der theologischen Theoriesprache (TBT 84), Berlin/New York 1997, 8; E. JÜNGEL, Metaphorische Wahrheit. Erwägungen zur theologischen Relevanz der Metapher als Beitrag zur Hermeneutik einer narrativen Theologie (1974), in: DERS., Entsprechungen: Gott - Wahrheit - Mensch. Theologische Erörterungen II, Tübingen [3]2002, 103-157, hier: 105. Dieses Beispiel wird auf Aristoteles als den ersten Metapherntheoretiker im eigentlichen Sinne zurückgeführt. Obwohl dies nicht gänzlich falsch ist, ist der Wortlaut bei Aristoteles ein anderer und dieses Beispiel dient bei ihm nicht dazu, die Metapher zu erklären (es wird nicht weiter analysiert), sondern diese vom Vergleich abzugrenzen: »Auch das Gleichnis ist eine Metapher; denn der Unterschied ist nur geringfügig. Wenn man nämlich [zu Achill] sagt: ›wie ein Löwe stürzte er (auf ihn)‹, ist es ein Gleichnis, wenn aber ›ein Löwe stürzte (auf ihn)‹, ist es eine Metapher. Weil beide nämlich tapfer sind, sprach er, indem er eine Übertragung vornahm, von Achill als von einem Löwen.« ARISTOTELES, Rhetorik. Buch 3, Kap. 4, 1406b 22, übersetzt und erläutert von C. Rapp. Erster Halbband. (Werke in deutscher Übersetzung Bd. 4). Darmstadt 2002. (Worte in runden Klammern sind grammatikalische Ergänzungen, Worte in eckigen Klammern Erläuterungen des Übersetzers). Bei Quintilian taucht der Löwe, nicht aber Achill auf: »Eine Vergleichung ist es, wenn ich sage, ein Mann habe etwas getan ›wie ein Löwe‹, eine Metapher, wenn ich von dem Mann sage: ›er ist ein Löwe‹.« QUINTILIAN, Ausbildung des Redners. Buch 8, Kap. 6,8 f., herausgegeben und übersetzt von Helmut Rahn. Zweiter Teil, Buch VII-XII. Darmstadt, [2]1988 (Texte zur Forschung, Bd. 3). Von einem »klassisch-griechischen Beispiel« (S. TOBLER, Jesu Gottverlassenheit als Heilsereignis in der Spiritualität Chiara Lubichs. Ein Beitrag zur Überwindung der Sprachnot in der Soteriologie, Berlin/New York 2003, 315.) kann also im engen Sinne nicht die Rede sein, eher von einer modernen Konstruktion auf klassisch-griechischer Grundlage.

beliebiger Kombination vertreten werden und in mannigfaltigen, teils äußerst komplizierten Strukturen auftreten, was die Analyse erheblich erschwert.

Der letzte von Richards eingeführte Terminus, *Ground*, bezeichnet die Verbindung, die zwischen *Tenor* und *Vehicle* besteht und die z.B. auf Analogie oder Ähnlichkeit beruhen kann. Im Beispiel »Achill ist ein Löwe« stellen die mit *Tenor* und *Vehicle* assoziierten Attribute, z. B. »mutig« und »stark« den *Ground* dar. Dabei ist der *Ground* stark vom Kontext und Gebrauch der jeweiligen Metapher abhängig und teilweise schwer fassbar, da Assoziationen je nach Rezipierenden äußerst unterschiedlich ausfallen können und ihnen im Grunde genommen keine Grenzen gesetzt sind.

Aufgrund dieser Differenzierung des Phänomens Metapher muss also unter der Überschrift »Jesus als Metapher« dreierlei unterschieden werden, wenn die Simplifizierung des alltäglichen Sprachgebrauchs vermieden werden soll:

1. Jesus als *Tenor*
2. Jesus als *Vehicle*
3. Jesus als Gesamtmetapher

1 Jesus als Tenor

Im Neuen Testament ist das Sprechen von Jesus stark metaphorisch geprägt. Schon der Titel »Christos«, der Gesalbte, hat bildlich-metaphorische Untertöne, wobei in den Evangelien zusätzlich narrativ eine Entfaltung auf wörtlicher Ebene erfolgt, z.B. in Mk 14,1-9, der Salbung in Bethanien. Die *Vehicles* in den Metapher-Konstruktionen, in denen Jesus als *Tenor* dient, divergieren sehr stark. Jesus wird, um nur ein paar Beispiele herauszugreifen, als »Bräutigam« (Mt 9,15), als »das Alpha und das Omega« bzw. »das A und O« (Apk 22,13), als »Lamm Gottes« (Joh 1,29), »Schlussstein« (Eph 2,20) oder »Hohe Priester« (Hebr 2,17) bezeichnet. Zwischen den einzelnen *Vehicles* besteht ein deutlicher Kontrast. Sie stammen aus sehr unterschiedlichen thematischen Zusammenhängen und bezeichnen sowohl Menschen und Tiere als auch Gegenstände und Abstrakta. Mit zunehmender Entfernung des *Vehicles* vom *Tenor* wird dabei die Metaphorizität der Aussage deutlicher. Wenn Jesus also als Schlussstein bezeichnet wird, ist dies schneller als Metapher erkennbar als wenn er Hohe Priester genannt wird, da die semantische Spannung zwischen *Tenor* und *Vehicle* ausgeprägter ist. Allerdings ist zu beachten, dass gerade Metaphern mit Jesus als *Tenor* durch die häufige Erwähnung und Rezeption bereits so stark konventionalisiert sind, dass sie nicht unbedingt sofort als Metaphern auffallen.

Metaphern mit Jesus als *Tenor* werden im Neuen Testament in unterschiedlichsten Zusammenhängen benutzt. Einige werden Jesus selbst in den Mund gelegt, wie die ersten beiden Beispiele, andere von anderen Handlungsträgerinnen in der Erzählung verwendet, wie das zweite Beispiel, das Johannes dem Täufer zugeschrieben wird. Wiederum andere werden explizit von den Autorinnen der einzelnen biblischen Bücher angeführt, wie die letzten beiden Beispiele. Somit sind *Vehicles*, die Jesus beschreiben auch auf verschiedensten narrativen und kerygmatischen Ebenen anzutreffen. Der Verschiedenheit der *Vehicles* entspricht die Tatsache, dass auch die *Grounds* dieser Metaphern mit Jesus als *Tenor* zumeist äußerst unterschiedlich ausfallen. Der Bräutigam weckt ganz andere Assoziationen als das Lamm. Andersherum können jedoch auch divergierend *Vehicles* in Verbindung mit Jesus als *Tenor* denselben oder sehr ähnliche *Grounds* evozieren, so etwa der Schlussstein und das Alpha und das Omega. Unabhängig davon, ob ähnliche oder verschiedene *Grounds* vorliegen, trifft im Neuen Testament auf Jesus zu, was gesamtbiblisch auch für Gott gilt: Er wird als *Tenor* durch eine Vielzahl aneinandergereihter *Vehicle*s in seiner Multidimensionalität und Heterogenität dargestellt[5] - ein Phänomen, das der Metapherntheoretiker Andrew Goatly als *Diversification* bezeichnet.[6]

Besonders eindrückliche Beispiele für Diversifikationen von Metaphern mit Jesus als Topic stellen die prädikativen Ich-bin-Worte des Johannesevangeliums dar. Dies ist zum einen darauf zurückzuführen, dass diese von Jesus selbst ausgesprochen werden und eine sehr einfache, klare Struktur haben, durch die ihr metaphorischer Charakter direkt offensichtlich wird. Zum anderen drücken sie einige Grundbedürfnisse des Menschen aus: nach Nahrung, Licht, Leben usw. (was zugleich eine Parallelität der *Grounds* aufzeigt) und stellen somit die Zuwendung Jesu zu den Menschen dar.[7] Außerdem stehen die Ich-bin-Worte nicht als Metaphern isoliert, sondern sind mit den umliegenden Erzähltexten, insbesondre mit Wundergeschichten verwoben (z.B. das erste Ich-bin-Wort und die Speisungsgeschichte).[8] Auf die prädikativen Ich-bin-Worte trifft das Grundcharakteristikum der Metapher zu, das Strub als

---

[5] »Von Gott kann als einem Felsen (Ps 62,8), einer Burg (Ps 46,8.12), einem Hirten (Ps 23,1), einer Frau (Dtn 32,18; vgl. Num 11,12), einem Bogenschützen (Klgl 2,4), einem Adler (Dtn 32,11), einem Löwen (Hos 5,14), einem Panther (Hos 13,7) und einem Bären (Klgl 3,10), ja sogar als einer Motte (Hos 5,12) die Rede sein. Solche Bildsprache drängt sich auf, wo beschreibende Sprache an ihre Grenzen stößt, also insbesondere bei Aussagen über Gott. Sie kann Gott nicht beschreiben, aber aspektiv etwas über ihn sagen.« K. Koenen, Art. Bildworte/Bildreden (AT) 1. Bildsprache und theologische Ausdrucksform, in: Das Wissenschaftliche Bibellexikon im Internet (www.wibilex.de), 2006 ((http://www.bibelwissenschaft.de/stichwort/15369/, Zugriff: 30.3.2016).

[6] Vgl. A. Goatly, The Language of Metaphors, London/New York [2]2011, 276-279.

[7] Vgl. L. Ryken/J. C. Wilhoit/T. Longmann III. (Hrsg.) Dictionary of Biblical Imagery, Downers Grove/Leicester 1998, 443 f. (Art. Jesus, Images of).

[8] Vgl. S. Petersen, Die Ich-bin-Worte als Metaphern am Beispiel der Lichtmetaphorik, in: J. Frey/J. G. van der Watt/R. Zimmermann (Hrsg.), Imagery in the Gospel of John. Term, Themes and Theology of Johannine Figurative Language (WUNT 200), Tübingen 2006, 121-138, bes. 124-126.

»kalkulierte Absurdität« bezeichnet.[9] Diese Absurdität wird noch zusätzlich potenziert, wenn man sich das dritte und vierte Ich-bin-Wort, die beide im gleichen Kontext rasch aufeinander folgen, genauer anschaut: »Ich bin die Tür zu den Schafen.« (Joh 10,7) und »Ich bin der gute Hirte.« (Joh 10,11). Jesus nimmt hier eine seltsame Doppelrolle ein. Kaum hat er sich selbst als Zugang zu den Schafen charakterisiert, wechselt er in die Rolle des Hirten. Das mit dem ersten Ich-bin-Wort aufgestellte Bild wird somit nur kurz darauf auf eigentümliche Weise durchbrochen. Dies wird noch dadurch verkompliziert, dass bereits zu Beginn des Johannesevangeliums Jesus zusätzlich als »Lamm Gottes« bezeichnet wird (Joh 1,29). Auch in Apk 7,17, wo davon die Rede ist, dass das »Lamm sie weiden wird«, findet sich diese merkwürdige Form von Doppelrolle, die eine bildhafte Vorstellung der Metapher erschwert. Was sollen solche Metaphernkombinationen im Hinblick auf Jesu Identität aussagen? Wird Jesus zum Hybrid? Deutlich wird an diesen Stellen ein grundlegendes Merkmal der Metapher: das *Vehicle* lässt den *Tenor* in jeweils besonderem Licht erscheinen. Durch das *Vehicle* werden bestimmte Aspekte des *Tenors* hervorgehoben und andere unterdrückt – jedes *Vehicle* transformiert den *Tenor*. Für die Autorinnen der neutestamentlichen Schriften waren die Person und die Idee Jesus aber so vielschichtig, dass keine einzelne Metapher als ausreichend empfunden wurde, um diese Komplexität angemessen auszudrücken. Das erklärt den kaleidoskopartigen Gebrauch von sehr unterschiedlichen *Vehicles*[10] – die *Diversification*. Im dritten und vierten Ich-bin-Wort und Apk 7,17, wird dieser Prozess jedoch noch dadurch verstärkt, dass die *Vehicles* aus dem gleichen Bildfeld stammen, was als »Metapherninkonsistenz« bezeichnet werden kann, ohne dass dieser Ausdruck negativ wertend gemeint ist. Unmittelbar nachdem Jesus in bestimmter Weise dargestellt wird, wodurch Assoziationen geweckt und intertextuelle Bezüge, zum Beispiel zur hebräischen Bibel hergestellt werden, wird diese Darstellung durch eine andere ergänzt, ihr geradezu widersprochen. Jesus ist nicht nur das Lamm (mit den möglichen Konnotationen Reinheit, Passivität, Opfertier, Passalämmer usw.), sondern auch der Hirte (mit möglichen Anklängen an Texte wie Ps 23, an eine aktive, leitende und beschützende Rolle). Er ist und bleibt aber auch das Lamm. Passagen wie diese zeigen auf, wie schwer es für die ersten Christinnen war, die Person und die Idee Jesus mit den begrenzten Möglichkeiten menschlicher Sprache zu beschreiben und wie spannungsvoll sie sie sahen.

---

[9] Vgl. C. Strub, Kalkulierte Absurditäten. Versuch einer historisch reflektierten sprachanalytischen Metaphorologie, Freiburg i.Br./München 1991. Den Zusammenhang von Ich-bin-Worten und »kalkulierten Absurditäten« stellt auch Hanna Roose auf: H. Roose, Art. Ich-bin-Worte, in: Das Wissenschaftliche Bibellexikon im Internet (www.wibilex.de), 2013 (Zugriff: 30.3.2016), 1. (http://www.bibelwissenschaft.de/stichwort/46917/).

[10] Vgl. Ryken/Wilhoit/Longmann (Hrsg.) Dictionary of Biblical Imagery, 438.

Metaphern mit Jesus als *Tenor* haben Vorstellungen von Jesus seit jeher geprägt und spielen auch im heutigen Jesusverständnis eine entscheidende Rolle. Dies liegt zum einen daran, dass sich diese Metaphern auf Jesusdarstellungen in der Kunst ausgewirkt haben - man denke nur an die zahlreichen Bilder, die Jesus als guten Hirten zeigen und die als Ausdruck von Volksfrömmigkeit so manches Wohn- und Schlafzimmer schmücken, oder an allegorische Jesusbilder in Kirchenräumen, wie etwa »The Light of the World« von William Holmann Hunt (1851-1853). Zum anderen gibt es Metaphern mit Jesus als *Tenor* nicht nur im Neuen Testament, sondern sie sind bis in die Gegenwart Ausdruck - oftmals neuer - Jesusbilder. Ein einprägsames Beispiel lieferte die im 14. Jahrhundert lebende englische Mystikerin Julian of Norwich, die Jesus vielfach als liebende Mutter beschrieb: »our tender mother Jesus«[11]. 1971 nannten Andrew Lloyd Weber und Tim Rice ihr Musical eindrucksvoll »Jesus Christ Superstar«. Und in der Ratgeberliteratur des 20. und 21. Jahrhunderts werden Jesus sehr verschiedene Rollen zugeschrieben - erwähnt seien nur exemplarisch die Bücher von Laurie Beth Jones, in denen Jesus unter anderem als »Life Coach«, »Career Counselor«, »Unternehmer« und »Firmenchef« bezeichnet wird.[12] Ungeachtet der Frage, wie adäquat diese neueren *Vehicles* den historischen Jesus oder die Idee Jesus charakterisieren, tragen sie doch zum Kaleidoskop der Jesusbilder und den damit verbundenen Jesus-Transformationen bei und zeigen, dass auch innovative Jesuskonzepte die spannungsvolle Ausdrucksmacht der metaphorischen Sprache nutzen, ja, dass sie darauf angewiesen sind.

2 Jesus als Vehicle

Während Metaphern mit Jesus als *Tenor* in den neutestamentlichen Schriften dominant sind und unser Bild von Jesus prägen, ist es weitaus schwieriger solche zu finden, in denen Jesus das *Vehicle* darstellt - was umgangssprachlich meist gemeint wird, wenn von »Jesus als Metapher« die Rede ist. Im Neuen Testament stechen jedoch zwei Sätze heraus, die eine Struktur »X ist Y« aufweisen, wie sie für die einfachste Form der Metapher, die auch in den prädikativen Ich-bin-Worten realisiert wird, typisch ist und in denen Teile Jesu die Rolle des Y, also des *Vehicles*, einnehmen. Es handelt sich dabei um die Einsetzungsworte zum letzten Mahl (Mt 26,26-28; Mk 14,22-24; Lk 22,19-20;

---

[11] J. of Norwich, Showings. Translated from the critical text with an introduction by E. Colledge, O.S.A. and J. Walsh, S.J., New York/Ramsey/Toronto 1978, 298 (Kap. 60).

[12] Vgl. L. B. Jones, Jesus, Life Coach. Learn from the Best, Nashville 2006. Dies., Jesus, Career Counselor. How to Find (and Keep) Your Perfect Work, Brentwood 2014. Dies., Jesus, Enterpreuner. Using Ancient Wisdom to Launch and Live Your Dreams, New York 2002. Dies., Jesus, CEO. Using Ancient Wisdom for Visionary Leadership, New York, 1995. (Deutsche Ausgabe: L. B. Jones, Jesus Christus, Manager. Biblische Weisheiten für visionäres Management, Wien 1996).

1Kor 11,24-25). Darüber, ob es zulässig sei, diese Aussagen als Metaphern aufzufassen, oder wie sie generell aufzufassen seien, gab es in der Geschichte des Christentums allerlei Streitigkeiten - am bekanntesten zur Zeit der Reformation. Rein formal besteht jedoch zwischen den Sätzen »Ich bin das Brot des Lebens« und »Dies ist mein Leib für euch« oder »Dieser Kelch ist der neue Bund in meinem Blut« kaum ein Unterschied. In beiden Fällen ist der Y-Teil des Satzes durch ein Genitivattribut, Adjektiv oder einen präpositionalen Ausdruck ausführlicher bestimmt und somit umfangreicher als der X-Teil. Zudem ist jedes Mal Kontextwissen erforderlich, um zu entschlüsseln, auf wen mit dem »ich« und auf was mit den Demonstrativpronomina verwiesen wird. Ganz isoliert oder ohne Hintergrundwissen ergeben diese Sätze also wenig Sinn. Aber auch mit diesem Wissen bleibt eine Spannung bestehen. Das X ist nun einmal - solange wir von unserem Weltwissen und gesundem Menschenverstand ausgehen - kein Y. In diesem Sinne sind auch die Abendmahlsworte Jesu »kalkulierte Absurditäten«. Auch Günter Bader hebt den metaphorischen Charakter der Metapher hervor:

> Die letzte Sprachschicht der Abendmahlsparadosis ist ebenso metaphorisch wie sie liturgisch ist. Metaphorisch ist sie, weil sie als Doppelbildwort formal zu den Gleichnissen Jesu gehört. Es ist Kennzeichen des Metaphorischen, daß dem ausgesprochenen Ist ein gleichstarkes Ist-Nicht entgegensteht, und zwar so, daß es das Ist aus seiner schlichten Affirmativität vertreibt. Es handelt sich evidentermaßen um Brot, von dem gesagt wird, es sei Leib, und um Kelch oder Wein, von dem gesagt wird, es sei Blut. Diese Affirmationen sind schon durch ihre kalkulierte Unwahrheit als Metaphern erkennbar. [...] Die Abendmahlsworte Jesu sind als behauptete Gleichnisse metaphorisch.[13]

Der Fülle an neutestamentlichen Metaphern mit Jesus als *Tenor* steht also eine (vierfach wiederholte) Doppelmetapher, in der Jesus sich selbst als *Vehicle* setzt, entgegen. Es ist daher wenig verwunderlich, dass ihr metaphorischer Gehalt nicht ganz unproblematisch ist. Dennoch handelt es sich bei diesen zwei Sätzen um für das Christentum maßgebliche Aussagen. Allerdings ist zu beachten, dass nicht Jesus in Gänze das *Vehicle* stellt - mit Leib und Blut werden jedoch konstitutive Bestandteile, zumindest auf körperlicher Ebene, angeführt.

Abgesehen von dieser neutestamentlichen Ausnahme kommen Metaphern mit Jesus als *Vehicle* im Mainstream der Theologie praktisch nicht vor. Sicherlich gibt es Ansätze, denen zufolge einzelne Aspekte der Lebensgeschichte

---

[13] G. Bader, Die Abendmahlsfeier. Liturgik. Ökonomik. Symbolik, Tübingen 1993, 30. Problematisch ist jedoch die Einordnung der Abendmahlsworte in die Gleichnisse bzw. Gleichnisworte. Hier erscheint es sinnvoller, jene als spezifischere Gattung anzusehen, die sich durch narrative Ausgestaltung auszeichnet und deren Grundlage eine Metapher, aber auch ein Vergleich oder eine Metonymie bilden kann.

Jesu, wie sie uns in den Evangelien erzählt wird, als *Vehicle*s von Metaphern gedeutet werden, etwa die jungfräuliche Empfängnis, einzelne Wundergeschichten oder die Auferstehung. Jesus selbst als *Vehicle* anzunehmen ist aber problematisch. Dies liegt möglicherweise zum einen an der Umstrittenheit des metaphorischen Charakters der Abendmahlsworte und der damit verbundenen Frage, ob es überhaupt angemessen ist, Jesus zum *Vehicle* einer Metapher zu machen oder ob nicht generell Jesus wörtlich gemeint ist. Zum anderen ist es aber auch schwierig, den in den Schriften des Neuen Testaments dargestellten Jesus als *Vehicle* einer Metapher anzunehmen, so lange man von seiner Historizität ausgeht. Für Vertreterinnen der Nichtexistenztheorie (englisch Nonexistence Hypothesis) bzw. der Jesus-Mythos-Hypothese, die im akademisch-theologischen Bereich sehr selten vertreten wird, ist dies aber möglich und mitunter plausibel. Die Nichtexistenztheorie geht, wie der Name es schon nahelegt, davon aus, dass es einen historischen Jesus nie gegeben hat, da die Evangelien und Paulusbriefen entweder in erheblichem zeitlichen Abstand zu dem in ihnen erzählten Wirken Jesu stehen oder von Nicht-Augenzeugen stammen und da es außerbiblisch an Belegen fehle. Zudem seien die in den Evangelien erzählten Motive mit denen paganer Mythen, insbesondere aus dem ägyptischen Kulturkreis, deckungsgleich. Somit handele es sich bei den Evangelien nicht um Reaktionen der frühchristlichen Autorinnen auf das Leben und Sterben des Jesus von Nazaret, sondern lediglich um einen synkretistisch aus Versatzstücken anderer Mythen zusammengestellten neuartigen Mythos.[14] Einige Vertreterinnen dieser Theorie gehen davon aus, dass sich hinter diesem Mythos eine tiefer liegende Wahrheit verbirgt. Die Lebensgeschichte Jesu wird zu einer Allegorie, also zu einer aus einzelnen kongruenten Metaphern bestehenden Erzählung, die wiederum eine Gesamtmetapher bildet. Jesus sei dabei das zentrale *Vehicle*, das es zu entschlüsseln gelte, um die wahre Aussage hinter der im Neuen Testament erzählten Geschichte zu erfahren. Populär wurde diese Auffassung durch den ersten Teil des 2007 veröffentlichten Online-Videos »Zeitgeist. The Movie« von Peter Joseph, das sich auf youtube und anderen Internetplattformen verbreitete und laut Angabe der offiziellen Homepage des Films bis 2013 über 300 Millionen Mal angesehen wurde.[15] Peter Josephs Quellen für den ersten Teil des Films stellen hauptsächlich die einem größeren Publikum weitaus weniger bekannten Werke von Jordan Maxwell (gebürtig Russel J. Pine) und Dorothy M. Murdock (bzw. D. M. Murdock), die auch unter dem Pseudonym Acharya S schreibt, dar. Die von allen dreien geteilte Theorie bringt Jordan Maxwell am eindrücklichsten auf den Punkt: »Jesus represents in the story a symbol. It's a meta-

---

[14] Vgl. R. E. VAN VOORST, Art. Nonexistence Hypothesis, in: Jesus in History, Thought and Culture 2, Santa Babara/Denver/Oxford 2003, 658-660.

[15] GENTLE MACHINE PRODUCTIONS LLC, The Zeitgeist Film Series. Official Website for Peter Joseph's Award Winning Documenary Trilogy. About, 2013 (http://www.zeitgeist movie.com/about.html, Zugriff: 30.03.2016).

phor, and Jesus is a metaphor for the sun. And so, boiling it down, Christianity is sun worship based on astrology, because nobody owns the sun. Africans don't own it, and we don't own the sun, so obviously the sun belongs to God - so it's God's sun [and/or son] and he's the light of the world.«[16] Es ist ganz offensichtlich, dass Maxwells Terminologie unscharf ist. Er gebraucht die Begriffe »Symbol« und »Metapher« synonym und meint offenbar nicht, dass Jesus eine Gesamtmetapher darstellt, sondern dass er das *Vehicle* in der Metapher »Die Sonne ist Jesus« bzw. - um sein Wortspiel aufzugreifen - »Gottes Sohn, d.h. Gottes Sonne ist Jesus« darstellt. Diese Auffassung, dass das Christentum und im Grunde genommen auch alle anderen Religionen auf Sonnenverehrung und Astrologie basiert, wird von ihren Vertreterinnen als »Astrotheologie« bezeichnet. Jordan Maxwell führt für diese Theorie auch die fragwürdige Begründung an, dass die Wörter für Sonne und Sohn im Englischen Homonyme sind und auch in anderen germanischen Sprachen eine enge Verbindung besteht (er geht nicht auf etwaige griechische, aramäische oder hebräische Begrifflichkeiten ein). Eine weitere Begründung für die These, dass mit dem Jesus des Neuen Testaments die Sonne gemeint ist, liegt in den - teils vermeintlichen - Parallelen zwischen den Jesuserzählungen und den Mythen paganer Sonnengötter.

Auch im Film Zeitgeist wird ein metaphorischer Bezug zwischen Jesus und der Sonne hergestellt - hier ist davon die Rede, dass Jesus die Sonne personifiziere, wobei eine Personifikation eine bestimmte Unterart der Metapher meint, in der der *Tenor* gegenständlich-abstrakt und das *Vehicle* menschlich ist. Peter Joseph sagt:

> The sun, with its life-giving and saving qualities was personified as a representative of the unseen creator or god -»God's Sun«, the light of the world, the savior of human kind. Likewise, the 12 constellations represented places of travel for God's Sun and were identified by names, usually representing elements of nature that happened during that period of time.[17]

Als weiteren Beleg für ihre Theorie, der bereits in diesem Zitat anklingt, führen Astrotheologinnen das Kreuz des Tierkreises (engl. Cross of the Zodiac) an, wobei die Mitte dieses Kreuzes die Sonne repräsentiert und die Enden die

---

[16] J. MAXWELL, Vortrag anlässlich der Project Camelot LA Awake and Aware Conference, 20 September 2009. Hier zitiert ist das Transkript, das online verfügbar ist: http://projectcamelot.org/lang/en/jordan_maxwell_awake_and_aware_en.html (Zugriff: 30.03.2016).

[17] P. JOSEPH/D. M. MURDOCK, The ZEITGEIST Sourcebook. Part 1: The Greatest Story Ever Told, Seattle 2010. 8 f. (pdf-Version: http://www.stellarhousepublishing.com/zeitgeistsourcebook.pdf).

Sonnenwenden und Tagundnachtgleichen.[18] Die Bewegung der Sonne durch den Tierkreis wird damit Episoden des Lebens Jesu gleichgesetzt. Die zwölf Tierkreiszeichen werden gleichzeitig als durch die zwölf Jünger repräsentiert gesehen als auch durch Abschnitte in Jesu Wirken: die jungfräuliche Geburt zeigt auf das Sternbild Jungfrau, die Berufung der Fischer auf das der Fische, der Verrat durch Judas auf das des Skorpions usw.[19] Aus diesem Sonnenkreuz lasse sich das im Christentum verbreitete Symbol ableiten - besonders deutlich sei das in den Fällen, in denen in der Mitte des Kreuzes ein Kreis (die Sonne) stehe - und an dieser Stelle kämen der ansonsten überdeckte Ursprung und die Botschaft des christlichen Glaubens noch zum Vorschein.[20] Freilich sind viele der vermeintlichen Belege für diese Theorie anachronistisch oder beruhen nicht auf wissenschaftlicher Forschung.

Obwohl die Behauptungen der Astrotheologinnen sich in den letzten Jahren, besonders durch das Internet und im englischsprachigen Raum, stark verbreitet haben, sind sie keineswegs neu. In den 1880er Jahren vertrat der englische Dichter Gerald Massey, der sich in den späteren Jahren seines Lebens mit Ägyptologie befasste, eine sehr ähnliche Theorie. Joseph, Maxwell und Murdock berufen sich auf seine Aussagen, wie sich leicht anhand der sehr ähnlichen Formulierungen feststellen lässt. Massey fasst dabei die Grundannahmen auf repräsentative, wenn auch weniger polemische Weise als seine Nachfolgerinnen, zusammenfassen:

> It is not that I deny the divinity of Jesus the Christ; I assert it! He never was, and never could be, any other than a divinity; that is, a character non-human, and entirely mythical, who had been the pagan divinity of various pagan myths, that had been pagan during thousands of years before our Era. Nothing is more certain, according to honest evidence, than that the scheme of Christian redemption is founded on a fable misinterpreted; that the prophecy of fulfillment was solely astronomical, and the Coming One as the Christ who came in the end of an age, or of the world, was but a metaphorical figure, a type of time, from the first, which could never take form in historic personality, any more than Time in Person could come out of a clock-case when the hour strikes; [...] and that the history in our Gospels is from beginning to end the identifiable story of the Sun-God and the Gnostic Christ who never could be made flesh.[21]

Die Ursprünge der Annahme einer Metapher mit Jesus als *Vehicle* und der Sonne als *Topic*, die die Grundlage der heutigen Astrotheologie bildet, sind jedoch noch ein Jahrhundert früher in Frankreich anzusiedeln. So nennt

---

[18] Vgl. z.B. J. MAXWELL, The Solar Cult, in DERS./P. TICE/A. SNOW (Hrsg.), That old time Religion, Escondido 2000, 35-74, hier 41.
[19] Vgl. MAXWELL, Solar Cult, 42-45.
[20] Vgl. MAXWELL, Solar Cult, 41.
[21] G. MASSEY, Astro-Theology, in: J. MAXWELL/ P. TICE/ A. SNOW (Hg.), That old time Religion, Escondido 2000, 5-24, hier 11 f.

Constantin François Volney, Orientalist und Philosoph, ein Unterkapitel seines Werks *Les Ruines. Ou Méditations Sur Les Révolutions Des Empires* von 1791 »Christianisme ou culte allégorique du soleil, sous ses noms cabalistique de Chris-en ou Christ et d'Yês ou Jesus«.[22] In ganz ähnlicher Weise trägt das neunte Kapitel des *Abrégé de l'origine de tous les cultes*, das erstmals 1798 vom Gelehrten und Politiker Charles Dupuis veröffentlicht wurde und in dem die Theorie ausführlich expliziert wird, den Titel: »Explication de la fable faite sur le Soleil, adoré sous le nom de Christ«.[23] Obwohl wiederum andere Termini verwendet werden, die auf mit der Metapher eng verwandte Phänomene abzielen – Allegorie und Fabel – ist hier dieselbe Theorie gemeint wie bei den zeitgenössichen Astrotheologinnen.[24]

Deutlich wird gerade bei Volney und Dupuis das Bestreben, alle Religionen auf denselben, sehr einfachen Ursprung zurückzuführen, womit generelle Religions- und Glaubenskritik verbunden wird. Auch heute findet sich die Behauptung, Jesus sei eine Personifizierung der Sonne, noch in atheistischen

---

[22] Vgl. C. F. VOLNEY, Les Ruines. Ou Méditations Sur Les Révolutions Des Empires, Paris 1791, 288-301.

[23] Vgl. C. DUPUIS, Abrégé de l'origine de tous les cultes. Tome Second, Paris 1801, 3-127.

[24] Möglicherweise kann neben der Astrotheologie auch in der Tiefenpsychologie, insbesondere im Ansatz Carl Gustav Jungs, eine Art Metapher mit Jesus als *Vehicle* bzw. ein analoges Phänomen ausgemacht werden. Jung spricht von »Christus als Symbol des Selbst« (C. G. JUNG, Aion. Beiträge zur Symbolik des Selbst (GW 9.2), Olten/Freiburg i. Br. 1976, 46-80) bzw. von »Christus als Archetypus« (C. G. JUNG, Versuch einer Psychologischen Deutung des Trinitätsdogmas, in: DERS., Zur Psychologie westlicher und östlicher Religion (GW 11), Olten/Freiburg i. Br. 1971, 119-218, hier 166-172). Auch das »göttliche Kind«, unter anderem also der Jesus der Geburtsgeschichten, ist bei ihm ein weiterer Archetypus. Wie die Astrotheologinnen weist Jung auf die Parallelen zwischen den Jesuserzählungen und nicht-christlicher Mythen hin (vgl. z. B. JUNG, Versuch einer Psychologischen Deutung, 162 f.), führt diese jedoch nicht auf die Neigung des frühen Christentums zum Synkretismus zurück, sondern auf die allen Mythen zugrunde liegenden Archetypen im kollektiven Unbewusstsein. Jung leugnet zwar nicht die Existenz Jesu, konstatiert aber, dass der historische Jesus nicht viel mit der Darstellung durch Bibel und Kirche gemein habe, die auf Projektionen seiner Rezipientinnen basieren: »Schon auf sehr früher Stufe also verschwand der wirkliche Mensch Jesus hinter den Emotionen und Projektionen seiner näheren und weiteren Umgebung; er wurde sofort und beinahe restlos an die seelischen ›Bereitschaftssysteme‹, die ihn umgaben, assimiliert und damit in deren archetypisch geformten Ausdruck umgewandelt. Er wurde zu jener kollektiven Gestalt, welche das zeitgenössische Unbewußte erwartete, und darum fragt man vergeblich, wer und wie er ›eigentlich‹ war« (JUNG, Versuch einer Psychologischen Deutung, 168). Man erkennt bei Jung also eine Unterscheidung von historischem Jesus und dem Christus des Kerygmas. Daher ist hier der Ausdruck »Jesus als *Vehicle*« nicht ganz zutreffend. Zudem ist Jungs Theorie und Terminologie komplex und teilweise irreführend, was ein In-Bezug-Setzen seines Symbol- und Archetypusbegriffs zum hier dargelegten Metaphernverständnis erschwert.

und antitheistischen Kontexten[25], daneben jedoch auch in größeren verschwörungstheoretischen Zusammenhängen, wie sie gerade bei Peter Joseph und Jordan Maxwell zu finden sind - im zweiten und dritten Teil des Filmes *Zeitgeist* geht es um Verschwörungstheorien zu den Anschlägen vom 11. September und zum amerikanische Bankenwesen, Jordan Maxwell hat sich unter anderem zu Freimaurern und Außerirdischen geäußert. Allen gemein ist, dass sie ihre Theorie auf etwas aufbauen, das von den Metaphernforschern George Lakoff und Mark Johnson »konzeptuelle Metapher« genannt wird, also einer Metapher, die - oft entwicklungspsychologisch bedingt - unser Denken, und die Art, wie wir die Welt sehen beeinflusst, sich verschiedentlich in Alltagssprache und Redewendungen äußert und sich auch in Mythologie und heiligen Schriften wiederfindet (im Übrigen bis hin in die Gegenwartsliteratur). Diese konzeptuelle Metapher ist »Positiv/Gut ist Hell; Negativ/Böse ist Dunkel«.[26] Sie wird von Jordan Maxwell auch explizit erwähnt, allerdings in umgekehrter Reihenfolge - »Licht ist gut, Dunkelheit ist schlecht«: »It was only a short step to see ›The Light of God's Sun‹ equated with righteousness and truth - and evil with darkness. From then on it was simple to understand... ›LIGHT was GOOD - DARK was BAD‹« [27]. Die Bewegung ist nicht wie bei Lakoff und Johnson vom Abstrakten hin zum Konkreten, sondern andersherum. Auch sonst ist in den Ausführungen der Astrotheologinnen auffällig, dass biblische und im Laufe der Kirchengeschichte geprägte Metaphern durchaus aufgegriffen, dabei aber umgedreht werden. In dem Satz »Jesus ist das Licht der Welt« ist Jesus nicht mehr *Tenor* und das Licht der Welt *Vehicle*, wie dies naheliegen würde, sondern genau umgekehrt. Hier zeigt sich auch ein anderes Metaphernverständnis. Die Astrotheologinnen können deshalb

---

[25] So etwa bei einem deutschsprachigen Vertreter der Astrotheologie, Jack Ryan, auf seiner Homepage und in seinem online veröffentlichten Buch: http://zeit-wen.de; J. RYAN, Zeitwende, Onlinversion 2010 (http://zeit-wen.de/pages/book/zeitwende.html; Zugriff: 30.03.2016). Die antireligiöse Haltung des Buches wird im Vorwort deutlich, die Astrotheologie im 4. Kapitel diskutiert, dabei speziell der »Sonnenkult Jesus« in Unterkapitel 4.3.

[26] Vgl. R. ZIMMERMANN, Christologie der Bilder im Johannesevangelium. Die Christopoetik des vierten Evangeliums unter besonderer Berücksichtigung von Joh 10 (WUNT 171), Tübingen 2004, 223. Zimmermann bezieht sich dabei auf Lakoff und Johnsons Theorie der ontologischen und attributiven Metaphernkonzepte. Lakoff und Johnson führen diese spezifische konzeptuelle Metapher nicht an, jedoch die verwandten Metaphern »GUT IST OBEN; SCHLECHT IST UNTEN« und »TUGEND IST OBEN; LASTER IST UNTEN«. Vgl. G. LAKOFF/M. JOHNSON, Leben in Metaphern. Konstruktion und Gebrauch von Sprachbildern, Heidelberg [7]2011. Die Schreibweise der konzeptuellen Metapher folgt hier der Systematik von Lakoff und Johnson, die Metaphernkonzepte in Kapitälchen setzen um sie von ihren sprachlichen Konkretisierungen abzuheben.

[27] MAXWELL, Solar Cult, 38. Die durchgehende Benutzung von Großbuchstaben stammt aus dem Original. Sie deutet aber nicht darauf hin, dass Maxwell hier eine konzeptuelle Metapher ausmacht, sondern entspricht seiner Gewohnheit, wichtige Dinge durch Majuskeln hervorzuheben.

den Begriff »Metapher« verkürzt für das *Vehicle* der Metapher verwenden, weil sie ein simplifiziertes und veraltetes Metaphernverständnis vertreten, das eher auf einer Ersetzung von Wörtern beruht. Zudem unterstreichen sie den verhüllenden Charakter der Metapher und halten sie für etwas, das dekodiert werden muss, um den wahren Sinn der Aussage zu erfahren – ganz ähnlich wie Adolf Jülicher dies tat, als er die Metaphern und Allegorien als verhüllende Rede von den Gleichnissen Jesu abgrenzte.[28]

3 JESUS ALS GESAMTMETAPHER

Auch wenn von Jesus als Gesamtmetapher in der theologischen Fachliteratur zumeist nicht die Rede ist, wird doch nicht selten Jesus als Gleichnis gesehen und das dem zugrunde liegende Gleichnisverständnis geht davon aus, dass, anders als zu Jülichers Zeiten, Gleichnisse auf Metaphern basieren bzw. narrativ ausgestaltete Metaphern darstellen. Theologinnen, die diese Bezeichnung Jesu als Gleichnis aufgegriffen haben, sind im englischsprachigen Raum beispielsweise Leander Keck, John R. Donahue und Sallie McFague, im deutschsprachigen etwa Dorothee Sölle, Eberhard Jüngel oder Eduard Schweizer, der sie sogar zum Titel einer Monographie über den irdischen Jesus machte: »Jesus, das Gleichnis Gottes«[29]. Auch wenn die Bezeichnung Jesu als »Gleichnis Gottes« bzw. als »parable of God« so gedeutet werden kann, dass hier eine Metapher vorliegt, in der Jesus das *Vehicle* und Gott den *Tenor* bildet, wird durch die Ausführungen der betreffenden Autorinnen deutlich, dass dies vielschichtiger gesehen werden muss. Sie gehen von den Gleichnissen Jesu als dem zentralen Element der Lehre Jesu und Verkündigung des Reiches Gottes aus und stellen Gemeinsamkeiten auf der einen Seite mit Metaphern und auf der anderen mit der Darstellung der Lebensgeschichte Jesu in den Evangelien heraus. So bemerkt Sallie McFague:

> The characteristics of metaphorical thinking we have suggested – ordinariness, incongruity, indirection, skepticism, judgment, unconventionality, surprise and transformation or revolution – especially as they are realized in Jesus' parables, have persuaded many people to think of Jesus as a parable of God.[30]

Der uns in den Evangelien präsentierte Jesus und seine Lebensgeschichte sind auf der einen Seite konventionell und menschlich-gewöhnlich, verhalten sich

[28] Vgl. A. JÜLICHER, Die Gleichnisreden Jesu. Bd. 1. Darmstadt 1976, 42-56.

[29] E. SCHWEIZER, Jesus, das Gleichnis Gottes. Was wissen wir wirklich vom Leben Jesu? (KVR 1572), Göttingen 1995. Schweizer verweist auf die vorherige Verwendung des Ausdrucks bei Sölle und Jüngel: a. a. O., 114 (Anm 189).

[30] S. MCFAGUE, Metaphorical Theology. Models of God in Religious Language, Philadelphia 1982, 18.

aber auf der anderen Seite konträr zu den Erwartungen und lassen immer wieder Züge des Göttlichen aufblitzen. Donahue macht dies insbesondere anhand des Markusevangeliums fest, in dem Jesus als zutiefst menschlich geschildert wird, die Verwunderung der Menge und Paradoxien wiederholt auftretende Motive darstellen und das sich immer wieder endgültigen Deutungsversuchen entzieht.[31] Es zeigt sich eine durchgängige Spannung zwischen Jesus als Menschensohn und als Gottes Sohn.

Die Gleichnisse Jesu haben jedoch nicht nur ähnliche Merkmale wie Metaphern, sondern in vielen Fällen auch einen parallelen Aufbau: Das Königreich Gottes wird durch eine bildhafte Geschichte verdeutlicht; man könnte somit die basileia in Analogie zum *Tenor* und die Gleichniserzählung zum *Vehicle* setzen[32]. Zwischen beiden besteht eine Verbindung, ähnlich dem *Ground* der Metapher, die jedoch meist nicht genauer explizierter wird und deren Herstellung den Rezipierenden überlassen wird. Das Verhältnis der Bestandteile ist wie bei der Metapher suggestiv. Es werden keine direkten Beziehungen hergestellt, sondern die Erzählung deutet auf das Königreich Gottes hin und lässt Assoziationen aufkommen ohne sie festzuschreiben oder zu analysieren.[33] Auf ganz ähnliche Weise werden auch durch die Lebensgeschichte Jesu und die narrative Ausgestaltung dieser Geschichte in den Evangelien das Reich und das Wesen Gottes deutlich gemacht. Jesu Leben ist jedoch nicht nur auf das Reich Gottes hin transparent und daher mit der bildlichen Erzählung des Gleichnisses gleichzusetzen, sondern in Jesus selbst ist das Reich Gottes auch gleichzeitig präsent, da durch ihn bereits angebrochen. Leander Keck schreibt dazu: »Since the whole Jesus was permeated by the kingdom of God, and since that kingdom is the effectuation of God's reign, it is Jesus as a whole who points to the kingdom in a new way.«[34] Es ist in diesem Sinne, dass Jesus als Gesamtgleichnis und somit auch als Gesamtmetapher gesehen werden kann. Und interessanterweise wiederholt sich hier das, was bereits unter dem ersten Punkt bezüglich des Lamm-Hirten-Tür-Bildkomplexes auffällig war: Jesus wird als derart komplex präsentiert, dass er mehrere Rollen gleichzeitig spielt und in sich zu einem geschlossenen Ganzen vereint.

---

[31] Vgl. J. R. DONAHUE, Jesus as a Parable of God in the Gospel of Mark, in: Interpretation 32.4 (1978), 369–386, bes. 375-385.

[32] Vgl. hierzu auch H. WEDER, Die Gleichnisse Jesu als Metaphern. Traditions- und redaktionsgeschichtliche Analysen und Interpretationen (FRLANT 120), Göttingen 1978.

[33] Vgl. L. KECK, A Future for the Historical Jesus. The Place of Jesus in Preaching and Theology, Nashville 1971, 244.

[34] KECK, A Future for the Historical Jesus, 245.

4 FAZIT

Metaphern stellen ihrem Wesen nach notwendigerweise Transformationen dar. Sie zeigen Gemeinsamkeiten auf, die nicht auf den ersten Blick wahrnehmbar sind, bringen Spannungen in ansonsten flüssige Textzusammenhänge, verkomplizieren und vereinfachen zur gleichen Zeit. Sie lassen uns eine Sache durch den Filter einer anderen sehen.[35] Im Grunde genommen kann von dem menschgewordenen Gott, dem fleischgewordenen Wort gar nicht anders als in irgendeiner Art metaphorisch geredet werden, wodurch immer wieder neue Aspekte in den Vordergrund treten und andere zurückgedrängt werden und das Jesusbild ein immer wieder anderes wird. Angesichts dieser Fülle und Vielfältigkeit erscheint eine Kafka zugeschriebene Metapher mit Jesus als *Tenor* durchaus ihre Berechtigung zu finden: Christus? »Das ist ein lichterfüllter Abgrund. Man muß die Augen schließen, um nicht abzustürzen.«[36]

---

[35] Vgl. BLACK, Metaphor, 75-78.
[36] G. JANOUCH, Gespräche mit Kafka. Aufzeichnungen und Erinnerungen, Frankfurt a.M. 1968, 223.

»... DA ER DER REGIERUNG NAHE STAND«

Talmudische Reflexionen zu Jesus und seinen Anhängerinnen

Elisa Klapheck

Ein entnervtes oder augenzwinkerndes: »Jetzt kann ich Jesus verstehen...« gehört zu den rabbinischen Bonmots. Man möchte einem jüdischen Gemeindevorstand mal die Meinung geigen, den Gemeindemitgliedern die Werte, auf die es ankommt, einhämmern und dem Gemeinde-Establishment klarmachen, dass man über ein anderes »Reich« redet als sie. Doch die jetzige Wirklichkeit des jüdischen Lebens zugunsten eines kommenden Reiches zu verwerfen, hätte in einer jüdischen Gemeinde wenig Sinn.

Das war es doch, was Jesus getan hat?! Er übte nicht so sehr Kritik gegen Andere - Römerinnen, Griechinnen, nichtjüdische Bewohnerinnen Palästinas - als gegen Jüdinnen! Es handelte sich um eine Kritik an der jüdischen Wirklichkeit. Leider führte Jesu Vorbild nicht in demselben Maße zu einer innerchristlichen Kritik wie die innerjüdische Kritik zum Judentum gehört. Stattdessen verwendeten Christinnen in späteren Jahrhunderten Jesu Kritikpunkte gegen ihre jüdischen Zeitgenossinnen. Da war das Machtgefälle zwischen der Kirche und der jüdischen Gemeinschaft bereits zu groß und die christliche Judenverachtung zu weit gediehen, als dass Jüdinnen Jesu Kritik auf die eigene Gemeinschaft hätten beziehen mögen. Dem entsprechend konnte Jesus im Judentum nie die Rolle spielen, für die er sich dem Evangelium zufolge auserkoren gefühlt hatte - die jüdische Selbstkritik.

Sie hat im Judentum eine lange Tradition. Der Talmud, dessen Ursprünge in der Zeit liegen, in der Jesus wirkte, ist ein riesiges Zeugnis innerjüdischer Streitkultur und Selbstkritik. Historische Unbill galten schon in der Bibel als Strafe für religiöses Fehlverhalten. Jesu Kritik passte durchaus in den jüdischen Duktus. Der jüdischen Wissenschaft ab dem 19. Jahrhundert fiel es darum leicht, Jesus als Juden darzustellen und seine in den Evangelien überlieferten Aussagen im jüdischen Kontext zu erhellen. Wohlbemerkt den Jesus in den Schriften, die das *Christentum* begründeten.[1]

---

[1] Für das 19. Jahrhundert ist vor allem Abraham Geiger, der Begründer des Reformjudentums, zu nennen. Siehe hierzu S. HESCHEL, Der jüdische Jesus und das Christentum. Abraham Geigers Herausforderung an die christliche Theologie, Berlin 2001. Im frühen 20. Jahrhundert prägte LEO BAECK die jüdische Auseinandersetzung mit Jesus, z. B.: Das Evangelium als Urkunde der jüdischen Glaubensgeschichte, Berlin 1938; nach der Schoa setzten Schalom Ben-Chorin, Pinchas Lapide oder David Flusser diese Ausei-

Wie aber sieht es mit Jesus in den *rabbinischen Schriften* aus – dem Talmud und den Midraschim, das heißt den Schriften, die das *Judentum* begründeten?

Jüdinnen haben heute die Tatsache, dass mit Jesus eine andere Religion entstanden ist, zumeist so sehr verinnerlicht, dass kaum mehr gefragt wird, ob er auch eine eigene Rolle im Judentum hat. Ab und an blinkt in den rabbinischen Bonmots etwas auf. Das zeigt, dass etwas von ihm im Judentum geblieben ist – etwas, das man sofort versteht, ohne es erklären zu müssen. Heute ist das aber nicht so sehr Jesu Kritik wie sie etwa aus der Bergpredigt spricht und von Jüdinnen zumeist nur als ein tiefer Unterschied zwischen Christentum und Judentum wahrgenommen wird.[2] Es ist vielmehr das Bewusstsein für die Existenz einer Alternative, die Jesus damals und mehr noch seine Anhängerinnen innerjüdisch geschaffen hatten. Es ist das Gefühl einer Erleichterung darüber, dass die eigenen religiösen Anschauungen nicht das Ganze abdecken, es auch gar nicht könnten. Deswegen muss man aber nicht »übertreten«, nicht »Christin« werden und mit dem Eigenen brechen. Das Andere ist ja gerade im Eigenen mit angelegt – und es reicht, wenn es nur als Alternative existiert, ohne dass man sich dafür entscheiden müsste.

Es gibt den berühmten Witz von den zwei Synagogen, die ein gestrandeter Jude auf einer unbewohnten Insel baut. Warum zwei Synagogen? Die eine, in die er mit Überzeugung am Schabbat geht – die andere, in die er bewusst nicht geht! Beide haben ihre Rolle.

Jesu heutige Rolle im Judentum ist die der Alternative, die man *nicht* ergreift. Es reicht, dass sie da ist – und dass sie irgendwo am Horizont noch zum Eigenen gehört zugleich aber anders genug ist, um die Kontur des Eigenen als anders zu schärfen.

Das Bewusstsein einer solchen Alternative bleibt ein ambivalentes Unterfangen. Eine Alternative setzt einerseits den Standpunkt eines Mainstreams voraus. Der gibt den Ton vor, gegen den sich die Alternative richtet. Eine Alternative hat jedoch zwei Seiten. Die eine ist dem Mainstream kritisch zugewandt, ihm damit aber noch verbunden. Die andere Seite wendet sich ab und bildet, wenn sie erfolgreich ist, irgendwann etwas Eigenes. Wo liegt die Grenze der Noch-Zugehörigkeit, wann beginnt die unvereinbare Eigenständigkeit? Diese Frage unterliegt den Passagen im Babylonischen Talmud, die von Jesus und seinen Anhängerinnen erzählen.

---

nandersetzung fort. Mittlerweile bildet sich eine neue Generation von jüdischen Jesus-Interpretinnen. Ein wichtiges Werk ist das von A.-J. LEVINE, The Misunderstood Jew. The Church and the Scandal of the Jewish Jesus, New York 2007. In Deutschland trägt derzeit vor allem Walter Homolka zur jüdischen Jesus-Forschung bei, siehe W. HOMOLKA, Jesus von Nazareth im Spiegel jüdischer Forschung, Berlin 2009.

[2] Siehe z. B. J. NEUSNER, Ein Rabbi spricht mit Jesus: ein jüdisch-christlicher Dialog, München 1997.

Der Babylonische Talmud ist das große rabbinische Werk, das im 6. Jahrhundert vollendet wurde und zusammen mit der Hebräischen Bibel, dem Alten Testament, den Boden bildet, auf dem das Judentum bis heute steht. In diesem Aufsatz werde ich anhand verschiedener Beispiele Jesu Rolle im Talmud diskutieren. Die Stellen zeigen, dass die einstigen Rabbinen in Jesus zwar einen Abtrünnigen sahen, die Auseinandersetzung mit ihm aber bis zu einem gewissen Grade auch mit einer Selbstkritik verbinden. Jesu Anhängerinnen gehören teilweise noch zum jüdischen Konsensus, teilweise auch nicht. Die Beschreibungen sind natürlich keine authentischen Zeugnisse aus der Zeit von Jesus, sondern Darstellungen, mit denen sich der Talmud im 6. Jahrhundert gegen die Konkurrenzreligion aufstellte. Es ist klar, dass der Talmud das Christentum nicht gutheißt und ab einem gewissen Punkt vehement ablehnt. Trotzdem erstaunt heute die mitunter subtile Darstellung. Im talmudischen Zeugnis bleiben Jesu Anhängerinnen, egal ob sie sich nur vorübergehend oder dauerhaft der neuen Bewegung anschlossen, immer noch Jüdinnen. Bisweilen gewinnt man den Eindruck, dass der Talmud denjenigen, die Neugier für das Christentum zeigten, ein gewisses Verständnis entgegenbringt. Jedenfalls sind ihre Aussagen für die Auseinandersetzungen der nachfolgenden Generationen erhalten geblieben. Meine Vermutung ist, dass der Talmud die Existenz der innerjüdischen Alternative nicht grundsätzlich verwirft, sondern Wege sucht, die mit dem Christentum sympathisierenden Jüdinnen innerhalb des Judentums zu halten. Zugleich zog der Talmud jedoch eine Grenze. Sie definiert, ab wann sich die Alternative gegen das Judentum richtet und zu verdammen wäre. Erstaunlicherweise liegt diese Grenze, wenn ich die Textstellen richtig deute, weniger in den religiösen Inhalten als im politischen Verhalten.

Mit meiner Vermutung verweise ich zugleich in eine Transformation innerhalb der jüdischen Jesus-Forschung. In der Vergangenheit wurde Jesus von Juden zumeist nur im Lichte der christlichen Zeugnisse – vor allem der Evangelien – erklärt. Das stärkte die christliche Seite im christlich-jüdischen Dialog, die Jesus als Juden verstehen will. Wenig Auseinandersetzung gab es jedoch mit den *rabbinisch-talmudischen* Aussagen zu Jesus – also der *innerjüdischen* Rolle von Jesus. Peter Schäfers Buch »Jesus im Talmud« hat den Blick auf die talmudischen Quellen neu erschlossen. Allerdings betont seine Darstellung eine aggressive Anti-Haltung der talmudischen Rabbinen gegen Jesus.[3] Das Schäfers Darstellung prägende Bild ist eine Textstelle, die Jesus in der Hölle beschreibt, wo er der talmudischen Erzählung zufolge in seinen

---

[3] P. SCHÄFER, Jesus im Talmud, Tübingen [3]2017. Zum Horizont dieses Buches gehören frühere Auseinandersetzungen mit den Textstellen über Jesus und das Christentum im Talmud, insbesondere M. GOLDSTEIN, Jesus in the Jewish Tradition, New York 1950; sowie J. MAIER, Jesus von Nazareth in der talmudischen Überlieferung, Darmstadt 1978. Siehe außerdem A. H. BECKER/A. Y. REED, The Ways that Never Parted, Tübingen 2003.

eigenen Exkrementen schmort.[4] Ohne diese Passage verdrängen zu wollen, meine ich, dass in Schäfers Deutung die einstige Ambivalenz der Rabbinen zu kurz kommt und sein gleichwohl wichtiges Buch der Rolle von Jesus für das Judentum nicht gerecht wird. Indem ich die talmudischen Passagen über Jesus und die Christeninnen von einem anderen Ausgangspunkt her aufzäume, ergibt sich ein vielschichtigeres Bild. Es gab prominente Rabbiner, die Kontakt zu Christinnen suchten. Daniel Boyarin hat die frühe Zeit des (jüdischen) Christentums, als die Grenze zwischen jüdisch-messianistischen Schriften und Evangelien kaum zu ziehen war, als eine eigene jüdische Epoche dargestellt.[5] Dass der Talmud später die Begegnungen nicht verschwieg und erstaunlicherweise auch nicht verurteilte, beweist aus meiner Sicht eine Ambivalenz, die nicht nur negativ verstanden werden muss. Jesus und seine Anhängerinnen behielten die Funktion der kritischen Spiegelung. Sie diente auch der Selbstvergewisserung. Bis wohin ging das Judentum, ab wann war es etwas anderes. Könnte aber das Andere das Eigene herausfordern – ja, ihm sogar Kontur geben?

Es geht mir somit im Folgenden nicht um eine jüdische Interpretation der *Evangelien*. Vielmehr werde ich allein auf Stellen im *Babylonischen Talmud* eingehen, die von Jesus und seinen Anhängerinnen handeln. Sie finden sich verstreut in verschiedenen Traktaten und ergeben keine zusammenhängende Darstellung. Je nach Auswahl und Fragestellung erlauben sie unterschiedliche Deutungen.[6] Ich beanspruche mit meiner Analyse keine abschließende Sicht – zumal mir daran liegt, die Stellen jeweils einzeln als Medium für den jüdischen Diskurs über das Christentum zu erschließen. Mir ist bewusst, dass meine Auswahl nicht umfassend ist und es noch andere Textstellen gibt, die wiederum andere Deutungsrichtungen zulassen würden. Eine Auseinandersetzung mit allen Passagen übersteigt jedoch den Rahmen dieses Aufsatzes – und ist auch nicht meine Intention. Ich meine, dass eine selektive Auswahl gerechtfertigt ist, weil der Talmud selbst keine Gesamtdarstellung in Bezug auf Jesus anstrebt. Vielmehr verweist er im Kontext ganz unterschiedlicher inhaltlicher Fragestellungen auf Jesus und seine Anhängerinnen. Die von mir gewählten Textpassagen werde ich ebenfalls jeweils mit einer Fragestellung verknüpfen, die die Funktion von Jesus und seinen Anhängerinnen für das rabbinische Judentum erhellen könnte. Diese sind:

---

[4] BT Gittin 56b-57a.

[5] S. D. Boyarin, The Jewish Gospels. The Story of the Jewish Christ, New York 2012 (dt. Übersetzung: Die jüdischen Evangelien, Würzburg 2015).

[6] Peter Schäfer erklärt die von ihm hervorgehobene hässliche Einstellung des Talmuds gegenüber Jesus damit, dass der Babylonische Talmud außerhalb des Römischen Reiches aufgeschrieben wurde. Dort brauchten die Rabbinen keine Rücksicht auf die politische Macht zu nehmen, die die Kirche im 6. Jahrhundert im Römischen Reich besaß.

1. Imma Schaloms Besuch bei einem Philosophen/Das Evangelium als Alternative für geschasste Rabbiner und gelehrte Rabbinerfrauen?
2. Das Abidan-Lehrhaus / Dialog der Weltanschauungen für ein weltoffenes Judentum?
3. Libertär und rigoros zugleich / Jesus Charakter als Spiegel einer zu strengen rabbinischen Moral?
4. Die fünf Schüler / Religiöse oder politische Schuld?

I Imma Schaloms Besuch bei einem Philosophen. Das Evangelium als Alternative für geschasste Rabbiner und gelehrte Rabbinerfrauen?

Im Talmud-Traktat »Schabbat« findet sich folgende Geschichte:

> Imma Schalom, die Frau des Rabbi Elieser und Schwester Rabban Gamliels, hatte einen Philosophen in der Nachbarschaft, der im Rufe stand, keine Bestechung zu nehmen, und sie wollten sich über ihn lustig machen. Da brachte sie ihm eine goldene Lampe, trat vor ihn und sprach: Ich möchte einen Anteil an der Erbschaft des Menschenhauses erhalten. Da sprach dieser: So teilet unter euch. Darauf sprach jener: Bei uns heißt es: Wenn ein Sohn vorhanden ist, erbe die Tochter nicht mit. Dieser erwiderte: Seit dem Tage, an dem ihr aus eurem Lande vertrieben worden seid, wurde das Gesetz Moses aufgehoben und das Evangelium gegeben, und in diesem heißt es: Sohn und Tochter sollen gleichmäßig erben. Am nächsten Tage schenkte er ihm einen lybischen Esel. Da sprach dieser: Sehet die Fortsetzung im Evangelium, und da heißt es: Ich bin nicht das Gesetz vermindern gekommen, und auch nicht hinzufügen. In diesem aber heißt es: Wenn ein Sohn vorhanden ist, erbe die Tochter nicht mit. Hierauf sprach sie: Lasse doch dein Licht gleich einer Lampe leuchten. Da sprach Rabban Gamliel: der Esel kam und stieß die Lampe um.[7]

Späteren Kommentatoren wie Raschi war es wichtig, die Bestechlichkeit des Philosophen hervorzuheben, so dass er von vornherein in einem negativen Licht steht. Aber ist die Bestechlichkeit des Philosophen, der im Evangelium bewandert ist, das leitende Thema dieser Geschichte? Und wer wollte sich darüber »lustig machen«? *Le'achoche (achuchi)* – das hier gebrauchte aramäische Wort für »lachen« mit »sich lustig machen« zu übersetzen, wie es die deutschsprachige Goldschmidt-Ausgabe des Talmuds aus den 1930er Jahren tut,[8] ist durchaus richtig. Entspricht dies aber auch einer grundsätzlich negativen Bewertung des Philosophen durch den Talmud? Imma Schalom, die Frau

---

[7] BT Schabbat 116a-b.

[8] Babylonischer Talmud, ins Deutsche übertragen von L. GOLDSCHMIDT (1930-36), Frankfurt/M. 1996, Bd. 1, 792.

in dieser Geschichte, erscheint von ihm beeindruckt. »Lasse doch dein Licht gleich einer Lampe leuchten!« Das ist nicht irgendeine Lampe, sondern eine *Menora*, wie Raschi[9] erklärt - ein siebenarmiger Leuchter, wie er auch im Tempel gestanden hatte. Rabban Gamliel, der Bruder von Imma Schalom bekommt jedoch das letzte Wort in der Erzählung - und das fällt nicht positiv aus: »Der Esel kam und stieß die Lampe um.«

Sich über jemanden lustig machen zu wollen, ist riskant. Oft überdeckt es nur die versteckte Anerkennung. Sie ist mitunter existentieller, als man sich eingestehen möchte. Der Geschichte zufolge könnte es sein, dass Imma Schalom durchaus jemanden sucht, der moralisch unbestechlich ist. Um aber nicht zugeben zu müssen, dass dies ein im Evangelium bewanderter Philosoph sein könnte, nimmt sie zunächst eine Haltung ein, ihm zwar begegnen zu wollen, aber nur um ihn danach abtun zu können. Imma Schalom hat jedoch Gründe, neue Verbündete zu finden - und das nicht einmal nur für sich selbst, sondern auch für ihren Mann und ihren Bruder. Sie war die Frau von Rabbi Elieser ben Hyrkanus, der in der berühmten Geschichte des »Ofen von Achnai«[10] von seinen Rabbiner-Kollegen geschasst wurde. Außerdem war sie die Schwester von Rabban Gamliel, dem autokratischen, jedoch irgendwann ebenfalls entmachteten rabbinischen Oberhaupt der Juden im Palästina des 1. Jahrhunderts. Der Talmud sagt nicht ganz klar, wer mit »sie« gemeint ist. Das erlaubt zwei Deutungen. Nach der üblichen Deutung sucht Imma Schalom zusammen mit ihrem Bruder den Philosophen auf, also mit Rabban Gamliel, der jedoch nichts von dem Philosophen hält. Das würde die Negativsicht bestätigen. Nicht nur sei der Philosoph bestechlich - er nimmt die goldene Lampe und den lybischen Esel als Bestechungsgeschenke an - die Begegnung wäre dann auch grotesk sinnlos: der Esel kommt und stößt die Lampe um.

Genauso gut könnte es aber Rabbi Elieser sein, der Imma Schalom zum Philosophen begleitet. Die Geschichte würde dann in einem anderen Licht erscheinen. Denn bei Rabbi Elieser hat man immer wieder, nicht zuletzt im Talmud selbst, gemunkelt, dass er mit dem Christentum liebäugelte. Nach der furchtbaren Demütigung, die ihm durch den Ausschluss aus dem Rabbinerkollegium zugefügt worden ist, wäre es nur verständlich, wenn er die Seite zu den Frühchristinnen oder anderen Sektiererinnen wechselt. Die talmudische Erzählung über den Ofen von Achnai beschreibt den Eklat mit Rabbi Elieser. Sein Standpunkt war den Rabbinen zu rigoros - wenn nicht zu fanatisch. Er bemüht Wunder und die Stimme des Himmels zum Beweis dafür, dass er Recht hat. Doch für die Rabbinen gelten inzwischen nur noch Argumente und die Mehrheitsentscheidung. Diese für die talmudische Kultur so wichtige Transformation hat Rabbi Elieser nicht mitgemacht. Die Rabbinen überstimmen ihn und schließen ihn aus. Erstaunt es, wenn er und seine Frau bei je-

---

[9] Akronym für Rabbi Schlomo ben Jizchak (Salomo ben Isaak), 11. Jhr., maßgeblicher Kommentator der Hebräischen Bibel und des Talmuds.

[10] BT Bawa Mezia 59a-b.

nem Philosophen anklopften, um mehr über das Evangelium zu erfahren – und herauszufinden, ob es eine Alternative für sie bieten könnte?

Rabbi Eliesers im Talmud beschriebenen Kontakte mit Christinnen sind in der jüdischen Jesusforschung mehrfach thematisiert worden – bis hin zur Frage, ob Rabbi Elieser Jesus gewesen sei.[11] Der Talmud erzählt zum Beispiel, dass Rabbi Elieser in der Zeit der Christenverfolgungen verhaftet wurde. Nach seiner Freilassung habe er seinem Schüler Rabbi Akiba gestanden, durchaus von den christlichen Lehren fasziniert zu sein.

Die Rabbanan lehrten: Als Rabbi Elieser wegen Häresie (Mitgliedschaft bei judenchristlichen Sektierern) inhaftiert wurde, führte man ihn aufs Schafott, um ihn abzuurteilen. Da sprach der Hegemon zu ihm: Wie kann ein Greis wie du sich mit solchen nichtigen Dingen befassen!? Dieser erwiderte ihm: Der Richter hat Recht! Jener Hegemon glaubte, dass er damit ihn meine, während er aber seinen Vater im Himmel meinte. Hierauf sprach jener: Da du mir recht gegeben hast, so sollst du, bei Gott, frei sein. Als er nach Hause kam, traten seine Schüler zu ihm ein, um ihn zu trösten, er aber nahm keinen Trost an. Da sprach Rabbi Akiba zu ihm: Meister, willst du mir erlauben, dir etwas von dem zu sagen, was du mich gelehrt hast? Dieser erwiderte: Sprich. Da sprach er zu ihm: Meister, vielleicht hast du etwas Häretisches gehört, und gefiel dir dies, und bist deshalb inhaftiert worden? Dieser erwiderte: Akiba, du hast mich erinnert; einst ging ich auf dem oberen Markte von Sepphoris und traf da einen von den Schülern Jesus des Nazareners, namens Jakob aus Kefar Sechanja, und er sprach zu mir: Es heißt in eurer Tora »du sollst nicht Hurenlohn, etc. bringen« (Dtn 23,19); darf man dafür einen Abort für den Hochpriester errichten? Ich erwiderte ihm nichts. Da sprach er zu mir: So lehrte mich Jesu der Nazarener: »denn von Hurenlohn ist es zusammengebracht und zu Hurenlohn soll es wieder werden« (Micha 1,7); von Unrat kam es und zu Unrat soll es wieder zurückkehren. Dies gefiel mir, und dieserhalb bin ich wegen Häresie inhaftiert worden. Ich übertrat das Schriftwort: »lass deinen Weg fern von ihr sein« (Spr. 5,8), das ist die Häresie; »und nahe dich nicht der Tür ihres Hauses«, das ist die Obrigkeit. Manche erklären: »Lass deinen Weg fern von ihr sein«, das sind die Häresie und die Obrigkeit; »nahe dich nicht der Tür ihres Hauses«, das ist eine Hure.[12]

Ich habe die Geschichte in voller Länge zitiert, weil sie eine eventuell mit den Christinnen geteilte Kritik gegen das Priesteramt ausdrückt. Zugleich spricht aus ihr eine mit der rabbinischen Negativhaltung gegen das Christentum verknüpfte Distanz zur »Obrigkeit«, auf die ich später noch eingehen werde. Rabbi Elieser gefällt zwar der Seitenhieb gegen das jüdische Priesteramt (Hu-

---

[11] Siehe z. B. J. NEUSNER, Eliezer ben Hyrcanus. The Tradition and the Man. 2 Bde., Leiden 1973, Vol. II, 256 ff., 330 ff.; außerdem D. BOYARIN, Martyrdom and the Making of Christianity and Judaism, Stanford 1999, darin das Kapitel 1. The Close Call; Or, could a Pharisee Be a Christian?, 22 ff.

[12] BT Awoda Sara 16b-17a.

rensohn für den Abort des Hohenpriesters). Doch von mehr ist nicht die Rede. Rabbi Elieser bleibt Jude. Alle bisherige jüdische Forschung über ihn kommt zu dem Schluss, dass er kein Christ war – und auch der Talmud verurteilt ihn nicht ob seiner Kontakte. Kritisiert wird vielmehr die kompromisslose Art, mit der die Rabbinen Rabbi Elieser ausschlossen – und an anderer Stelle wird beschrieben, wie seine Verzweiflung darüber im Himmel erhört wurde.[13]

Doch auch Rabban Gamliel, der Bruder von Imma Schalom, hatte vorübergehend Grund, sich neue Freunde zu suchen. Eine fast ebenso berühmte Geschichte erzählt, wie er für seinen autokratischen Stil kritisiert wird und ihn deshalb das Rabbinerkollegium entmachtet.[14] Rabban Gamliel sah in der misslichen Situation jedoch eine Chance für Selbstreflexion. Am Ende entschuldigte er sich öffentlich und erhielt zum Dank seine alte Position zurück. Es wäre nachvollziehbar, wenn auch er in der Zwischenzeit mal bei den Christinnen vorbeischaut...

Für mich geht es jedoch in dieser Geschichte nur bedingt um diese beiden Männer. Die eigentliche Protagonistin ist Imma Schalom. Ihre Aussage erhellt den tieferen Sinn:

»Ich möchte einen Anteil an der Erbschaft des Menschenhauses erhalten.«

Ich habe das im Aramäischen unklar ausgedrückte *Bej Naschi* oder *Bej Naschej* oder *Bej Nassi* als »Menschenhaus« im Sinne von Menschheit verstanden. Die bisherigen Übersetzungen und rabbinischen Kommentare gehen allerdings in verschiedene Richtungen. Eine versteht unter *Bej Naschej* das »Haus meines Mannes«, mehr noch das der Eltern von Rabbi Elieser. Das würde bedeuten, dass Imma Schalom materiell von ihren Schwiegereltern erben will. Eine andere Richtung liest *Nassi* und spricht vom »Fürsten« – danach würde Imma Schalom einen Anteil an der Erbschaft des Oberhauptes, des »Fürsten« der jüdischen Gemeinschaft, haben wollen, in diesem Fall ihres Bruders Rabban Gamliel oder der Dynastie ihrer Familie, die das frühe rabbinische Judentum prägte. Die Familie führte sich auf keinen geringeren als König David zurück und sah sich damit in einer messianischen Linie.

Ich meine jedoch, dass Imma Schalom hier vor allem als Frau einen grundsätzlichen Anspruch auf Gleichberechtigung ausdrückt.[15] Sie gehörte zu den wenigen gelehrten Frauen, die der Talmud mit ihrem Namen nennt. Es wäre nur verständlich, wenn sie sich als legitime – geistige und materielle – Erbin mit Führungsanspruch sieht. Doch die Halacha, die jüdischen Gesetze, folgten der patriarchalen Logik und bevorzugten die Söhne als Erben. Auch wenn es nicht stimmt, dass das Neue Testament Frauen gleiche Rechte auf dem Gebiet des Erbrechts gegeben hat, beunruhigte die Rabbinen offensichtlich die Existenz eines Evangeliums, das auf seine eigene Weise den unterge-

---

[13] BT Bawa Mezia 59b.

[14] BT Brachot 27b-28.

[15] S. hierzu den aufschlussreichen Eintrag »Imma Schalom« in P. BÈBE, Isha. Frau und Judentum. Enzyklopädie, Egling an der Paar 2004.

ordneten Status der Frauen berührt und diese eventuell zu mehr Rechtsansprüchen ermutigt. Tatsächlich wurden in dieser Zeit die Rechte der Frauen auch von den Autoren der Mischna, der im 2. Jahrhundert veröffentlichten, ältesten Schicht des Talmuds, neu diskutiert. Mehrere Traktate regelten und erweiterten ihre Rechte. Imma Schalom - aber auch anderen Frauen der rabbinischen Elite ging das vielleicht nicht weit genug. Geschichten über Beruria oder Jalta bezeugen Wutausbrüche gegen ihre Diskriminierung - absurde Geschichten, über die Generationen von Talmud-Schülern später schmunzeln würden und deren politische Tragweite erst die jüdischen Feministinnen im 20. Jahrhundert formulierten.[16]

Es erstaunt trotzdem, dass Imma Schalom den Anspruch auf Gleichberechtigung mit Hilfe eines christlich bewanderten Philosophen im Talmud thematisiert und der Talmud dem Evangelium auf diese Weise ein Bewusstsein für Frauenrechte bescheinigt. Was dereinst in der Tora mit der Geschichte der Töchter von Zelofechad begann: Wenn es keine Söhne gibt, erben die Töchter[17] - hatte, wie der Talmud irrtümlich meinte, seine Fortsetzung im Evangelium.

Wäre es auch eine Fortsetzung des Judentums? Oder wäre es ein Bruch mit dem Judentum? Der Philosoph sieht es als Bruch an: »Seit dem Tage, an dem ihr aus eurem Lande vertrieben worden seid, wurde das Gesetz Moses aufgehoben und das Evangelium gegeben, und in diesem heißt es: Sohn und Tochter sollen gleichmäßig erben« - zugleich sieht er es aber auch als »Fortsetzung«: »Sehet die Fortsetzung im Evangelium, und da heißt es: Ich bin nicht das Gesetz vermindern gekommen, und auch nicht hinzufügen.« Genau hierin liegt die Ambivalenz der Alternative. War sie noch dem Mainstream des Judentums zugewandt? Oder bildete sie bereits etwas unüberbrückbar Eigenes?

Ein Bruch mit dem Gesetz Moses wäre sicherlich keine Option für Imma Schalom gewesen. Dem rabbinischen Kommentar zufolge habe der Philosoph als Zeichen seiner Bestechlichkeit ohnehin nur Imma Schalom nach dem Munde geredet. Er nahm die goldene Lampe an und sagte ihr zum Dank, was sie hören wollte. Es geht in dieser Geschichte jedoch nicht um ihn, sondern mindestens genauso um Imma Schaloms Anspruch. Dass sie ihm eine goldene Lampe schenkte, liest sich auch als ein symbolischer Wink zum Licht des Tempels. Rabban Gamliel oder Rabbi Elieser schenkte ihm einen lybischen Esel - eine Eselsorte von besonders hoher Qualität. Auch dieses Geschenk braucht nicht zwingend Bestechung zu bedeuten, sondern kann in Bezug auf den Tempel interpretiert werden. Die Tora schreibt vor, dass erstgeborene Esel ,wie auch erstgeborene Menschen, »ausgelöst« werden müssen,[18] weil sie maßgeblich am Tempelbau beteiligt waren. Imma Schalom reagiert begeistert

---

[16] Zu Beruria, siehe BT Eruwin 53b; zu Jalta BT Brachot 51b.

[17] Num 27.

[18] Ex 13,13.

auf die Aussagen des Philosophen: »Lasse doch dein Licht gleich einer Lampe leuchten!« Aber der Talmud mag ihr nicht das letzte Wort geben. Vielmehr sollte ihr Bruder die Geschichte mit den lakonischen Worten abschließen: »Der Esel kam und stieß die Lampe um.«

Welche Funktion hat diese Erzählung für den Talmud? Es kann tatsächlich sein, dass sich die männlichen Leser über den Philosophen »lustig« machen sollen. Aber das würde nicht der rabbinischen Ethik entsprechen, die vorschreibt, Menschen grundsätzlich respektvoll zu behandeln und sie nicht mit Bestechung zu »versuchen«. An anderen Stellen verurteilt der Talmud Rabbiner, die Menschen »versuchen«. Rabbi Meir soll sogar seine eigene Ehefrau »versucht« haben, um ihre Treue zu prüfen – was in einer Katastrophe endet.[19] Letztendlich bleibt die Forderung von Imma Schalom: »Ich möchte einen Anteil an der Erbschaft des Menschen erhalten«, über die Geschichte hinaus unaufgelöst bestehen – mit dem Hinweis auf ein Evangelium, das dieses Recht eventuell bereithält.

Der Talmud sieht in Imma Schalom keine Abtrünnige. Trotz ihrer Begegnung mit dem Philosophen bleibt sie eine gute Tochter aus rabbinischem Hause. Aber sie macht ein Statement für ihre Rechte als Frau und warnt damit das rabbinische Establishment: Es könnte eine Alternative geben! Dank dieser können Hoffnungen auf Veränderungen innerjüdisch artikuliert werden. Die Geschichte stellt eine bleibende Spannung her. Sie endet letztlich offen – als die noch unbeantwortete, unaufgelöste, keineswegs verdrängte Forderung der Imma Schalom.

2 Das Abidan-Lehrhaus. Dialog der Weltanschauungen für ein weltoffenes Judentum?

Die Begegnung von Imma Schalom und dem im Evangelium bewanderten Philosophen zeigt, dass die Rabbinen in einer Nachbarschaft mit weltanschaulichen Alternativen lebten. Die Geschichte bildet den dritten Abschnitt innerhalb einer Sequenz mit verschiedenen Reflexionen, die jeweils die Herausforderung der multireligiösen Wirklichkeit für das rabbinische Judentum dokumentieren. Man darf natürlich nicht erwarten, dass die talmudischen Rabbinen das Christentum gut gefunden hätten. Das wäre zu viel verlangt. Die Frage ist jedoch, wie weit ihre Ablehnung tatsächlich ging.

Die Geschichte der Imma Schalom folgt auf eine längere Auseinandersetzung mit Gründen, den Schabbat zu brechen. Wenn Feuer ausbricht, gilt das Gebot, das Leben von Jüdinnen genauso wie von Nichtjüdinnen zu retten. Dafür *muss* der Schabbat gebrochen werden. Bei einer brennenden Synagoge *müssen* auch die heiligen Schriften gerettet werden. Hierfür *muss* der Schab-

[19] S. Raschi zu BT Awoda Sara 18b, *we'ika de'amre*.

bat gebrochen werden. Torarollen müssen auch deshalb aus der Feuersbrunst geholt werden, weil sie den geschriebenen Gottesnamen JHWH enthalten. Er darf nach jüdischem Gesetz nicht vernichtet werden. Im Verlauf der Diskussion fragen die Rabbinen, ob dies auch für die Bücher der Christinnen gelte, in denen ebenfalls das Tetragramm steht. Die Diskussion beginnt ablehnend:

»Die Evangelien und Sektenbücher darf man aus einer Feuersbrunst nicht retten; man lasse sie vielmehr an ihrer Stelle verbrennen, sie selbst samt ihren Gottesnamen.«[20]

Im weiteren Verlauf der Diskussion gibt es jedoch auch andere Aussagen:

»Am Wochentage schneide man die darin enthaltenen Gottesnamen aus und verstecke sie, und das Übrige verbrenne man.«[21]

Das bedeutet, dass der Name JHWH in den Christenbüchern als derselbe Gott anerkannt wird - und sein geschriebener genau wie in den jüdischen Schriften nicht der Vernichtung preisgegeben werden darf. Dem gegenüber wird Rabbi Tarfon jedoch mit einer krassen Aussage zitiert:

> Ich will meiner Kinder beraubt sein, wenn ich sie [die Evangelien] nicht, wenn sie mir in die Hände kommen sollten, samt den in ihnen enthaltenen Gottesnamen verbrennen würde. Selbst wenn einer jemand verfolgt, um ihn zu töten, oder eine Schlange ihm nachläuft, um ihn zu beißen, flüchte er sich lieber in ein Götzenhaus, als die Häuser von diesen [Christen] zu betreten. Diese kennen [Gott] und leugnen, während jene ihn nicht kennen und leugnen.[22]

Entspricht Rabbi Tarfons Aussage der rabbinischen Mehrheitsmeinung? Das kann ich mir kaum vorstellen. Den Schabbat zu brechen wäre angesichts der überragenden Heiligkeit dieses Tages keine leichte Angelegenheit. Es ist natürlich schön, im Frieden mit den Menschen anderer Religionen zu leben. Den Schabbat zu brechen, um die Bücher der anderen Religionen zu retten, hätte jedoch für die talmudischen Rabbinen eine entscheidende Grenze überschritten. Gleichwohl soll zumindest der Gottesname in den Evangelien gerettet werden.

Was nun Rabbi Tarfons Ausspruch betrifft, geht es um etwas anderes. Nicht, dass die Bücher *gerettet* werden sollen, sondern im Gegenteil - dass der Rabbi sie auf eigene Initiative, samt den darin enthaltenen Gottesnamen *verbrennen* will. Rabbi Tarfon verknüpfte dies mit einer Selbstverpflichtung: »Ich will meiner Kinder beraubt sein, wenn [...]« Solche Gelübde waren schon in der Hebräischen Bibel verpönt. Das warnende Beispiel hiergegen ist die im biblischen Richterbuch erzählte Geschichte von Jiftach, der schwor, das Erste zu opfern, das ihm aus seinem Hause entgegenkommen wird.[23] Das sollte

---

[20] BT Schabbat 116a.
[21] A. a. O.
[22] A. a. O.
[23] Ri 11,30-31.

schrecklicherweise seine Tochter sein. Der Talmud beurteilte das Aussprechen von solchen Gelübden äußerst kritisch. Der Jom Kippur, der große Sühnetag, beginnt bewusst mit dem *Kol Nidre* - der Auflösung der Gelübde gegenüber Gott. Warum sollte der Talmud davon abweichend das »Gelübde« des Rabbi Tarfon gut finden, sich »seiner Kinder berauben« zu lassen, wenn er die Schriften der Christinnen nicht verbrenne?

Seine Aussage bleibt allerdings unbeurteilt. Vielleicht teilten einige der talmudischen Rabbinen Rabbi Tarfons Antipathie gegen die Christinnen. Da diese Geschichte jedoch in einer Sequenz von Reflexionen zur nachbarschaftlichen Wirklichkeit im multireligiösen Parther- und Sassanidenreich, den Nachfolgereichen Babyloniens, aufgeführt wird, müssen seine Aussagen auch im Zusammenhang der anderen Aussagen interpretiert werden. Liest man die aufeinander folgenden Abschnitte in einem innerlich verbundenen Verlauf, zeigt sich eine Art Pendel. Es beginnt mit Rabbi Tarfons krasser Abneigung gegen die Evangelien und endet mit der Geschichte von Imma Schaloms Besuch beim Philosophen, die eine positive Ambivalenz gegenüber dem Christentum als Alternative zulässt.

Dazwischen variieren die Einstellungen der Rabbinen zum Christentum und anderen Anschauungen. Offenbar gab es Orte der gegenseitigen Verständigung:

> R. Josef b. Hanin fragte R. Abahu: Darf man die Bücher des *Abidan*-Hauses aus einer Feuersbrunst retten oder nicht? - Ja und nein; er schwankte. Raw besuchte nicht das *Abidan*-Haus und um so weniger das *Nizrefe*-Haus. Samuel besuchte nicht das *Nizrefe*-Haus, wohl aber das *Abidan*-Haus. Einst sprachen sie zu Raba: Weshalb kommst du nicht in das *Abidan*-Haus? Er erwiderte: Jene Palme befindet sich auf dem Wege und sie ist mir hinderlich. - So möge er sie entwurzeln. - Dann wird mir diese Stelle hinderlich sein. Mar b. Josef sagte: Ich gehörte zu ihnen und fürchte sie nicht. Einmal aber ging er hin, und sie wollten ihn gefährden. R. Meir nannte es [das Evangelium] *Aven-giljon* [geoffenbartes Unheil], R. Jochanan nannte es *Avon-giljon* [geoffenbarte Sünde].[24]

Das *Abidan*-Haus soll ein Ort für weltanschauliche Diskussionen gewesen sein. Offenbar hielten einige Rabbinen die Bücher im *Abidan*-Haus für wert, aus der Feuersbrunst gerettet zu werden. Manche Kommentatoren meinen, es geht um die dort befindlichen jüdischen Schriften mit dem Gottesnamen, was aber zeigt, dass in diesem *Abidan*-Haus jüdische Bücher neben anderen stehen. Rabbi Abahus Schwanken: »Ja und nein; er schwankte«, bezeugt, dass es unterschiedliche Ansichten in Bezug auf die Rettung der Bücher gab. Was aber war das *Abidan*-Haus im Unterschied zum *Nizrefe*-Haus? Der Begriff *Abidan* enthält die Wörter »Vater« (*Abi*) und »Recht«/»Gesetz« (*Dan*) - viel-

[24] BT Schabbat 116a.

leicht führte man im *Abidan*-Haus Diskussionen über Rechtsfragen. Das würde zum Judentum als einer religiösen Rechtstradition passen. Das *Nizrefe*-Haus – in hebräischer Schreibweise *Bej Nizrefe* – verweist auf »Haus« (*Bej*), »Christen« (*Nozrim*) und auf »Mund« (*Fe*) – wörtlich übersetzt: »Haus des Christenmundes« – vielleicht ein Verlautbarungsort der Christengemeinschaft, vielleicht sogar eine Kirche. Was immer *Bej Nizrefe* bedeutete, keines der rabbinischen Oberhäupter in dieser Geschichte mochte es betreten. Anders aber ist es mit dem *Abidan*-Haus. Die Namen lassen schließen: Samuel, der große Rechtsgelehrte im 3. Jahrhundert und in gewisser Weise der erste »säkulare Jude«,[25] besuchte es. Wir wissen aus den talmudischen Beschreibungen, dass er nichtjüdische Freunde hatte, mit denen er wissenschaftlich forschte. Öffentlich ins *Bej Nizrefe* zu gehen, hätte er sich in seiner Position gewiss nicht erlauben können. Aber ins *Abidan*-Haus, wo sich vielleicht viele der damaligen Intellektuellen mit unterschiedlichen Weltanschauungen, darunter vielleicht auch Christinnen, trafen und säkulare Rechtsdebatten führten – da wäre es vorstellbar, Samuel anzutreffen, um sein berühmtes weltoffenes, rabbinisches Profil zu schärfen, das über Babylonien hinaus im Judentum Schule machte.

Dass weltanschauliche Begegnungen mit den Anderen immer auch riskant sind, zeigen die auf Samuel und Raba folgenden Erfahrungen Mar b. Josef. Er gehörte wohl mal zu »ihnen« (der mit dem Christentum sympathisierenden Juden?), doch »sie« wollten ihn gefährden – vielleicht zum Christentum bekehren? Auf seine Erfahrungen hin treiben Rabbi Meir und Rabbi Jochanan Wortspiele mit dem Evangelium – Rabbi Meir nennt es *Aven-Giljon* / »geoffenbartes Unheil«; Rabbi Jochanan *Avon-Giljon* / »geoffenbarte Sünde«. Die Aussagen sind personalisiert, ausgewiesene Zitate von namentlich bekannten Rabbinern – als Leserinnen brauchen wir sie nicht zu übernehmen. Was bleibt, ist vielmehr die Unterscheidung, die Samuel getroffen hat. Besuche des *Abidan*-Hauses: Ja; Besuche des *Nizrefe*-Hauses: Nein. Mit dieser Unterscheidung können sich wahrscheinlich heute viele Rabbiner identifizieren. Man möchte durchaus mit den Anderen im Dialog sein. Nur sollte man nicht zu weit über die Schwelle, etwa ins *Nizrefe*-Haus, gehen müssen. Kaum ein Rabbiner legt gern in einer Kirche unter dem Kreuz die Tora aus. Aber ein Lehrhaus, in dem keine der Religionen dominiert und missioniert, das vielleicht sogar eine säkulare Plattform bietet, auf der verschiedene religiöse Weltanschauungen in den Dialog treten können, ist genau das, was wir auch heute brauchen – und was das *Abidan*-Haus vielleicht damals schon war.

---

[25] Von ihm stammt das Diktum *Dina de-Malchuta Dina* (»Das Gesetz der Regierung ist Gesetz«).

3 Libertär und rigoros zugleich. Jesu Charakter als Spiegel einer zu strengen rabbinischen Moral?

Wortspiele mit dem Evangelium finden sich nicht nur in der gerade aufgeführten Stelle. Auch in der Geschichte über Imma Schaloms Begegnung mit dem Philosophen wird das Evangelium in Hebräisch *Avon Giljon* (geoffenbarte Sünde) genannt. Das ist nicht freundlich. Es lässt zugleich eine Angst vor geistiger Überwältigung und Entgrenzung ahnen – dem Aufheben einer moralischen Grenze.

Die Rabbinen, die im Talmud die Passagen über Jesus und das Christentum geschrieben hatten, kannten die Lehren des Evangeliums sehr wohl. In den subtilen Bezügen, die sie in diesen Passagen herstellen, scheint durch, dass Jesus im Evangelium eine etwas anders geartete Freiheit und damit zugleich auch eine etwas anders geartete Bindung an Gott predigte, als es die Halacha vorschrieb. Sein lockerer Umgang etwa mit Maria Magdalena und seine unbekümmerten Begegnungen mit anderen Frauen konnten unterschiedlich verstanden werden. Für Christinnen konkretisieren sich darin fundamentale Gebote der Menschlichkeit. Für die talmudischen Rabbinen bedeuteten sie hingegen religiöser Antinomismus und sexuelle Libertinage. Das habe schon auf Jesu Mutter zugetroffen. Die Rabbinen ließen sich das Mysterium der jungfräulichen Geburt und der göttlichen Vaterschaft nicht entgehen. Dem Talmud zufolge war Maria eine Ehebrecherin, Jesu Vater ihr nichtjüdischer Liebhaber, ein römischer Söldner.[26]

Jesus selbst sei ein Zauberer gewesen, schlimmer noch ein Verführer, der Israel abtrünnig machte. In Bezug auf seinen Charakter heißt es mehrfach: »Er ließ seine Speise öffentlich anbrennen.« Es ist interessant, wie der Talmud mit dieser Formulierung psychologisch auf das Unterbewusstsein anspielte, das heißt die Welt der Träume und Gedanken, auf die Jesu Verhalten Auswirkungen hat. In der Verbindung mit Psalm 91,14: »Es wird dir kein Unheil begegnen, noch eine Plage deinem Zelt nahen... «, legt der Talmud aus:

> »Es wird dir kein Unheil begegnen«, es werden dich weder böse Träume noch böse Gedanken beängstigen; »noch eine Plage deinem Zelte nahen«, du wirst weder einen Sohn noch einen Schüler haben, der seine Speise öffentlich anbrennen lässt, wie beispielsweise Jesus der Nazarener.[27]

Seine Speise öffentlich anbrennen zu lassen, hieß so viel wie: Er kannte die religiösen Lehren des Judentums, die Gesetze, als »seine Speise«, die er jedoch durch antinomistisches Verhalten mutwillig zerstört. »Mögen wir keinen Sohn oder Schüler haben, der seine Speise öffentlich anbrennen lässt, wie bei-

---

[26] Siehe Schäfer, Jesus im Talmud, darin das Kapitel »Die Familie Jesu«, 29 ff.

[27] BT Sanhedrin 103a.

spielsweise Jesus der Nazarener.«[28] Die Goldschmidt-Übersetzung des Talmuds erläutert »[der] die überlieferte Lehre verschmähte«[29] sowie mit: »ausarten, das Gesetz missachten«.[30] Gewiss war in dem Anbrennen aber auch ein *erotisches Brennen* angedeutet. In diesen Zusammenhang gehört die Geschichte über Jesu Lehrer. Das war dem Talmud zufolge ein gewisser Rabbi Jehoschua ben Perachja. Er lebte etwa 100 Jahre vor der christlichen Zeitrechnung in der Zeit der Pharisäerverfolgungen. Die Geschichte über ihn ist deshalb so wichtig, weil sich Rabbi Jehoschua und Jesus gegenseitig in ihrem Verhalten spiegeln und der Talmud daraus eine rabbinische Selbstkritik gegen zu rigoroses Verhalten ableitete.

> Die Rabbanan lehrten: Stets stoße man mit der Linken fort und ziehe man mit der Rechten heran. Nicht wie Elischa, der Gehzi mit beiden Händen fortstieß, und wie Rabbi Jehoschua ben Perachja, der Jesus (den Nazarener) mit beiden Händen fortstieß [...] Welches Bewegen hat es mit Rabbi Jehoschua ben Perachja? – Als der König die Gelehrten tötete, flohen Rabbi Jehoschua ben Perachja und Jesus nach Alexandrien in Ägypten. Nachdem Friede eingetreten war, sandte Simon ben Schetach [Schwager des Königs] an ihn: von mir, Jerusalem, der heiligen Stadt, an dich, Alexandrien in Ägypten. Meine Schwester, mein Mann weilt in deiner Mitte, und ich sitze verlassen da. Da machte er sich auf und kehrte heim. Als man ihm in einem Gasthause sehr viel Ehrung erwies, sprach er: Wie schöne ist diese Gastwirtin! Jener [Jesus] entgegnete: Rabbi! Ihre Augen sind triefend. Da sprach er zu ihm: Bösewicht, damit befassest du dich! Alsdann brachte er vierhundert Posaunenstöße hervor und tat ihn in den Bann. Hierauf kam er [Jesus] wiederholt zu ihm [Rabbi Jehoschua] und bat ihn, ihn wieder aufzunehmen; er aber beachtete ihn nicht. Eines Tages kam er zu ihm, als er gerade beim Lesen des ›Höre Israel‹ war; er wollte ihn nunmehr aufnehmen und winkte ihm mit der Hand, jener aber glaubte, er weise ihn wieder ab. Da ging er fort, stellte einen Ziegelstein hin und betete ihn an. Hieraus sprach er zu ihm: Kehre um! Jener erwiderte: Es ist mir von dir überliefert, dass, wenn jemand sündigt und die Menge zur Sünde verleitet, man ihm nicht gelingen lasse, *Teschuwa* (Umkehr) zu machen. Der Meister sagte nämlich, Jesus trieb Zauberei, verführte Israel und machte es abtrünnig.[31]

Die Erzählung ist eine klare Kritik gegen Rabbi Jehoschua ben Perachja, der Jesus lieber mit nur einer Hand hätte fortstoßen, ihn aber mit der anderen hätte anziehen sollen, statt mit beiden Händen zu vertreiben.

Der Talmud versucht sich hier Rechenschaft darüber zu geben, warum Jesus seinen Lehrer verließ und eine neue Bewegung gründete. Dass die rabbinische Diktion Jesus ablehnt, wäre nicht erstaunlich. Dass sie aber seinen Lehrer, immerhin einen Rabbiner, der an anderer Stelle unter den berühmten

[28] BT Brachot 17a.
[29] BT Brachot 17a.
[30] BT Sanhedrin 103a.
[31] BT Sanhedrin 107b.

»Paaren«, die das rabbinische Judentum gründeten, aufführt[32] und diesem eine Mitschuld gibt, ist der erstaunliche Untergrund dieser Erzählung. Aus der Kritik gegen Rabbi Jehoschua ben Perachja lässt sich eine Kritik gegen jeden Rabbiner erkennen, der zu streng mit seinen Schülern verfährt - beziehungsweise gegen einen Lehrer, der eine Moral einfordert, gegen die er selbst verstößt. Denn Rabbi Jehoschua ben Perachja war zwar rigoros im Fortstoßen mit beiden Händen, doch wenn ihn eine schöne Wirtin bediente und ihm auch noch Ehrung erwies, konnte er sich einer anzüglichen Bemerkung nicht enthalten.

Der Bergpredigt zufolge vertrat Jesus äußert strenge Ansichten: »Wer eine Frau auch nur lüstern ansieht, hat in seinem Herzen schon Ehebruch mit ihr begangen.« (Matthäus 5,28) So weit ist das rabbinische Judentum nie gegangen. In den rabbinischen Schriften beginnt der Ehebruch erst mit der konkreten Tat.[33] Jesu vom Talmud behauptete nassforsche Bemerkung zu den »Augen« der Wirtin[34] passt natürlich überhaupt nicht in den Duktus des Neuen Testamentes, spiegelt dafür aber Rabbi Jehoschua ben Perachjas Bigotterie. Schimpft er, der in seiner Eitelkeit gerade selbst über eine Grenze gegangen ist, nur gegen Jesus? »Bösewicht, damit befassest du dich!« Oder gilt sein Wutausbruch auch sich selbst? Hier spiegelten sich zwei Männer gegenseitig. Aber Rabbi Jehoschua hat als Lehrer die Macht, Jesus in den Bann zu tun - ihn mit beiden Händen fortzustoßen. Es ist der Talmud, der *ihn* - Rabbi Jehoschua und nicht Jesus! - kritisiert. Es ist Rabbi Jehoschua ben Perachja, der sich falsch verhalten hat. Er hätte mit der zweiten Hand dafür sorgen müssen, dass Jesus im Judentum bleibt! Immerhin habe Jesus mehrfach versucht, wieder von seinem Lehrer empfangen zu werden. Nur durch das Missverständnis wendet er sich irgendwann ab und betet einen Ziegelstein an. Der Ziegelstein enthält nunmehr jedoch auch einen metaphorischen Wink. Zieht man hierzu Psalm 118,22 könnte damit der verworfene Stein angedeutet sein, der allerdings zum Eckstein einer Konkurrenzreligion wurde.[35]

Wir können die historische Entwicklung nicht mehr zurückdrehen. Was aber bleibt, ist Dank Jesu frecher Bemerkung im Talmud ein Fragezeichen gegen zu hohe Moralvorstellungen, die meist mit moralinsaurer Verlogenheit einhergehen. Die implizite Kritik meint hier jedoch nicht nur die andere Religion, sondern vor allem die eigene.

---

[32] Awot (Sprüche der Väter) 1,6. Über die verschiedenen Varianten der Erzählung siehe Maier, Jesus von Nazareth, 117 ff.

[33] Wie Jesu moralisch strengere Diktion in der Bergpredigt auch heute in fundamentalem Unterschied zum Judentum wahrgenommen wird, legt z. B. J. Neusner dar in: Ein Rabbi spricht mit Jesus: ein jüdisch-christlicher Dialog, München 1997 (1993).

[34] Peter Schäfer spricht hier vom »frivolen Schüler«, S. 69 ff.

[35] Ps 118,22: »Der Stein, den die Bauleute verwarfen, ist geworden zum Eckstein.«

4 Jesu fünf Schüler. Religiöse oder politische Schuld?

Der Ausdruck »der seine Speise öffentlich anbrennen lässt« (*makdiach tawschilo barabim*) bezeichnet, wie schon gesagt, jemanden, die die jüdischen Lehren kennt, sie jedoch verbrennen lässt. Im modernen Iwrit meint er jemanden, »der die Grenze überschreitet« – der zu weit geht. Die besondere Nuance des Ausdrucks ist *das Öffentliche* des Verhaltens. In einer Analogie zu Psalm 144,14 (»Unsere Rinder trächtig, kein Riss, kein Durchlass und kein Jammergeschrei in unseren Straßen.«) erklärt der Talmud: »In unseren Straßen: dass wir keinen Sohn oder Schüler haben mögen, der seine Speise öffentlich anbrennen lässt, wie beispielsweise Jesus der Nazarener.«[36]

Wie bei den anderen Textstellen muss auch hier gefragt werden, warum gerade Jesus dieses Verhaltens bezichtigt wird. Was ist seine Funktion als einer, der öffentlichen Anstoß erregt? Er ist übrigens nicht der Einzige, den der Talmud in der Analogie zu Vers 14 in Psalm 144 aufzählt. Schlechte Erfahrungen hatte man mit jüdischen/israelitischen Missetätern bis in die Gesellschaften von König Saul oder König David, ja selbst des Propheten Elischa:

> »Kein Riss«: es sei unsere Gesellschaft nicht wie die Gesellschaft Sauls, aus der der Edomit Doeg hervorging. »Kein Durchlass«: es sei unsere Gesellschaft nicht wie die Gesellschaft Davids, aus der Achitofel hervorging. »Kein Jammergeschrei«: es sei unsere Gesellschaft nicht wie die Gesellschaft Elischas, aus der Gechasi hervorging. »In unseren Straßen«: dass wir keinen Sohn oder Schüler haben mögen, der seine Speise öffentlich anbrennen lässt, wie beispielsweise Jesus der Nazarener.[37]

Jesu Verhalten in der Öffentlichkeit – *barabim*, »unter den Vielen« – wird auch im Neuen Testament von seinen Kritikern als etwas Anstößiges gesehen. Richtet sich der im Talmud vorgebrachte Vorwurf gegen Jesus vielleicht gar nicht so sehr gegen das, *was* Jesus sagte, sondern *wie* er es tat – öffentlich, mit Auswirkung auf die Vielen? Richtet sich die Anklage vielleicht gar nicht so sehr auf religiöse Fragen als vielmehr auf die politische Bedeutung seines Verhaltens?

Dies legt meiner Meinung nach ausgerechnet diejenige Textpassage im Talmud nahe, die erklärt, warum Jesus zum Tode verurteilt wird. Peter Schäfer erschließt die Passage dahingehend, dass sie den uralten Vorwurf, die Juden hätten Jesus umgebracht, nicht abwehrt, sondern vielmehr selbstbewusst bekräftigt: Die Rabbinen selbst hätten damit unterstreichen wollen, dass Jesus nicht von den Römern zum Tode verurteilt worden sei, sondern vielmehr nach jüdischem Gesetz von rabbinischen Richtern! Wie schon oben

[36] BT Brachot 17a.
[37] BT Brachot 17a.

gesagt: die entsprechende Passage entstammt dem Babylonischen Talmud. Sie war eine Fiktion, die weniger über die tatsächlichen Geschehnisse im 1. Jahrhundert sagte, als wie die Rabbinen im 6. Jahrhundert mit der Herausforderung des Christentums umgingen.

> Am Vorabend des Pessachfestes henkte man Jesus. Vierzig Tage vorher hatte der Herold ausgerufen: Er wird zur Steinigung hinausgeführt, weil er Zauberei getrieben und Israel verführt und abtrünnig gemacht hat; wer etwas zu seiner Verteidigung zu sagen hat, der komme und bringe es vor. Da aber nichts zu seiner Verteidigung vorgebracht würde, so henkte man ihn am Vorabend des Pessachfestes!? Ula erwiderte: Glaubst du denn, dass für ihn überhaupt eine Verteidigung anzustreben war, er war ja ein Verführer und der Allbarmherzige sagt: ›du sollst seiner nicht schonen, und seine Schuld nicht verheimlichen,‹[38] vielmehr war es bei Jesu anders, *da er der Regierung nahe stand.*[39]

Nach jüdischem Recht hätte Jesus eine Verteidigung zugestanden. Oder nicht? Ulas Frage gibt einen interessanten Hinweis: »Vielmehr war es bei Jesus anders, da er der Regierung nahe stand.« Die rabbinischen Kommentare hierzu besagen, dass sich die römische Regierung für Jesu Schicksal interessierte, weil sie auf seiner Seite stand. Deshalb hätten sich die mit dem Fall Jesus beauftragten rabbinischen Richter besonders vorsichtig verhalten. Aber war es nur das? Deutet sich in dieser Textstelle nicht auch eine aus talmudischer Sicht *politische Schuld* an? Geht es nicht implizit auch um die zunehmende Nähe der Kirche zur politischen Macht – hier personalisiert in Jesu »Regierungsnähe«? Vielleicht macht sich der talmudische Autor mit einer Fantasie von einem Todesurteil über Jesus Luft gegen eine Kirche, die sich im Römischen Reich mit Regierungsunterstützung immer aggressiver gegen die Juden verhält.

Dass weniger der Glaube an Jesus als dem Messias, als vielmehr die politische Wirklichkeit, die das Christentum im Römischen Reich geschaffen hatte, die Kluft zwischen Christen und Juden unüberbrückbar machte, zeigt eine Analyse der unmittelbar auf das Todesurteil folgenden talmudischen Auseinandersetzung mit den »fünf Schülern« von Jesus. In keiner talmudischen Erörterung über Jesus und seine Anhängerinnen kommt die Ambivalenz der Rabbinen so vehement zum Ausdruck, wie in dieser. Auf Argumente, die *für* die Schüler sprechen, folgen unmittelbar Argumente *gegen* sie. Durch die ganze Auseinandersetzung zieht sich die Frage, ob die Schüler noch dazu gehören und Juden sind, oder ob sie sich abgespalten haben und religiöspolitisch gesehen für etwas Anderes stehen.

---

[38] Dtr 13,9.
[39] BT Sanhedrin 43a.

Die Rabbanan lehrten: Fünf Jünger hatte Jesus: Matai, Nakai, Nezer, Buni und Toda. Als man Matai vorführte, sprach er zu ihnen: Wie sollte Matai hingerichtet werden, es heißt ja: »wann (*matai*) werde ich kommen und vor dem Antlitz Gottes erscheinen?«[40] Sie erwiderten ihm: Jawohl. Matai soll hingerichtet werden, denn es heißt: »wann (*matai*) wird er getötet werden und sein Name untergehen?«[41] Als man Nakai vorführte, sprach er zu ihnen: Wie sollte Nakai hingerichtet werden, es heißt ja: »den Unschuldigen (*naki*) und den Gerechten sollst du nicht umbringen«!?[42] – Jawohl. Nakai soll hingerichtet werden, denn es heißt: »insgeheim mordet der Unschuldige (*naki*)«[43] Als man Nezer vorführte, sprach er: Wie sollte Nezer hingerichtet werden, es heißt ja: »ein Zweig (*nezer*) wird aus seiner Wurzel hervorbrechen«!?[44] Sie erwiderten ihm: Jawohl. Nezer soll hingerichtet werden, denn es heißt: »du aber bist aus deinem Grabe hinausgeworfen worden, wie ein verabscheuter Zweig (*nezer*).«[45] Als man Buni vorführte, sprach er: Wie sollte Buni hingerichtet werden, es heißt ja: »Israel ist mein Sohn (*beni*), mein Erstgeborener«!?[46] Sie erwiderten ihm: Jawohl. Buni soll hingerichtet werden, denn es heißt: »ich werde deinen erstgeborenen Sohn (*bin-cha*) töten.«[47] Als man Toda vorführte, sprach er: Wie sollte Toda hingerichtet werden, es heißt ja: »ein Psalm für ein Dankopfer (*toda*)«!?[48] Sie erwiderten: Jawohl. Toda soll hingerichtet werden, denn es heißt: »Wer ein Dankopfer (*toda*) schlachtet, ehrt mich.«[49] [50]

Die Figur der »fünf Schüler« hat eine berühmte Analogie. Auch Jochanan ben Sakkai, der Begründer des rabbinischen Judentums, hat im Talmud fünf Schüler.[51] Jeder steht für eine bestimmte Ausrichtung, die zusammen genommen den Boden des rabbinischen Judentums bilden. Ähnlich sind die fünf Schüler von Jesus als Ausformungen oder Aspekte zu sehen, die zusammen die rabbinische Vorstellung vom Christentum bestimmten.

Die bisherige Jesus-Forschung hat vor allem versucht, ihre Namen mit Namen aus dem Neuen Testament zu vereinbaren – Matai wäre danach Matthäus, Nakai Nikodemus oder Toda Thaddäus.[52] Peter Schäfer hält dies für fruchtlos und sieht stattdessen allein das jeweilige Todesurteil in den Namen erklärt.[53] Tatsächlich sind sie Hinweise. Jeder Name entstammt zwei bibli-

[40] Ps 42, 3.
[41] Ps 41,6.
[42] Ex 23,7.
[43] Ps 10,8.
[44] Jes 11,1.
[45] Jes 14,19
[46] Ex 4,22.
[47] Ex 4,23.
[48] Ps 100,1.
[49] Ps 50,23.
[50] Bab. Talmud: Sanhedrin 43a.
[51] Awot 2,10.
[52] GOLDSTEIN, Jesus, 111 ff.
[53] SCHÄFER, Jesus im Talmud, Kap. 7, »Die Schüler«, 153 ff.

schen Versen. Damit steht jeder Schüler mit seinem Namen jeweils für zwei biblische Aussagen.

Zunächst soll auch hier auf die offen bleibende Frage hingewiesen werden, wer mit »er« und wer mit »sie« gemeint ist. Sahen die Rabbinen in dem namenlosen »er« den Schüler oder einen Anwalt des Schülers? Sahen sie in dem »sie« die Richter oder sich selbst als Autoren? Vielleicht war mit »er« der Richter und waren mit »sie« irgendwelche anderen Ankläger gemeint. Dann wäre, bis zu einem gewissen Grad auch eine talmudische Verteidigung der Schüler denkbar. Auch worauf sich das »Jawohl« bezieht, ist nicht klar. In der Goldschmidt-Übersetzung folgt auf das »Jawohl« ein Komma, so dass es das Todesurteil bestätigt. Bei einem Punkt nach dem »Jawohl«, wie ich ihn gesetzt habe, könnte es der vorangehenden Verteidigung des Schülers zustimmen. Aber auch unabhängig von einer eindeutigen Zuordnung stehen hier positive und negative Argumente fast gleichwertig nebeneinander. Selbst wenn die Verurteilung überwiegt, mag sie Widerspruch bei den Leserinnen erregen, da fast noch im selben Atemzug starke Argumente zur Verteidigung des jeweiligen Schülers aufgeführt werden.

Es erscheint, als würde das jeweils erste Zitat klar zu Gunsten des Jesus-Schülers vorgebracht werden, gefolgt von einem zweiten Zitat, ebenso klar zu dessen Verurteilung. Damit entsteht die Idee einer Zick-Zack-Bewegung – das eine Argument sagt Pro, das nächste Kontra, dann für den nächsten Schüler Pro, dann wieder Kontra, usw. Sobald man jedoch die mitunter nur als Teilsätze aufgeführten Zitate in der Bibel nachschlägt und diese in ihrem Kontext reflektiert, erstellen die Zitate in ihrer Reihenfolge einen Argumentationsbogen mit einer eigenen Aussage, der in zunehmender Intensität eine schmerzvolle Ambivalenz gegenüber den jüdischen Jesus-Anhängerinnen offenbart.

4.1 Matai

Matai heißt in Hebräisch »wann?« Das bloße Wort evoziert im jüdisch-religiösen Bewusstsein die Frage nach dem »Wann« des Messias. Dass der erste Name der Schüler von Jesus »Matai« heißt, benennt den messianischen Anspruch des Christentums. Auch der dazugehörige biblische Vers hat eine messianische Nuance:

»Wann (*matai*) werde ich kommen und erscheinen vor dem Antlitze Gottes?«[54]

Der Vers steht jedoch in einem Psalm, der auch Zweifel ausspricht: Hat es Sinn, auf Gott zu warten?

»Meine Träne ist meine Speise geworden Tag und Nacht, wenn man zu mir spricht den ganzen Tag: Wo ist dein Gott?«[55]

Es fällt auf, dass den Anhängern von Jesus nicht zum Vorwurf gemacht wird, dass sie Jesus für den Messias halten. Vielmehr deutet der Verweis in

[54] Ps 42, 3
[55] Ps 42, 4.

Psalm 42 darauf, dass auch Matai wartet, genau wie alle Juden – also auch Jesu Anhängerinnen immer noch warten und möglicherweise zweifeln. Damit wären sie völlig im jüdischen Konsensus.

Der zweite Vers, von dem man nun meinen würde, dass er Matai enttarnt, entpuppt sich als weitere Entlastung. Zitiert wird im Talmud nur der entscheidende Halbsatz:

»Wann (*matai*) wird er getötet werden und sein Name untergehen.«[56]

Um diese Aussage zu verstehen, muss der vorangehende Vers mitgelesen werden.

»Ewiger, sei mir gnädig. Heile meine Seele, denn ich habe gesündigt gegen dich. Meine Feinde reden Böses von mir: Wann (*matai*) wird er sterben und verschwinden sein Name?«[57]

Es sind also die Feinde, die demjenigen, der sich an Gott wendet, Böses wünschen. Das zweite Zitat, das »sie« zur Verurteilung Matais bringen, führt nach meiner Lesart zu seiner Entlastung. Nicht Matai wäre danach der Übeltäter, sondern die Feinde. Es wäre ein ungeheuerlicher Widerspruch zur rabbinischen Diktion, wenn sich der Talmud hier auf der Seite der Feinde sähe, denn der eigentliche Baustein des rabbinischen Judentums ist die *Teschuwa*, die Sühne, die – wie bei Matai – stets mit dem Bekenntnis, gesündigt zu haben, beginnt.

Die beiden Zitate drücken eine existentielle jüdische Erfahrung aus – das Hoffen auf Gott, den damit verbundenen Zweifel, ob das Warten Sinn hat und eine damit verbundene Verhöhnung durch die Feinde. Matai als Schüler von Jesus bleibt nach dieser Lesart ein guter Jude.

4.2 Nakai

Das hebräische Wort *naki* bedeutet »rein«. Der hiervon abgeleitete Name »Nakai« verweist in den Bereich der rituellen »Reinheit« und spirituellen »Läuterung«. Auch bei diesem Namen geht es um jüdische aber auch christliche Essentials: die auf den Tempel bezogenen Reinheitsgesetze, Vorstellungen religiös-spiritueller Läuterung durch Sühne (*Teschuwa*) bis hin zur christlich motivierten Sehnsucht nach Reinheit von Sünde und Schuld.

Der erste angeführte Vers zur Verteidigung Nakais entstammt dem 23. Kapitel des biblischen Buches *Exodus*. Der Leser wird von Gott aufgefordert, nichts auf Gerüchte zu geben und sich unter dem Druck der Mehrheit nicht zu Fehlurteilen verleiten zu lassen.[58] Es handelt sich um Prinzipien einer Rechtsethik, die in die Aufforderung mündet:

---

[56] Ps 41, 6.

[57] Ps 41,5-6.

[58] Ex 23:

1 Nimm nicht auf ein leeres Gerücht; reiche deine Hand nicht dem Frevler (*Rascha*), um ein falscher Zeuge zu sein.

»Von einem falschen Ausspruch halte dich fern; und den *Naki* (Unschuldigen/rein von Schuld) und den Gerechten bringe nicht um...«[59]

Auch hier muss der weitere Verlauf des Zitates mitgedacht werden:

»[...] und den *Naki* und den Gerechten bringe nicht um, denn ich werde nicht für gerecht gelten lassen den *Rascha* (Schuldigen/ Frevler).«

Der zweite, nunmehr aber zu Lasten von Nakai angeführte Vers enthält eine vielsagende Zweideutigkeit:

»Er [der Frevler] sitzt im Hinterhalte der Gehöfte, im Verborgenen tötet er *Naki* (den Unschuldigen) [...]«.[60]

Mit einem grammatikalischen Kniff, der mit der hebräischen Sprache möglich ist, verkehrt der Talmud den Sinn des Verses in sein Gegenteil: »*Naki* tötet im Verborgenen«. Damit sind wir in einer typisch talmudischen Textdeutung, nach der eine Sache Mehreres und eben auch ihr Gegenteil bedeuten kann. Die Reine ist hier eine Unschuldige *und* eine Mörderin zugleich. Was »Töten im Verborgenen« heißt, vor allem wenn es eine Unschuldige tut, gehört zur immerwährenden ethischen Herausforderung in der Gut und Böse keine klaren Gegensätze sind, sondern changieren. Ich meine, dass diese Sichtweise eine Lesart erlaubt, nach der den Christinnen vom Talmud her zugestanden wird, eigentlich nur das Gute zu wollen und sich deshalb als unschuldig zu wähnen - von ihrer anderen Wirkstätte her, einem nur an der Oberfläche erscheinenden Guten, in Wirklichkeit aber einem aus dem Verborgenen viel mächtiger wirkenden Bösen zur Macht zu verhelfen.

4.3 Nezer

Mit Nezer kommt die Wendung ins nur noch Negative. Der Name sollte direkt die Identität der damaligen jüdischen Christen treffen. Auf Hebräisch heißen sie *Nozrim* - »Nazarener«. Die Bezeichnung Nazarener geht auf die Stadt Nazareth zurück. Aber das ist nur eine Erklärung. Darüber hinaus bedeutet der Verbstamm *n-z-r* - *nozer* - »bewahren«. Die *Nozrim* waren zumindest von ihrer hebräischen Bezeichnung her »Bewahrer«. Möglicherweise waren sie auch in gewisser Hinsicht die konservativeren. Jedenfalls hielten sie an den

---

2 Folge nicht der Menge zum Bösen; und antworte nicht bei einem Rechtsstreite so, dass du anhängend der Menge das Recht beugest.
3 Auch den Armen begünstige nicht in seinem Rechtsstreite.
4 So du triffst auf den Ochsen deines Feindes, oder auf seinen Esel, der irre geht, bringe ihm denselben zurück.
5 So du siehst den Esel deines Hassers erliegend unter seiner Last, und du wolltest unterlassen, es ihm leichter zu machen ...: mache es (ihm) leichter mit ihm.
6 Beuge nicht das Recht deines Armen in seiner Rechtssache.
7 Von einem falschen Ausspruch halte dich fern; und den Unschuldigen (*Naki*) und Gerechten bringe nicht um, denn ich werde nicht für gerecht gelten lassen den Schuldigen (*Rascha*).

[59] Ex 23,7.

[60] Ps 10,8.

Aussagen der Propheten fest und deuteten sie messianisch – verknüpft mit einer eschatologischen Endzeitvision.[61] Dem gegenüber verfolgten die Rabbinen im Wege von Gesetzesdebatten eine Politik der kleinen, aber konkreten Schritte, die sich von der Fixierung auf das Ende zunehmend löste.

»Nezer« bedeutet jedoch noch ein Weiteres. Die vom Talmud angeführten biblischen Zitate zeigen es: *Nezer* heißt auch »Sprössling«. In der rabbinischen Metaphorik bezieht sich das auf den »Spross Davids« - das heißt durchaus auf eine messianische Richtung.

Das erste Zitat aus der Bibel versteht sich zunächst als Verteidigung von Nezer. Es entstammt dem 11. Kapitel des *Jesaja*-Buches:

»Und es keimt ein Reis aus dem Stamme Jischai, und ein Sprössling (*nezer*) aus seinen Wurzeln bricht hervor.«[62]

Jischai war der Vater von König David, aus dessen genealogischer Linie dereinst der messianische Sprössling hervorgehen werde. Das zweite Zitat zu Nezer bricht jedoch mit der messianischen, das heißt der positiven Sicht auf ihn - und zwar schon in der Bibel selbst, ja sogar im *Jesaja*-Buch. Der Kontext hier ist gerade nicht das messianische Reich, wie es das erste Zitat andeutet, sondern sein politisches Gegenteil - das Reich des babylonischen Königs und Eroberers von Jerusalem: Nebukad*nezar*.

»Wie bist du vom Himmel gefallen, Glanzstern, Sohn des Morgenrots; zu Boden geschmettert, Völkerbezwinger!

Und du hattest gesprochen in deinem Herzen: In den Himmel will ich steigen, über Gottes Sterne erheben meinen Thron; und mich setzen auf den Berg der Versammlung in der äußersten Mitternacht.

Steigen will ich auf die Wolkenhöhen, mich gleichstellen dem Höchsten.«[63]

Die Rabbinen wählten also zu Nezer einen Vers, der den Sturz des Königs von Babel vorhersieht, und meinten damit implizit den Sturz von Jesus.

»Aber du bist geschleudert aus deinem Grabe, wie ein verachteter Auswuchs (*ke-nezer*), ein Kleid der Erschlagenen, vom Schwerte Durchbohrten, die hinabsinken in die Steine der Gruft, wie zertretenes Aas.

Du wirst mit ihnen nicht vereint im Begräbnis; denn dein Land hast du zerstört, dein Volk erschlagen«[64]

---

[61] Daniel Boyarin »verwischt« (*blurr*) bewusst die Trennung zwischen Christentum und Judentum in den ersten Jahrhunderten. Vor dem Konzil in Nicäa im Jahre 325 waren Christeninnen zugleich auch Jüdinnen - waren die Weltanschauungen weniger scharf getrennt, als es im Rückblick erscheint. Es mischten sich pharisäische, rabbinische, apokalyptische und gnostische Anschauungen. Das Buch Daniel und andere eschatologische Visionen hatten eine allgemeine jüdisch-messianische Erwartung hergestellt, in die Jesus vollkommen hineinpasste. Siehe D. BOYARIN, The Jewish Gospels. The Story of the Jewish Christ, New York 2012 (dt. Übersetzung: Die jüdischen Evangelien, Würzburg 2015).

[62] Jes 11,1.

[63] Jes 14,12-14.

[64] Jes 14,19-20.

Zur rabbinischen Sichtweise auf Nebukadnezar muss zusätzlich gesagt werden, dass das rabbinische Schrifttum in dieser Zeit immer wieder über »vier Reiche« - vier frevlerische Weltreiche - spricht, die Israel vernichten wollten: Ägypten, Babylonien, Persien und Rom.[65] Es besteht für mich kein Zweifel, dass der Talmud mit den Zitaten zum Namen Nezer das »Reich«, auf das die Jesus-Anhängerinnen hofften, als eine Verklitterung mit dem frevlerischen Römischen Reich entlarven will. Für ein solches Frevlerreich steht der einstige babylonische Hegemon Nebukadnezar - abgekürzt als Nezer (man beachte das »nezar« an seinem Namensende). Die biblischen Verhöhnungen - vermeintlicher »Glanzstern«, »Sohn des Morgenrots«, der »in den Himmel steigen wollte«, sich »auf den Berg der Versammlung setzte« und sich »auf den Wolkenhöhen mit dem Höchsten gleichstellte« - versteht der Talmud hier jedoch als Anspielungen auf Jesus.

Ich bin der Ansicht, dass nicht Matai, nicht Nakai, sondern Nezer die Erklärung dafür bietet, warum der neue Sprössling für die Rabbinen inakzeptabel ist. Jesajas Aussagen über den König von Babel werden hier allegorisch auf die Vermählung des Christentums mit der Herrschaft in Rom gemünzt. Sie lässt die Speise öffentlich verbrennen. Wie schon dargestellt spricht der Talmud über Jesu »Regierungsnähe« kritisch. Nicht so sehr die religiösen Inhalte - sondern die politische Weggestaltung des Christentums ist es vor allem, wogegen sich das talmudische Judentum in der Parabel von den fünf Schülern verwahrt. Nicht der messianische Anspruch, sondern der hegemoniale Anspruch des Christentums und seine konkrete Verwirklichung im Römischen Reich ist der Punkt, an dem das rabbinische Ressentiment nicht mehr aufzulösen ist.

Zugleich soll mit dem Namen Nezer eine wichtige christliche Diktion vernichtend getroffen werden - die Vorstellung von der Wiederauferstehung von Jesus, das heißt der »normalen« Wiederauferstehung am Ende der Tage, die alle Juden erwarten dürfen. Jesus werde nicht wieder auferstehen, und er werde auch nicht mit seinem Volk vereint sein im Begräbnis. Vielmehr wurde er aus seinem Grab herausgeworfen. Als Kollaborateur mit dem Feind, den Römern, habe er, beziehungsweise haben seine Anhänger auch den Anspruch auf ein Leben nach dem Tod, das heißt auf die messianische Zukunft, verloren.

4.4 Buni

Damit ist die Auseinandersetzung mit dem Christentum in dieser Talmudpassage jedoch noch nicht an ihrem Ende. Mit den sich trennenden Wegen stellte sich zugleich die Frage, ob für ehemalige Jüdinnen, die Christinnen geworden sind, eine Rückkehr ins Judentum möglich ist. Sie deutet sich in der Frage an, ob Christinnen, die ursprünglich einmal Jüdinnen waren, trotzdem noch zu

---

[65] Andere Zählung: Babylonien, Medien, Griechenland und Rom. Siehe zur rabbinischen »Vier-Reiche-Lehre« z. B. JACOB NEUSNER, Rabbinic Judaism. The Theological System, Leiden 2002; darin Kapitel 4, »Political Order: Gentiles and Idolatry«, 71 ff.

den »Töchter Israels« gehören. Oder soll die Selbstbeschreibung von Jesus als dem »Sohn Gottes« als eine durch und durch ketzerische Behauptung auf alle Christinnen bezogen werden, womit sie das jüdische Privileg, »Gottes erstgeborener Sohn« zu sein, für alle Zeiten verspielen? Ich meine, dass die talmudische Auseinandersetzung mit dem vierten Schüler von Jesus, Buni, den ehemals jüdischen Anhängerinnen der christlichen Bewegung bedeutet, dass eine Rückkehr möglich wäre. Aber dafür müssten sie sich klar entscheiden.

Der Name »Buni« soll »mein Sohn« heißen. Das erste im Talmud zugunsten von Buni ins Feld geführte biblische Zitat entstammt der im Buch *Exodus* beschriebenen Szene, in der Gott Moses aufforderte, vor den Pharao zu treten:

»Und du sollst zu Pharao sprechen: Also spricht der Ewige: mein erstgeborener Sohn (*beni*) ist Israel.«[66]

Damit genießt Buni grundsätzlich mit allen anderen Juden das Privileg des erstgeborenen Sohnes. Oder nicht? Mit dem zweiten Zitat drückte der Talmud ein klares Entweder/Oder aus. Durch dieses bezieht sich der Name Buni auf den erstgeborenen Sohn des Pharaos:

»Und ich spreche zu dir: Entlasse meinen Sohn, dass er mir diene! Weigerst du dich, ihn zu entlassen, siehe, so will ich töten deinen Sohn (*bin-cha*), deinen Erstgeborenen.«[67]

Der eine Erstgeborene - das war Israel; der andere Erstgeborene - das war der Erstgeborene des Pharaos. Letzterem werden Jesus und seine Anhänger zugeschlagen. Es ist offensichtlich, dass mit diesem biblischen Vers nicht *irgendein* Sohn von *irgendeinem* anderen König gewählt wurde. Vielmehr wird Jesu Diktion, Gottes Sohn zu sein, dem erstgeborenen Sohn des Pharaos gleichgestellt - das heißt dem Sohn einer Gottheit, deren politische Botschaft das Gegenteil gegenüber der Botschaft des Gottes Israels verkörpert. Jesus wird in seinem Schüler Buni erneut einem der vier frevlerischen Weltreiche, nunmehr dem pharaonischen Ägypten, zugeordnet. Damit gehört das Christentum zur Gegenseite. Nicht aber alle Christinnen, wie sich aus dem Namen des fünften Schülers zeigen wird.

4.5 Toda

Mit Toda, dem fünften Schüler von Jesus, tritt die Auseinandersetzung in eine Dimension, in der ein subtiles Gesprächsangebot an die verlorenen Brüder und Schwestern zu vernehmen ist. »Toda« heißt »Dank«. Die Rabbinen leiteten den Namen aus den ersten Worten von Psalm 100 ab:

»Psalm zum Dank (*toda*). Jubel dem Ewigen, alle Lande!«[68]

Gerade dieser Psalm versicherte den Juden - angesichts der Konkurrenz des Christentums - immer noch »sein Volk und die Herde seiner Weide« zu sein.

---

[66] Ex 4,22.
[67] Ex 4,23.
[68] Ps 100,1.

»Dienet dem Ewigen mit Freude, erscheinet vor ihm mit Jubelgesang.

Erkennet, dass der Ewige Gott ist, er hat uns geschaffen und *sein sind wir, sein Volk und die Herde seiner Weide.*

Gehet ein in seine Tore mit Danklied, in seine Höfe mit Lobgesang, danket ihm, preiset seinen Namen.«[69]

Wäre Toda, der fünfte Schüler von Jesus, in dieses Szenario mit einbezogen?

Ja - er wäre es. Sein eigener Name, *Toda* = Dank, sagt es. Ich meine, dass die Rabbinen an dieser Stelle - bewusst oder unbewusst - eine an die Christinnen gerichtete Hoffnung ausdrückten: dass nämlich diese doch bitteschön endlich wieder ins Judentum zurückkehren mögen. Der auf Toda bezogene »Dank« entspricht ihrem inständigen Wunsch, wieder *gemeinsam* zum großen Jubel anzustimmen. Das zweite biblische Zitat in Bezug auf Toda führt die ganze, schmerzvolle Ambivalenz vor Augen, mit der die Rabbinen seit der Abspaltung der Christen rangen:

»Versammelt mir meine Frommen, die meinen Bund schließen über dem Opfer.«[70]

Das hebräische Wort *sewach*, das hier mit »Opfer« übersetzt ist, verweist auf den »Altar« (*misbeach*) - und meint jedwede Darbringung. Doch keinen Menschen wie Jesus will Psalm 50 darbringen, sondern Dank!

»Bringe Gott Dank (*toda*) dar.«[71]

»Wer Dank (*toda*) darbringt, der ehret mich, und wer seinen Wandel richtet, ihn lass' ich schauen das Heil Gottes (*jescha elohim*).«[72]

Die zwei letzten Worte, mit denen der Psalm endet - dem »Heil Gottes«/*Jescha Elohim* - lasen die Rabbinen sicherlich als eine kritische Anspielung gegen Jesus/*Jeschu*. Nicht das Menschenopfer, sondern der dargebrachte Dank lasse die Frommen das Heil - *Jescha Elohim* - schauen. Dies ist die vielleicht einzige inhaltliche theologische Zurückweisung einer zentralen Lehre des Christentums: das Opfer von Jesus. Aus talmudischer Sicht ist es ein falsches, ein sinnloses Opfer. Ihm halten die Rabbinen das richtige Opfer, besser: die richtige Darbringung entgegen - die Darbringung des Dankes, an der auch rückkehrende Jüdinnen teilnehmen könnten. Im Unterschied zu ihnen gehört Jesus weiterhin zur Seite der Frevler, auf den die anderen Verse in diesem Psalm zu beziehen seien:

»Und zum Frevler spricht Gott: Was hast du von meinen Satzungen zu erzählen? Du führst meinen Bund im Munde?«[73]

---

[69] Ps 100,2-4.

[70] Ps 100,5.

[71] Ps 50,14.

[72] Ps 50,23.

[73] Ps 50,16. - Der Psalm enthält eine Liste von Anklagen gegen die Frevlerin. Sie münden schließlich in den Vorwurf der Gotteslästerung: »Solches hast du getan und ich schwieg, da meintest du, ich sei dir gleich« (Ps 50, 21). Die drei letzten Worte sind in Hebräisch: *hechjot ehje chamocha* - auch übersetzbar als: »zu sein *Ehje* wie du«. »Ehje«

Ich meine, dass in der Kombination der beiden Verse

1) »Ein Psalm zum Dank (*toda*)«,[74]

2) »Wer Dank (*toda*) auf dem Altar darbringt, ehrt mich«,[75]

eine Wunschvision liegt, in der Christinnen ins Judentum heimkehren – aber das Opfer von Jesus außen vor bleibt. Diese Vision hat sich nicht erfüllt. Doch die subtil angedeutete, offene Tür der Rabbinen sollte in der Parabel von den fünf Schülern bemerkt werden.

5 Versuch einer vorläufigen Aussage

Die Talmud-Passagen über Jesus und seine Anhängerinnen sind den meisten Juden heute unbekannt. Im Mittelalter und der nachfolgenden Zeit wurden sie unter dem Druck der Kirche zensiert. Aber auch manchen jüdischen Leserinnen waren sie peinlich. In der bisherigen jüdischen Jesus-Forschung wurde deshalb oft hervorgehoben, dass die mit den Evangelien unvereinbaren Jesus-Darstellungen obskur und unhistorisch seien – ja, dass es sich vielleicht um eine andere Person mit demselben Namen gehandelt haben könnte.

Die Stellen sind tatsächlich mit Vorsicht zu genießen, sollten aber nicht verdrängt werden. Eventuell hilft eine jüdische Auseinandersetzung mit ihnen, ein differenzierteres jüdisches Verhältnis zum Christentum zu gewinnen. Es muss natürlich klar sein, dass die Texte weniger über das Christentum aussagen und wie es sich selbst versteht, als über ein damaliges, jüdisch motiviertes Ressentiment gegen die immer größer werdende Zahl von Christinnen. Gleichwohl blinken in dem Ressentiment Anhaltspunkte auf, die für eine jüdische Selbstvergewisserung heute, da Christinnen zunehmend das Gespräch mit Jüdinnen suchen, interessant sein könnten.

Aus den oben behandelten Talmudstellen spricht, wie ich meine, nach wie vor die Frage nach dem Verhältnis der Religion zur politischen Macht. Diese Frage dürfen und müssen Jüdinnen durchaus kritisch an die anderen Religionen – und nicht zuletzt das Christentum – stellen können. Zugleich bieten die Passagen auch eine Chance, diese Frage an die eigene Religion zu stellen. Es ist etwas anderes, ob man der *anderen* Religion den Vorwurf der Regierungsnähe macht – oder einer bestimmten Gruppierung in der *eigenen* Religion. Da die in den Talmudstellen gemeinten Christinnen immer noch Jüdinnen waren, tut sich hier eine interessante Spannung zwischen dem (noch) Eigenen und dem (schon) Anderen auf. Diese Spannung auf dem Feld der Beziehung zur

war der Name, mit dem sich Gott gegenüber Moses bezeichnet hatte: »Da sprach Gott zu Moses: *Ehje ascher ehje* - Ich werde sein, der ich sein werde. Und sprach: Also sprich zu den Kindern Israel: *Ehje* sendet mich zu euch.« (Ex, 3,14) In dem besagten Psalm ist von einem Frevler die Rede, der sich *Ehje* gleichstellt.

[74] Ps 100,1.

[75] Ps 50,23.

Politik ist eine Herausforderung für jede Religion. Das Verhältnis der eigenen Religion ebenso wie der anderen Religionen zur Politik ist das noch lang nicht abgeschlossene Thema unserer Zeit.

Dabei ist es wichtig, den historischen Entwicklungen gerecht zu werden. Jesus, beziehungsweise dem Christentum die Nähe zur Regierung vorzuwerfen, ist zwar aus jüdischer Sicht ein wichtiges Thema. Es würde jedoch in die Irre gehen, damit zugleich eine jüdische Ferne zur politischen Macht auszudrücken. Erstens lehren die Erfahrungen mit einer politisierten religiösen Orthodoxie im Staat Israel, dass das Verhältnis zwischen Religion und Regierung auch im Judentum zur Diskussion stehen muss. Zugleich betonen Michael Walzer und andere politische Philosophen des Judentums einen grundsätzlichen Paradigmenwechsel in demokratischen Rechtsstaaten. Er ist die Folge der bürgerlichen Gleichberechtigung. Wie alle anderen Bürger partizipiere auch die jüdische Bevölkerung an der politischen Macht. Der talmudische Vorwurf, Jesus und seine Anhängerinnen hätten zu viel Nähe zur Regierung gehabt, kann also nicht als derselbe Vorwurf in die Gegenwart übertragen werden. In einem Rechtsstaat sollte man als politisch bewusste Bürgerin ein positives Verhältnis zur demokratischen Macht haben, um die gesellschaftliche Wirklichkeit mitgestalten zu können.

Die Auseinandersetzung mit der einstigen talmudischen Sicht auf das Christentum könnte aber helfen, eine politische Sicht für heute zu erschließen – und das durchaus auch im Rahmen eines (kritischen) Dialogs der Religionen. Der Text würde dann als Medium für diesen Diskurs fungieren. Jesus und seine Anhängerinnen würden weiterhin Themen und Fragen spiegeln und damit alternative und neue Sichtweisen ermöglichen. Die talmudischen Textstellen über Jesus und seine Anhängerinnen könnten zudem ein Hilfsmittel für Christinnen sein, um zu verstehen, wie Jüdinnen über Jesus denken. Hinter den talmudischen Passagen zu Jesus offenbart sich das gedankliche Gerüst einer kritischen Distanz, die bis in die Gegenwart die jüdische Einstellung zum Christentum prägt. Es geht dabei nicht zuletzt um die Diskrepanz der Lehren von Jesus und der von ihnen zu oft verdeckten, tatsächlichen politischen Macht der Kirche. Diesem Thema von einer jüdischen Warte aus Worte geben zu können, ist gerade wenn man vom Judentum her das Christentum respektieren will, gar nicht so einfach. Da könnte ein Dialog auf dem Boden des talmudischen Judentums helfen, eine jüdische Authentizität im Gespräch mit Christinnen herzustellen.

JESUS-TRANSFORMATIONEN INNERHALB DES KORANS

Klaus von Stosch

Im vorliegenden Text[1] will ich versuchen, exemplarisch zu zeigen, wie sich das Bild von Jesus innerhalb des Korans verändert hat, so dass man etwas pointiert von Jesustransformationen innerhalb dieses Buches sprechen könnte. Um die Entwicklungsschritte markant vor Augen zu stellen, will ich drei Etappen aus der innerkoranischen Entwicklung herausgreifen, die mir besonders markant zu sein scheinen. Ich gehe dabei dem Beispiel Angelika Neuwirths folgend diachron und surenholistisch vor, so dass ich mich aus methodischen Gründen auf die drei Suren des Korans beschränke, die sich am ausführlichsten mit Jesus von Nazaret auseinandersetzen. Sie stehen für markante Etappen in der Auseinandersetzung des Korans mit dem Christentum, so dass ich jeweils die Gesamtkomposition der Suren mit in den Blick nehme und die Jesusverse in diesem Kontext zu verstehen versuche. Die Art dieser Transformationen scheint mir aus komparativ theologischer Perspektive hochinteressant zu sein, auch wenn ich das bei dieser ersten Probebohrung nur andeuten kann.

1 SURE MARYAM

Die erste Sure mit einem ausführlicheren Bezug zu Jesus von Nazaret entsteht in der mittelmekkanischen Zeit (615-618) und ist die nach Maria benannte Sure 19 des Korans. Sie verklammert die Geburtsgeschichte Jesu mit der Johannes des Täufers, so dass eines ihrer zentralen Themen die Verhältnisbestimmung dieser beiden Gestalten und ihrer Eltern ist. Es geht hier in beiden Fällen – wie später auch bei Abraham und seinem Vater – um Eltern-Kind-Beziehungen, die also im Zentrum der Sure stehen. Die Geburtsgeschichte des Johannes startet mit einer ausführlichen Porträtierung der Situation des Zach-

[1] Der vorliegende Text ist inzwischen in deutlich erweiterter und überarbeiteter Form erschienen in dem Buch M. KHORCHIDE/K. VON STOSCH, Der andere Prophet. Jesus im Koran, Freiburg/Basel/Wien 2018, 95-175. In dem Buch befinden sich auch zahlreiche zusätzliche bibliografische und historische Hinweise, die ich hier weggelassen habe, um die Transformationsschritte deutlicher in den Blick zu bekommen.

arias, die zugleich den Anfang der Sure bildet und narrativ in ihr Thema einführt. Theologisch wird sie bereits im ersten Vers der Geschichte als Erinnerung an die Barmherzigkeit Gottes gedeutet (Q 19:2), womit zugleich auch das theologische Hauptthema der ganzen Sure genannt wäre: die Barmherzigkeit Gottes. Es ist interessant, dass die Barmherzigkeit Gottes in so prominenter Weise ausgerechnet in einer Sure dargestellt wird, die Eltern-Kind-Beziehungen thematisiert und zugleich auch Jesu Geburt so ausführlich schildert. Damit wird implizit das Verhältnis der Eltern zu ihren Kindern unter der Leitkategorie der Barmherzigkeit bewertet und von ihr her erschlossen. Zudem wird auch Jesu Leben unter diese Leitkategorie gestellt und von ihr her gedeutet.

1.1 Zacharias und Johannes

Zacharias erscheint als frommer Mann, der sich ganz Gott hingibt und sich seiner Barmherzigkeit anvertraut. Sein dreitägiges Verstummen wird als Zeichen der göttlichen Barmherzigkeit gedeutet, das ihm Mut schenken soll, der Verheißung Gottes zu trauen (Q 19:10). Das ist insofern bemerkenswert, als das gleiche Zeichen in der lukanischen Erzählung eine Strafe Gottes für das mangelnde Vertrauen des Zacharias ist und diesen auch deutlich länger als nur drei Tage trifft (vgl. Lk 1,20). Der biblische Gott erscheint hier ziemlich unsympathisch und hartherzig, weil er mit dem armen frommen Mann so hart ins Gericht geht, der doch nur allzu verständlicher Weise nach einem Fingerzeig fragt, der ihm Vertrauen in den Engel einflößen soll. Dieses Zeichen erhält er zwar auch in der Bibel. Aber dadurch dass er bis zur Geburt seines Sohnes stumm bleiben muss, kann er dieses Zeichen nicht weitergeben und leidet unter der Erfüllung seines Wunsches. Die Leserinnen der Geschichte lernen daraus, dass man besser nicht Gott mit seiner Unsicherheit belästigen und vor allem nicht nach Zeichen fragen, sondern direkt glauben sollte, auch wenn die Botschaft Gottes noch so unglaubwürdig klingt. Biblisch liegt eben die größte Seligkeit darin, zu glauben, ohne zu sehen, wie am Ende des Johannesevangeliums auch der zuerst ungläubige Thomas einsehen muss (vgl. Joh 20,29).

Koranisch dagegen ist das Verstummen des Zacharias einfach nur ein Zeichen, das ihm helfen soll, Vertrauen zu fassen. Der Gott des Korans ist also stets bereit, Zeichen zu geben. Er ist nicht so kleinlich und schnell eingeschnappt wie der biblische Gott. Die nach außen hin unangenehme Situation des zeitweise stummen Zacharias ist koranisch gesehen aus der Innensicht des Zacharias reine Barmherzigkeit Gottes. Sein Verstummen wird für ihn ein Zeichen der Freude, das ihm hilft der großen Güte Gottes Raum in seinem Leben zu geben und sich auf das Vaterwerden vorzubereiten. Während Zacharias, der weise alte Priester, in der Bibel ziemlich übel blamiert ist, wenn er aus dem Tempel von seinem Tempeldienst zurückkommt und kein Wort mehr herausbringen kann (vgl. Lk 1,22), darf Zacharias sogar trotz der gegenteiligen Ankündigung erst einmal sprechen und zum Lob Gottes aufrufen, also seinem priesterlichen Dienst nachkommen (Q 19:11). Während der biblische Zacharias also von Gott in seiner Potenz degradiert wird, behandelt Gott ihn im Koran mit Milde und Nachsicht. Allerdings spielt er dann im weiteren Verlauf der Sure keine Rolle mehr. Seine Degradierung findet also nicht in ehrverletzender Weise coram publico statt, sondern geschieht allenfalls durch den faktischen weiteren Verlauf der Geschichte implizit. Zacharias könnte sich durch sein Verhalten für größere Aufgaben disqualifiziert haben. Vielleicht ist er aber auch gar nicht für solche vorgesehen gewesen und hat einfach seine Pflicht getan, so dass er nun aus dem Scheinwerferlicht der Erzählung heraustreten kann. Immerhin ist es ja häufiger so, dass der Koran biblische Narrative nur anklingen lässt und sie an einigen Stellen mit neuen Akzenten versieht. Wenn dann ein bestimmter Teil des Narrativs nicht ausgestaltet wird, kann der Grund hierfür im Stil des Korans liegen, so dass es gut sein kann, dass der Koran Zacharias auch nicht implizit kritisieren will, sondern tatsächlich im Vergleich zur Bibel rehabilitiert.

In den Versen 12-15 wird dann die Geburt von Johannes dem Täufer geschildert und Johannes wird in ausführlicher Weise gewürdigt. Seine Eltern spielen nach seiner Geburt keine Rolle mehr, auch wenn der Koran festhält, dass Johannes ihnen immer mit Ehrerbietung begegnet. Aber der Fokus der Betrachtung geht auf den neuen Propheten über. Dagegen wird biblisch Zacharias nach der Geburt seines Sohnes rehabilitiert und ihm wird sogar ein in der Kirche berühmt gewordener Lobgesang in den Mund gelegt (vgl. Lk 1,68-79). Über Johannes selbst erfährt man dagegen nicht so viel. Offenkundig wird seine Rolle biblisch marginalisiert, während er koranisch wieder aufgewertet wird.

1.2 Jesus und Maria

Nach der Geburtsgeschichte des Johannes schildert der Koran die von Jesus, dem Sohn der Maria. Der Fokus der Vorgeschichte liegt jetzt nicht mehr auf dem Vater - wie bei Johannes -, sondern auf der Mutter, die der Sure 19 ja auch ihren Namen gibt. Eröffnet wird die Geburtsgeschichte durch die ausführliche Schilderung der Szene der Verkündigung der Geburt Jesu durch den Engel (Q 19:16-21). Die Szene ist ähnlich gestaltet, wie der Dialog Gottes mit Zacharias. Allerdings geht die Initiative diesmal von Gott aus. Ist es bei Zacharias so, dass er Gott um Hilfe bittet (Q 19:3-6) und dadurch die Verkündigung der Geburt Antwort auf sein Bitten ist (Q 19:7), so kommt die Verkündigung der Geburt Jesu zu Maria, ohne dass sie zuvor darum gebeten hat. Während Zacharias also ausdrücklich um ein Kind bittet, ist es bei Maria einfach so, dass sie sich aus nicht näher bestimmten Gründen vor den Menschen zurückzieht. Die Begegnung mit dem Geist Gottes in menschlicher Gestalt (Q 19:17) bringt sie dazu, Zuflucht bei dem Erbarmer zu suchen. Damit wird zum ersten Mal in der Sure der Gottesname des Erbarmers verwendet. In der Gestalt Mariens wird erkennbar, dass Gott nicht nur Zeichen der Barmherzigkeit sendet, sondern in seinem Wesen der Erbarmer ist, so dass er auch als solcher angerufen werden kann.

Auch das Kind, das Maria angekündigt wird, soll nicht nur Zeichen sein, sondern wird selber als Barmherzigkeit bezeichnet (vgl. Q 19:21). Damit wird schon vor der Geburt Jesu das Thema der Barmherzigkeit Gottes im Kontext der Geburtsgeschichten immer weiter gesteigert - eine Entwicklung, die sich auch im biblischen Befund widerspiegelt, wenn man nur an den Preisgesang Mariens an die Barmherzigkeit Gottes erinnert, mit der sie auf die Verkündigung des Engels reagiert (vgl. Lk 1,46-55).

Nach der Verkündigung der Geburt folgt im Koran die Schilderung der Geburt Jesu, die ausführlich auch die Wehen Mariens schildert und die Pein, die diese ihr bereiten (Q 19:23). Interessanterweise werden die Wehen Mariens nirgends in der Bibel geschildert (vgl. etwa Lk 2,6 f.), so dass sich im Christentum die Idee entwickeln konnte, dass Maria die Geburt ohne Schmerzen hinter sich brachte. Hintergrund dieser Auffassung war der Gedanke, dass Maria sündlos war und deshalb auch nicht vom entsprechenden Fluch Gottes gegen Eva (Gen 3,16) betroffen war. Ihre Jungfräulichkeit wurde so zu einer Jungfräulichkeit vor, während und nach der Geburt stilisiert, wobei die Jungfräulichkeit während der Geburt so verstanden werden konnte, dass sie ohne Schmerzen gebären konnte. Hier erinnert der Koran auch aus christlicher Sicht völlig zu Recht an die volle Menschlichkeit Mariens, die eben auch bedeutete, dass sie voller Schmerzen gebären musste.

Der Koran spitzt diese Situation sogar noch zu. Maria hat nicht nur Schmerzen während der Geburt zu ertragen. Noch mehr ist sie nach ihrer Geburt bedroht. Denn die uneheliche Empfängnis wird ihr zum Vorwurf gemacht und sie wird mit einer Dirne verglichen (Q 19:27 f.). Maria weiß sich nicht anders zu helfen als durch den Verweis auf Jesus, der sie verteidigen soll (vgl. Q 19:29). Sie verhält sich dabei ganz ähnlich, wie Maria zu Beginn des Johannesevangeliums. Auch hier verweist sie in großem Vertrauen auf Jesus (vgl. Joh 2,4 f.). Allerdings ist Jesus da schon erwachsen und es geht nicht um Mariens eigene Not, sondern um die der Hochzeitsgesellschaft. Der Koran dagegen spricht von Mariens eigenen Problemen und schildert, wie Gott ihr hilft. In den Nöten der Wehen in der Wüste erfrischt sie Gott durch ein Bächlein und frisches Obst (Q 19:24 f.). In der Not der Bedrängnis durch die Menschen, die nicht glauben wollen, dass sie als Jungfrau ein Kind bekommen hat, hilft er ihr, indem er Jesus als Baby sprechen lässt. Jesu darauf folgende Selbstvorstellung will ich hier nicht näher kommentieren, weil ich das bereits an anderer Stelle ausführlich getan habe.[2] Im Vergleich zur Charakterisierung des Johannes fällt jedenfalls auf, dass Jesus selbst spricht und

---

[2] Vgl. K. von Stosch, Versuch einer ersten diachronen Lektüre der Jesusverse im Koran, in: Ders./M. Khorchide (Hrsg.), Streit um Jesus. Muslimische und christliche Annäherungen, Paderborn 2016 (Beiträge zur Komparativen Theologie; 21), 15-44, hier 19-22.

sich als Diener Gottes bzw. als Gottesknecht vorstellt, der gänzlich von Gottes Heil umfangen ist.

Nach seiner Intervention findet sich in der Sure ein späterer Einschub, der klarstellt, dass man Jesus zwar als Wort der Wahrheit ansehen kann (Q 19:34)[3], er aber keineswegs als Sohn Gottes anzusehen ist. Alle von Jesus zuvor ausgesagten Besonderheiten werden damit auf Gottes Souveränität zurückgeführt. Er ist es, der tun kann, was er will, und so auch alles ermöglicht hat, was Jesus tut (Q 19:35). Mehrfach wird deutlich, dass der Koran sich von Streitigkeiten abwendet, die offenkundig um Jesus entstanden sind (Q 19:34.37). Statt sich in solche christologischen Debatten zu verstricken, ruft der Koran auf, seine eigene theozentrische und eschatologische Ausrichtung ernst zu nehmen und sie zum Zentrum des eigenen Glaubens zu machen. D. h. die Geburtsgeschichten münden unmittelbar in eine leidenschaftliche eschatologische Botschaft (Q 19: 37-40), die einen Kerngedanken von Jesu Heilszuversicht aufnimmt. So heißt es im Koran, dass »die Sache schon entschieden ist« und wir als Erben eingesetzt sind (Q 19: 39 f.). Das erinnert an die Zuversicht des historischen Jesu, dass die Mächte des Satans bereits besiegt sind und die Ankunft des Reiches Gottes unwiderruflich eingeläutet ist (vgl. Jesu Vision vom Satanssturz in Lk 10,18).

1.3 Ansätze einer Prophetologie

In den Versen 41-58 wird die vorher an Hand der Geburtsgeschichten entwickelte frohe Botschaft von der Barmherzigkeit Gottes anhand der biblischen Patriarchen und Propheten verifiziert. Schon für Isaak und Jakob galt demnach, dass sie mit Gottes Barmherzigkeit beschenkt wurden (Q 19:50). Und auch Mose wird mit Gottes Barmherzigkeit beschenkt, wobei diese in der Gestalt seines Bruders Aaron konkret wird (Q 19:53). Damit wird deutlich, dass Barmherzigkeit im Koran zunächst einmal als soziale Beziehung verstanden und in ihr konkret wird. Erwähnt werden außerdem Ismael, der Gottes Wohlgefallen erregt (Q 19:55) und Idris, der von Gott erhoben wird (Q 19:57). Es wird deutlich, dass die Zuwendung, die Gott in Johannes und Jesus schenkt, bereits durch die Generationen hindurch den Menschen galt. Stammvater der Aufzählung ist dabei Abraham, von dem auch ein Familienkonflikt geschildert wird, so dass auch das Thema der Eltern-Kind-Beziehungen in die Vergangenheit hinein extrapoliert wird. Abrahams bereits in rabbinischen Erzählungen berichtetes Zerwürfnis mit seinem Vater bietet eine aufschlussreiche Kontrastfolie zur Beziehung Jesu zu seiner Mutter. Während Jesus seine Mutter verteidigen kann, weil sie gerecht ist, muss Abraham seinen Vater angreifen, weil er Götzen verehrt (Q 19:41-48). Auch für Abraham ist Gott der

---

[3] Vom arabischen Wortlaut her könnte es sich hier auch um eine Parenthese handeln, die die koranische Aussage über Jesus als Wort der Wahrheit qualifiziert. Von daher sollte man sehr vorsichtig damit sein, aus Q 19:34 irgendwelche christologischen Folgerungen abzuleiten.

Erbarmer und wird als solcher benannt. Aber Gott ist auch ein fordernder Gott, der nicht dulden will, dass sich Abrahams Vater dem Satan verschreibt. Abraham tritt deshalb für seinen Vater bei ihm ein und bittet ihn um Vergebung. Abrahams Vater aber droht Abraham zu steinigen. Während Maria ganz ihrem Sohn vertraut, wendet sich Abrahams namenlos bleibender Vater gegen den Propheten. Wie Gott darauf reagiert, wird nicht geschildert, weil ausschließlich die Propheten selbst in dieser Passage der Sure interessieren. Jedenfalls wird in Abrahams Verhalten das vierte Gebot des Dekalogs erfahrbare Wirklichkeit. Der Sohn setzt sich auch dann noch für seinen Vater und zollt ihm Respekt, wenn dieser sich gegen ihn wendet und vom Glauben abfällt. Entsprechend wurde ja auch Johannes (V. 14) und Jesus (V. 32) betont, dass sie voller Ehrerbietung gegen ihre Eltern waren.

Übrigens bietet die Passage durchaus Ansätze für eine koranische Prophetologie, weil neben allgemeinen Aussagen auch jeweils spezifische Eigenheiten von den einzelnen Propheten ausgesagt werden. Während Abraham ähnlich wie in der Bibel als der große Fürbitter seines Volkes erkennbar wird, betont der Koran an Isaak und Jakob ihre Wahrhaftigkeit (Q 19:50). Bei Mose sticht als Charakteristikum seiner Prophetie das vertrauliche Gespräch hervor, zu dem Gott ihn an sich herankommen ließ (Q 19:52). Ismael gebietet »den Seinen Gebet und Armensteuer« (Q 19:53) und wird so als Stammvater der Muslime erkennbar, weil er zwei der für sie charakteristischen Gebote aufgetragen bekommt. Von Idris schließlich wird seine Erhöhung geschildert, weswegen man normalerweise davon ausgeht, dass es sich hier um Henoch handelt, dessen Himmelfahrt geschildert wird. Auch wenn die Verse noch keine ausgefaltete Prophetologie bieten, machen Sie doch exemplarisch deutlich, dass alle Propheten je besondere Berufungen, Aufgaben und Charismen haben und sich dadurch von den anderen Propheten unterscheiden. Zugleich sind alle in eine Reihe integriert, die in einer summarischen Formel noch einmal in ihren tiefen Gemeinsamkeiten sichtbar gemacht werden (Q 19:58) – eine Gemeinsamkeit, die zuerst auf dem Gnadenerweis bzw. der Erwählung Gottes beruht und jeweils darin ihre Resonanz findet, dass sie alle dem Erbarmer in Niederwerfung, Gebet und tiefer Gemütsbewegung antworten. Eben diese hier am Ende vollzogene Hingabe an den barmherzigen Gott war es ja, die bereits in Jesu Selbstvorstellung als Diener Gottes aufscheint. Auf diese Weise wird deutlich, dass die Besonderheiten Jesu, die im Koran geschildert werden, ihn nicht aus der Reihe der Propheten herausheben, sondern ihn in ihr qualifizieren – so wie die anderen Propheten je auch mit ihren Spezifika qualifiziert und in den Dienst genommen werden.

Nach einer erneuten eschatologischen Einbettung der Prophetologie in Form göttlicher Predigt (Q 19:59-73) mit einem interessanten Einschub zum Herabsteigen der Engel (64 f.) folgt ein weiterer redaktioneller Einschub, der ähnlich wie die Verse 34-40 die theologische Aussage der Sure präzisieren will (Q 19:74-98). Thema ist hier wie im gesamten letzten Teil der Sure die Diskussion darüber, wie Menschen die Anleitung Gottes annehmen bzw. ablehnen. Für unsere Thematik besonders erwähnenswert ist die Abgrenzung von denen, die annehmen, dass der Erbarmer einen Sohn angenommen hat (Q 19:88.92). Dagegen wird betont, dass alle Menschen als Knechte vor Gott treten (Q 19:93) und von Gott gerichtet werden (Q 19:95). Dieses Gericht wird die Liebe Gottes für die offenbar machen, die glauben und Gutes tun (Q 19:96). Dadurch, dass an dieser Stelle nicht wie bei Ismael spezifisch muslimische Identitätsmarker verwendet werden, wird deutlich, dass die Sure die Barmherzigkeit Gottes für alle Menschen, die an ihn glauben und diesen Glauben leben, verkündet - also auch für Jüdinnen und Christinnen, die ja durch ihre Propheten mit in die Hoffnungsperspektive der Sure hineingenommen werden.

Zugleich wird betont, dass der Koran eine gute Botschaft für die Gottesfürchtigen seiner Zeit ist, denen nun die Barmherzigkeit Gottes in ihrer Sprache verkündet wird. Gott will damit dem widerspenstigen Volk Gottes ein Warnzeichen geben (Q 19:97). Die zuerst und bleibend Erwählten sollen verstehen, dass sie nur dann bleiben werden, wenn sie sich Gott hingeben und seiner Barmherzigkeit vertrauen - sonst wird man bald schon keinen Laut mehr von ihnen hören (Q 19:98). Die Erwählung der Muslime erscheint so nicht als Ablösung der Juden als Bundesvolk, sondern als Zeichen Gottes, dass er immer je neue Menschen für sich zu gewinnen vermag. Er will zwar nicht anders als mit den Menschen seinen guten Willen für diese Welt verwirklichen. Aber seine Kooperationswilligkeit und sein Erbarmen ersetzen niemals die frohe Einstimmung des Menschen in sein Tun, so dass er sich auch nach neuen Partnerinnen umsehen kann, wenn die Menschen sich ihm gegenüber verschließen.

Die insgesamt sehr frohe und ermutigende Botschaft der Sure Maryam spiegelt sich auch in der Weise ihrer Rezitation. Diese ist hell, freundlich und beschwingt und lädt somit den ganzen Menschen mit Herz und Verstand ein, sich von der Barmherzigkeit Gottes berühren zu lassen. Der einladende Charakter und überaus freundliche Tenor der Sure Christen gegenüber spiegelt sich auch darin wider, dass sie in der islamischen Auslegungstradition in die mittelmekkanische Zeit datiert wird. Sie wird den Muslimen vor ihrer ersten Hidschra im Jahr 615 auf dem Weg nach Abessinien mitgegeben, wo sie Asyl bei dem dortigen christlichen König suchen. Der Überlieferung nach ist dieser König, der Negus, auch ganz begeistert von der Sure Maryam, so dass sich Christinnen bis heute bleibend eingeladen fühlen sollten, diese Sure als Ansprache auch an sie zu lesen und in ihr Gottes Stimme zu hören.

2 Sure Āl ʿImrān

Die nach dem Haus des Vaters Mariens benannte dritte Sure des Korans, Āl ʿImrān, dürfte in ihrem Kernbestand aus der frühen medinensischen Zeit stammen (also nach 622 entstanden sein). Zum Kernbestand zählen der Prolog in den Versen 1-32 und ein narrativer Kern in den Versen 33-62. Sie stehen jeweils im Kontext der Auseinandersetzung mit den Leuten der Schrift (*ahl al-kitāb*).

In den Versen 63-99 folgt ein Teil, in dem direkt die Leute des Buches angesprochen werden. Es dominiert ein religionspolitischer Diskurs, bei dem solche Juden und Christen kritisiert werden, die sich privilegiert fühlen, u.a. auch Vorwurf der Schriftfälschung (V. 80). Ab Vers 100 wendet sich das Gespräch bis zum Ende der Sure den Gläubigen zu, wobei der historische Kontext insbesondere ab Vers 121 eine Selbstvergewisserung der Gemeinde aufgrund der Schlacht von Uhud darstellt, also ca. 625 zu situieren ist. Die Sure schließt ab Vers 190 mit einem inklusiv verstehbaren Gebet aller Gläubigen, also aller Monotheisten mit Kritik an bestimmten Gruppen.

2.1 Prolog (Verse 1-32)

Der Prolog der Sure spiegelt eine Auseinandersetzung mit vorwiegend jüdischen Gelehrten, vielleicht aber auch mit christlichen Gesprächspartnern zur Ambiguität der Schrift wider. Hintergrund war ein Klärungsprozess innerhalb der muslimischen Gemeinde, wie mit mehrdeutigen Versen umzugehen sei.

Gleich zu Beginn der Sure wird nach der Wiederholung des gemeinsamen monotheistischen Bekenntnisses (Q 3:2) die Herabsendung des Buches mit der Wahrheit auf Muhammad geschildert. Zugleich wird bekannt, dass dieses Buch bestätigt, was vorher in Tora und Evangelium den Menschen als Geleit mit auf den Weg gegeben wurde (Q 3:3 f.). Schon die Verwendung der Fachtermini *inǧīl* und *taurāh* zeigt hier den Gesprächskontext mit Juden und Christen an. Der Koran kommt ihnen entgegen, indem er auch ihre Schriften als Offenbarungsschriften anerkennt. Umgekehrt reklamiert er damit für die Offenbarungen Muhammads die gleiche Dignität wie für die altehrwürdigen Schriften der älteren Religionen. Gott wird in seiner Allmacht, Allwissenheit und Fürsorge für den Menschen geschildert (Q 3:4-6), bevor dann der entscheidende Vers zur Ambiguität der Schrift folgt, der ausdrücklich zugesteht, dass es in der Schrift eindeutige und mehrdeutige Verse gibt (Q 3:7). Allerdings lassen sich nur Menschen, »in deren Herzen Verwirrung ist« von den mehrdeutigen Versen von dem richtigen Weg abbringen. Philologisch umstritten ist, ob der Vers so zu lesen ist, dass auch die Gläubigen und im Wissen fest gegründet die Bedeutung der mehrdeutigen Verse kennen. Theologisch plausibler ist hier die Deutung, dass Gott allein die Bedeutung der ambigen Schriftstellen kennt und die Gläubigen bleibend mit der Ambiguität der Schrift umgehen müssen. Auch die ambigen Verse gehören demnach mit zur Anrede Gottes an den Menschen, so dass er sich bleibend an ihnen abarbeiten muss.

Statt also die Schrift zu reinigen und eindeutig zu machen, fordert uns der Koran auf, mit Gott in Beziehung zu treten, damit er unsere Herzen ergreift und sie so davor bewahrt, abzuirren (Q 3:8). Zugleich warnt er davor, die Ambiguität mancher Verse zu verwenden, um die Klarheit der Schrift insgesamt in Frage zu stellen. Dass Gott in seiner Barmherzigkeit zum Menschen steht und seine Versprechen einhält, dass aber die Möglichkeiten seiner vergebenden Nähe enden, wenn der Mensch sich definitiv von ihm abwendet (Q 3:8-10), ist als Grundbotschaft der Heiligen Schriften jenseits aller Ambiguität zu akzeptieren. Wer an dieser klaren Grundaussage zweifeln will, teilt aus der Sicht des Korans das Schicksal der alten Ägypter zur Zeit des Exodus und wird sich in der Hölle wiederfinden (Q 3:11 f.). Überhaupt folgen nun einige eschatologische Bildreden (Q 3:14-17) und der eindringliche Aufruf zum monotheistischen Bekenntnis (Q 3:18).

In diesem Kontext fällt auch das viel zitierte und diskutierte Stichwort, dass die Religion bei Gott der Islam ist (Q 3:19). Hierbei ist mit Islam aber noch keine verfasste Religion gemeint, sondern entsprechend der Wortbedeutung des arabischen Wortes die Hingabe an den einen Gott. Das wird auch daran deutlich, dass im Laufe der Sure Abraham (Q 3:67), Jesus und seine Jünger alle als Muslime bezeichnet werden. Der Koran warnt alle Monotheisten vor Hass und Neid untereinander (Q 3:19) und lädt sie ein, sich ganz Gott hinzugeben (Q 3:20). Statt zu meinen, dass die eigenen schönen Gedanken über Gott einen vor der Hölle bewahren (Q 3:24), gilt es, sich restlos auf Gott als Ziel des Lebens auszurichten (Q 3:28). Der Prolog kulminiert schließlich in dem Versprechen der wechselseitigen Liebe von Gott und Mensch, die für den Menschen in der Vergebungsbereitschaft Gottes erfahrbare Wirklichkeit wird (Q 3:31 f.). Es ist bemerkenswert, dass der Prolog der zweiten Sure des Korans, die sich ausführlich mit Jesus von Nazaret auseinandersetzt, in so intimer Weise das Verhältnis von Gott und Mensch als Liebesgemeinschaft ausgesagt wird. Damit wird der Kern der christlichen Botschaft von Gott unabhängig von einer Würdigung der Person Jesu vor Augen gestellt und doch indirekt mit ihm verknüpft, weil die Schilderungen die gleich zu entfaltende Prophetologie und Jesulogie in eben diesen Kontext hinein entwickeln. Angedeutet wird sie dadurch, dass Gott seine Knechte zur Liebe einlädt und damit die Selbstbezeichnung Jesu aus Q 19:30 aufnimmt, die keine Auszeichnung Jesu zum Ausdruck bringen will, sondern seine tiefe Menschlichkeit, zu der alle Menschen eingeladen sind: Eben zur Hingabe an den einen Gott, die dieser dann in seiner Liebe und Barmherzigkeit beantwortet.

Zugleich ist aufschlussreich, wie intensiv der Koran vor Streit im Glauben warnt (Q 3:19 f. 23) und darauf beharrt, dass nichts als Gott selbst der souveräne Herr in allem bleibt (Q 3: 26 f.). Offenkundig hat der Koran christliche und jüdische Glaubensstreitigkeiten vor Augen und ihren Versuch, Dinge zwischen Gott und den Glaubenden zu setzen. Auch die Verse der Heiligen Schrift können in dieser Weise missverstanden werden, so dass sie in dem Prolog sehr deutlich an Gott und seine Menschenfreundlichkeit zurückgebunden werden. Auch die Schrift zählt nichts, wenn sie nicht in die lebendige Gottesbeziehung hineinführt. Nur wenn sich der Mensch in seinem Herzen ganz an Gott bindet, kann er die Ambiguität der Schrift aushalten und auch im Streit Gott die Treue halten. Liebe wird so als Ermöglichung der Ambiguitätstoleranz erahnbar, die gläubige Menschen brauchen, um einander zum Segen zu werden.

2.2 Narrativer Kern (Verse 33-62)

Ab dem Vers 33 beginnt die narrative Entfaltung der Geburtsgeschichte Jesu, die ähnliche Motive und Themen wie die Sure Maryam aufnimmt. Während die erzählten Geschichten in dieser Sure nur lose miteinander zusammenhängen, werden sie in der Sure 3 in eine genealogische Beziehung hineingestellt, so dass die Sure zur Erzählung der Erwählung des Hauses ʿImrān wird, das ihr deshalb ja auch den Namen gibt. Bereits Angelika Neuwirth hat ausführlich darauf hingewiesen, dass das Haus ʿImrān in dieser Sure sinnbildlich für die Christen steht und dem Haus Abrahams und damit den Juden gleichberechtigt an die Seite gestellt wird (Q 3:33). Ebenfalls bereits Neuwirth ist aufgefallen, wie sehr die Sure die weibliche Genealogie Jesu herausstellt. ʿImrān, der Großvater von Jesus, wird zwar als Stammvater des Hauses genannt, aber er kommt als handelnde Person in der gesamten Geschichte gar nicht vor. Es ist seine Frau, die aktiv wird und die verspricht, ihr Kind Gott zu weihen (Q 3:35). Obwohl das Kind ein Mädchen wird, eben Maria, die Mutter Jesu, hält sie ihr Versprechen ein und lässt sie im Tempel groß werden. Maria wird so in ihrer besonderen Verbundenheit mit Gott erkennbar.

Zacharias wird im Tempel zur Pflegschaft für sie eingesetzt, so dass auf diese Weise auch die Genealogien von Johannes und Jesus miteinander verknüpft werden. So wie Zacharias auf Maria achtgeben soll, so könnte man auch Johannes als den verstehen, der auf Jesus achtgeben soll. Allerdings braucht Maria gar keine Versorgung, weil Gott sie auch im Tempel mit allem Nötigen versorgt (Q 3:37). Das männliche Element bleibt somit in der Genealogie Jesu reine Staffage. Auch Jesus braucht keinen männlichen Beschützer, sondern lebt wie Maria aus der Nähe Gottes heraus und wird von ihm gehalten.

Erst nach dieser Verschränkung der Genealogien beginnt auch in Sure Āl ʿImrān die eigentliche Geburtsgeschichte Johannes des Täufers, die bereits die Sure Maryam eröffnet. Das die Handlung eröffnende Gebet des Zacharias ist auf seinen wesentlichen Gehalt reduziert. Dafür ist die göttliche Antwort – jetzt vermittelt durch die Engel – ausführlicher und charakterisiert Johannes als Propheten und rechtschaffenen Asketen (Q 3:39). Dafür verzichtet die Sure auf nähere Einzelheiten zum Charakter des Johannes, sondern bricht die Schilderung nach Wiederholung der Deutung des Verstummens des Zacharias als Zeichen ab. D. h. von der Sache her bleibt Gott der um den Menschen barmherzig sorgende Gott. Aber die narrative Ausschmückung wird ebenso zurückgefahren wie allzu anthropomorphe Anreden Gottes. Stattdessen werden Funktionen und Titel präzise benannt.

Diese Tendenz hält sich auch bei der Geburtsgeschichte Jesu durch. Marias Pein wird nicht geschildert, dafür wird ihre Erwählung in starken, an das Ave Maria erinnernden Worten bezeugt (Q 3:42). Zugleich wird sie in den

Rhythmus der islamischen Gebetspraxis hineingewoben, so dass einer verehrenden Isolierung ihrer Person vorgebeugt wird (Q 3:43). Die Sure Maryam ist hier deutungsoffener und dafür vielleicht auch anfällig für Missdeutungen durch pagane Araberinnen oder Christinnen, so dass der Status Mariens jetzt präziser bestimmt wird.

Besonders interessant ist die Zurückweisung des apokryphen Charakters der dem Koran vorgegebenen christlichen Zeugnisse. Während etwa das Protevangelium des Jakobus, auf das sich der Koran in seiner Mariologie stark bezieht, immer wieder den apokryphen und damit esoterischen Charakter seiner Einsichten betont, will der Koran die vorher verborgenen Geschichten offenbar machen. Er will keinen esoterischen Kult einer Elite, sondern die Menschenfreundlichkeit Gottes für alle Menschen offenbar machen.

Auch die Geburt Jesu wird stark reduziert geschildert. Sein Sprechen in der Wiege wird nur noch angedeutet (Q 3:46). Stattdessen bemüht sich der Koran um eine präzise theologische Würdigung seines Anspruchs, vermeidet dabei aber systematisch die Titel für Jesus, die innerchristlich zu Schismen und Streitigkeiten geführt haben. An dieser Stelle verzichte ich auf die genauere historische Verortung der Sure und ihre theologische Deutung von Q 3:4 – 61, die ich bereits an anderer Stelle vorgenommen habe.[4] Im Blick auf Vers 48 wäre im Vergleich zum dort bereits schriftlich Ausformulierten noch zu bedenken, dass das Buch, mit dem Jesus belehrt wird, sich terminologisch auf das Buch der Wahrheit aus Vers 3 zurückbezieht, das Gott auch Muhammad schickt. Beide speisen sich also aus der gleichen Quelle. Zugleich ist Raum für unterschiedliche Gestalten dieses Wortes in Weisheit, Tora und Evangelium, die hier in keiner Weise gegenüber dem ursprünglichen Buch abgewertet werden. Offenkundig kommen alle einzelnen Heiligen Schriften aus dem einen *kitab*, dem Kern aller Botschaften Gottes, aus dem alle Religionen schöpfen. Aber das bedeutet nicht, dass die konkret geschichtlich vorhandenen Bücher irgendwie verfälscht wären und sich Christinnen und Jüdinnen nicht auf sie verlassen dürften. Sie bleiben allerdings der Ambiguität ausgeliefert, die sich nur dann überwinden lässt, wenn sich der Mensch in seinem Herzen von Gott ergreifen lässt und so nicht von ihm abirrt.

Abgeschlossen wird der narrative Kern der Sure abermals durch das monotheistische Bekenntnis (Q 3:62), das immer wieder an entscheidenden Nahtstellen der Sure den gemeinsamen Glauben der monotheistischen Religionen in Erinnerung ruft.

2.3 Religionspolitische Auseinandersetzung (Verse 63-99)

Die Verse sind eine nachträgliche Einfügung in die Sure, die die Auseinandersetzung mit Jüdinnen und Christinnen zuspitzt und die muslimische Position präzisiert. Historisch gesehen stellt die Auseinandersetzung eine Einladung an Jüdinnen und Christinnen dar, sich in den Auseinandersetzungen mit den

[4] Vgl. wiederum STOSCH, Versuch, 33-36.

Mekkanerinnen auf die muslimische Seite zu schlagen und sich nicht von den Gruppierungen an der Solidarität mit den Muslimen hindern zu lassen, die Gottes Wort verdrehen.

Zunächst einmal werden jüdische und christliche Gruppierungen kritisiert, weil sie meinen, eine privilegierte Stellung für sich in Anspruch nehmen zu dürfen. Jede Art von Privileg religiöser Gruppen lehnt der Koran jedoch ab, und ebenso die übertriebene Verehrung von religiösen Führungsgestalten; denn wir sollen einander nicht zu Herren nehmen (Q 3:64). Entsprechend gilt es, sich von allen weltlichen Herrschaftsinteressen zu distanzieren, die die Religion verwendet, um menschliche Macht über Menschen zu legitimieren.

Zudem kritisiert er die Zerstrittenheit der Jüdinnen und Christinnen, die sich vor allem an ihrer Auseinandersetzung über die Frage festmacht, wer von ihnen näher an Gott ist bzw. wer von ihnen das Privileg des Bundes und der Erwählung durch Gott hat. Entsprechend stößt auch ihr Streit um Abraham den Koran ab (Q 3:65) und er versucht, einen versöhnenden Mittelweg für beide zu eröffnen.

Da sich Christinnen und Jüdinnen für diese überzogenen und aus koranischer Sicht unberechtigten Ansprüche auf ihre Schriften berufen, greift der Koran direkt die Autorität dieser Schriften an. Ausdrücklich wirft der Koran einer bestimmten jüdischen oder christlichen Gruppierung vor, die Schrift zu verfälschen (Q 3:78), so dass ihre Schriftzitate keine göttliche Dignität in Anspruch nehmen können. Die Lüge steckt hier aber nicht in der Schrift selbst, sondern in der bewussten Verfälschung durch die genannte Gruppierung. Dadurch, dass der Koran nicht offenlegt, welche Gruppe gemeint ist, erhält seine Mahnung bleibende Aktualität und richtet sich gegen alle, die über die Schrift verfügen wollen und sie dabei ihren eigenen Interessen entsprechend verbiegen.

Andere Gruppierungen verraten offenkundig in Leben und Denken den Anspruch ihrer eigenen Schrift. Sie verbergen die Wahrheit (Q 3:71), sprechen wissentlich Lüge über Gott und wollen geliehenes Geld nicht zurückgeben (Q 3:75). Wichtig ist, dass die Kritik ausdrücklich nur bestimmten Gruppierungen, nicht aber den Religionen insgesamt gilt (Q 3:69.72.75.78.100). Im Gegenteil betont der Koran ausdrücklich, dass Gott die liebt, die ihn fürchten und gut leben, ohne dabei eine bestimmte Religion einzufordern (Q 3:76).

Der Koran stellt also nicht in Frage, dass Jüdinnen und Christinnen von Gott in Tora und Evangelium angesprochen werden und ihnen diese Anrede bleibend gilt und ihnen auch bleibend einen Weg zu Gott eröffnet (Q 3:81). Aber wenn sie daraus ableiten, im Alleinbesitz der göttlichen Wahrheit zu sein, greift der Koran ein und weist ihre Ansprüche zurück. Zudem warnt er davor, irgendeinen Menschen, Propheten oder Engel mit göttlicher Autorität auszustatten und als Herrn zu akzeptieren. Stattdessen gelte es, theologisch mit den offenbarten Schriften zu arbeiten und selbständig zu denken (Q 3:79 f.).

Entsprechend wendet sich der Koran auch gegen Rangunterschiede unter den Propheten (Q 3:84) und beharrt darauf, dass jede Religion in die Hingabe an den einen Gott münden muss (Q 3:85). Auch wenn Jüdinnen und Christinnen als Augenzeugen der Zuwendung Gottes gewürdigt werden (Q 3:99), kritisiert der Koran sie, wenn sie nicht glauben und sich von Gott abwenden (Q 3:98.94). Stattdessen werden sie eingeladen in die eine Gemeinschaft der Menschen, die sich Gott hingeben.

2.4 Selbstvergewisserung der muslimischen Gemeinde (Verse 100–200)

In den ersten zwanzig Versen des ebenfalls nachträglich hinzugefügten Schlussteils der Sure wird zunächst einmal überlegt, wie es überhaupt zur Schlacht von Uhud (ca. 625) kommen konnte. Danach geht es ab Vers 121 um eine Aufarbeitung dieser Schlacht, in der die Muslime in ihrer Auseinandersetzung mit den Mekkanern eine empfindliche Niederlage einstecken mussten, so dass sie hier dringend der Selbstvergewisserung bedurften. Immer wieder finden sich daher in der Sure Trostaussagen und Versuche, den Muslimen Mut zuzusprechen. So heißt es, dass Gott vertraut ist mit dem, was die Gläubigen tun, das Innere ihrer Herzen kennt (Q 3:153 f.) und seine Versprechen gehalten hat (Q 3:152); er wird als Schutzherr geschildert (Q 3:150), der bereit zu vergeben (Q 3:129) und milde ist (Q 3:155). Immer wieder wird Gottes Barmherzigkeit betont (Q 3:159). Am Ende der Sure folgt ein gemeinsames Gebet aller Monotheisten (Q 3:190-198) und ein Aufruf zur Einheit aller Gläubigen (Q 3:199 f.).

Im Blick auf unseren thematischen Kontext können wir diesen Teil der Sure nicht mehr ausführlich besprechen. Vielmehr kann es nur darum gehen, auf einige interessante Details aufmerksam zu machen. Interessant ist, dass die eine Gemeinde bzw. Umma, zu der der Text aufruft (vgl. Q 3:104), durchaus auch Jüdinnen mit einschließen könnte. Dann würde die Sure immer noch die Grundidee des entsprechenden Vertrags von Medina widerspiegeln. Zugleich wird deutlich, dass die Polemik des Korans gegen interne Streitigkeiten eine wichtige politische Dimension hat, weil es angesichts der Herausforderung von Uhud darum gehen musste, die eigenen Reihen zu schließen. Ausdrücklich wird dabei zugestanden, dass es auch unter den Leuten der Schrift Gläubige gibt, die ihren Glauben in transparenter und überzeugender Weise leben (Q 3:113-115). Diese sind aus koranischer Sicht zwar in der Minderheit (Q 3:110), aber ihre Existenz wird bezeugt und sie gelten dem Propheten als potenzielle Bündnispartner.

Ein kleines Detail bleibt mir noch nachzutragen. Wenn es in Vers 145 heißt, dass es niemandem ohne die Erlaubnis Gottes zu sterben vergönnt ist, wird deutlich, dass auch Jesu Tod am Kreuz theologisch gesehen nicht das Werk der Jüdinnen oder Römerinnen, sondern das Handeln Gottes war. Von daher muss der Koran den Jüdinnen widersprechen, wenn sie meinen, Jesus getötet zu haben. Zudem heißt es im Blick auf die Märtyrer der Schlacht von

Uhud, dass wir die, die auf dem Wege Gottes getötet wurden, nicht für tot halten sollten (Q 3:169). Auch diese Aussage muss für Jesus gelten, so dass auch er nicht für tot gehalten werden darf, wenn er im Glauben an Gott sein Leben lässt. Vielmehr ist davon auszugehen, dass sein Kreuzestod nichts daran ändert, dass er bleibend bei Gott gerettet ist. Beide Verse scheinen mir die von mir an anderer Stelle ausführlich begründete Deutung von Q 4:157 zu untermauern, die die These stark macht, dass der Koran keineswegs den Kreuzestod Jesu leugnet.

3 Sure al mā'ida

Die fünfte Sure mit dem zunächst prosaisch klingenden Titel der Tisch ist vermutlich die letzte Sure des Korans – so zumindest argumentieren die meisten westlichen Islamwissenschaftler wie z. B. Theodor Nöldeke und Angelika Neuwirth. Nach islamischer Tradition gibt es zwar viele Gelehrte, die sie für die vorletzte Sure halten und stattdessen Sure 9 als die letzte Sure ansehen (so etwa Buchari, Muslim oder Tabari). Aber auch unter muslimischen Forscherinnen gibt es schon aus der Tradition prominente Stimmen, die die Sure al mā'ida als letzte Sure ansehen (beispielsweise Tirmidihi und Zamakshari). Die Spätdatierung zumindest der jüngeren Teile von Sure 5 kann man unter anderem daran festmachen, dass Muhammad hier eine Art Abschlusspredigt hält, die darauf verweist, dass seine Verkündigung zu einem gewissen Abschluss gekommen ist. So heißt es in Q 5:3: »Heute habe ich euch eure Religion vollständig gemacht und meine Gnade an euch vollendet und habe daran Gefallen, dass der Islam eure Religion ist.« Natürlich bedeutet das nicht, dass die Sure 5 insgesamt im Kontext dieser Abschlusspredigt anzusiedeln ist. Sure 5 und 9 sind beide längere Suren, die auch über einen längeren Zeitraum gewachsen zu sein scheinen. Aber im Blick auf die christologisch relevanten Verse beider Suren lässt sich klar zeigen, dass Teile der Überlegungen in Sure 5 chronologisch erst nach Sure 9 entstanden sein können, wie wir gleich noch genauer begründen werden.

3.1 Struktur und Themen der Sure

Grob lässt sich die Sure in vier größere Blöcke unterteilen. Gerahmt wird die Sure einerseits durch die Nennung rechtlicher Vorgaben der Gläubigen im Kontext von Muhammads Abschied an sie (Q 5:1-11) und durch Aussagen über Jesus, die einerseits noch einmal seine Besonderheit betonen, um dann abschließend die Einrichtung der Eucharistie zu schildern (Q 5:109-120). In den beiden längeren mittleren Teilen gibt es einerseits rechtliche Vorgaben für die Gläubigen (Q 5:87-108) und andererseits eine sehr ausführliche Anrede an Juden und Christen (Q 5:12-86) – lediglich mit kleineren Einschüben mit Muslimen als Ansprechpartnern. Thema ist der Bruch eines Bundes mit Gott (Vers 12 und 14), der Bruch von religiösen Gesetzen und der Aufruf diese einzuhalten (42-50). Auch der Bruch einer Allianz mit Jüdinnen und Christinnen wird thematisiert (51-58). Insgesamt werden die Leute des Buches aufgefordert, die Gesetze in ihren Schriften einzuhalten (68-70) und nicht im Glauben zu übertreiben (72-77). Zum Ende des Blocks erfolgt eine deutliche Würdigung von Christen (82-86).

Neben dem Titel mit dem Hinweis auf den für Christen so bedeutsamen Tisch der Eucharistie gibt es in der muslimischen Tradition auch den Titel al-uquud (die Verträge) als Bezeichnung der Sure. Eigentlich bringt diese Bezeichnung noch viel besser den zentralen Topos der Sure zum Ausdruck. Denn immer wieder geht es um den Bund Gottes mit den Menschen, um Verträge, Allianzen, Gesetze und ihre Einhaltung. So beginnt die Sure mit der Aufforderung an die Gläubigen, die Verträge (al-uquud) einzuhalten. Dieses Thema zieht sich dann durch den gesamten Text: Die Gläubigen sollen die Vorschriften des Korans einhalten. Die Christinnen und Jüdinnen hätten den Bund mit Gott, die Gesetze in der Tora und das Wissen des Evangeliums befolgen sollen; die Jüdinnen hätten ihre Allianz mit den Musliminnen ernst nehmen sollen. Auch die Einsetzung des Abendmahles durch Jesus ist – ganz im Einklang mit den auf diese Weise angedeuteten Einsetzungsworten – wie der Abschluss eines Bundes: Gott warnt diejenigen, die danach ungläubig werden.

Ein zentraler Kontext der Sure al mā'ida sind schon zu Beginn und dann immer wieder kultische Zusammenhänge, wie Vorschriften für Rituale und Speisen. Auffällig ist, dass etwa in Vers 6 der Sure genauere Bestimmungen zur Waschung vor dem Ritualgebet erfolgen. Offenbar will der Text angesichts des kurz bevorstehenden Endes des Lebens Muhammads die rituellen Eckpfeiler der liturgischen Praxis der Musliminnen sichern. Im Bewusstsein der Tatsache, dass das lebendige Vorbild des Propheten bald nicht mehr da sein wird, kommt es der Sure darauf an, auch ohne die Präsenz des lebenden Propheten seine gottesdienstliche Praxis abzusichern. Dieser Zusammenhang ist aus christlicher Sicht deswegen besonders aufregend, weil es gerade die Sure al mā'ida ist, die die Einsetzung des letzten Abendmahls durch Jesus von Nazaret berichtet – wie ich bereits an anderer Stelle ausführlich erläutert habe.[5] Von daher wird die Vollendung der muslimischen Religion am Ende des Lebens Muhammads und sein liturgisches Vermächtnis an seine Gemeinde in den Kontext des entsprechenden Vermächtnisses Jesu gestellt und die liturgische Praxis der Christinnen wird ausdrücklich bestätigt. Muhammad schreibt sich damit in positiver und produktiv-eigenständiger Weise in die christliche Tradition ein. Von daher bietet diese ja auch nach dem Tisch der Eucharistie benannte Sure einen sehr viel friedlicheren Zugang zum Christentum als bisher gesehen wird. Ich will mich im folgenden Text allerdings auf einige polemische Stellen konzentrieren, die deutlich machen, dass der Koran hier nicht mehr wie bisher primär die Gemeinsamkeiten mit den Christinnen betont,

---

[5] Vgl. STOSCH, Versuch, 41-44.

sondern auch klar Konfliktbereiche benennt und sich von bestimmten christlichen Gruppierungen abgrenzt.

3.2 Kritik an jeder Vergöttlichung von Menschen

Ein erster zentraler Kritikpunkt der Sure spitzt den bereits in Q 3:64 eingeführten Vorwurf zu, dass manche Jüdinnen und Christinnen dazu tendieren, sich untereinander zu Herren zu nehmen und erläutert ihn. So heißt es jetzt, dass Jüdinnen und Christinnen sich selbst als »Söhne Gottes« und als seine Geliebten bezeichnen. (Q 5:18). Dieser Vorwurf ähnelt so sehr dem von mir bereits an anderer Stelle diskutierten Vorwurf in Q 9:30 f., dass viel dafür spricht, dass er auch historisch dieselbe Situation der Auseinandersetzung aufgreift. Offenbar hat der Koran mit Jüdinnen zu tun, die ihre Schriftgelehrten und Esra so sehr verehren, dass sie den Platz Gottes einzunehmen beginnen. In exakt der gleichen Stoßrichtung wendet sich der Koran gegen Christinnen, die ihre Bischöfe und Jesus an die Stelle Gottes setzen. Gegen solche Formen der Vergöttlichung des Menschen besteht der Koran darauf, dass alle Macht bei Gott allein ist und alle Menschen ihm unterworfen sind.

Auf dieser Linie liegt es auch, wenn gleich zweimal betont wird, dass diejenigen kritisiert werden, die Christus mit Gott gleichsetzen. So heißt es wörtlich: »Ungläubig sind, die sagen: ›Siehe, Gott ist Christus, Marias Sohn.‹« (Q 5: 17.72) Beiden Versen folgt jeweils eine Entgegnung, die erahnen lässt, welche Position der Koran bei den hier kritisierten Gruppierungen diagnostiziert. Im ersten Fall macht er deutlich, dass Gott alleine alle Macht besitzt und also auch Christus und Maria vernichten kann. Dagegen scheinen Christinnen und Jüdinnen sich vor dem Gericht in Sicherheit zu wiegen, weil sie eine besonders privilegierte Beziehung zu Gott zu haben glauben. Sie missverstehen ihre Erwählung zur Hingabe an Gott als Privileg, das sie vor Gottes Gericht schützt und sie damit aus seiner Herrschaft ausnimmt (vgl. nochmals Q 5:18). Aus koranischer Sicht bleibt jeder Mensch, auch Jesus, Esra, die Schriftgelehrten und Bischöfe der Herrschaft Gottes unterworfen, dem alleine alle Macht gegeben ist.

Beim zweiten Fall gibt Christus selbst die Antwort, indem er sagt: »‘Ihr Kinder Israel! Dient Gott, meinem Herrn und eurem Herrn!‘ Siehe, wer Gott etwas beigesellt, dem wird Gott den Paradiesesgarten verwehren, und sein Zufluchtsort wird das Höllenfeuer sein.« (Q 5:72) Offenkundig wird Christi Botschaft hier ganz im Einklang mit der koranischen Botschaft als Einladung in die Hingabe an Gott verstanden, während der Koran Christinnen vor Augen hat, die Gott etwas beigesellen und damit letztlich den Monotheismus aufgeben.

3.3 Bruch mit dem Christentum?

Im weiteren Verlauf setzt sich die Sure al māʾida mit einer Gottesvorstellung auseinander, die Jesus und Maria nicht nur an die Seite Gottes stellt, sondern den Glauben an sie an die Stelle Gottes setzt, so dass der Glaube an Gott ganz verloren zu gehen scheint. So heißt es in V. 116: »Nehmt mich und meine Mutter zu zwei Göttern ohne/unter Ausschluss von Gott.«[6] D. h. hier geht es in der koranischen Kritik offenkundig um die Kritik an einer christlichen Gruppierung, die den Glauben an Gott ganz verloren hat. Dazu passt, dass auch die Christentumskritik in Q 9:29 eine Form von Christentum attackiert, das gar nicht mehr im Sinne des Monotheismus interpretierbar ist. Liest man solche Passagen isoliert, könnte der Eindruck entstehen, als sei es gegen Ende des Lebens Muhammads zum endgültigen Bruch mit dem Christentum gekommen. In diese Richtung deutet auch der sehr harsche Vers 5:51, der es Musliminnen nahezulegen scheint, keine freundschaftlichen Beziehungen mit Jüdinnen oder Christinnen einzugehen.

Die hier verwendeten Begriffe *waliy* und *auliya* (pl.) meinen im Koran allerdings weniger Freundschaften als vielmehr Allianzen und Klientelverhältnisse. *Waliy* kann auch der Vormund, Schutzherr, Helfer usw. sein. Deshalb ist die Übersetzung als Freund irreführend. Es geht darum, dass man die (vertragliche) Loyalität des eigenen Stammes und der eigenen Person nicht an diejenigen bindet, die eigentlich die eigene Religion verspotten und Heuchler sind. Aus Vers 57 ergibt sich jedenfalls eindeutig, dass sich der Vers nur gegen solche Jüdinnen und Christinnen richtet, »die mit ihrer Religion nur Spott und Scherz treiben.« Von daher sollte man diese Verse sehr genau in ihrem Kontext lesen. Dieser besteht zum einen natürlich in den bereits zitierten Formen der Kritik an Christologie und Trinitätstheologie, die ja tatsächlich auch eine Entfremdung zu bestimmten Formen des Christentums verdeutlichen.

Andererseits finden sich auch sehr positive Aussagen gerade über das Christentum. Liest man nach den polemischen Stellen gegen die Tritheiten und Julianisten weiter, so wird spätestens in Q 5:82 klar, dass der Koran in seiner Kritik nicht alle Christinnen über einen Kamm schert. Denn der Koran kritisiert hier scharf die Jüdinnen und »die, die beigesellen« und dann heißt es: »Und du wirst wahrlich finden, dass die Menschen, die den Gläubigen am nächsten stehen, die sind, die sagen: ›Wir sind Christen.‹« Im weiteren Verlauf wird dieses Lob noch dadurch begründet, dass gerade Priester und Mönche nicht überheblich sind und wie emotional und empathisch sie auch auf Muhammad reagieren (Q 5:83). Offenkundig gibt es nach dem Urteil des Korans also auch Christinnen, die sich nicht vergöttlichen und die daher auch keine Beigeseller sind. Mit solchen Christinnen sind dann durchaus auch freundschaftliche Verbindungen und auch Vertragsverhältnisse über Religionsgrenzen hinweg denkbar.

Interessant ist, dass die hier erwähnten Christinnen auch vom Koran zu Gehör gebracht werden. Sie berufen sich zu ihrer Verteidigung darauf, dass sie an Gott glauben (Q 5:84), so dass sie von dem Vorwurf in Q 5:116 nicht

---

[6] Das arabische ... bedeutet nicht »neben« wie es in den meisten Übersetzungen heißt, sondern »unter Ausschluss von«.

angesprochen sein können, zumal ihnen auch eschatologische Belohnungen in Aussicht gestellt werden (Q 5:85). Auch an anderer Stelle der Sure wird den Buchbesitzern[7] Vergebung in Aussicht gestellt (vgl. Q 5:65 f.) - und es wird ausdrücklich auf Jüdinnen und Christinnen hingewiesen, die an Gott und sein Gericht glauben und auch entsprechend positiv vor Gott dastehen (vgl. Q 5: 69).

Von daher wird man ganz allgemein vor der Schlussfolgerung warnen dürfen, dass der Koran tatsächlich immer alle Jüdinnen und Christinnen meint, wenn er von den Jüdinnen oder den Christinnen spricht. Das koranische Arabisch meint die Rede von »den Juden« oder »den Christen« offenbar gerade nicht im Sinne des Allquantors, so dass es immer denkbar ist, dass nur bestimmte Gruppen aus diesen Religionen gemeint sind. Zudem können bei der Rede von »den Juden« auch deutliche politische Assoziationen vorherrschen, einfach wegen des begangenen Verrats durch die jüdischen Clans, die Muhammad bei den entscheidenden Schlachten gegen die Mekkaner in den Rücken gefallen sind.

Für die ganze Sure lässt sich feststellen, dass der Koran sich nicht gegen die Jüdinnen und Christinnen allgemein wendet, sondern konkrete Probleme benennt, die sich in bestimmten Gruppierungen dieser Religionen finden. Ausdrücklich macht der Koran auf innerjüdische und innerchristliche Streitigkeiten aufmerksam, die darauf zurückzuführen sind, dass manche von ihnen den Bund mit Gott gebrochen haben (Q 5:13 f.). In Vers 15 wird ihnen in einer deutlich antignostischen Polemik vorgeworfen, dass sie Teile des Buches verborgen haben und damit als esoterische Geheimlehre betrachteten. Der Vorwurf soll gerade nicht alle Christen unter Generalverdacht stellen und die Bibel als solche diskreditieren, sondern zur Unterscheidung der Geister dienen. Insgesamt bleibt die interreligiöse Tischgemeinschaft, zu der die Sure schon gleich zu Beginn aufruft (Q 5:5), immer als möglicher Horizont im Blick. Am Ende der Sure steht zudem das Versprechen, dass die Menschen selbst bei ihrer Bestrafung durch Gott niemals ihre Würde als Diener Gottes verlieren (Q 5:118), so dass die Sünde sie also niemals ganz von Gott trennen wird.

Aus systematischer Sicht gäbe es eine Menge zu den bisher skizzierten Jesustransformationen im Koran zu sagen.[8] An dieser Stelle will ich mich aber damit begnügen, sie sichtbar zu machen und zu einer differenzierteren Wahrnehmung Jesu im Koran einzuladen. Gerade wenn man herausfinden will, wie

[7] Wieso die Christinnen immer wieder als Leute des Buches eingeordnet werden, werden wir noch einmal eigens prüfen müssen. Es könnte jedenfalls sein, dass sich die syrischen Christinnen selbst so bezeichnet haben.

[8] Vgl. als erste noch sehr grobe Zusammenschau K. von Stosch, Jesus im Qurʾān. Ansatzpunkte und Stolpersteine einer qurʾānischen Christologie, in: Ders./M. Tatari (Hrsg.), Handeln Gottes - Antwort des Menschen, Paderborn 2014 (Beiträge zur Komparativen Theologie; 11), 109-133.

sich diese Jesustransformationen zum christlichen Diskursmilieu der Spätantike außerhalb des Korans verhalten, ist es wichtig, wahrzunehmen, wie vielfältig der Koran selbst von Jesus spricht und wie sich seine Jesuswahrnehmung im Lauf der Zeit veränderte. Von daher scheint es mir für die Forschung an dieser Stelle wichtig zu sein, erst einmal auch einfach nur diese Jesustransformationen darzustellen, ohne schon zu wissen, zu welchen Rezeptionen sie christlicherseits heute Anstoß geben können und ohne bereits aufzuklären, in welche weiteren Wechselverhältnisse sie verwoben sind. Gerade die präzise Nachzeichnung überraschender Transformationsmomente scheint mir ja ein Stärke des zu ehrenden Jubilars zu sein, von dem ich an dieser Stelle viel gelernt habe und von dessen Bescheidenheit ich jetzt auch in diesem Artikel zu lernen versuche, indem ich bewusst auf eine systematische Vogelperspektive auf die erworbenen Befunde am Ende des Artikels verzichte.

Thorvaldsens Christus-Statue

Ein Beispiel von Jesus-Transformation in der bildenden Kunst

Richard Janus

1 Einleitung

Im Jahr 2009 konnte man unter der Überschrift »Jesus der Mann« in »Junge Kirche« einen Aufsatz finden, der den Männlichkeitskonstruktionen, die auf Jesus von Nazaret seit der Aufklärung projiziert wurden, nachging. So musste dieser Jesus im Lauf der Zeit die anfängliche ihm zugeschriebene Sanftheit zugunsten eines aggressiven und völkisch-rassisch aufgeladenen Konzepts eintauschen. In einer bestimmten Skulptur fand der Autor den ursprünglich sanften Jesus archetypisch zum Ausdruck gebracht:

> In der Kunst sind es im ersten Drittel des 19. Jahrhunderts die Nazarener als Maler und Bertel Thorvaldsen als Bildhauer, die diesem schlichten, milden, sanften Jesus künstlerisch Ausdruck verleihen. In unzähligen Reproduktionen wirkt der sanfte, einladende, segnende Christus generationenlang in die Haushalte hinein.[1]

Die Christus-Statue des dänischen Bildhauers Bertel Thorvaldsen prägte also nicht nur die häusliche Frömmigkeitskultur im 19. Jahrhundert nachhaltig, sondern war für die Menschen so attraktiv, dass sie auch ihre letzte Ruhestätte damit verzieren ließen. Gerade der Friedhof der Dreifaltigkeitskirche in Berlin, auf dem Schleiermacher, Steffens und Stoecker begraben sind, weist eine hohe »Thorvaldsen-Dichte« auf. Es wäre naheliegend zu fragen, in welcher Weise gerade diese Statue ein Ausdruck neuprotestantischer Frömmigkeitskultur sein könnte.[2]

Am Ende seines Aufsatzes über »Jesus der Mann« hat Martin Leutzsch folgende These aufgestellt: »Moderne Männlichkeitsideale und ihnen entsprechende Jesusentwürfe stehen in der Gefahr der Erfindung von Männlichkeit

[1] M. Leutzsch, Jesus der Mann, in: JK 4 (2009), 15.

[2] Eine Wirkung, die beim Theologen K. Huizing offenbar nicht mehr verfängt: »Meine Liebe zu Thorvaldsen ist heute erwachsen geworden. Sein Christus dient mir als Buchstütze.« (Handfestes Christentum. Eine kleine Kulturgeschichte christlicher Gesten, Gütersloh 2007, 10). Die Nachrichtenagentur Associated Press meldete am 4. Dezember 2009 von einem Nachbau der Statue in Form von 30.000 Lego-Steinen, die von 40 Helferinnen in 18 Monaten für eine schwedische Kirche errichtet wurde.

gegen die Juden.«[3] Deshalb ist die Darstellung von Christus, die Thorvaldsen geschaffen hat, auch dahin zu befragen, ob hier der jüdische Jesus zur Geltung kommt oder eben vermieden werden soll. Zugleich werden aber auch damit Aussagen über die Vorstellungen von Männlichkeit gemacht, die auf die Gestalt des Jesus von Nazaret projiziert wurden. Es kann aus diesem Grund in unserem Fall nicht einfach nur gefragt werden, welche Stellung die Christus-Figur von Bertel Thorvaldsen in der Geschichte künstlerischer Jesus-Transformationen[4] einnimmt. Die dritte Ebene wird mit dem Lozieren der Statue innerhalb der Entwicklung der Männlichkeitskonzepte erreicht, die eben auch wieder Jesus in einer spezifischen Weise transformieren. Es handelt sich in diesem Fall tatsächlich um mehrere zum Teil verschränkte Jesus-Transformationen.

2 SKULPTURALE DARSTELLUNGEN VON JESUS CHRISTUS

Das Christentum ist eine bildfreundliche Religion, auch wenn das »Verhältnis zwischen Christentum und Kunst [...] von Beginn an konfliktgeladen«[5] war. In zwei großen Auseinandersetzungen musste es sich die Position zur künstlerischen Darstellung erkämpfen. Die Zerstörung durch die Bilderstürme hat Wunden und Narben bis heute hinterlassen. Im Goldhintergrund der Mariendarstellung in der Apsis der Sophien-Kirche in Thessaloniki lässt sich noch das dort in der Zeit des Bilderstreits angebrachte Kreuz erahnen. Ikonoklasten und Bilderverehrer prallten mit ihren Meinungen unerbittlich aufeinander, auch wenn das 7. Ökumenische Konzil sich im Jahr 787 für die Bilder ausgesprochen hatte.[6]

Eine Kontroverse, die mit der Reformation wieder manifest wurde.[7] Der Wittenberger Bildersturm nötigte bekanntlich den Junker Jörg, alias Martin Luther, sein Versteck auf der Wartburg oberhalb von Eisenach zu verlassen und in das unruhige Wittenberg zurückzukehren. Aber auch die wenigen erhaltenen Figuren des Lettners der Elisabethkirche in Marburg markieren die Zerstörung des restlichen Figurenschmucks. Mit dem Vorhandensein von Abbildungen wird ein weiteres Problem virulent.

---

[3] LEUTZSCH, Jesus, 17.

[4] Es wäre reizvoll – in Aufnahme von Gedanken des Ethnologen C. LÉVI-STRAUSS – die Jesus-Transformationen nicht nur in zeitlicher, sondern in räumlicher Hinsicht zu entfalten (Strukturale Anthropologie 2, Frankfurt/Main 1992, 287).

[5] H. SCHWEBEL, Die Kunst und die Kirchen. Geschichte eines Konflikts, München 2002, 11.

[6] Zum orthodoxen Bildverständnis vgl. FR. M. CONSTAS, The Art or Seeing. Paradox and Perception in Orthodox Iconography, Alhambra 2014.

[7] Vgl. J. COTTIN, Das Wort Gottes im Bild. Eine Herausforderung für die protestantische Theologie, Göttingen 2001.

Die östliche Tradition christlicher Kunst verzichtete nicht darauf, die Dargestellte mit Namen zu benennen. Wer die Person nicht erkennt, kann ihren Namen nachlesen. In Bezug auf die Christus-Darstellung wird zudem nach dem authentischen Bild von seinem Aussehen gefragt. Die verschiedenen Legenden von Acheiropoieta, also von nicht von Menschenhand gemalten Bildern, prägt diese Diskussion.[8]

Im frühen Mittelalter waren zwei Typen der Christus-Darstellung verbreitet, die in den beiden unterschiedlichen Münzen des Kaisers Justinian II. greifbar werden.[9] Das erste zwischen 685 und 695 n. Chr. geprägte Abbild zeigt die hellenistische Variante, in der das Haar nach Art der Zeus-Bilder geteilt ist. »Das hellenistische Porträt dagegen verkörpert nicht einen hellenistischen Menschen, sondern erinnert an das Götterbild der hellenistischen Tradition.«[10] Die Münze von 705 n. Chr. stellt Christus in einer semitischen Variante dar, bei der er eine gekräuselte Frisur trägt. Während die semitische Darstellungsweise den Anspruch, authentischer zu sein, beanspruchte, wurde die hellenistische in der Wirkungsgeschichte hegemonial.

Der im 13. oder 14. Jahrhundert verfasste apokryphe Lentulus-Brief spiegelt dies mit seiner genauen Schilderung des Aussehens Jesu Christi wieder:

> Es erschien zu dieser Zeit und lebt noch jetzt ein Mensch – wenn es recht ist, ihn überhaupt einen Menschen zu nennen – von großer Kraft namens Christus, der Jesus heißt, der von den Leuten als Prophet der Wahrheit bezeichnet wird, den seine Schüler Sohn Gottes nennen, der Tote auferweckt und Kranke heilt, einen Mann von aufrechtem Wuchs, mittlerer Größe, 15 ½ Fäuste hoch, von maßvollem und ehrwürdigem Aussehen, mit verehrungswürdiger Miene, mit nussbraunen Haaren, die bis zu den Ohren glatt sind, von den Ohren abwärts sich zu sanften Locken formen und in fülligen Locken über die Schultern herunterwallen, mit einem Scheitel auf der Mitte des Hauptes nach Art der Nazarener, mit einer ebenen und klaren Stirn, mit einem Angesicht ohne Flecken und Runzeln, das mäßige Röte ziert. Nase und Mund sind ohne Tadel, er trägt einen üppigen und vollen Bart mit Haaren von gleicher Farbe, der in der Mitte geteilt ist. Er hat einen einfachen und reifen Blick, große blaugraue Augen mit ungemein mannigfaltiger Ausdrucksfähigkeit, beim Schelten furchtbar, bei der Ermahnung sanft und liebevoll. er ist fröhlich im Ernst, manchmal weint er, aber niemals hat man ihn lachen sehen. Seiner Körperbildung nach ist er aufrecht und gerade, Hände und Arme sind wohlgestaltet anzusehen, in der Unterredung ist er ernst, milde

---

[8] Vgl. dazu E. VON DOBSCHÜTZ, Christusbilder. Untersuchungen zur christlichen Legende, Leipzig 1899 (TU 18).

[9] Beide abgebildet in: H. BELTUNG, Bild und Kult. Eine Geschichte des Bildes vor dem Zeithalter der Kunst, München [6]2004, 155.

[10] BELTING, Bild und Kult, 156.

und bescheiden, sodass man mit Recht auf ihn das Wort des Propheten anwenden kann vom »lieblichsten unter den Menschenkindern«.[11]

Die frühe Kirche bildete Christus in der Gestalt des Guten Hirten ab. So zeigt eine Statue des Guten Hirten im Museum für Byzantinische Kultur in Thessaloniki aus der Mitte des 4. Jahrhunderts Christus, wie er ein Schaf über den Schultern trägt. Er ist mit einer Tunika und Schuhen bekleidet. Diese Darstellung gehört zu den wenigen, die die Zeit des Ikonoklasmus überlebt haben. Die östliche Christenheit hat in Bezug auf die Darstellung Christi schließlich den Weg von der Dreidimensionalität in die Zweidimensionalität genommen und die Abbildung findet in der Form der Ikone statt. In der westlichen Kirche des Mittelalters wurde eine Vielzahl verschiedener Typen skupturaler Abbildungen entwickelt: Maria mit dem Jesusknaben auf dem Arm, der Gekreuzigte und der tote Christus, um nur einige zu nennen.

Die spätmittelalterlichen Darstellungen sind gerade ein Ausdruck einer bestimmten Frömmigkeitstheologie, die die Betrachtenden in das Leiden hineinnehmen möchte. Das Mitleiden (compassio) führe zur Läuterung, so dachte man. Eine Wende im künstlerischen Ausdruck bringt die Renaissance mit der Pieta von Michelangelo in der römischen Peterskirche mit sich. Eine weitere Schöpfung von Michelangelo von 1519/1521 ist in unserem Zusammenhang von Bedeutung. Diese befindet sich in der Kirche S. Maria sopra Minverva und zeigt den Auferstandenen, wie er das Kreuz festhält. Christus ist in dieser Darstellung vollkommen nackt.[12] »Seine makellose Nacktheit steht für die paradiesische Vollkommenheit, die keine Scham kennt, weil es in ihr keine Sünde gibt.«[13] Dieser Deutung von Klemme wiederspricht Belting auf das Heftigste:

> Vielmehr ist es gerade der verwandelte und verklärte Körper des Auferstandenen, der Michelangelo zu dieser Nacktheit ermächtigte und dem Blick des Betrachters Zügel anlegte, wie er ihn auch dazu ermutigte, in dem, was er sah, eine Metapher zu sehen.[14]

3 Die Christusstatue von Berthel Thorvaldsen

Die Entstehungsgeschichte, die zur Figurengruppe des Christus und der zwölf Apostel in der Kopenhagener Frauenkirche führte, ist klar. In Kopenhagen sollte Bertel Thorvaldsen ab dem Jahr 1819 für die Ausstattung der neuen

---

[11] Zit. n. R. Sörries, Was von Jesus übrig blieb. Die Geschichte seiner Reliquien, Kevelaer 2012, 70 f.

[12] Vgl. H. Belting, Das echte Bild. Bildfragen als Glaubensfragen, München 2005, 113.

[13] Vgl. D. Klemme, Nacktheit im Kirchenraum, in: W. Hornbostel/N. Kockel (Hrsg.), Nackt. Die Ästhetik der Blöße, München 2002, 31.

[14] Belting, Das echte Bild, 113.

Gebäude von Christian Friedrich Hansen sorgen. Dazu zählte eben auch die Frauenkirche, die im Jahr 1807 zerstört worden war und ab dem Jahr 1817 wiederaufgebaut wurde. Für Thorvaldsen waren die ursprünglich vorgesehenen Künstler, Johann Ludwig Lund und Hermann Ernst Freund, von diesem Auftrag zurückgetreten.[15] Von den Figuren wurde der Christus und der Taufengel vom Meister selbst geschaffen, die Ausführung der Apostel lag bei Schülern. Die Skulpturen wurden zwischen 1821 und 1828 her- und schließlich 1839 aufgestellt.[16] Die Figur des Christus wurde zentral über dem Hauptaltar in der Apsis aufgestellt und hat eine Größe von 3,2 m. Ihr Sockel wurde mit zwei Bibelzitaten versehen: »Kommet her zu mir alle« (Mt 21,28) und »Ich bin bei Euch alle Tage bis an der Welt Ende« (Mt 26,20).

Mit der Anlage der Christusfigur tat sich Thorvaldsen freilich schwer. Vorentwürfe und Zeichnungen legen davon ein beredtes Zeugnis ab.[17] Wie sich das Problem bei einem Besuch des Kollegen Freund löste, darüber wird folgendermaßen berichtet:

> Der Erlöser war hier, beide Arme flehend gen Himmel emporhebend dargestellt. Bei der Frage von Freund bezüglich dieses Motivs stutzte Thorvaldsen, trat plötzlich wieder an seine Skizze heran und bog nun mit beiden Händen die gen Himmel erhobenen Arme herab, so daß die Stellung nun die Einladung Christi aussprach. In wenigen Augenblicken berichtigte er das Nötige, indem er ausrief: »So! Jetzt habe ich es! So muß es sein!«[18]

Die ursprüngliche Idee von Thorvaldsen war ein Christus mit erhobenen Händen gewesen. Diese Handhaltung ist jedoch für die harmonische Gestaltung der Statue schwierig und bereitete dem Künstler folglich Kopfzerbrechen. Betrachtet man die Statue genau, dann wird sehr schnell klar, dass sich Thorvaldsen an der antiken Skulptur orientiert hat.

In der Thorvaldsen-Literatur wird als Vorlage für diese neue Armhaltung eine bestimmte Darstellung angenommen, die sich im Besitz des Künstlers befand und daher eine gewisse Plausibilität besitzt. Von dem Künstler Peter Cornelius hatte er das 1813 entstandene Bild »Kluge und Törichte Jungfrauen« erworben (heute: Kunstmuseum Düsseldorf im Ehrenhof). Deutlich ist die Ähnlichkeit zwischen den beiden Darstellungen zu erkennen. »Thorvaldsen hat freilich das Nazarenerhafte des Vorbildes abgestreift und seine Gestalt ganz von der Antike gebildeten Formvorstellung ins Klassische umgebildet.«[19]

---

[15] Vgl. H. VON EINEM, Thorvaldsens »Christus«, in: J. MÜLLER HOFSTEDE/W. SPIES (Hrsg.), Festschrift für Eduard Trier zum 60. Geburtstag, Berlin 1981, 177–183, 177.
[16] Vgl. VON EINEM, »Christus«, 177.
[17] Vgl. VON EINEM, »Christus«, 177ff.
[18] I. M. THIELE, Thorvaldsen in Rom 1819-1839, II, 127. (zit n. VON EINEM, »Christus«, 178).
[19] VON EINEM, »Christus«, 179.

Cornelius, der zur Düsseldorfer Malschule gezählt wird, wurde im Jahr 1783 in Düsseldorf geboren und starb im Jahr 1867 in Berlin.[20]

Thorvaldsen schuf seine Kopenhagener Figurengruppe am Ausgang der Sattelzeit, dem Zeitraum zwischen 1750 und 1850, der für die Um- und Aufbrüche der Moderne steht. Alle Bereiche des menschlichen Lebens standen damals zur Disposition und mussten transformiert werden. Das betraf auch in besonderer Weise die Kunst.

> Seit die Kunst nicht mehr allgemeinverständliche Sprache war, verlor das Überlieferbare der überpersönlichen Form seinen Wert. Das Persönliche, Subjektive, nicht mehr Überlieferbare trat an seine Stelle. Gerade damit war ein Moment der Unsicherheit gegeben. Was den Künstlern früher selbstverständliche Voraussetzung gewesen war, wurde nun zur Aufgabe, zum sehnsüchtig umworbenen Ziel.[21]

Zur Bewältigung boten sich zwei Orientierungsrahmen an: Antike und Mittelalter.

Aus der Sicht von Herbert von Einem waren es gerade die protestantischen Künstlerinnen, die sich der Transformationsaufgabe stellten.[22] Wie auch bei anderen Künstlerinnen dieser Zeit war das, was sie präsentierten, neu. Die Bilder des Malers Caspar Davis Friedrich wurden vielfach nicht verstanden und daher abgelehnt.[23] »Thorvaldsens Zyklus der Frauenkirche ist der umfassendste Versuch der Erneuerung christlicher Skulptur. Als solcher ist er für die Kunstgeschichte des 19. Jahrhunderts von großer Bedeutung.«[24] Oder mit den Worten von Grandesso:

---

[20] Vgl. E. MAI, Art. Cornelius, Peter von, in: Kunstmuseum Düsseldorf im Ehrenhof/Galerie Paffrat, Düsseldorf, Lexikon der Düsseldorfer Malerschule 1819-1918. Band 1: Abbema-Gurlitt, München 1997, 248. Zwei Beispiele aus der Malerei für die Thorvaldsen-Rezeption sind Jakob Edward von Steinle, Jesu Nachreise mit den Jüngern, 1869 (vgl. Kat. Köln 2005: Ansichten Christi. Christusbilder von der Antike bis zum 20. Jahrhundert, Köln 2005, 163 f.) und Friedrich Wilhelm Schadow, Die klugen und törichten Jungfrauen, 1842 (vgl. C. GREWE, Art. Schadow (-Godenhaus), Friedrich Wilhelm, in: Kunstmuseum Düsseldorf im Ehrenhof/Galerie Paffrat, Düsseldorf, Lexikon der Düsseldorfer Malerschule 1819-1918. Band 3: Nabert-Zwecker, München 1998, 180).

[21] H. VON EINEM, Deutsche Malerei des Klassizismus und der Romantik. 1760 bis 1840, München 1978, 15.

[22] VON EINEM, Deutsche Malerei, 70.

[23] Vgl. R. JANUS, Schleiermachers Wirkung auf die Malerei. Zur Diskussion um den Einfluss des Denkens Friedrich Schleiermachers auf das Werk Caspar David Friedrichs und zur Schleiermacherrezeption im Allgemeinen, in: A. VON SCHELIHA/J. DIERKEN (Hrsg.), Der Mensch und seine Seele. Bildung – Frömmigkeit – Ästhetik. Akten des Internationalen Kongresses der Schleiermacher-Gesellschaft in Münster, September 2015, Berlin 2017 (SchlA 26), 659-671.

[24] VON EINEM, »Christus«, 180.

> And hence Christ, the most emblematic statue of the cycle [...], would constitute an equivalent in Christian art to the much-admired model of Apollo Belvedere in pagan art, as the statue that was representative of excellence in the subject.[25]

Zugleich ist Thorvaldsen bei der Gestaltung der Christusstatue gerade von der klassischen Antike bestimmt, an der er sich stets orientierte. Es gibt antike Statuen, die in der Anlage Ähnlichkeiten zum Christus aufweisen, deshalb liegt es nahe, dass Thorvaldsen sich antike Skulpturen zum Vorbild genommen hat. Bei den antiken Vorlagen für die Christus-Statue lässt sich an den Doryphoros des Polyklet denken.[26] Der argivische Bildhauer wirkte in der zweiten Hälfte des fünften vorchristlichen Jahrhunderts und war der Verfasser des »Kanon«, der ersten kunsttheoretischen Schrift. Die dort beschriebenen Zahlverhältnisse in der Darstellung menschlicher Körperformen prägte die nachfolgenden Bildhauer nachhaltig. Der Doryphoros wird auf etwa 440 v. Chr. datiert.[27]

> Der ›Speerträger‹ [...] ist schon im Altertum als kanonische Lösung des klassischen Standbildes betrachtet worden. [...] Wie die Überlebensgröße, das Speerattribut und ein Plutarchhinweis beweisen, stellt die Statue keinen Athleten des Alltags dar, sondern einen Heros.[28]

Die Darstellung des nackten Jünglings der archaischen Zeit, der Kuros, hat Polyklet mit seinem Doryphoros neu interpretiert. Wie der Doryphoros des Polyklet die archaische Skulptur hinter sich ließ und den Weg für die klassische Skulptur wies, so auch Thorvaldsen in seiner Zeit.

Jedoch hat er die gänzliche Nacktheit antiker männlicher Skulpturen für seinen Figurenzyklus und im Besonderen beim Christus nicht realisiert. Dabei hätte er auf ein berühmtes Kunstwerk zurückgreifen können: Michelangelos Auferstandenen. Ein nackter Christus über dem Altar der Kopenhagener Frauenkirche wäre sicherlich nicht nur im 19. Jahrhundert zum Skandalon geworden.[29] Dennoch spielt Thorvaldsen hier mit Verhüllung/Bekleidung und

---

[25] S. GRANDESSO, Bertel Thorvaldsen (1770-1844), Mailand 2015, 180.

[26] Vgl. GRANDESSO, Thorvaldsen, 31.

[27] Vgl. J. CHARBONNEAUX, Plastik, in: DERS./R. MARTIN/F. VILLARD (Hrsg.), Die griechische Kunst 3. Das klassische Griechenland 480-330 v. Chr., München 1977, 172 und H. BECK/P. C. BOL/M. BÜCKLING (Hrsg.), Polyklet. Der Bildhauer der griechischen Klassik, Mainz 1990.

[28] E. BERGER, Art. Polyklet, in: LAW, 2398.

[29] Vgl. D. BISCHOFF, Körperteil und Zeichenordnung. Der Phallus zwischen Materialität und Bedeutung, in: C. BENTHIEN/C. WULF (Hrsg.), Körperteile. Eine kulturelle Anatomie, Reinbek 2001, 294: »Was den Phallus aber zum herausragenden Zeichen und damit zugleich zum Skandalon macht, ist die Tatsache, dass er mit dem Anspruch verknüpft worden ist, symbolische Macht in einem umfassenden Sinn zu figurieren.« Vgl. dazu L.

Nacktheit, indem Christus ein Tuch um sich geschlungen hat, das zwar über die Schultern gelegt ist, jedoch den Blick auf die linke Brust freigibt und der athletische Körper der klassischen griechischen Skulptur wird sichtbar.[30] So hat Thorvaldsen eben die künstlerischen Werke seiner Zeit von der Antike her gegengelesen.[31] Zugleich hat er sich die klassischen ikonographischen Merkmale des Auferstandenen integriert. So geben die ausgebreiteten Hände auch den Blick auf die Wundmale frei. Nur durch die Entblößung der Brust wird die Andeutung der Seitenwunde sichtbar.

4 DIE GESTE DES EINLADENS

Nicht erst die Aufklärung hat Anstoß an der klassischen Christologie genommen, jedoch stellte sich zu dieser Zeit die Frage nach der Plausibilität der dogmatischen Bestimmungen in verschärfter Weise. So wandte sich Hermann Samuel Reimarus der Gestalt des Jesus von Nazaret aus historischer Perspektive zu. Für ihn ist Jesus »kein Gottmensch mehr, sondern ein Mensch, der voll und ganz ins Judentum gehört und nicht die Absicht hatte, über das Judentum hinauszuführen oder gar eine neue Religion zu gründen.«[32]

Sein Kollege Johann Salomo Semler folgte dem Weg, den Reimarus vorgezeichnet hatte, bettete seine Überlegungen jedoch in den Rahmen einer »umfassenden historischen Hermeneutik«[33] ein. Die Einordnung Jesu in das Judentum, wie sie Reimarus vorgenommen hat, wies er deutlich zurück, da mit Jesus die Entwicklung der Religion eine neue Stufe erreichte, da er »als Erster in der Geschichte die Religion der Vernunft«[34] zum Durchbruch gebracht hat-

---

STEINBERG, The Sexuality of Christ in Renaissance Art and in Modern Oblivion, Chicago [2]1996. Sowie vgl. S. BRÄNDLI, »...die Männer sollten schöner geputzt sein als die Weiber«. Zur Konstruktion bürgerlicher Männlichkeit im 19. Jahrhundert, in: T. KÜHNE (Hrsg.), Männergeschichte – Geschlechtergeschichte. Männlichkeit im Wandel der Moderne, Frankfurt/Main 1996, 111: »Der Körper des Mannes war wirkungsvoll tabuisiert. Der Oberkörper blieb unter mehreren Lagen Stoff verborgen und war zudem durch die Hemdbrust gesichert. Die Wäsche verstärkte und sicherte die Körpergrenze.«

[30] Vgl. KLEMME, Nacktheit, 31: »Seit den Anfängen des Christentums war die angemessene Darstellung des völlig nackten, erwachsenen Christus heftig umstritten. Vor allem im ausgehenden Mittelalter stellte dieses Thema ein gewichtiges moraltheologisches Problem dar, wie zahlreiche Traktate und Schriften aus dem Bereich der Erbauungsliteratur belegen.« Johann Gottfried Schadow hielt die Christus-Figur von Thorvaldsen für »eines seiner schwächsten Werke« (vgl. Kunstwerke und Kunstansichten 1. Ein Quellenwerk zur Berliner Kunst- und Kulturgeschichte zwischen 1780 und 1845, Berlin 1987, 191).

[31] Vgl. GRANDESSO, Thorvaldsen, 177.

[32] C. DANZ, Grundprobleme der Christologie, Tübingen 2013, 111.

[33] DANZ, Grundprobleme, 111.

[34] DANZ, Grundprobleme, 112.

te. In der Kontroverse zwischen Reimarus und Semler am Ende des 18. Jahrhunderts zeichnete sich die für die Folgezeit grundlegende Zuordnungsdebatte ab, ob Jesus im Rahmen des Judentums zu verstehen sei oder er in der Religionsgeschichte eine neue Epoche begründet habe.

Die liberale Theologie in der Nachfolge Schleiermachers hat sich für die Semlerische Option entschieden. Ebenso ist auch die Christus-Statue von Thorvaldsen ein Ausdruck dieses Denkens. Christus ist in einer Weise klassisch antik dargestellt, die keinen Hinweis auf seinen jüdischen Hintergrund gibt. Neben dieser Spur ist zu fragen, welche Bedeutungen sich der Christus-Statue noch zuschreiben lassen.

> Sie soll zwar das Bibelwort »Kommt her zu mir alle« (Matth. XI, 28) symbolisieren, das sich auch als Inschrift am Sockel der Statue befindet, doch sind hier Assoziationen aus der Passion und Auferstehung ebenso gewollt wie die säkularisierte Darstellung einer Allegorie der Liebe.[35]

Mit diesem Worten beschreibt Andrea Kluxen die Bedeutung der Schöpfung Thorvaldsens. Zweifellos sind die Wunden zu erkennen, doch sehr dezent und eher angedeutet. Sie lassen sich leicht übersehen. Allerdings lässt jedoch von einer Säkularisierung nur schwerlich sprechen, da die Statue gerade nicht im Museum aufgestellt wird, sondern an einer äußerst exponierten Stelle in einer Kirche.

Die Annäherung an die Gestaltungsidee Thorvaldsens wird von einer anderen Seite aus leichter sein. Auch ohne die Inschrift am Sockel der Statue ist die mit ihr ausgedrückte Geste klar: es geht um eine Einladung. Es ist eine »powerful gesture«[36]. Aus der Sicht Vilém Flussers sind Gesten »eine Bewegung des Körper oder eines mit ihm verbundenen Werkzeugs, für die es keine zufriedenstellende kausale Erklärung gibt.«[37] Deshalb hat er sich daran gemacht, an einer »Theorie der Interpretation der Geste«[38] zu arbeiten, um den in der Geste enthaltenen Bedeutungsgehalt beschreiben zu können. Thorvaldsen zeigt Christus als Stehenden, dessen rechter Fuß vorgestreckt ist ohne die Bewegung des Gehens zu intendieren.

Die in Stein festgehaltene Bewegung zeigt sich an den weit geöffneten Armen: Sie laden ein, sie wollen das Gegenüber umgreifen. Sie wäre innerhalb der von Flusser durchgeführten gestischen Phänomenologie der Geste der Liebe zuzuordnen, »die ja die Geste des Aufgehens im anderen ist«[39]. Wobei bei ihm die Liebe nicht unabhängig von der Sexualität gedacht werden kann.

---

[35] A. M. KLUXEN, Transformierte Antike in: Kat. Künstlerleben in Rom. Bertel Thorvaldsen (1770-1844). Der dänische Bildhauer und seine Freunde, Nürnberg 1991, 281.
[36] GRANDESSO, Thorvaldsen, 181.
[37] V. FLUSSER, Gesten. Versuch einer Phänomenologie, Düsseldorf 1991, 8.
[38] FLUSSER, Gesten, 10.
[39] FLUSSER, Gesten, 95.

Girgio Agamben führt die Linie Flussers fort: »So lebt in der Geste die Sphäre nicht eines Zwecks in sich, sondern die einer reinen Mittelbarkeit ohne Zweck, die sich den Menschen mitteilt. [...] Die Geste ist in diesem Sinne Mitteilung einer Mitteilbarkeit.«[40]

Mit der einladenden und umfangenden Geste Christi wird die Gemeinschaft (κοινωνία) zum Ausdruck gebracht. Beim Empfang des Abendmahles versammelt sich die Gemeinde am Altar der Frauenkirche unterhalb der Statue, die mit ihrem Unterblick die Kommunizierenden in den Blick nimmt. In der Mahlgemeinschaft ist Christus anwesend und gegenwärtig.[41] Für die Deutung der Statue ist also der Ort der Aufstellung zentral. Erlösung[42] und Versöhnung[43] kommen hier zum Ausdruck. In der Statue werden nicht nur die beiden biblischen Worte des Sockels vergegenwärtigt, sondern die Person des Jesus Christus beinhaltet noch eine weitere Verkörperungsdimension: Christus ist »Bild geworden nicht in einer Statue, sondern in einem lebendigen Menschenkörper. An die Stelle der Schrift tritt ein Körper, nämlich Jesus als Verkörperung des Wortes.«[44]

5 MÄNNLICHKEITSKONSTRUKTION

Martin Leutzsch hat in der Christusfigur des Bertel Thorvaldsen einen Ausdruck eines sanften Männlichkeitsbildes entdecken können. Sanfte Männer waren Männer der Sattelzeit. Friedrich Schlegel hat in einem Abschnitt seiner Schrift »Über die Diotima« von 1795 zu den Gendervorstellungen seiner Zeit Stellung bezogen. Die Person der Diotima, die im Platonischen Symposium zu Wort kommt, gilt ihm als Verkörperung des antiken Frauenideals. In Bezug auf die Genderkonstruktionen seiner Zeit ist ihm eine »überladne Weiblichkeit« hässlich und eine »übertriebne Männlichkeit« ekelhaft. Sein Ziel formuliert er so: »Nur selbständige Weiblichkeit, nur sanfte Männlichkeit, ist gut und schön.«[45] Bevor sich ein Konzept von hegemonialer Männlichkeit im Lauf des 19. Jahrhunderts durchsetzen konnte, waren die Diskurse am Beginn des 19. Jahrhunderts von einer Offenheit bestimmt, die Festlegung auf eine bestimmte Männlichkeitsvorstellung noch nicht forderte.

---

[40] G. AGAMBEN, Mittel ohne Zweck. Noten zur Politik, Zürich 2006, 55.

[41] Vgl. J. D. ZIZIOULOS, Being as Communion. Studies in Personhood and the Church, Crestwood 1993.

[42] Vgl. F. SCHLEIERMACHER, Der christliche Glaube nach den Grundsätzen der evangelischen Kirche im Zusammenhang dargestellt 2, Berlin [7]1960, 90.

[43] Vgl. SCHLEIERMACHER, Der christliche Glaube, 97.

[44] BELTING, Das echte Bild, 87.

[45] F. SCHLEGEL, Studien des klassischen Altertums, Paderborn 1979 (KFSA 1), 93.

Körperbewusstsein und das Zulassen von Gefühlen sind Zeichen einer bürgerlichen Konzeption, die Weiblichkeit nicht abwerten muss.[46] Ehen werden aus Liebe und Zuneigung geschlossen und nicht aus Notwendigkeit oder wirtschaftlicher Übereinkunft. »Überhaupt scheinen Emotionalität, Offenheit wie auch Körperlichkeit und sogar kindliche Ausgelassenheit mit den Männer-Identitäten im Bürgertum um 1800 durchaus vereinbar, wenn nicht gar signifikant für einen spezifischen Typus Mann gewesen zu sein, der sich verstärkt über seine emotionale, seine private Lebenswelt definierte.«[47] Auch die Kopenhagener Christus-Statue kommt sanft daher mit einer Einladung, die sie durch seine ausgebreiteten Arme zum Ausdruck bringt. Zugleich negiert sie ihre Körperlichkeit nicht.

Später hegemonial gewordene Männlichkeitskonzeptionen haben, wie es Pierre Bourdieu beschreibt, mit Herrschaft und Gewalt zu tun.

> Im Gegensatz zur Frau, deren essentiell negative Ehre nur verteidigt oder verloren werden kann, da ihre Tugend erst Jungfräulichkeit und dann Treue ist, ist der Mann, der ›wahrhafte Mann‹, derjenige, der sich gehalten fühlt, alle Möglichkeiten, die sich ihm bieten, auszuschöpfen, um seine Ehre dadurch zu mehren, daß er Ruhm und Auszeichnung im öffentlichen Bereich sucht.[48]

Ausdruck einer solchen destruktiven Männlichkeit fand schließlich auch ihre Anwendung auf die Person des Jesus von Nazaret in der Zeit des Kirchenkampfes. In der Perspektive der Deutschen Christen kann er nur so verstanden werden: »Der Heiland soll dem erwachenden Deutschen Freiheitswillen Führer und Gestalter werden als bis zum Tode getreuer heldischer Kämpfer, Helfer und Sieger.«[49]

Zeitgleich zur Entstehung der Kopenhagener Figurengruppe macht der Gothaer Generalsuperintendent Karl Gottlieb Bretschneider auch über das Verhältnis der Geschlechter sehr klar Zuordnungen, wenn er über das Staatskirchenverhältnis schreibt: »Der Staat führt, wie ein Mann, das Schwert der Gewalt; die Kirche bildet, wie das Weib, die bessere Sitte der bürgerlichen Gesellschaft«[50]. Bretschneider gehörte am Beginn des 19. Jahrhunderts zu dem am meist gelesenen theologischen Schriftstellerinnen. Gerade in der Zeit der

---

[46] Vgl. dazu A.-C. TREPP, Sanfte Männlichkeit und selbständige Weiblichkeit. Frauen und Männer im Hamburger Bürgertum zwischen 1770 und 1840, Göttingen 1996.

[47] A.-C. TREPP, Männerwelten privat: Vaterschaft im späten 18. und beginnenden 19. Jahrhundert, in: T. KÜHNE (Hrsg.), Männergeschichte – Geschlechtergeschichte. Männlichkeit im Wandel der Moderne, Frankfurt/Main 1996 (Geschichte und Geschlechter 14), 46.

[48] P. BOURDIEU, Die männliche Herrschaft, Frankfurt/Main 2005, 93.

[49] J. HOSSENFELDER, Unser Kampf, Berlin 1933 (Schriftenreihe Deutsche Christen 1), 32.

[50] K. G. BRETSCHNEIDER, Ueber die Unkirchlichkeit im protestantischen Deutschland, Gotha ^{2}1822, 15.

Befreiungsskriegen weniger Jahre vor Bretschneider hatte das Männerbild eine stark patriotische Aufladung erfahren. Das Königreich Preußen hatte auch 1813/1814 die allgemeine Wehrpflicht eingeführt, die den Ausgangspunkt der Militarisierung des Männerbildes bildete.[51] So ist die schriftstellerische Tätigkeit eines Ernst Moritz Arndt ein gutes Beispiel dafür.[52] Die Vorstellungen über das Verhältnis der Geschlecher polarisierte sich, wie eben die Aussage Bretschneiders zeigt.

Ute Frevert sieht in der Wehrpflicht eine Revolution des »traditionelle[n] Männlichkeitsbild[s]«[53], indem das Soldatische stark aufgewertet wurde und das Zivile entprechend abgewertet wurde. Zugleich wurde ein Raum geschaffen, in dem sich nur Männer trafen bzw. die Eingezogenen erst zu ihnen gemacht wurden. Damit wird aber auch sichtbar, wie der Staat einen Anspruch erhob, in das Leben seiner Bügerinnen einzugreifen und sich mit der Nation zu verbinden. Entsprechend wurde die Familie zum weiblich gestalteten Gegenraum.[54] Auch wandelte sich die männliche Mode im 19. Jahrhundert grundlegend: so verlor die Bekleidung verlor ihre Körperbetontheit und Farbigkeit. Es lässt sich in diesem Zusammenhang auch von einer Uniformisierung sprechen.[55]

Mit diesen Vorstellungen hat die Christus-Statue Bertel Thorvaldsens nichts gemein. Sie ist das Gegenbild. Moderne Männlichkeitsmodelle, die hegemoniale Vorstellungen überwunden haben, können gerade an der Christus-Statue in der Kopenhagener Frauenkirche anknüpfen. Seit den 1980er Jahren hat die Männerbewegung und -forschung die Modernisierung und Revision in den Männlichkeitskonstruktionen beschrieben und mitgestaltet.[56] Neben die traditionellen Muster sind neue befreiende getreten und geben

---

[51] Vgl. U. FREVERT, Soldaten, Staatbürger. Überlegungen zur historischen Konstruktion von Männlichkeit, in: T. KÜHNE (Hrsg.), Männergeschichte - Geschlechtergeschichte. Männlichkeit im Wandel der Moderne, Frankfurt/Main 1996, 76.

[52] Vgl. K. HAGEMANN, »Heran, heran, zu Sieg oder Tod!«. Entwürfe patriotisch-wehrhafter Männlichkeit in der Zeit der Befreiungskriege, in: T. KÜHNE (Hrsg.), Männergeschichte - Geschlechtergeschichte. Männlichkeit im Wandel der Moderne, Frankfurt/Main 1996, 51-68. Aber auch vgl. H. ZSCHOSCH, »Mit Gott für Freiheit, Recht und Vaterland!« Ernst Moritz Arndts deutsche Befreiungstheologie, in: P. MÄHLING (Hrsg.), Orientierung für das Leben. Kirchliche Bildung und Politik in Spätmittelalter, Reformation und Neuzeit, Berlin 2010, 245-258. Der 1. Vorsitzende des Rheinischen Hauptvereins des Evangelischen Bundes, Hermann Kremers, nahm in seiner Sammlung von Liedern für den 1. Weltkrieg auch entsprechend viele Arndt-Gedichte auf (Deutsche Wehrmannslieder, Berlin 1917).

[53] FREVERT, Soldaten, 81.

[54] FREVERT, Soldaten, 83.

[55] Vgl. BRÄNDLI, ...die Männer, 101 - 118.

[56] Vgl. L. BÖHNISCH, Männliche Sozialisation. Eine Einführung, Weinheim [2]2013.

Männern auf dem Weg der Sinnsuche wieder Orientierung.[57] Dabei ist auch wieder Raum für Sanftheit.

[57] Vgl. R. KNIELING. Männer und Kirche. Konflikte, Missverständnisse, Annäherungen, Göttingen 2010.

»Du sanfter Rabbi von Nazareth«

Das Jesusbild der Schriftstellerin und Konveritin Nahida Ruth Lazarus-Remy

Maria Japs

1 Nahida Ruth Lazarus-Remy – Ein biographischer Abriss

Nahida Ruth Lazarus-Remy, geborene Sturmhoefel, vor allem bekannt mit ihrem ersten Ehenamen Nahida Remy, wurde am 3. Februar 1849 in Berlin geboren. Ihre Kindheit verlebte sie mit ihrer alleinerziehenden Mutter vom fünften bis 15. Lebensjahr in Italien, wohin ihre Mutter, ebenfalls Schriftstellerin, aus gesundheitlichen und beruflichen Gründen gezogen war. Nach zehnjähriger Abwesenheit 1864 nach Berlin zurückgekehrt, studierte sie zunächst ein Jahr an einer neugegründeten Kunstakademie für Frauen in Berlin antike Malerei. Ihre Lehrer waren unter anderem die bekannten Künstler Peter von Cornelius (1783-1867) und Otto Knille (1832-1898). Im Januar 1866 ging sie auf Wunsch ihrer Mutter zum Theater und erhielt ihr erstes Engagement in Breslau. Sie erkannte sehr bald, dass das Theaterleben mit ihren charakterlichen Veranlagungen im Widerspruch stand, so dass sie während eines Engagements in Berlin (1871) zunächst nebenbei als freischaffende Schriftstellerin arbeitete. Ihr Erstlingswerk *Die Rechnung ohne Wirt*[1] verfasste sie bereits 1870 in Wien und es wurde im Folgejahr im Wiener Burgtheater erfolgreich uraufgeführt. 1872 folgte ihr erster und erfolgreicher Roman *Wo die Orangen blühen.*[2] In dieser Zeit lernte sie den Berliner Theater- und Kunstkritiker Max Remy (1839-1881) kennen, den sie 1873 heiratete, wodurch sie ihre Theaterlaufbahn völlig aufgeben konnte.

Als freischaffende Schriftstellerin schrieb sie vor allem Dramen, aber auch Feuilletons, Novelletten und biographische Skizzen, die in Berliner Tagesblättern wie der *Vossischen Zeitung* erschienen. Seit ihrer Eheschließung unterstützte sie jedoch vornehmlich ihren immer mehr leidenden Mann bei seinen Kunst- und Theaterkritiken, bis er 1881 nach langjähriger und unheilbarer Krankheit verstarb. Als fleißige, aber anonyme Mitarbeiterin der *Vossischen Zeitung* versuchte die nun Verwitwete ihren Lebensunterhalt als Journalistin

---

[1] N. Sturmhoefel, Die Rechnung ohne Wirt. Lustspiel, Wien 1871.

[2] N. Sturmhoefel, Wo die Orangen blühen. Roman, Berlin 1872.

und Schriftstellerin selbstständig zu meistern. Der in den 80er Jahren aufkommende moderne Antisemitismus veranlasste Lazarus-Remy zu gründlichen Studien über das Judentum, was wiederum ihre Beziehung zum Begründer der Völkerpsychologie, Prof. Dr. Moritz Lazarus (1824-1903), zur Folge hatte, der selbst Jude war und sie in ihren Studien unterstützte. Für die evangelisch Getaufte war es zunächst wichtig, sich über den Antisemitismus ihrer Zeit sachkundig zu machen und vor allem die Kultur und Religion ihrer jüdischen Mitbürgerinnen kennen und verstehen zu lernen, bevor sie sich in ihren Werken und Schriften zu den Debatten äußerte. Dabei identifizierte sie die Unkenntnis und Ignoranz ihrer nichtjüdischen Mitmenschen als Ursprung des Antisemitismus. Aus diesem Grund forderte Lazarus-Remy, entsprechend ihrem Verständnis, dass Vorurteile durch Bildung bekämpft werden können, bereits im 19. Jahrhundert dem Antisemitismus mit Aufklärung entgegenzuwirken. So veröffentlichte sie seit 1891 vornehmlich kulturhistorisch-apologetische Werke, wie beispielsweise ihre damals sehr erfolgreiche Monographie *Das jüdische Weib* (1891), das mehrere Auflagen erlebte und in fünf Sprachen (Englisch, Hebräisch, Ungarisch, Polnisch, Niederländisch) übersetzt wurde.[3] Auch hielt sie vor interreligiösem Publikum mehrere apologetische Vorträge zu jüdischen Themen, die mit großer Begeisterung von einer breiten Zuhörerschar wahrgenommen wurden.[4]

Ihr projüdisches Engagement vor allem für die Stellung der jüdischen Frau geschah aus der Perspektive einer Christin, die schließlich am 31. März 1895 selbst zum Judentum konvertierte und im selben Jahr ihren Mentor Moritz Lazarus heiratete. Ihren Glaubenswechsel, den sie selbst als »Seelenkampf« beschrieb, schilderte sie ausführlich in ihrer veröffentlichten Autobiographie *Ich suchte Dich!* (1898). Auch in ihrer zweiten Ehe mit M. Lazarus nutzte sie all ihre Kraft und schriftstellerischen Fähigkeiten, um ihren Ehemann bei seiner philosophisch-aufklärerischen Arbeit zu unterstützen. Die schwere Aufgabe, dem immer mehr kränkelnden, weit über siebzigjährigen Mann durch intensive Betreuung und Unterstützung das Schreiben an seinem Lebenswerk *Ethik des Judentums* (Bd. I 1898) so lang und weitgehend wie möglich zu erleichtern, ging sie entschlossen an, leider unter Hintenanstellung ihrer eigenen Arbeit. Aufgrund des Gesundheitszustandes von Lazarus

---

[3] Von 1882-1884 erhielt sie ein Stipendium der Schillerstiftung für ihr erstes kulturhistorisches Werk *Nationale Gegensätze* (Berlin 1884), worin sie ihre projüdischen Erkenntnisse erörtert. Es folgten weitere größere apologetische Werke, wie ihre *Culturstudien über das Judenthum*, Berlin 1893 und *Die Humanität im Judentum*, Berlin 1894.

[4] Sechs ihrer Vorträge (*Das Weib im Talmud, Die Hebräische Sprache, Nächstenliebe im Alten Testament, Geschichte der Makkabäer, Was ist der Talmud?, Mein Seelenkampf*), in denen sie sich mit dem Judentum beschäftigt, sind noch als handschriftliche Manuskripte erhalten. Ihr geplanter und vielleicht auch gehaltener Vortrag zum Thema *Jesus im Talmud* ist in ihrem Nachlass nicht vorhanden. Quelle: ARC. Ms. Var. 298 Moritz Lazarus Archive, Archives Department, The National Library, Jerusalem, 125, Vorträge über jüdische Probleme.

verlegte das Paar 1897 seinen Wohnsitz nach Meran (Südtirol), wo Moritz Lazarus 1903 verstarb. In den folgenden Jahren widmete Lazarus-Remy ihre Zeit und Energie in erster Linie der Verwaltung und Herausgabe des Nachlasses ihres Mannes, was sie bis zu ihrem Tod 1928 als ihre einzige Lebensaufgabe ansah.

2 Lazarus-Remys Jesusbild

Lazarus-Remys Jesusbild lässt sich anhand vereinzelter Stellen aus ihrer Monographie *Das jüdische Weib,*[5] ihrem kulturhistorischen Werk *Culturstudien über das Judenthum*[6] und vor allem aus ihrer autobiographischen Konversionserzählung *Ich suchte Dich!*[7] rekonstruieren. Letztere beinhaltet ihre einzige ausführliche Auseinandersetzung mit der Person Jesus von Nazareth. Auf 24 Seiten diskutiert sie darin, als fünfzehnjähriges Mädchen, mit dem protestantischen Pfarrer Dr. Karl Anton Gottlieb Tobold (1792-1864) über die christliche Jesuslehre, wobei sie vor allem die christologische Interpretation in Frage stellt. Zur Sprache kommen die Menschwerdung Gottes, die Erlösungslehre, die Auferstehung sowie die moralischen Standards innerhalb der Bibel, beispielsweise bei der Frage nach der Nächsten- und Feindesliebe. Der durch Pfarrer Tobold ihr vermittelten christologischen Lehre über die Person und Bedeutung von Jesus Christus »als den Heilspender und den Vermittler bei Gott, als den Tröster aller Menschen, den Führer der Verirrten, den Gnadenbringer, der allein die Liebe unter die Menschen brächte«[8] steht für Lazarus-Remy die alttestamentliche Vorstellung entgegen, die von der Zuneigung, Gnade und Liebe Gottes zu den Menschen spricht. Dies geschehe jedoch immer »*ohne* Vermittler!«[9], wie sie ausdrücklich mithilfe der Bibelstelle Ex 34,6 f. betont: »Jehovah, barmherzig und gnädig, geduldig und voll von Gnaden und Treue, der du bewahrest Gnade im tausendsten Glied den Sündern und vergiebst Missethat, Schuld und Vergehen.«[10]

Entsprechend der alttestamentlichen Auffassung, dass der Mensch als Ebenbild Gottes geschaffen ist und daher ein gottentsprechendes Leben samt der Erkenntnis von Gut und Böse sowie der Befähigung zur Entscheidungsfreiheit erhält, plädiert Lazarus-Remy für die Versöhnung zwischen Mensch und Gott. Darin sei impliziert, dass der Irrende umkehren und so selbst, ohne Vermittler, eine Versöhnung mit Gott erreichen soll, die allein von Gott gege-

---

[5] N. Remy, Das jüdische Weib, Berlin 1896.
[6] N. Remy, Culturstudien über das Judenthum, Berlin 1893.
[7] N. Ruth Lazarus, Ich suchte Dich! Eine Biographische Erzählung, Berlin 1898, 114-137.
[8] Lazarus, Ich suchte Dich!, 123.
[9] Lazarus, Ich suchte Dich!, 124.
[10] Lazarus, Ich suchte Dich!, 124.

ben werden kann. Mit dieser Anschauung steht Lazarus-Remy der christologischen Gnadenlehre mit der Erlösungsbedürftigkeit des Menschen deutlich entgegen. Auch ist für sie die soteriologische Sichtweise, dass Jesus Christus am Kreuz »unsere Sünden hinweggenonmen [...] [und] uns die Erlösung von allem Übel gebracht [hat]«[11], angesichts der noch andauernden Sünden und Übel auf der Welt nicht einleuchtend.[12] Das Ende des Lebens Jesu sei zwar ein »trauriges Sterben am Kreuz«[13], aber ohne die Symbolik des Opfertodes, die Göttlichkeit des Heilandes sowie die Auferstehungslehre. Der Tod und die Wiederauferstehung Jesu, also die zentralen Glaubensgrundlagen für das Christentum, werden von ihr, orientiert an der im 19. Jahrhundert aufkommenden historisch-kritischen Bibelwissenschaft, als eine gängige Hinrichtungsart von politisch-revolutionären Aktivisten gedeutet und die darauffolgende Auferstehung als eine Art »Vision« seiner Anhängerinnen abgetan, die sich mit seinem Tod nicht abfinden konnten.[14] Sie äußert sich folgendermaßen:

Was man mehrere Jahrhunderte später, aus der Erinnerung, nach Erzählungen

der Nachkommen jener Männer, die ihn gesehen haben wollen, als Bericht zusammengestellt hat, werde ich stets mit Bedenken entgegennehmen. Man weiß, wie Erzählungen, von Mund zu Mund gehend, Wandlungen, Bereicherungen, Übertreibungen erfahren, – man weiß auch, daß in gutem Glauben von visionären Menschen Dinge gesehen werden, die gar nicht da waren – wie kann ich, nach mehr als tausend Jahren, eine Gewißheit, eine Sicherheit haben, was an allen diesen, zum Theil sogar sich widersprechenden Berichten, wahr oder nicht wahr ist?[15]

Folglich sei Jesus von Nazaret, der durch seine reformatorischen Botschaften und Taten auffiel, einen römischen Märtyrertod gestorben, aber keinesfalls als Messias, denn die Welt habe sich nach seinem Kreuzestod nicht zum Besseren verändert. Auch könne sie nicht an Jesus Christus, den eingeborenen Sohn, glauben, sondern an Jesus von Nazaret als den Menschen, der, wie alle Menschen, ein Kind Gottes sei.[16] Die christologische Vorstellung von Christus, Mensch und Gott in einem, war für Lazarus-Remy eine undenkbare Mischung, die ihrem alttestamentlichen Verständnis sowohl von Gott als auch vom Menschen völlig widerstrebte. Die Vorstellung eines Gottmenschen sei ihrer Mei-

---

[11] LAZARUS, Ich suchte Dich!, 117.

[12] »Und dennoch all' das Üble auf der Welt? Krankheit, Krieg, Verbrechen, Mißgunst, Feindschaft, das die Menschen Jahrtausende lang quält und vernichtet?« In: LAZARUS, Ich suchte Dich!, 117 f.

[13] LAZARUS, Ich suchte Dich!, 132.

[14] Vgl. LAZARUS, Ich suchte Dich!, 132 f.

[15] LAZARUS, Ich suchte Dich!, 133.

[16] Vgl. LAZARUS, Ich suchte Dich!, 119.

nung nach aus der griechischen und indischen Mythologie übernommen und als redaktionelle Änderung in Form einer Sage oder eines Märchens eingefügt worden.[17] Sie bemerkt dazu: »Herr Pfarrer, ich nehme poetische Bilder nicht wörtlich, und das Meiste, besonders im Neuen Testament, fasse ich nur symbolisch auf.«[18] Sie nimmt zwar die wenigen Lebensangaben über Jesus im Neuen Testament als erkennbare Grundzüge der historischen Gestalt wahr, sieht jedoch vermehrt mythische Bestandteile, die den Mensch Jesus von Nazaret umhüllen. Trotzdem erkennt sie im Neuen Testament den historischen Jesus, den sie nicht bloß als einen einfachen Menschen definiert, sondern als einen erleuchteten Menschen, »der viele seiner beschränkteren Zeitgenossen sicher überragte, ein jüdischer Rabbi«[19], der den Menschen Gottes Willen nahe bringen wollte.

Mit der Betitelung Rabbi, die auch von Jesu Jüngerinnen genutzt wurde,[20] ordnet Lazarus-Remy den historischen Jesus eindeutig den rabbinischen Schriftgelehrten zu und betont damit, dass Jesus von Nazaret den Evangelien nach ein gesetzestreuer Jude war. Er zeige in all seinem jüdischen Reden und Handeln seinen Glauben an den einen einzigen Gott. Er erbarme sich der Armen und erfülle alle Gebote wie eine fromme Jüdin, wie beispielsweise beim Beten (Mt 6,9-13; Lk 11,2-4)[21] oder Sprechen des Segens über Wein und Brot (Mt 26,17-29).[22] Somit betont sie anerkennend Jesu ethische Lehre, die ganz im Geiste des Alten Testaments und der rabbinischen Weisheit sei: »Jesus selbst lehrte ja nur, was im Alten Testament steht!«[23] Das Alte Testament beschreibt sie vor allem als ein Fundament, worauf sich das Neue Testament stützt. Ohne dieses würde das Neue Testament und somit das Christentum nicht existieren. Die Bestimmungen im Alten Testament seien die ursprünglichen und besitzen für sie den einzig wahren Kern des Glaubens an den einen einzigen Gott. Aus diesem Grund könne sie das Alte Testament keinesfalls als eine überflüssig gewordene »Grundlage«[24] des Neuen Testaments ansehen, sondern als die entscheidende Basis für das Christentum. Auch Jesus von Nazareth habe an diese alttestamentlichen Gesetze geglaubt und sie seinen Nachfolgern vermittelt. Die Aussagen von Pfarrer Tobold, dass Jesus Christus im Neuen Testament dennoch »Höheres, Göttlicheres gesagt und gelehrt ha-

[17] Vgl. Lazarus Ich suchte Dich!, 119.
[18] Lazarus, Ich suchte Dich!, 120.
[19] Lazarus, Ich suchte Dich!, 133.
[20] Z. B. Mk 9,5; 11,21; Joh 1,38; 3,2.
[21] Bezüglich des Vaterunsers: »wenn man die regelmässig wiederkehrenden Wendungen, Jesus Christus und die Dreieinigkeit betreffend, wegdenkt, hat man reine alttestamentliche Aussprüche vor sich.« In: Lazarus, Ich suchte Dich!, 306.
[22] »Abendmahl, das auch Jesus als guter Jude mit seinen Jüngern abhielt und das sich später zu einem Hauptsacrament der christlichen Kirche entwickelte.« In: Remy, Culturstudien, 84.
[23] Lazarus, Ich suchte Dich!, 125.
[24] Lazarus, Ich suchte Dich!, 125.

be«,[25] wie beispielsweise das Gebot seine Feinde zu lieben bei Mt 5,43-48, machten auf sie einen sehr unnatürlichen Eindruck, sodass ihrer Meinung nach kein Mensch solche Gebote erfüllen könne.

> Und je länger ich über diese Forderung nachdenke, desto unnatürlicher erscheint sie mir. Die Geschichte lehrt uns ja auch, Herr Pfarrer, daß diese Forderung auch nie erfüllt worden, am wenigsten von berühmten, großen und am allerwenigsten von frommen Christen. Karl der Große, Ludwig der Fromme, die Helden der entsetzlichen Kreuzzüge zu Ehren des heiligen Grabes, die großen, politischen Heroen, die Männer auf den Thronen, die bis in unsere Tage Vernichtungskriege führen. Und die Kirchenväter? Die Päpste? Sie haben Alle ihre »Feinde« kräftig verfolgt und sicher nicht geliebt. Zu Tode haben sie sie gemartert, wenn sie die Macht dazu hatten, und besaßen sie nicht die Macht, haben sie ihre Feinde im Stillen mit heimlichen Haß und wüthenden Verfolgungslust gekränkt und geschädigt.[26]

Selbst Jesus von Nazaret sei ihrer Meinung nach nicht in der Lage gewesen, die Feindesliebe umzusetzen, was sie am Beispiel der Erzählung von der kanaanäischen Frau bei Mt 15,21-28 festmacht: »Das einzige Mal wo eine Fremde, nicht einmal eine Feindin, ihn um etwas bittet, wie hat er sie abgewiesen! Mit harten kränkenden Worten abgewiesen!«[27] Sie glaube nicht daran, dass Jesus von Nazaret sowohl die Feindesliebe als auch das zuvor genannte Vergeltungsrecht »Auge um Auge, Zahn um Zahn« bei Mt 5,38 f. gelehrt habe: »Mir kommt es wie eine Versündigung vor, einem vernunftbegabten, ehrliebenden Menschen dergleichen zuzumuthen und deshalb, Herr Pfarrer glaube ich auch gar nicht, daß Jesus diese Aussprüche gethan hat.«[28] Sie betont ausdrücklich das Gemeinsame, das Jesus mit dem normativen Judentum seiner Zeit verbindet, und schreibt die unjüdischen wie auch die antijüdischen Stellen im Neuen Testament dem redaktionellen Einfluss zu, die »wahrscheinlich in gutgemeintem aber übertreibenden Eifer oder vielleicht auch in wirklich unabsichtlichem Irrthum«[29] verschriftlicht wurden. Demzufolge sind für Lazarus-Remy die wahren Jesusworte die, die das jüdische Gedankengut wiedergeben, auch wenn sie scharf von der wörtlichen Bedeutung abzuweichen schei-

[25] LAZARUS, Ich suchte Dich!, 126.
[26] LAZARUS, Ich suchte Dich!, 127 f.
[27] LAZARUS, Ich suchte Dich!, 129.
[28] »Wer dir den Rock nehmen will, dem laß auch den Mantel. – Ich glaube nicht, daß irgend ein vernünftiger Mensch das thun wird! Ja er *dürfte* es nicht thun, er würde ja geradezu Räuber groß ziehen und gewaltthätige Menschen belohnen? Ebenso wenig, wie das darauf Folgende: so dich jemand nöthigt eine Meile mit ihm zu gehen, mit dem gehe zwei; oder gar, wenn dir Jemand eine Ohrfeige giebt auf die rechte Wange, dem halte auch die linke hin. [...] Die Aussprüche, welche Unnatürliches fordern, erscheinen mir selbst unnatürlich und deshalb unglaublich.« In: LAZARUS, Ich suchte Dich!, 13f.
[29] LAZARUS, Ich suchte Dich!, 131.

nen. Sie deutet Jesu Vorgehen gegen die »veralteten« Riten, wie beispielsweise bei den Sabbat-, Speise- oder Reinheitsgeboten, als reformatorische Erneuerungen und orientiert sich dabei am innerjüdischen Reformdiskurs des 19. Jahrhunderts. Sie hebt hervor, dass bei Jesus von Nazaret, wie sie ihn deutet, allein der Weg zu Gott durch den Glauben zu Gott und nicht durch die Einhaltung teils veralteter Gebote führe. Die Einsicht, dass es erlaubt sei, am Sabbat Ähren zu raufen und Kranke zu heilen, identifiziert Lazarus-Remy als einen wesentlichen Fortschritt, an dem sich auch die orthodoxen rabbinischen Schriftgelehrten der Neuzeit orientieren sollen.

Folglich war der neutestamentliche Jesus von Nazaret für sie weder der eingeborene Gottes-Sohn, noch der messianische Erlöser in einer für sie noch unerlösten Welt, noch der soteriologische Vermittler zwischen Gott und Mensch, da dieser Begriff der alttestamentlichen Vorstellung der Buße widersprach. Für sie war Jesus von Nazaret ein charismatischer Mensch aus Palästina und ein reformatorischer Rabbi. »Ein jüdischer Rabbi, vom Geist des Alten Testamentes erfüllt, aber frei von Vorurteilen, ein jüdischer Rabbi, welcher veraltete Gebräuche und engherzige Vorschriften gering achtete und eine freiere, schönere Menschlichkeit anstrebte!«[30]

3 Der Jude Jesus als apologetisches Mittel

Ein Bild von Jesus als Jude und Rabbi wurde Ende des 19. Jahrhunderts nicht selbstverständlich angenommen und akzeptiert. So löste beispielsweise der jüdische Künstler Max Liebermann (1847-1935) im August 1879 mit seinem Gemälde *Der zwölfjährige Jesus im Tempel* einen Skandal aus, indem er Jesus als jungen Juden zeichnete. In Folge der daraus resultierenden christlichen Empörungen musste Liebermann seine Jesusdarstellung übermalen, bevor sie 1884 noch einmal in Paris ausgestellt werden durfte. Mit einem jüdischen Jesusbild plädierte auch Lazarus-Remy für die unbestreitbare Tatsache, dass viele der hohen sittlichen Lehren Jesu vom Judentum stammen. Somit konfrontierte sie die christlichen Leserinnen ihrer autobiographischen Konversionserzählung *Ich suchte Dich!* (1898) mit einer provokativen Sichtweise, in der das Christentum statt der Substitutionslehre seine jüdischen Wurzeln wiederentdecken und akzeptieren solle, dass Jesus von Nazareth ein Jude war. Damit vermittelt sie ein Jesusbild, wie es zuvor unter anderem der jüdische Aufklärer Moses Mendelssohn (1729-1786), der jüdische Historiker Heinrich Graetz (1818-1891) oder der Rabbiner Abraham Geiger (1810-1874) vorgezeichnet hatten und das unter dem Begriff der Heimholung Jesu ins Judentum bekannt geworden ist.

---

[30] Lazarus, Ich suchte Dich!, 134.

Bereits im Zuge der Aufklärung und der jüdischen Emanzipation fand eine konstruktive Auseinandersetzung mit dem Leben Jesu statt. So schrieb Moses Mendelssohn in seiner Schrift *Jerusalem* von 1783:

> Jesus von Nazareth hat selbst nicht nur das Gesetz Mosches, sondern auch die Satzungen der Rabbinen beobachtet, und was in den von ihm aufgezeichneten Reden und Handlungen dem zuwider zu sein scheint, hat doch in der Tat nur dem ersten Anblick nach diesen Schein. Genau untersucht, stimmt alles nicht nur mit der Schrift, sondern auch mit der Überlieferung völlig überein.[31]

So kam es dazu, dass sich jüdische Denker, wie Isaak Markus Jost (1793-1860) und die bereits genannten H. Graetz und A. Geiger erstmalig weitgehend auf die Evangelien stützten, um Jesus von Nazareth als Juden aufzufassen und seine Lehren als echtes jüdisches Gedankengut auszulegen. Bei der im 19. Jahrhundert aufkommenden jüdischen Leben-Jesu-Forschung lag der Fokus auf einer tatsächlichen Annäherung an den historischen Jesus, was jedoch zeitgleich bei der christlichen Leben-Jesu-Forschung durch die Fragen nach dem Heilsgeschehen immer mehr an Bedeutung verlor. In dieser aufkommenden Leben-Jesu-Forschung sahen jüdische Denker (und sehen sie bis heute)[32] die Hoffnung auf eine gemeinsame christlich-jüdische Zusammenarbeit. Gerade bei der Auslegung der Gestalt Jesu wollten auch jüdische Gelehrte als maßgebende Partner bei der Erforschung des Frühjudentums und -christentums wahrgenommen werden. Jedoch wurden die Beiträge der jüdischen Jesusforschung christlicherseits nicht als Gesprächsangebot empfunden, sondern als Anmaßung. So wird beispielsweise der jüdische Historiker H. Graetz, der in seinem Werk *Geschichte der Juden*[33] (1866) Jesus von Nazareth in die Geschichte der Israeliten einordnet, von dem christlichen Historiker Heinrich von Treitschke (1834-1896) mit dem berühmt gewordenen Satz »Die Juden sind unser Unglück«[34] stark kritisiert. In seiner Kritik greift Treitschke Graetz für die angeblich »fanatische Wuth« der Juden auf ihren »Erbfeind«, das Christentum, an.[35] Er polemisierte gegen Rabbiner, Gelehrte und Publizisten

---

[31] M. MENDELSSOHN, Jerusalem oder über religiöse Macht und Judenthum, Berlin 1783, 357.

[32] U.a. Joseph Klausner (1874-1958), Leo Baeck (1873-1956), Martin Buber (1878-1965), Schalom Ben-Chorin (1913-1999), Pinchas Lapide (1922-1997) oder Amy Jill Levine (1956).

[33] H. GRAETZ, Geschichte der Juden. Von den ältesten Zeiten bis auf die Gegenwart, 11 Bd., Leipzig 1817-1891.

[34] H. VON TREITSCHKE, Unsere Aussichten, in: Preußische Jahrbücher 44, Heft 5, November 1879, 559-576.

[35] »Welche fanatische Wuth gegen den ›Erbfeind‹, das Christenthum, welcher Todhaß grade wider die reinsten und mächtigsten Vertreter germanischen Wesens, von Luther bis herab auf Goethe und Fichte! Und welche hohle, beleidigende Selbstüberschätzung! [...] Dazu jene unglückliche vielgeschäftige Vordringlichkeit, die überall mit dabei sein

aller jüdischen Richtungen, die mit Hilfe der historisch-kritischen Methode das Christentum auf seine jüdischen Ursprünge zurückzuführen suchten. Die Treitschkestreit-Debatte, vor allem bekannt als der Berliner Antisemitismusstreit, diskreditierte die Loyalität sowie die kulturelle Zugehörigkeit der Jüdinnen zur deutschen Nation und erfasste nun nahezu alle gesellschaftlichen Kreise, womit die jüdische Hoffnung nach der »Gleichberechtigung des Judentums mit den anderen Konfessionen«[36] durch antisemitische Agitationen fast völlig zerstört wurde. Somit kann das jüdische Auseinandersetzen mit dem historischen Jesus auch als Anliegen gesehen werden, ein Teil der christlichen Gesellschaft sein zu wollen, ohne jedoch die eigene jüdische Identität aufgeben zu müssen. Abraham Geiger erfasste diese Problematik und zeigte den Juden des 19. Jahrhunderts auf, warum sie stolz auf ihre Religion und Tradition sein sollten, statt den antisemitischen Polemiken nachzugeben. So setzte sich Geiger weiterhin für eine jüdische Leben-Jesu-Forschung ein, die zu einer entsprechenden religionsgeschichtlichen Würdigung des jüdischen Inhaltes innerhalb der christlichen Quellen und vor allem des jüdischen Jesusbildes aufforderte. In seinem Werk *Das Judentum und seine Geschichte* (1864) wird Jesus von Nazaret als ein bedeutender Pharisäer seiner Zeit gewürdigt: »Er war ein Jude, ein pharisäischer Jude mit galiläischer Färbung, ein Mann, der die Hoffnungen der Zeit theilte und diese Hoffnung in sich erfüllt glaubte.«[37] Geiger zufolge zeichnet Jesu Reden und Handeln nichts Neuartiges aus, da sich ähnliche Aussprüche bereits im pharisäischen Schrifttum wiederfinden. Sein Jesusbild des pharisäischen Rabbiners und die Ansicht, dass das Christentum hieraus entstand, wurden für das moderne Judentum zum Verteidigungsmodell gegen die christliche Polemik, die dem Judentum nur eine geringe Stufe im Vergleich zum Christentum zuschrieb.

Lazarus-Remys Darstellung Jesu als einen bedeutenden jüdischen Rabbi orientiert sich sehr stark an Geigers jüdischem Jesusbild. Ebenfalls übernimmt sie auch seine Ansicht, dass die Christologie durch die Aufnahme von heidnisch-mythischen Elementen im Neuen Testament vom ursprünglichen jüdischen Glauben abwich. In ihrer damals bekannten Monographie *Das jüdische Weib* (1891) notiert sie offensiv:

> Seltsam: was Jesus gebot, wird nicht gehalten, - und was er nicht gebot, gelehrt: Dreieinigkeit, Bilderverehrung, Feier des Sonntags (eine *willkürliche* Verlegung des Sabbaths, den in den ersten fünf Jahrhunderten Juden und Christen gemeinsam feierten) und – Judenverfolgung. Du sanfter Rabbi von Nazareth ahntest nicht, wie deine

---

muß und sich nicht scheut sogar über die innern Angelegenheiten der christlichen Kirchen meisternd abzuurtheilen.« In: Treitschke, Unsere Aussichten, 573.

[36] W. Homolka, Jesus von Nazareth. Im Spiegel der Jüdischen Forschung, Berlin 2010, 84.

[37] A. Geiger, Das Judenthum und seine Geschichte. In zwölf Vorlesungen, Breslau 1864, 111.

Worte der Liebe und der Güte von denen, die sich nach dir *Christen* nennen, Lügen gestraft wurden und - werden.[38]

Lazarus-Remys Aussagen, dass die Evangelien keine eindeutigen Indizien für die Trinitätslehre, die Jungfrauengeburt und die Göttlichkeit des Menschensohnes liefern, wurde zuvor auch vom jüdischen Gelehrten Isaak von Troki (1533-1594) in seinem Werk *Chisuk Emunah. Stärkung des Glaubens* (1593) festgestellt, welches Geiger 1853 in seinem Werk *Isaak Troki. Ein Apologet des Judenthums am Ende des sechzehnten Jahrhunderts*[39] würdigte. Folglich schloss sie sich der jüdischen Kritik am christologischen Dogma an und kam anhand der aufkommenden Diskussionen um den historischen Jesus zu dem Schluss, dass es einmal einen charismatischen Menschen namens Jesus von Nazareth gab, der in Palästina als Rabbi aufgetreten sei. Das Besondere an Lazarus-Remys Jesusbild ist die Verknüpfung der reform-jüdischen Vorstellung von Jesus von Nazareth als jüdischen Rabbi mit der des jüdischen Reformators, der sich für die Erneuerung alteingefahrener Vorschriften einsetzte. Damit zeigt sie eine moderne Sichtweise von Jesus von Nazaret, indem sie das jüdische Gedankengut seiner Lehre betont und die unjüdischen, trennenden Elemente anerkennend wertschätzt.

Mit ihrer jüdischen Jesusdarstellung folgt sie den reform-jüdischen Denkerinnen, die Jesus als Juden anerkannten und seine Lehren als integralen Bestandteil der jüdischen Tradition und Geschichte begriffen. Sie unterstützte mit ihrem jüdisch-apologetischen Jesusbild den Prozess der Heimholung Jesu in das jüdische Volk und damit die Debatte des 19. Jahrhunderts über den jüdischen Anspruch auf Gleichstellung und Akzeptanz eines lebendigen jüdischen Glaubens innerhalb der christlichen Gesellschaft. Ihre Einordnung Jesu von Nazaret in den jüdischen Kontext, diente ihr folglich ausdrücklich als apologetisches Argument für die Existenzberechtigung eines modernen Judentums in der christlich dominierten Kultur der Gegenwart. Dabei ging es ihr vor allem um die Gleichberechtigung mit den christlichen Konfessionen, aber auch um den Nachweis, dass das Judentum ebenfalls eine Kulturarbeit geleistet habe, wie sie es in ihrer Monographie betont: »Die moderne Wissenschaft, die unermüdlich die entlegensten Denkmäler aller Culturvölker ans Licht zieht, hat verhältnissmässig wenig von den Schätzen gehoben, die in jüdischen Werken niedergelegt sind und die doch als insgeheim fortwirkende Kräfte ihren Einfluss bei Entstehung und Entwicklung der Civilisation geübt haben.«[40]

---

[38] Remy, Das jüdische Weib, 126.

[39] A. Geiger, Isaak Troki. Ein Apologet des Judenthums am Ende des sechzehnten Jahrhunderts, Breslau 1853.

[40] Remy, Das jüdische Weib, 136 f.

Jesus - Maria - Rainer

Jesus-Transformationen bei Rilke

Gisela Maria Sander

Jesus - Maria - Rainer. Diese Namen wecken unterschiedliche Assoziationen, lassen sich jedoch auch aufeinander beziehen. Welche Verbindung besteht zwischen Jesus Christus und dem Dichter Rainer Maria Rilke, der als Zweitnamen den Namen der Mutter Jesu trug? Rilkes bekannteste und beliebteste Werke wirken auf den ersten Blick wie christliche Kunst, wie zum Beispiel folgende Verse aus Rilkes Stunden-Buch: »Ich kreise um Gott, um den uralten Turm, / und ich kreise jahrtausendelang; / und ich weiß noch nicht: bin ich ein Falke, ein Sturm / oder ein großer Gesang.«[1] Verse wie diese finden sich nicht selten auf Todesanzeigen und christlichen Spruch-Kalendern. Auch einen Rilke-Adventskalender gibt es zu kaufen, ein Audio-Buch mit Rilkes »Engelliedern«, Weihnachtsgedichten und thematisch passenden Briefauszügen. Auf den ersten Blick scheint der Dichter aus Prag also christentumskompatibel zu sein. Religiöse Themen und Begriffe häufen sich in seinem Werk, allein der Begriff »Gott« ist mit 285 Erwähnungen eines der am häufigsten von Rilke verwendeten deutschen Substantive.[2] Seine literarischen Werke, Lyrik wie Prosa, muten oft religiös an und werden von vielen Menschen vor allem christlichen Glaubens auch so gelesen. Doch war Rilke ein religiöser Mensch? War er ein gläubiger Christ? Wie rezipierte er Jesus Christus in seinem Werk? Welche Bedeutung hatte der Mensch Jesus von Nazaret für sein Leben? Wie setzte sich der Dichter mit dessen Rolle als Christus auseinander?

Religiös sozialisiert wurde Rilke in seinen frühen Lebensjahren vor allem durch seine Mutter Phia, die sich seit der Trennung der Eheleute im Jahr 1884, als Rilke noch nicht 9 Jahre alt war, allein um ihren Sohn kümmerte. Phia Rilkes Aufzeichnungen über die Geburt ihres Sohnes geben Aufschluss über ihre religiöse Orientierung. Darin ist zu lesen:

---

[1] R. M. Rilke, Sämtliche Werke in zwölf Bde. Band I. Hg. v. Rilke-Archiv. In Verbindung mit R. Sieber-Rilke. Besorgt durch E. Zinn, Frankfurt a. M. 1975, 253; R. M. Rilke, Werke. Kommentierte Ausgabe in vier Bde. Band 1. Hg. v. M. Engel, U. Fülleborn, H. Nalewski, A. Stahl, Frankfurt a. M. 1996, 157.

[2] Vgl. U. K. Goldsmith u. a. (Hrsg.), Rainer Maria Rilke. A verse concordance to his complete lyrical poetry, Leeds 1980, 447 ff., 1247.

> [...] um Mitternacht, - die gleiche Stunde, wo unser Heiland geboren wurde, - und da es zum Samstag ging, - wurdest Du sofort ein Marienkind! - der gnadenreichen Madonna geweiht. - Papa und ich segneten, küßten Dich, - unser helles Glück flüchtete im Dankgebet zu Jesus und Maria. Klein und zart war unser süßer Bubi, - aber prächtig entwickelt - und als er vormittags im Bettchen lag, bekam er das kl. Kreuzchen, - so wurde ›Jesus‹ sein erstes Geschenk.[3]

Phia Rilkes katholische Frömmigkeit kann als oberflächlich[4], unreflektiert, bigott und teilweise auch fanatisch[5] beschrieben werden. Rilkes Mutter führte bis ins hohe Alter ein asketisches Leben mit einem genau strukturierten Tagesablauf, der sich an Gebetszeiten orientierte.[6] Auch ging sie oft in die Kirche und fand besonderen Gefallen an Heiligenverehrung, besonders Marienverehrung, was sich auch in der Namensgebung ihres Sohnes widerspiegelt. Rilke wurde am 19.12.1875 in der Kirche St. Heinrich in Prag auf den Namen René Karl Wilhelm Johann Josef Maria katholisch getauft.[7]

Die religiöse Erziehung des kleinen René scheint für seine Mutter von großer Bedeutung gewesen zu sein, ihr Sohn erfuhr Religiosität durch sie jedoch weniger als befreiend denn als beängstigend. Phia Rilke lehrte ihren Sohn eine unterwürfige Glaubenshaltung. Sie verlangte von ihm an teilweise demütigenden Ritualen teilzunehmen, so musste der junge René beispielsweise bei jedem Kirchenbesuch die Wundmale Christi küssen.[8] Zuhause spielte ein Messingkruzifix bei der Erziehung schon des dreijährigen René eine große Rolle. Vor dem Einschlafen reichte die Mutter ihrem Sohn stets das Messingkruzifix, damit dieser es küssen und der großen Schmerzen Christi duldsam eingedenk werden konnte.[9]

Der Einfluss der dominanten Mutter, die sich einen frommen Sohn wünschte, war selbst auf den erwachsenen Dichter noch so groß, dass dieser sich ihr gegenüber nicht zu seiner ablehnenden Haltung in Bezug auf das Christentum bekannte.

Auch wenn Rilke sich noch im Erwachsenenalter für christliche bzw. katholische Traditionen und Kulte interessierte und religiöse Rituale und Praktiken aufgrund ihrer Symbolkraft für ihn bedeutsam blieben, so hat er sich doch im Laufe seines Lebens immer weiter vom christlichen Glauben entfernt

---

[3] C. SIEBER, René Rilke. Die Jugend Rainer Maria Rilkes, Leipzig o. J. [1932], 64.

[4] Vgl. P. DEMETZ, René Rilkes Prager Jahre, Düsseldorf 1953, 27.

[5] Vgl. K.-J. KUSCHEL, »Vielleicht hält Gott sich einige Dichter...«. Literarisch-theologische Porträts, Mainz 1991, 42.

[6] Vgl. H. KOEHNIG, Erinnerungen an Rainer Maria Rilke sowie Rilkes Mutter. Hg. und mit einem Nachw. vers. v. J.W. STORCK, Bielefeld 1992, 78.

[7] Vgl. I. SCHNACK, Rainer Maria Rilke. Chronik seines Lebens und seines Werkes, Frankfurt a. M. ^{2}1996, 7.

[8] Vgl. S. SCHANK, Rainer Maria Rilke, München 1998, 12.

[9] Vgl. KOEHNIG, Erinnerungen, 82.

und kann nicht im traditionellen Sinne als religiös bezeichnet werden. Wenn überhaupt praktizierte Rilke eine individualistische, unmittelbare Form der Religiosität, die auf Innerlichkeit ausgerichtet war. Wenige Wochen nach seinem Tod schrieb Robert Musil diesbezüglich über Rilke: »Er war in gewissem Sinn der religiöseste Dichter seit Novalis, aber ich bin nicht sicher, ob er überhaupt Religion hatte. Er sah anders. In einer neuen, inneren Weise.«[10]

Die wachsende Abneigung Rilkes dem katholischen Glauben seiner Kindheit und besonders der Verehrung Jesu Christi gegenüber, entstand bereits in seiner Jugend. Ein schriftliches Zeugnis seiner frühen Ablehnung derselben ist Rilkes polemisches und aggressives »Glaubensbekenntnis«[11], das er im Alter von 17 Jahren verfasste, jedoch nie veröffentlichte. In diesem lyrischen Text findet sich eine zeittypische Kritik am christlichen Jenseitsglauben. Das Christentum wird als »Falle« bezeichnet, wer sich den Lehren desselben unterwerfe, sei »dumm«. Das lyrische Ich lehnt die Sündenlehre des Christentums ab und wendet sich, indem es den Papst und die Ablasspraxis kritisiert, speziell gegen den Katholizismus. Abschließend äußert es, die Liebe sei ihm Religion.

Mit zunehmendem Alter greift Rilke die Lehrmeinung der katholischen Kirche immer stärker an. Mit der Kirchenkritik hängt bei ihm auch Kritik an Jesus Christus zusammen. Diese bezieht sich jedoch weniger auf den biblischen Jesus als auf den Christus des Glaubens und den Kultus, die Lehren und Dogmen der Institution Kirche.[12] Rilke lehnt den Glauben an Jesus Christus als Gottessohn, als wahrer Mensch und wahrer Gott ab[13] und distanziert sich auch von der z. B. in Joh 14,6 zu findenden Vorstellung, der Mensch benötige Jesus Christus als Mittler zu Gott. Rilke nimmt eine ursprüngliche Verbindung zwischen Gott und den Menschen an. Christus erscheint ihm in diesem Zusammenhang sogar als »Hemmnis und Ärgernis«[14], da er - wie der Priester - die unmittelbare Beziehung von Gott und Mensch störe und somit den Menschen von Gott entferne.

Des Weiteren spricht sich Rilke gegen das christliche Sündenverständnis aus. Für ihn ist die angebliche Sündhaftigkeit des Menchen kein ursprünglicher Aspekt des menschlichen Daseins, sondern lediglich eine Zuschreibung der Kirche.

---

[10] R. MUSIL, Rede zur Rilke-Feier in Berlin, in: Insel-Almanach auf das Jahr 1997. Rainer Maria Rilke 1926 bis 1996. Erinnerungen an den Dichter. Begegnungen mit dem Werk. Eine Dokumentation. Zusammengestellt v. V. HAUSCHILD, Frankfurt a. M. 1996, 70.

[11] RILKE, Sämtliche Werke VI, 489 ff.

[12] Vgl. KUSCHEL, »Vielleicht hält Gott sich einige Dichter...«, 105.

[13] Anzumerken ist in diesem Zusammenhang, dass zur Zeit Rilkes die These, dass Christus selbst sich nicht als Sohn Gottes gesehen hat, noch kaum verbreitet war. (vgl. KUSCHEL, »Vielleicht hält Gott sich einige Dichter...«, 104 f.)

[14] M. WINDFUHR, »Religiöse Produktivität« - die biblisch-jüdischen Motive in Rilkes Neuen Gedichten, in: W. DÜSING u. a. (Hrsg.), Traditionen der Lyrik. Festschrift für Hans-Henrik Krummacher, Tübingen 1997, 145.

Ablehnend steht Rilke auch der Vorstellung einer Trennung von Diesseits und Jenseits gegenüber. Die christliche Hoffnung auf ein Jenseits erscheint Rilke als eine Vertröstung. Statt die Ambivalenz des Diesseits mit der Hoffnung auf ein jenseitiges Leben zu überdecken, fordert Rilke das Leben in seiner Ganzheit, die den Tod einschließt, zu akzeptieren und nicht nur als »Durchgangsstation« anzusehen.

Trotz dieser ablehnenden Haltung christlichen Glaubensgrundsätzen gegenüber, war die Bibel für Rilke lebenslang eine wichtige Lektüre und eines der von ihm meistgelesenen Bücher, das er überall hin mitnahm, auch auf Reisen.[15] Neben seiner Bibellektüre war Rilke auch wissenschaftlich an der Bibel und ihrem Urtext interessiert, weshalb er wissenschaftliche Bibelübersetzungen des AT[16] und NT[17] benutzte.

Spuren von Rilkes Bibellektüre finden sich noch heute in seinem erhaltenen Bibelexemplar, einer lutherischen Bibelübersetzung von 1770, die Rilke aufgrund der Ausdrucksstärke des Textes verwendete.[18] Der Text des NT in Rilkes Bibel weist im Gegensatz zum AT jedoch keinerlei schriftliche Markierungen auf, allein Zettel und Blumen an Abschnitten, die von Rilke in Gedichten verwandte Themen beinhalten, zeugen von einer Beschäftigung mit diesen Texten.[19] Blumen und Zettel befinden sich bei den Kreuzigungserzählungen aller Evangelien, bei Lk 24 (Auferstehung und Himmelfahrt Christi) und bei Joh 11 (Auferweckung des Lazarus).[20] Rilkes Faszination für die Passionsgeschichte wird auch darin deutlich, dass er mehrere Gedichte zu dieser Thematik geschrieben hat (»Der Ölbaum-Garten«[21], »Pietà«[22], »Kreuzigung«[23], »Der Auferstandene«[24], »Abendmahl«[25]). Rilkes Rezeption neutestamentliche Stoffe

---

[15] Vgl. R. M. RILKE, Briefe an einen jungen Dichter. Hg. und mit einer Einleitung versehen von F. X. KAPPUS, Frankfurt a. M. 1989, 17 f.; R. M. RILKE/E. KEY, Briefwechsel. Mit Briefen von und an Clara Rilke-Westhoff. Hg. v. T. FIEDLER, Frankfurt a. M. 1993, 54; I. BLUMENTHAL-WEISS, Rainer Maria Rilke und das Judentum, in: Deutsche Rundschau 84 (1958), 268.

[16] Vgl. K. BRUNKHORST, Bibel, in: M. ENGEL/D. LAUTERBACH (Hrsg.), Rilke-Handbuch. Leben - Werk - Wirkung. Lizenzausgabe für die Wissenschaftliche Buchgesellschaft, Stuttgart 2004, 43.

[17] Vgl. R. M. RILKE/L. ANDREAS-SALOMÉ, Briefwechsel. Hg. v. E. PFEIFFER, Frankfurt a. M. 1989, 124.

[18] Vgl. R. M. RILKE, Briefe aus Muzot 1921 bis 1926. Hg. von R. SIEBER-RILKE u. CARL SIEBER, Leipzig 1935, 321.

[19] Vgl. M. SIEVERS, Die biblischen Motive in der Dichtung Rainer Maria Rilkes (Germanische Studien 202), Berlin 1938. Nachdruck mit Genehmigung des Matthiesen Verlags, Lübeck, Nendeln/Liechtenstein 1967, 9.

[20] Vgl. SIEVERS, Die biblischen Motive, 9.

[21] RILKE, Sämtliche Werke II, 492ff.; RILKE, Kommentierte Ausgabe 1, 459 f.

[22] RILKE, Sämtliche Werke II, 494; RILKE, Kommentierte Ausgabe 1, 460.

[23] RILKE, Sämtliche Werke II, 581f.; RILKE, Kommentierte Ausgabe 1, 533 f.

[24] RILKE, Sämtliche Werke II, 582; RILKE, Kommentierte Ausgabe 1, 534 f.

[25] RILKE, Sämtliche Werke II, 591f.; RILKE, Kommentierte Ausgabe 1, 542 f.

zeigt jedoch viel stärkere Abweichungen von den biblischen Prätexten als seine Werke, die alttestamentliche Themen aufgreifen. Dies hängt vor allem mit Rilkes Ablehnung der christlichen Religion zusammen.[26]

Wie viele andere literarische Werke ist auch die Bibel für die Entstehung von Rilkes Werk von großer Bedeutung. Viele Stoffe und Motive der Bibel haben Eingang in Rilkes Werk gefunden, das von der frühen bis zur späten Schaffensphase von religiösen Themen und Figuren durchzogen und ohne seine Bibelkenntnisse so nicht denkbar ist. Rilke rezipierte die Bibel jedoch nicht als heiliges Buch, sondern betrachtete sie als Werk von weltliterarischem, kultur- und religionsgeschichtlichem Rang.[27] Die in den einzelnen Büchern der Bibel enthaltenen Stoffe, Motive und Figuren sowie Fragen und Antworten, Probleme und Hoffnungen des menschlichen Lebens konnte er für sich und seine Kunst fruchtbar machen. Gerade auf die Bibel trifft bei Rilke zu, was für seine Lektüre insgesamt gilt: Er las diese produktiv und eignete sich die Inhalte subjektiv poetisch an. Das gilt auch für seine Rezeption Jesu Christi.

Rilkes Verhältnis zu Jesus Christus könnte man auf die Kurzformel »Jesus ja - Christus nein« bringen. Windfuhr fasst dieses wie folgt zusammen: »In seiner heilsgeschichtlichen Stellung hat er ihn abgelehnt, als exemplarischen religiösen Menschen aber hat er ihn in wachsendem Maße aufgefaßt und dargestellt.«[28]

Schon in dem Gedicht »Christus«[29] (geschrieben am 1.11.1893[30]), das unter dem Titel des Herausgebers der SW »Christus am Kreuz«[31] bekannt geworden ist, tritt Rilkes Differenzierung zwischen Jesus und Christus, zwischen Menschensohn und Gottessohn hervor. In dem Gedicht heißt es über Jesus Christus: »Er wär als Mensch so göttlich groß geblieben, / und nun als Gott erscheint er menschlich klein! -«[32] Die angebliche Göttlichkeit des Menschen Jesus gründet im hochmütigen Wunsch desselben, als Gott verehrt zu werden. Für Rilke war der Nazarener ein herausragender gläubiger Mensch, eine große Persönlichkeit, aber nicht mehr. Christus als Figur des Glaubens rief bei

---

[26] Vgl. U. FÜLLEBORN, Rilkes Gebrauch der Bibel, in: M. ENGEL/D. LAMPING (Hrsg.), Rilke und die Weltliteratur, Düsseldorf 1999, 31.

[27] Vgl. FÜLLEBORN, Rilkes Gebrach, 20.

[28] WINDFUHR, »Religiöse Produktivität«, 145. Die Ablehnung der heilsgeschichtlichen Figur des Gottessohnes und Erlösers wird auch in der Darstellungsweise Jesu in Rilkes Zyklus »Das Marien-Leben« (1913) deutlich. In den Mariengedichten tritt Jesus hinter seine Mutter zurück. Sein erstes Wunder auf der Hochzeit zu Kana vollbringt er nicht aus eigenem Antrieb, sondern auf Drängen seiner eitlen Mutter. (vgl. RILKE, Sämtliche Werke II, 676; RILKE, Kommentierte Ausgabe 2, 30) Die Gottessohnschaft Christi, die sich in den Wundern Christi offenbart, wird von Rilke hier bestritten.

[29] R. M. RILKE, »Sieh dir die Liebenden an«. Briefe an Valerie von David-Rhonfeld. Hg. v. R. SCHARFFENBERG und A. STAHL, Frankfurt a. M. 2003, 237 f.

[30] Vgl. RILKE, »Sieh dir die Liebenden an«, 238.

[31] RILKE, Sämtliche Werke VI, 491 ff.

[32] RILKE, Sämtliche Werke VI, 493.

ihm Abwehrreaktionen hervor. In seinen literarischen Werken thematisiert Rilke daher vor allem den Menschen Jesus und geht nebenbei polemisch auf den dogmatisch überhöhten Christus des Glaubens ein. Rilke setzt sich in seinen Werken mit Jesus als Individuum auseinander. Er stellt Jesus auf realistische Weise mit seinem Glauben, seinen Ängsten, seinem Leiden und seinen gescheiterten Hoffnungen dar, so zum Beispiel in dem Gedicht »Der Ölbaum-Garten«[33] aus den NG I (entstanden im Mai/Juni 1906[34]). Dort erscheint Jesus, dessen Name nicht genannt wird, als einsamer, verzweifelter, leidender, klagender Mensch, der sich von Gott verlassen fühlt und dessen Existenz sogar anzweifelt.[35] Als historischer, leidender Mensch konnte Jesus Rilke, wie auch anderen Dichterinnen und bildenden Künstlerinnen der Jahrhundertwende, zur Identifikationsfigur werden.[36]

Ein Höhepunkt der schonungslos realistischen Darstellung des Menschen Jesus findet sich bei Rilke in dem Gedicht »Kreuzigung«[37] aus den NG II (entstanden im Sommer 1908, vor dem 2. August[38]). »Rilke ist ganz und gar daran interessiert, die Kreuzigung Jesu bis in die brutalsten Details hinein als konkretes Geschehen zu vergegenwärtigen – ohne alle Schönfärberei, ohne alle theologische Überhöhung, ohne alle fromme Spiritualisierung [...].«[39]

Von Bedeutung für Rilkes Auseinandersetzung mit Jesus Christus ist auch sein Werk »Der Apostel«[40] (geschrieben Anfang 1896, erschienen wahrschein-

---

[33] Rilke, Sämtliche Werke II, 492 ff.; Rilke, Kommentierte Ausgabe 1, 459 f.

[34] Vgl. Rilke, Sämtliche Werke II, 860; Rilke, Kommentierte Ausgabe 1, 927; Stahl, Rilke-Kommentar zum lyrischen Werk. Unter Mitarbeit von W. Jost und R. Marx, München 1978, 204.

[35] Vgl. Z. Szendi, Durchbrüche der Modernität. Studien zur österreichischen Literatur, Wien 2000, 104 ff.

[36] Vgl. K. - J. Kuschel, Jesus im Spiegel der Weltliteratur. Eine Jahrhundertbilanz in Texten und Einführungen, Düsseldorf 2007, 109, 221, 568, 604 f.; K. Raschzok, Christuserfahrung und künstlerische Existenz. Praktisch-Theologische Studien zum christomorphen Künstlerselbstbildnis (Erfahrung und Theologie Bd. 32), Frankfurt a. M. 1999, 29, 31 ff., 40f., 48, 50, 52, 126, 131 f., 208 f., 213 ff. 223); J.A. Schmoll gen. Eisenwerth, Zur Christus-Darstellung um 1900, in: R. Bauer u. a. (Hrsg.), Fin de siècle. Zu Literatur und Kunst der Jahrhundertwende (Studien zur Philosophie und Literatur des neunzehnten Jahrhunderts Bd. 35), Frankfurt a. M. 1977, 411 f.

[37] Rilke, Sämtliche Werke II, 581 f.; Rilke, Kommentierte Ausgabe 1, 533 f.

[38] Vgl. Rilke, Sämtliche Werke II, 866; Rilke, Kommentierte Ausgabe 1, 972.

[39] Kuschel, »Vielleicht hält Gott sich einige Dichter...«, 145. Die realistische Darstellung Jesu in seinem Leiden in diesem Gedicht kann durch die zu Beginn des 16. Jahrhunderts entstandene Kreuzigungsdarstellung von Matthias Grünewald auf dem Isenheimer Altar angeregt worden sein, in der Schmerz und Not Jesu in den Mittelpunkt gerückt sind. Rilke war der Altar sehr wahrscheinlich schon vor der Abfassung des Gedichts durch seine kunstgeschichtlichen Studien vertraut, danach wird er ihn noch mehrere Male im Original betrachtet haben und plante sogar eine Arbeit über Grünewald.

[40] Rilke, Sämtliche Werke VII, 452 ff.; Rilke, Kommentierte Ausgabe 3, 47 ff.

lich im März 1896[41]), das Rilke selbst in einem Brief an Bodo Wildberg von Ende März 1896 »mein halb tief ernstes, halb satirisches Glaubensbekenntnis«[42] nennt. »Beschrieben wird hier nicht ein christlicher Glaubenszeuge, ein Jünger des Mannes aus Nazaret, sondern der Auftritt eines antichristlichen Propheten, eines Jüngers von Zarathustra.«[43], so Kuschel. Dieser hochmütige Apostel übt im Sinne Nietzsches harsche Kritik am Christentum. Er lehnt die Nächstenliebe ab, da die Verschwendung der Stärke an die Schwachen die Weiterentwicklung der Menschheit, die von den herausragenden Menschen getragen werde, behindere. »Der, den sie als Messias preisen, hat die ganze Welt zum Siechenhaus gemacht.«[44], so der Apostel. Er ist der Überzeugung: »Der Starke nur hat Recht zu leben.«[45] und fordert die Menschen auf: »Seid hart, seid furchtbar, seid unerbittlich! Ihr müsst vorwärts, vorwärts!«[46]

Ein Werk, in dem sich Rilke besonders intensiv mit der Figur Jesu Christi beschäftigt, ist der Gedichtzyklus »Christus. Elf Visionen«[47]. Rilke schrieb die zunächst zur Veröffentlichung bestimmten elf Gedichte in der Zeit von 1896 bis 1898[48], publizierte sie jedoch nie.[49] Gründe für die Zurückhaltung der Veröffentlichung, obwohl Rilke vom poetischen Wert der Gedichte überzeugt war, sind nach Leppmann zum einen ein Ratschlag von Lou Andreas-Salomé, zum anderen die »Tendenz dieser legendenhaften Gedichte«, die unverhüllt und blasphemisch Rilkes Ablehnung Jesu Christi zum Ausdruck bringen.[50] In den Gedichten begegnet der auf die Erde zurückgekehrte Jesus an unterschiedlichen Orten verschiedenen Personen. Auch in diesem Werk stellt Rilke den leidenden Menschensohn, den Juden Jesus[51] und nicht den Gottessohn und

---

[41] Vgl. RILKE, Sämtliche Werke VIII, 1095; RILKE, Kommentierte Ausgabe 3, 809; STAHL, Rilke-Kommentar zu den »Aufzeichnungen des Malte Laurids Brigge«, zur erzählerischen Prosa, zu den essayistischen Schriften und zum dramatischen Werk. Unter Mitarbeit von R. MARX, München 1979, 59.

[42] SCHNACK, Chronik, 44.

[43] KUSCHEL, »Vielleicht hält Gott sich einige Dichter...«, 105.

[44] RILKE, Sämtliche Werke VII, 456; RILKE, Kommentierte Ausgabe 3, 50.

[45] RILKE, Sämtliche Werke VII, 458; RILKE, Kommentierte Ausgabe 3, 51.

[46] RILKE, Sämtliche Werke VII, 458; RILKE, Kommentierte Ausgabe 3, 51.

[47] RILKE, Sämtliche Werke V, 127 ff.

[48] Vgl. RILKE, Sämtliche Werke VI, 921.

[49] Vgl. STAHL, Rilke-Kommentar zum lyrischen Werk, 91.

[50] Vgl. W. LEPPMANN, Rilke. Sein Leben, seine Welt, sein Werk. Ungekürzte Taschenbuchausgabe der überarbeiteten Neuausgabe, München 1996, 82 f.

[51] Der von Lou Andreas-Salomé geschriebene und im Aprilheft 1896 der »Neuen Deutschen Rundschau« veröffentlichte Essay »Jesus der Jude« (vgl. L. ANDREAS-SALOMÉ, Jesus der Jude, in: Neue Deutsche Rundschau (Freie Bühne) 7 (1896), 342-351. (Reprint 1970).) begeisterte Rilke und führte dazu, dass der Dichter der Autorin am 13.5.1897 einen ersten Brief schrieb, der, im Anschluss an die erste Begegnung einen Tag zuvor, die lebenslange Freundschaft der beiden begründete. Einige der Christus-Visionen, mit deren Niederschrift Rilke Anfang Oktober 1896 begann (vgl. SCHNACK, Chronik, 51), lagen also bereits vor, bevor Rilke den Essay »Jesus der Jude« las. Doch

Erlöser Christus in den Mittelpunkt. Jesus erscheint als armer Jude, Liebhaber einer Prostituierten, Proletarier, Verrückter, Narr und Vater eines Kindes, dessen Mutter Magdalene heißt. Wie der ewige Jude Ahasver muss Jesus - in abgewandelter Form der christlichen Legende vom unsterblichen »Ewigen Juden« - täglich neu sterben und leben, seit er von seinen Jüngern aus dem Grab gestohlen wurde.[52] Jesus, der aus Stolz behauptete Gottes Sohn zu sein, gibt nun zu »ich bin kein Gott!«[53]. Er fühlt sich von Gott selbst missbraucht und allein gelassen, klagt diesen an und leugnet gleichzeitig dessen Existenz.[54] Jesu »*Abrechnung mit Gott*«[55] ebenso wie die »*sexuelle Enttabuisierung Christi*«[56] und »das Motiv des *sterbensunfähigen Jesus*«[57] erscheinen Kuschel als innovative Christusdarstellungen.

Rilkes letzte große leidenschaftliche Auseinandersetzung mit dem Christentum ist das Werk »Der Brief des jungen Arbeiters«[58] (entstanden zwischen dem 12. und dem 15. 02. 1922, während der Arbeit an den »Duineser Elegien«

---

können weitere der Gedichte, die später entstanden, von Lou Andreas-Salomés Aufsatz beeinflusst sein.

52 »Das ist mein Fluch. / Seit mich, von ihrem eitlen Glaubensprahlen / betört, die Jünger aus dem Grabe stahlen, / giebts keine Grube mehr, die mich behält. / Solang aus Bächen Sterne widerstrahlen, / solang die Sonne zu erlösten Talen / den Frühling ruft mit seinen Bacchanalen, / so lange muß ich weiter durch die Welt.« [...] »Kennst du die Sage von dem Ewigen Juden? / Ich selbst bin jener alte Ahasver, / der täglich stirbt um täglich neu zu leben;« (RILKE, Sämtliche Werke V, 147 f.).

53 RILKE, Sämtliche Werke V, 151.

54 »Und dann von tausend Erdensorgen schwer / stieg meine Seele in den hohen Himmel, / und meine Seele fror; denn er war *leer*. / So warst du niemals - oder warst nicht mehr, / als ich Unsel'ger auf die Erde kam. / Was kümmerte mich auch der Menschheit Gram, / wenn du, der Gott, die Menschen nicht mehr scharst / um deinen Thron. - Wenn gläubiges Gefleh / nur Irrsinn ist, du nie dich offenbarst, / weil du nicht bist. - Einst wähnt' ich, ich gesteh, / ich sei <die> Stimme deiner Weltidee ...... / Mein Alles war mir, Vater, deine Näh ... / Du Grausamer, und wenn du niemals warst, / so hätte meine Liebe und mein Weh / dich schaffen müssen bei Gethsemane.« (RILKE, Sämtliche Werke V, 158).

55 KUSCHEL, »Vielleicht hält Gott sich einige Dichter...«, 111.

56 A. a. O., 112. Jesus als Liebenden thematisiert Rilke auch in den Gedichten »Pietà« (RILKE, Sämtliche Werke II, 494; RILKE, Kommentierte Ausgabe 1, 460) aus »Neue Gedichte« und »Der Auferstandene« (RILKE, Sämtliche Werke II, 582; RILKE, Kommentierte Ausgabe 1, 534 f.) aus »Der neuen Gedichte anderer Teil« sowie, nach Deutung von Davidson (A. DAVIDSON, Advocata Aesthetica. Studien zum Marienmotiv in der modernen Literatur am Beispiel von Rainer Maria Rilke und Günter Grass, Würzburg 2001, 211 f.), in »Stillung Mariae mit dem Auferstandenen« (RILKE, Sämtliche Werke II, 678; RILKE, Kommentierte Ausgabe 2, 32), dem vorletzten des 13 Gedichte umfassenden Zyklus »Das Marien-Leben«.

57 KUSCHEL, »Vielleicht hält Gott sich einige Dichter...«, 112.

58 RILKE, Sämtliche Werke XI, 1111 ff.; RILKE, Kommentierte Ausgabe 4, 735 ff.

und den »Sonetten an Orpheus«[59]), ein fiktiver Brief an den belgischen Dichter Verhaeren. Hierin verleiht Rilke seiner Kritik am Christentum wenige Jahre vor seinem Tod noch einmal Ausdruck. Auch dieses Werk wurde, wahrscheinlich aufgrund seiner Polemik, von Rilke nie veröffentlicht. In seinem Brief setzt sich der Arbeiter mit der Figur Jesu Christi und den Glaubensgrundlagen des Christentums auseinander. Der Arbeiter kritisiert, dass sich Christus »in alles hineinmischt« und »immer wieder verlangt, in unserem Leben der *erste* zu sein«; doch fragt er sich, ob dies wohl Christus von anderen in den Mund gelegt wurde.[60] Das Kreuz erscheint ihm als »ein Kreuzweg«[61], Christus ist für den Arbeiter nur ein »Wegweiser«[62] zu Gott. Er fordert, die Menschen sollen den Weg, den Christus zu Gott aufgezeigt hat, gehen, aber nicht bei ihm stehen bleiben. Jesus hat für den Arbeiter mit den Menschen seiner Zeit nichts mehr gemein, weil er in einer gänzlich anderen Welt lebte, und deshalb findet die moderne Welt keinen Zugang mehr zu ihm.[63] Er kritisiert die fortschreitende »Entwertung des Hiesigen«[64], das negativ beurteilt wird, und die Vertröstung auf ein fragliches Jenseits. Auch wehrt er sich gegen die rigide Sexualmoral der Kirche und die damit verbundene christliche Abwertung der sinnlichen Liebe, »obwohl wir doch aus diesem tiefsten Ereignis hervorgehen und selber wieder in ihm die Mitte unserer Entzückungen besitzen«[65]. Weiter wettert der Arbeiter gegen das Sündenverständnis der Kirche:

> Ich will mich nicht schlecht machen lassen um Christi willen, sondern gut sein für Gott. Ich will nicht von vornherein als ein Sündiger angeredet sein, vielleicht bin ich es nicht. Ich habe so reine Morgen! Ich könnte mit Gott reden, ich brauche niemanden, der mir Briefe an ihn aufsetzen hilft.[66]

Auch in Rilkes späten französischen Werken findet noch eine Auseinandersetzung mit Jesus Christus statt.[67] Besonders deutlich wird die Spiegelung des Dichters in der literarischen und traditionsgeschichtlichen Figur in dem Gedicht »Le Christ Ressuscité«[68] (»Der auferstandene Christus«[69]), das Rilke im

---

[59] Vgl. RILKE, Sämtliche Werke XII, 1625; RILKE, Kommentierte Ausgabe 4, 1059; STAHL, Rilke-Kommentar zum prosaischen und dramatischen Werk, 265; SCHNACK, Chronik, 785.
[60] RILKE, Sämtliche Werke XI, 1111; RILKE, Kommentierte Ausgabe 4, 735.
[61] RILKE, Sämtliche Werke XI, 1112; RILKE, Kommentierte Ausgabe 4, 736.
[62] RILKE, Sämtliche Werke XI, 1113; RILKE, Kommentierte Ausgabe 4, 737.
[63] Vgl. RILKE, Sämtliche Werke XI, 1111 f.; RILKE, Kommentierte Ausgabe 4, 735 f.
[64] RILKE, Sämtliche Werke XI, 1114; RILKE, Kommentierte Ausgabe 4, 737.
[65] RILKE, Sämtliche Werke XI, 1123; RILKE, Kommentierte Ausgabe 4, 744.
[66] RILKE, Sämtliche Werke XI, 1126; RILKE, Kommentierte Ausgabe 4, 746.
[67] Vgl. RILKE, Sämtliche Werke IV, 596, 619 f.; RILKE, Kommentierte Ausgabe 5, 188/190, 314/316.
[68] RILKE, Sämtliche Werke IV, 676 f.; RILKE, Kommentierte Ausgabe 5, 312.
[69] RILKE, Kommentierte Ausgabe 5, 313.

Jahr seines Todes im Sanatorium von Val-Mont am 1. April 1926[70] (Gründonnerstag) schrieb. In dem zweistrophigen Gedicht wird ein Körper mit einem verletzten Korn verglichen, dem ein neues Wachstum bevorsteht, was an Joh 12,24 erinnert. In der zweiten Strophe ist von dem Leid die Rede, das nur in der Verwandlung aufgehalten werden kann. Die Bilder der christlichen Traditionsgeschichte nutzt der Autor in diesem Gedicht zur Auseinandersetzung mit dem eigenen Leiden an seiner Leukämieerkrankung, an der er Ende desselben Jahres sterben wird.[71]

Zur Zeit der Jahrhundertwende war eine ablehnende Haltung gegenüber dem Christentum und Jesus Christus, angeregt durch die kritischen Schriften Nietzsches, Feuerbachs und anderer, verbreitet. Am Christentum wurde vor allem deshalb Kritik geübt, weil es nicht als der Lehre Jesu entsprechend angesehen wurde. Aber auch die Figur Jesu Christi selbst wurde hinterfragt. Viele Autorinnen des Fin de siècle sahen in ihm nicht mehr den Gottessohn und Erlöser des christlichen Glaubens, sondern lediglich einen großen, vorbildlichen, historischen Menschen[72], für dessen Leben man sich verstärkt zu interessieren begann.[73] Vom Gottessohn Jesus Christus wirkte nur noch seine menschliche, vor allem humanitäre, sozialrevolutionäre Seite faszinierend[74], weshalb er zur Zeit der Jahrhundertwende häufig, oft mit sozial(istisch)em Unterton, als »Christus der Bergpredigt«[75] auftritt. Im deutschsprachigen Raum ist teilweise eine »Nationalisierung der Gestalt Christi«[76] bis hin zur Germanisierung eines »arischen Christus« zu erkennen, die in der Ablehnung des jüdischen Volkes begründet liegt.[77]

Durch seine subjektive und teilweise innovative Christusdarstellung unterscheidet sich Rilke von vielen (literarischen) Tendenzen seiner Zeit.[78] Rilke

---

[70] Vgl. Rilke, Kommentierte Ausgabe 5, 675.

[71] Vgl. N. Stapper, Rainer Maria Rilkes Christus-Visionen. Poetische Bedeutungen und christo-poetische Perspektiven (Theologie und Literatur Bd. 24), Ostfildern 2010, 541.

[72] Vgl. H. Hinterhäuser: Fin de siècle. Gestalten und Mythen, München 1977, 35.

[73] Bedeutende Werke der sogenannten »Leben-Jesu-Forschung« waren »Das Leben Jesu« (1835) von D. F. Strauß und »Vie de Jésus« (1863) von E. Renan. In seinem Prosastück »Moderne russische Kunstbestrebungen« (1902) äußert sich Rilke ablehnend der Meinung gegenüber, in »dem Buche des David Friedrich Strauß« (»Das Leben Jesu«) »eine Art von Frömmigkeit« zu sehen. (vgl. Rilke, Sämtliche Werke X, 617; Rilke, Kommentierte Ausgabe 4, 288).

[74] Vgl. auch H. Scheuer, Zur Christus-Figur in der Literatur um 1900, in: R. Bauer u. a. (Hrsg.), Fin de siècle. Zu Literatur und Kunst der Jahrhundertwende (Studien zur Philosophie und Literatur des neunzehnten Jahrhunderts Bd. 35), Frankfurt a. M. 1977, 380 f., 386.

[75] Hinterhäuser, Fin de siècle, 31.

[76] Sievers, Die biblischen Motive in der Dichtung Rainer Maria Rilkes, 76.

[77] Vgl. auch Scheuer, Zur Christus-Figur in der Literatur um 1900, 391 f.

[78] Zur Rezeption der Gestalt Jesu in der Literatur der Jahrhundertwende vgl. U. Kächler, Die Jesusgestalt in der Erzählprosa des deutschen Naturalismus (Tübinger Studien zur deutschen Literatur, Bd. 14), Frankfurt a. M. 1993. K.-J. Kuschel, Im Spiegel der

zeigte an den gesellschaftsverändernden Aspekten der Botschaft Jesu kein Interesse. Auch bewertete Rilke die jüdische Identität Jesu im Gegensatz zu einer zunehmenden Zahl völkisch orientierter Zeitgenossen nicht negativ, denn Rilke war von der unmittelbaren Gottesbeziehung des jüdischen Volkes lebenslang fasziniert. Außergewöhnlich ist Rilkes ambivalente Haltung gegenüber Jesus Christus. In seinem Werk setzt er sich vielfach auf äußerst polemische Weise mit der Glaubensgestalt auseinander und ist in einigen Punkten seiner Kritik, zum Beispiel der Bejahung der Schöpfung, der geschlechtlichen Liebe und der Kritik an der Kreuzestheologie, den heutigen Christen näher als denen seiner Zeit.[79] Trotz aller Abneigung bleibt Jesus Christus für Rilke als künstlerischer Impuls und Anreiz zur Reflexion des eigenen Glaubens und Lebens als Künstler noch von Bedeutung.

Dieser Aufsatz basiert zu großen Teilen auf Kapitel 1.5 »Rilkes Ablehnung des Christentums und seine ambivalente Haltung gegenüber Jesus Christus« meiner Dissertation »Unter dem Diktat der Kunst. Propheten im Spiegel der Gedichte Rainer Maria Rilkes« (S. 74-89).

Dichter. Mensch, Gott und Jesus in der Literatur des 20. Jahrhunderts, Düsseldorf 2000, 297-458. KUSCHEL, Jesus im Spiegel der Weltliteratur. Kuschel schreibt zusammenfassend zur Rezeption der Figur Jesu Christi in der Literatur des 20. Jahrhunderts: »Skeptische Distanz zu Christus - Identifikation mit Christus: Die Position der Künstler des 20. Jahrhunderts schwankt zwischen diesen beiden Extremen.« (KUSCHEL, Jesus im Spiegel der Weltliteratur, 11).

[79] Vgl. H. SCHRÖER, »Der rechte Gebrauch, das ists.« Religion und Christentum bei Rainer Maria Rilke. Eine Skizze, in: ZGP Jg. 11 (1993), Heft 5, 21 f.

Heidi, Pippi und der zwölfjährige Jesus im Tempel

Die Fremdheit von Kindern in der eigenen Gesellschaft als Medium von Kulturkritik im Kinderbuch bei Johanna Spyri, Astrid Lindgren, bei Lukas (Lk 2, 41 - 52) und im Kindheitsevangelium des Thomas

Gabriele Jancke

Meine ursprüngliche Idee für diesen Beitrag war so: »Heidi, Pippi und der Hausbock. Die Fremdheit von Kindern in der eigenen Gesellschaft als Medium von Kulturkritik im Kinderbuch bei Johanna Spyri und Astrid Lindgren«. Also noch ohne Jesus. Dann kam der Ort dazu, den Vortrag zu halten, und zwar diese Ringvorlesung zu Jesus-Transformationen, so dass ich mir noch etwas einfallen lassen musste. Nämlich: Wenn man Jesus irgendwie mit Heidi und Pippi vergleichen will, also mit zwei Figuren, die sich in der Lebensphase der Kindheit befinden, und wenn man sich auch für Jesus auf so etwas wie Urtexte beschränken will, dann gibt es zwei Probleme: Erstens findet sich zwar so einiges über Jesus, aber über Jesus als Kind dann doch ziemlich wenig. Sofern man die kanonischen Evangelien befragt, sind das die Geburt, die Beschneidung, die Flucht nach Ägypten, die Vorstellung des Säuglings im Tempel und der Zwölfjährige im Tempel.

Zweitens schrumpft das in Frage kommende Material noch mehr, wenn man Heidi und Pippi als Figuren zugrunde legt, *die etwas tun, die etwas sagen, die etwas denken und die Erfahrungen machen*, kurz: die als *Akteurinnen* profiliert werden. Soll das Kind Jesus hier nicht von vornherein den Kürzeren ziehen, dann bleibt nur die Geschichte vom zwölfjährigen Jesus im Tempel übrig. Diese Geschichte findet sich unter den kanonischen Evangelien lediglich bei Lukas: Nur hier taucht das Kind Jesus als handelnder, denkender, redender und Erfahrungen machender Akteur auf. Geht man noch ein bisschen über die Evangelien hinaus, so bietet sich für die Antike noch eine weitere Möglichkeit, nämlich die Kindheitsgeschichte Jesu von einem gewissen Thomas, wo das Kind Jesus mit einer ganzen Reihe von Handlungen beschrieben wird, u. a. auch als Zwölfjähriger im Tempel.

Nun ist bei Lukas und Thomas zwar von Jesus als Kind die Rede, aber man wird kaum behaupten können, dass es sich bei einem dieser beiden Texte um ein Kinderbuch handle. Dies ist dann ein drittes Problem, und soweit ich sehe, lässt es sich nicht lösen. Der Vergleich von Heidi, Pippi und Jesus hinkt also.

Aber wie der israelische Historiker Gadi Algazi ausgeführt hat, kann man auch aus schiefen Vergleichen etwas lernen.[1] Schließlich: Dass ich als Historikerin mit einem Schwerpunkt für Frühe Neuzeit (ca. 1500–1800) hier über Jesus-Transformationen spreche und dazu nun ausgerechnet Quellen aus der Antike und aus der Moderne auswähle, überschreitet erkennbar meinen zeitlichen und inhaltlichen Kompetenzbereich. Ich tue es trotzdem und würde diese Art Unternehmen methodisch gesehen bezeichnen als eine Mischung aus »Denken ohne Geländer« (Hannah Arendt)[2] einerseits und einem *Verfahren transkulturellen und transepochalen Arbeitens* andererseits, bei dem das Problem des Transfers von Kategorien und Konzepten ausdrücklich zur Debatte steht.[3]

Wenn man jetzt an den zwölfjährigen Jesus im Tempel denkt, dann sind Heidi und Pippi (1. Teil) als solche zwar nicht unbedingt als Jesus-Transformationen zu verstehen. Aber (2. Teil): Man kann ja auch mal in die umgekehrte Richtung denken. Was passiert, wenn der zwölfjährige Jesus vor der Folie von Heidi und Pippi gelesen wird? – so dass die Transformation in diesem Fall durch die *umgekehrte* Blickrichtung zustande kommt, nicht als Rezeption, sondern als Resultat einer bestimmten Lesebrille. Die Jesus-

---

[1] G. ALGAZI, ›Habitus‹, ›familia‹ und ›forma vitae‹. Die Lebensweisen mittelalterlicher Gelehrter in muslimischen, jüdischen und christlichen Gemeinden – vergleichend betrachtet, in: F. REXROTH (Hrsg.), Beiträge zur Kulturgeschichte der Gelehrten im späten Mittelalter, Ostfildern 2010, 185-217, hier 197. Dieselbe Stoßrichtung verfolgt Natalie Zemon Davis' Forderung nach einem »dezentrierenden Vergleich«, die Hans Medick aufgegriffen und fruchtbar gemacht hat, s. H. MEDICK, Entlegene Geschichte? Sozialgeschichte und Mikro-Historie im Blickfeld der Kulturanthropologie, in: J. MATTES (Hrsg.), Zwischen den Kulturen? Die Sozialwissenschaften vor dem Problem des Kulturvergleichs, Göttingen 1992, 167-178, insbes. 174 ff.; Editorial, in: Historische Anthropologie 1 (1993), 2. Ähnliche Anregungen gibt auch die französische »histoire croisée«, s. dazu M. WERNER/B. ZIMMERMANN, Vergleich, Transfer, Verflechtung. Der Ansatz der Histoire croisée und die Herausforderungen des Transnationalen, in: Geschichte und Gesellschaft 28 (2002), 607-636. Für eine Anwendung des Konzepts vom »schiefen Vergleich« s. G. JANCKE/E. HARTMANN, Roupens »Erinnerungen eines armenischen Revolutionärs« (1921/1951) im transepochalen Dialog – Konzepte und Kategorien der Selbstzeugnis-Forschung zwischen Universalität und Partikularität, in: C. ULBRICH/H. MEDICK/A. SCHASER (Hrsg.), Selbstzeugnis und Person – transkulturelle Perspektiven (Selbstzeugnisse der Neuzeit 20), Köln/Weimar/Wien 2012, 31-71, hier 65-71. – Im Übrigen ist zu überlegen, ob nicht alle Vergleiche etwas Schiefes haben, denn die Ungleichheit der zu vergleichenden Objekte ist eine konstitutive Voraussetzung des vergleichenden Nebeneinanderstellens.

[2] Eine bei Arendt immer wiederkehrende Denkfigur, s. C. ALTHAUS, Erfahrung denken. Hannah Arendts Weg von der Zeitgeschichte zur politischen Theorie (Formen der Erinnerung 6), Göttingen 2000, 82 f. 106. 110. 112. 121. 176. 181. 202. 303. 350. 369; u. a. in H. ARENDT, Ich will verstehen. Selbstauskünfte zu Leben und Werk. Mit einer vollständigen Bibliographie, hg. v. Ursula Ludz, München 1996, Diskussion mit Freunden und Kollegen in Toronto (November 1972), 71-113: 110.

[3] Dazu JANCKE/HARTMANN, Roupens »Erinnerungen«.

Transformation würde also vor der Folie von Heidi und Pippi stattfinden, und zwar so, dass sie mit dem Explizitmachen meiner eigenen Konzepte und Lektüremuster erst hier im Rahmen dieses Beitrags und durch den Vergleich entsteht. Diese Jesus-Transformation ist also im Entstehen beobachtbar und überprüfbar, wobei die Jesusfigur durch den Vergleich auch gemessen wird an anderen kulturellen Leitfiguren. Die kulturelle Situation, mit der sich dieses Verfahren beschäftigt, ist damit mehr oder weniger unsere eigene, jedenfalls in der Epoche der Moderne seit dem späten 19. Jahrhundert angesiedelt. Mit der Wahl von Figuren wie Heidi, Pippi und Jesus stelle ich narrative Personkonstruktionen in den Mittelpunkt, die als Teil unseres kulturellen Hintergrundes vielleicht von größerer Bedeutung auch für kulturelle und damit auch wissenschaftliche Diskurse sein könnten, als man für Kinderbücher und Kinderfiguren üblicherweise veranschlagt.

Bei diesem Vorgehen greife ich mit Dank die Forschungsergebnisse des Jubilars auf, dass Jesusbeschreibungen immer Transformationen und Konstruktionen sind, in die die eigenen Konzepte und kulturellen Muster als Konstruktionsprinzipien eingehen.[4] Die Forschung hat dann, so habe ich es ver-

---

[4] M. Leutzsch, Der weibliche Christus, in: Landesarbeitsgemeinschaft Theologische Frauenforschung/Feministische Theologie (Hrsg.), »Soziale Rollen von Frauen in Religionsgemeinschaften«. Projektbericht I, Bochum 2001, 89-110; Ders., Jesus der Galiläer, in: Welt und Umwelt der Bibel H. 2/2002, 7-13; Ders., Das Jesusbild von Ernst Bloch, in: D. Zeilinger (Hrsg.), VorSchein 22/23. Jahrbuch 2002 der Ernst-Bloch-Assoziation, Berlin/Wien 2003, 18-29; Ders., »Jesus der Jude«. Bemerkungen zum Verständnis eines Satzes, in: K. von Bremen/E. Tönges (Hrsg.), Christlich von Gott reden im Angesicht Israels. Symposion zum 60. Geburtstag von Klaus Wengst (Tagungsprotokolle - Institut für Kirche und Gesellschaft), Iserlohn 2003, 95-105; Ders., Die Vision eines weiblichen Christus, in: S. Fuhrmann/E. Geldbach/I. Pahl (Hrsg.), Soziale Rollen von Frauen in Religionsgemeinschaften. Ein Forschungsbericht (Theologische Frauenforschung in Europa 12), Münster 2003, 25-38; Ders., Der Mythos vom arischen Jesus, in: L. Scherzberg (Hrsg.), Vergangenheitsbewältigung im französischen Katholizismus und deutschen Protestantismus, Paderborn/München/Wien/Zürich 2008, 173-186; Ders., Der tanzende Christus, in: M. Keuchen u. a. (Hrsg.), Tanz und Religion. Theologische Perspektiven, Frankfurt 2008, 101-143; Ders., Jesusvorstellungen der Neuzeit. Ein Überblick (Vortrag 2008), URL: http://www.lippische-landeskirche.de/daten/File/Schulreferat/Martin%20Leutzsch%20Jesusvorstellungen%20der%20Neuzeit%20und%20.pdf; Ders., Jesus der Mann, in: Junge Kirche 70, 4 (2009), 15-17; Ders., Karrieren des arischen Jesus zwischen 1918 und 1945, in: U. Puschner/C. Vollnhals (Hrsg.), Die völkisch-religiöse Bewegung im Nationalsozialismus. Eine Beziehungs- und Konfliktgeschichte (Schriften des Hannah-Arendt-Instituts für Totalitarismusforschung 47), Göttingen 2012, 195-217 (2. Aufl. 2012); Ders., Der singende Christus. Stationen eines Motivs, in: M. Keuchen/H. Kuhlmann/M. Leutzsch (Hrsg.), Musik in Religion - Religion in Musik (Popkult 10), Jena 2013, 291-312; Ders., Carl Heinrich Venturinis *Natürliche Geschichte des großen Propheten von Nazareth* (1800/02). Der einflussreichste Jesusroman bis heute, in: I. U. Paul/R. Faber (Hrsg.), Der historische Roman zwischen Kunst, Ideologie und Wissenschaft, Würzburg 2013, 444-463; Ders., ...Welche Aspekte von »Jesus und die Männer« spielen in der Universitätstheologie eine Rolle?, in: M. Fischer (Hrsg.), Jesus und die Männer. Impulse aus

standen, diese Konstruktionsprinzipien zunächst re-konstruierend zu eruieren, um gängige Jesusvorstellungen de-konstruieren zu können und dadurch erst einmal wieder Raum zu schaffen für neue Perspektiven, Fragen und Problemstellungen. Zur Debatte steht also eine Vielzahl konstruierter Jesusfiguren, die zur historischen Person Jesu mehr in einem Verhältnis der Aneignung und des Gebrauchs im eigenen Kontext denn der Rekonstruktion oder gar Abbildung stehen.[5] Mit meinem Verfahren nehme ich vor diesem Hintergrund bewusst selbst eine Konstruktion vor, deren Zweck es ist, als solche sichtbar zu sein. Meine Aufmerksamkeit richtet sich auf die Texte und die Schreibstrategien, in deren Rahmen und für deren Zwecke Figuren konstruiert, transformiert und in die eigenen Denk-, Lese- und Handlungskontexte eingebracht werden. Dabei geht es um die Frage, wie durch die Lektüre von Heidi und Pippi auch *religiöse* Leitbildkonstruktionen in einem konkreten Kontext situiert und dadurch mit beeinflusst werden. D.h. der kulturelle Rahmen solcher Blicke auf die Person Jesus durch eine jeweils konstruierte Jesusfigur wird zu einem Hauptthema und macht eventuell bestimmte Fragen erst artikulierbar.

1 HEIDI UND PIPPI – RAHMEN FÜR EINE JESUS-TRANSFORMATION

Es soll also bei Heidi und Pippi um die Fremdheit von Kindern in der eigenen Gesellschaft gehen, und zwar als Medium der Kulturkritik. D. h. die Frage ist, mit welchem Blick schauen diese Figuren auf ihre eigene Gesellschaft? Inwiefern sind sie als Kinder fremd in ihrer eigenen Gesellschaft? Und inwiefern wird diese Fremdheit von den Autorinnen genutzt, um eine kulturkritische Perspektive gestalten und vortragen zu können?

Um diese Fragen beantworten zu können, so dass in einem zweiten Schritt auch die Jesus-Figuren des Lukas und des Thomas entsprechend un-

---

einer Fachtagung zu theologischer Männerforschung (Theologie und Geschlecht 2), Wien/Berlin 2014, 33-38; DERS., »Jesus der Mann« im Prozess der Differenzierung und Transformation der Männlichkeitsideale 1863-1945, in: A. H. LEUGERS-SCHERZBERG/L. SCHERZBERG (Hrsg.), Genderaspekte in der Aufarbeitung der Vergangenheit (theologie.geschichte Beiheft 8), Saarbrücken 2014, 33-54; DERS., Christus als Tänzer. Ein vielfältig genutztes Motiv und seine Kontexte, in: meditation 41,3 (2015), 9-14; DERS., Jesus der Kinderfreund - eine antijüdische Konstruktion im Kontext der Identitätsproblematik des neuzeitlichen Christentums, in: J. SCHNEIDER/S. SEHM-SCHURIG (Hrsg.), Vom Sinn für den Augenblick. Erzählungen und Betrachtungen für Harald Wagner zur Emeritierung 2015, Berlin 2015, 87-106; DERS., Ehemann, Liebhaber, Vater - Der heterosexuell aktive Jesus in Geschichte und Gegenwart, in: J. SCHMIDT (Hrsg.), Religion und Sexualität (Studien des Bonner Zentrums für Religion und Gesellschaft 13), Würzburg 2016, 95-188.

[5] Zu den vielfältigen Praktiken des Rezipierens vgl. M. LEUTZSCH, Bibelrezeption als soziale Praxis. Lukas 2, 1-20 in der Geschichte der christlichen Kulturen, in: Lebendiges Zeugnis 67 (2012), 273-280.

tersucht werden können, ist es wichtig, auch hier erst einmal sorgfältig die Quellenbasis zu sichern.

1.1 Heidi

Zunächst zu Heidi: Heidi ist eine Mädchenfigur, die heute vielleicht v. a. durch die Verfilmungen und den Heidi-Song »Heidi, deine Welt sind die Berge« bekannt ist. Ursprünglich erschien sie zuerst 1880 als Buch der in Zürich lebenden Autorin Johanna Spyri (1827-1901).[6] Der Titel lautete »Heidis Lehr- und Wanderjahre. Eine Geschichte für Kinder und Solche, welche die Kinder lieb haben«. 1881 folgte ein zweiter Band mit dem Titel »Heidi kann brauchen, was es gelernt hat. Eine Geschichte für Kinder und auch für Solche, welche die Kinder lieb haben«.[7] Beide Bände haben einen Untertitel, und dieser ist bei beiden identisch. Es handelt sich hier um eine Nennung der Adressatinnen, die gleichzeitig auch eine Art Gattungsbezeichnung ist: Angesprochen sind Kinder und auch solche Erwachsene, die durch ihre Zuwendung zu Kindern charakterisiert sind - und mit dieser Adressatinnendoppelung ist die typische Situation von Kinderbüchern präzise benannt.[8] Spyri benutzte diesen Untertitel 1878 für ihr Buch »Heimathlos« zum ersten Mal und von da an in derselben Formulierung regelmäßig für ihre an Kinder gerichteten Publikationen.[9]

Wenn man Heidi nur in modernen Ausgaben mit ihrem lapidaren »Heidi« kennt, dann ist nicht zuletzt der Haupttitel des 1. Bandes überraschend: »Heidis Lehr- und Wanderjahre« - eine Bezugnahme, ja eine fast wörtliche Übernahme von Goethes Roman in zwei Teilen, »Wilhelm Meisters Lehrjahre« von 1796 und »Wilhelm Meisters Wanderjahre oder die Entsagenden« von 1821 bzw. 1829.[10] Heidi soll also wohl ein weibliches Pendant zu diesem klassi-

---

[6] Zu Spyri: die biographische Rekonstruktion bei R. Schindler, Johanna Spyri - Spurensuche, Zürich 1997.

[7] Ich verwende folgende Ausgaben: J. Spyri, Heidis Lehr- und Wanderjahre. Eine Geschichte für Kinder und Solche, welche die Kinder lieb haben, Gotha o. J. (18. Aufl.; [1]1880); Dies., Heidi kann brauchen, was es gelernt hat. Eine Geschichte für Kinder und auch für Solche, welche die Kinder lieb haben, Gotha o. J. (12. Aufl.; [1]1881). - Moderne Ausgaben sind meist gekürzt und bearbeitet; so werden oft die Titel verändert, einbändige Versionen hergestellt und u.a. die Passagen zu Religion gestrichen.

[8] Vgl. etwa A. Surmatz, Pippi Långstrump als Paradigma. Die deutsche Rezeption Astrid Lindgrens und ihr internationaler Kontext (Beiträge zur Nordischen Philologie 34), Tübingen/Basel 2005, 31 f.

[9] S. die Auflistung bei Schindler, Johanna Spyri, 336-339.

[10] Eine Untersuchung aus literaturwissenschaftlicher Sicht ist etwa die wichtige Studie von J.-M. Wissmer, Heidi. Ein Schweizer Mythos erobert die Welt (Schwabe Reflexe 32), Basel 2014; in dieser Arbeit finden sich auch Informationen zu den verschiedenen Bearbeitungen. - Auch für Jesus ist im Übrigen von Lehrjahren bzw. Lehr- und Wanderjahren die Rede, so trägt ein Teil der Emmerick-Visionen bei Clemens Brentano die Überschrift »Lehrjahre Jesu« (A. K. Emmerich, Das erste Lehrjahr Jesu. Aus den Tagebüchern des Clemens Brentano. Zusammengestellt v. K. E. Schmöger. Vorwort v. A. Hoffmann, Stein am Rhein 1997 etc.), ferner V. Fritzsche, Das Berufsbewusstsein Jesu

schen Bildungs- und Entwicklungsroman sein.[11] Unter diesem Aspekt gesehen, stellt man fest, dass ihre Entwicklung früh anfängt, mit fünf Jahren, und möglicherweise auch früh beendet ist, längst vor dem Erwachsenenalter: Die Erzählung endet, als Heidi ungefähr zwölf Jahre alt ist. Anders als Goethes Figur Wilhelm Meister bewegt sich Heidi nicht auf eigene Faust in der Welt, macht keine erotischen Erfahrungen, und ein Theater bekommt sie nie zu sehen, geschweige denn, dass sie irgendwelche eigenen Berufswünsche in dieser Richtung entfalten würde oder gar wie Wilhelm Meister über die Weltgewandtheit bei Bürgerlichen und Adligen im Vergleich räsonieren könnte. Heidi muss ihre Fremdheit nicht erst durch weite Reisen erzeugen, sondern diese ist durch die Übersiedlung zum Großvater, den sie vorher gar nicht kannte, auf die Alm mit Beginn der Erzählung gegeben.

Gleichzeitig mit dieser literarischen Bezugnahme beinhaltet der Ausdruck »Lehr- und Wanderjahre« auch eine sozialgeschichtliche Bedeutungsebene. Hier ist die zweiteilige Ausbildung in einem Handwerk gemeint, zunächst die Lehre in einem Handwerksbetrieb am Ort und anschließend eine Zeit der Wanderschaft mit Arbeit in wechselnden Betrieben an unterschiedlichen Orten, bevor die betreffende und in der Regel männliche Person sich an einem Ort dauerhaft niederlässt, idealerweise mit eigenem Betrieb und Haushalt und als Haushalts- und Betriebsvorstand.

Heidis Eltern sind bei Beginn der Erzählung beide schon mehrere Jahre tot, ebenfalls die Großmutter (mütterlicherseits), von der sie einige Jahre betreut wurde. Nachdem ihre Tante Dete sie danach einige Jahre bei einer fast blinden alten Frau untergebracht hatte, bringt sie sie zu Beginn der Handlung zu Heidis Großvater (väterlicherseits) auf die Alm. Denn die Tante, die bisher in einem Hotel im Kurort Bad Ragaz gearbeitet hatte, möchte einem verlockenden Stellenangebot folgen, bei Badegästen in deren eigenem Haushalt in Frankfurt als Dienstmädchen zu arbeiten. Mehrere Jahre lebt Heidi dann mit ihrem Großvater auf der Alm, wo sie außer dem Hirtenjungen Peter und des-

---

mit Berücksichtigung geschichtlicher Analogien untersucht, Leipzig 1905, 46. Goethe wiederum greift im »Wilhelm Meister«, Wanderjahre, Teil I Kap. 2 (Sanct Joseph der Zweite) (WA 24,13 ff.) (Thron des Herodes) auf das apokryphe arabische Evangelium von der Kindheit Jesu (Kap. 39) zurück. Für diese Hinweise danke ich Martin Leutzsch.

[11] Vgl. etwa J. JACOBS/M. KRAUSE, Der deutsche Bildungsroman. Gattungsgeschichte vom 18. bis zum 20. Jahrhundert, München 1989, oder H. HILLMANN/P. HÜHN, Der europäische Entwicklungsroman in Europa und Übersee. Literarische Lebensentwürfe der Neuzeit. Unter Mitarb. v. B. Friedl, R. Hodel, M. Königsberg und K. Meyer-Münnemann, Darmstadt 2001; über Bildungsromane von und über Frauen s. mit weiteren Literaturangaben M. WIDMER, »Amalie« – eine wahre Geschichte?, in: M. EHRMANN, Amalie. Eine wahre Geschichte in Briefen, hg. v. M. WIDMER/D. STUMP (Schweizer Texte N.F. 6), Bern/ Stuttgart/ Wien 1995, 499-520.

sen Mutter und Großmutter keine anderen Menschen, auf jeden Fall aber keine Lehrer und keine Schule zu sehen bekommt.[12]

Als sie etwa acht Jahre alt ist, erscheint die Tante plötzlich wieder beim Großvater und fordert das Kind, das ihr zuvor lästig gewesen war, vom Großvater zurück, um es nach Frankfurt mitzunehmen. Dort soll Heidi in einem anderen wohlhabenden Haushalt, dessen Herrschaft mit der ihrigen befreundet ist, der zwölfjährigen einzigen Tochter Klara Gesellschaft leisten, die im Rollstuhl sitzen muss, deren Mutter tot und deren Vater wegen seiner Geschäftsreisen fast nie zu Hause ist. Auch am Unterricht Klaras soll Heidi mit teilnehmen. Im Grunde ist Heidi in diesem Haushalt in einer Dienstfunktion, ähnlich wie ihre Tante und viele Schweizer und andere Alpenbewohnerinnen, die als Menschen mit geringer Ausbildung in Städten weit weg von ihrer Heimat Arbeit und Auskommen suchten: Es geht um die Bedürfnisse der Herrschaft und insbesondere der Tochter Klara, nicht um ihre eigenen.[13] Als Kind und als aus den Bergen stammende Person steht sie in der Hierarchie des großen, städtisch-bürgerlichen Haushaltes und seiner Dienstboten ganz unten. Was sie selbst davon haben wird, bleibt unklar, von einem Lohn ist nicht die Rede. Die Tante hegt die Hoffnung, dass ein Platz in einem solchen wohlhabenden Haushalt für Heidi Aufstiegsmöglichkeiten bedeuten könnte. Konkret stellt sie sich vor, dass die kranke Klara unter Umständen sterben und Heidi dann eventuell als eine Tochter des Hauses an deren Platz rücken könnte – pure Spekulationen, die das »Glück« der einen auf einem Unglück der anderen bauen. Auch die Tante fragt keineswegs nach Heidis eigenen Wünschen und Bedürfnissen, sondern sucht den Wunsch der mit ihren Dienstgebern befreundeten Frankfurter Herrschaft zu erfüllen.

Während Heidis Tante in einem solchen städtischen Haushalt auch in einer Dienstbotenposition ein Ziel und einen aussichtsreichen Ort sieht, von

---

[12] Zu einer solchen bergbäuerlichen Existenz, wie es sie in Südtirol noch mindestens bis in die 1970er Jahre gab, vgl. A. GORFER, Die Erben der Einsamkeit. Reise zu den Bergbauernhöfen Südtirols. Bildreportage von Flavio Faganello, Lana 2003 (zuerst als Reportagen in L'Adige 1971/72, als Buch zuerst 1973). Hier sind allerdings ganze Höfe thematisiert, mit der bäuerlichen Familie, Gesinde, Vieh und einer beträchtlich größeren land- und forstwirtschaftlichen Tätigkeit als die Almhütte des Großvaters mit nicht mehr als insgesamt zwei Ziegen und der zugehörigen Käseherstellung. Den Käse kann der Großvater verkaufen und muss für den Ertrag laut Darstellung im Roman mindestens Getreide bzw. Brot, Schinken, Öl und sicher auch gelegentlich Kleidung und Schuhe eintauschen; Reparaturen und Änderungen in Haus und Stall macht er selbst, von Brennholz ist nicht die Rede.

[13] Vgl. grundsätzlich, wenn auch am Beispiel von Boten in höfischen Dienstverhältnissen der Frühen Neuzeit, S. KÜHN, Die Gräfin, die Gouvernante und der König. Perspektiven auf Dienstleute als Boten in einem aristokratischen Haushalt des 18. Jahrhunderts, in: Historische Anthropologie 20,1 (2012), Themenheft: Botengänge, hg. v. C. ARNI/R. SCHULTE/X. v. TIPPELSKIRCH, 58-75; zu Südtiroler Dienstmädchen in italienischen Städten U. LÜFTER/M. VERDORFER/A. WALLNÖFER, Wie die Schwalben fliegen sie aus. Südtirolerinnen als Dienstmädchen, 1920–1960, Bozen ^{2}2011 (^{1}2006).

dem aus sich weitere gute Möglichkeiten ergeben können und der v. a. materiell einiges zu bieten hat, sieht Heidis Erfahrung ganz anders aus. Heidi hat keine Freude an den neuen, wertvollen Kleidern, die sie im neuen Haushalt bekommt. Ganz im Gegenteil: Diese Einkleidung[14] ist eine Entwertung der Kleider, die sie mitbringt und die sie nun nicht mehr tragen *darf*, und mit ihnen auch von allem anderen, was sie aus den Bergen mitbringt und was ihre Person ausmacht: Ihre Sprache bedeutet nur noch, dass sie die Sprache der Ansässigen *nicht* spricht; ihre Kenntnisse des Berglebens, der Ziegen, der Bergbewohnerinnen und ihrer Beziehungen und Bedürfnisse bedeuten im Frankfurter Haushalt nur noch eine *fehlende* Ausbildung, Analphabetismus, Lernschwierigkeiten, Unerzogenheit und völliges Fehlen adäquaten Benehmens: Sie versteht die Hierarchien im Haushalt nicht, sie kennt die passenden Anredeformen nicht, sie weiß nicht, in welchen Hinsichten man die Dienstbotinnen zur Kenntnis nimmt und in welchen man sie ignoriert, sie weiß nicht, dass Spielen und Tiere der Ordnung des Haushaltes widersprechen und dass eben diese ungestörte Ordnung in der Wertehierarchie ganz oben steht. Während sie beim Großvater meistens draußen war, jedenfalls immer die Bäume und die Berge, Luft und Wind sehen, riechen und hören konnte, findet ihr Leben bei den Sesemanns in der Stadt fast ausschließlich innerhalb des Hauses statt und aus ihrer Sicht in einer Art Gefängnis. Am Ende wird sie krank, verzehrt sich vor Heimweh, läuft nachts als Schlafwandlerin herum und erschreckt die anderen Haushaltsmitglieder heftig, weil diese sie für ein Gespenst halten. Schließlich haben der Hausherr und sein Arzt ein Einsehen und lassen sie wieder nach Hause fahren, nicht ohne ihr auch finanziell einen reichen Lohn mitzugeben.

Dieser Teil von Heidis Leben als Kinder-Gesellschafterin im Haushalt der Frankfurter Herrschaft dürfte also mit den im Titel angesprochenen Wanderjahren identisch sein, während die zuvor beim Großvater verbrachte Zeit als Heidis Lehrjahre anzusehen ist. Was hat sie nun gelernt, und inwiefern kann sie das Gelernte auch nach der Heimkehr anwenden und vertiefen? Was folgt

---

[14] Hier scheint es sich um ein Schwellenritual zu handeln, durch das die neu hinzukommende Person dem bestehenden Haushalt inkorporiert und so auch per Kleidung als zugehörig ausgewiesen wird, wie es etwa auch beim Eintritt in ein Kloster üblich ist und in der Frühen Neuzeit als Livree in vielen adligen Haushalten üblich war; punktuell wurde von wohlhabenden adligen und nichtadligen Haushalten der Frühen Neuzeit auch für Beerdigungen, Hochzeiten etc. der Herrschaft entsprechende Kleidung an die im Dienst des Hauses befindlichen Personen ausgegeben, mit der sie ebenfalls als zugehörig erkennbar waren. Auch für die Südtiroler Dienstmädchen in italienischen Städten war bei Antritt der Stellung eine neue, dem städtischen Umfeld und ihrer neuen Position im Haushalt sowie den speziellen Wünschen der Herrschaft – insbesondere der Hausfrau – angemessene Kleidung ein wichtiges Thema ihrer autobiographischen Erzählungen (LÜFTER/VERDORFER/WALLNÖFER, Wie die Schwalben). Vgl. die allgemeinen Ausführungen zu solchen Schwellenritualen bei A. VAN GENNEP, Übergangsriten, Frankfurt a. M. 1999 (zuerst frz.: Les rites de passage, 1909).

der Wanderschaft? Und was hat all dies mit Fremdheit und Kulturkritik zu tun?

Heidi lernt einiges. Zunächst zu ihren »Lehrjahren« beim Großvater: Für die Wanderung auf die Alm hinauf an einem warmen Junitag hat die Tante Dete Heidi alle Kleider, die sie besitzt, auf einmal angezogen, mehrere Schichten übereinander, damit sie selbst sie nicht zu tragen braucht. Heidi wird glühend vor Hitze, sagt aber nichts - so ist es nun mal. Auf dem Weg begegnen sie Peter, der gerade mit seinen Ziegen loszieht zur Weide noch weit oberhalb der Alm. Heidi sieht mit Erstaunen, dass Peter nur Hemd und Hose trägt, sonst nichts, und sich damit leicht und angenehm bewegen kann. Dem Erblicken dieser Tatsache folgt, im impliziten Vergleich mit ihrer eigenen Lage, die Erkenntnis des Sinns eines solchen Handelns. Heidi bleibt stehen, zieht ihre eigene überflüssige Kleidung aus, legt sie ordentlich zusammen und zieht nun befreit mit Peter zusammen nach oben, nicht ohne öfters stehenzubleiben, um Blumen näher zu betrachten. Als die Tante nach einiger Zeit diese Handlung bemerkt, ist sie keineswegs erfreut. Aber Heidi kommt munter oben beim Großvater an und hat gelernt, dass sie für sich etwas tun und ihre eigenen Wege gehen kann.

Oben findet sie den Großvater vor, von dem alle Welt sagt, dass mit ihm nicht auszukommen sei und dass man ihm auf keinen Fall ein Kind anvertrauen könne. Heidi macht sich mit ihm und seiner Hütte bekannt, betrachtet alles, und beide fangen an, sich miteinander und für ein gemeinsames Leben einzurichten. Heidi deckt den Tisch auf und ab, räumt auf und macht sauber - sie beginnt damit, sich um den Haushalt zu kümmern, während der Großvater für das Essen, ihr Bett, zusätzliche Stühle, die Ziegen und die Käseherstellung sorgt. An dieser Stelle, wo es um einen nun gemeinsamen Haushalt geht, lernen beide, der Großvater ebenso wie Heidi: Es handelt sich um einen Sozialisierungsprozess auf der grundlegenden Ebene des Zusammenlebens von zwei Personen in einem Haushalt mit Tieren, wo es für alle Beteiligten um eine Ökonomie als Lebensgrundlage geht, die ihrerseits auf der Basis sozialer Beziehungen erst gestaltet werden kann. Es wird eine Ökonomie sozialer Beziehungen entfaltet, die sich auf der Grundlage eines gemeinsamen Haushaltes entwickeln kann und von den beteiligten Menschen als eine umfassende Bewirtschaftung von Ressourcen zu betreiben ist.[15]

In der folgenden Zeit lernt Heidi überdies Peter näher kennen und mit ihm umzugehen, wenn sie ihn jeden Tag auf die Weide begleitet. Weiterhin

[15] Vgl. dazu G. JANCKE/D. SCHLÄPPI, Ökonomie sozialer Beziehungen. Wie Gruppen in frühneuzeitlichen Gesellschaften Ressourcen bewirtschafteten, in: L'Homme. Zeitschrift für feministische Geschichtswissenschaft 22 (2011), Heft 1: Mitgift, hg. v. M. LANZINGER/K. GOTTSCHALK, 85-97; G. JANCKE/D. SCHLÄPPI (Hrsg.), Die Ökonomie sozialer Beziehungen - Ressourcenbewirtschaftung als Geben, Nehmen, Investieren, Verschwenden, Haushalten, Horten, Vererben, Schulden, Stuttgart 2015, mit Beispielen von der Frühen Neuzeit bis ins 19. Jahrhundert.

lernt sie alle Ziegen kennen, die Peter zu hüten hat, diejenigen des Großvaters eingeschlossen. Anders als Peter versteht sie etwa, dass sich kleine Ziegen allein ohne Muttertier verlassen und unsicher fühlen, und sie kümmert sich um das betreffende Tier, so dass Peters Schläge sich als überflüssig erweisen. Sie lernt die Berge kennen, das Wetter, die Jahreszeiten. Außerdem besucht sie Peters Großmutter, nachdem dieser ihr deren diesbezüglichen Wunsch übermittelt hat. Dort lernt sie einen sehr armen Haushalt ohne männlichen Haushaltsvorstand kennen, mit Peters Mutter, die durch Näharbeiten dürftige Einkünfte hat, und seiner Großmutter, die trotz ihrer Blindheit Tag für Tag am Spinnrad sitzt und so ebenfalls zum Erwerb etwas beitragen muss. Sodann etabliert sie feste Beziehungen mit diesem anderen, auf halber Höhe zwischen Alm und Dorf liegenden Haushalt - ein weiterer Schritt der Vergesellschaftung nach eigenen Vorstellungen, die sie offensichtlich völlig selbstständig entwickeln kann. Durch den baufälligen Zustand des Hauses im Vergleich mit der vom Großvater gut instand gehaltenen eigenen Almhütte alarmiert, gelingt es Heidi zusätzlich, den Großvater zu gründlichen Reparaturen zu motivieren, die dieser zwar wortkarg, aber auch ohne Entlohnung anzunehmen ausführt. Kurz, Heidi lernt die Grundlagen des Lebens armer Bergbewohnerinnen und entfaltet ein beeindruckendes soziales Talent. Mit anderen Worten: In ihren Lehrjahren wird Heidi zur Akteurin in einem konkreten sozialen, ökonomischen und ökologischen Umfeld.

Ebenso lernt sie in ihren Wanderjahren im Frankfurter Haushalt der Sesemanns. Zunächst einmal, dass sie sich einzufügen hat, auch wenn sie die eingeforderten Regeln nicht versteht. Genauer gesagt, hat sie sich Fräulein Rottenmeier zu fügen, die als Haushälterin den Haushalt leitet, alle Dienstbotinnen unter sich hat und v. a. in Abwesenheit von Herrn Sesemann das Heft in der Hand hält. Heidi ist nicht nur fremd als eine, die von außen neu in den Haushalt eintritt, und auch nicht nur in geographischer Hinsicht als Schweizerin, sondern auch und v. a. als eine, die keine der hier geltenden Regeln kennt und beherrscht. Fräulein Rottenmeier ist ungefähr so freundlich und verständnisvoll wie Fräulein Bock - der Hausbock - in Astrid Lindgrens Karlsson-Geschichten, und sie hat ähnliche Vorstellungen über die Rolle von Kindern wie Frau Settergren in Lindgrens Pippi Langstrumpf-Büchern sie gelegentlich äußert: Kinder soll man sehen, aber nicht hören, und auch sehen will man sie keineswegs immer.[16] Hier haben es Karlsson und Pippi, aber auch

---

[16] Zu Karlsson s. die Trilogie A. Lindgren, Karlsson vom Dach, Hamburg 1964 ([1]1956; zuerst schwed. 1955); Dies., Karlsson fliegt wieder, Hamburg 1963 (zuerst schwed. 1962); Dies., Der beste Karlsson der Welt, Hamburg 1969 ([1]1968; zuerst schwed. 1968). Die Haushälterin Fräulein Bock, von Karlsson »der Hausbock« genannt, ist im zweiten und im dritten Band eine wichtige Figur. - Zu Pippi Langstrumpf s. die Trilogie A. Lindgren, Pippi Langstrumpf, Hamburg 1965 ([1]1949; zuerst schwed. 1945); Dies., Pippi Langstrumpf geht an Bord, Hamburg 1965 ([1]1950; zuerst schwed. 1946); Dies., Pippi in Taka-Tuka-Land, Hamburg 1966 ([1]1951; zuerst schwed. 1948). Frau Settergrens Auffassungen über Kinder setzen, anders als Pippi es tut, voraus, dass diese nicht auf

Lillebror besser als Heidi, denn sie können sich dieser Herrschaft auch ganz oder teil- und zeitweise entziehen, ja sie können sie wie Pippi und Karlsson sogar nachdrücklich in Frage stellen und durch den Kakao ziehen. Für Heidi gibt es in dieser Hinsicht keine Spielräume - in einem umfassenden Sinn des Wortes. Aber Spyri macht mit ihrer Erzählung unmissverständlich deutlich, dass Fräulein Rottenmeier und darüber hinaus die ganze bürgerliche Ordnung dieser Art von Haushalt, die von Fräulein Rottenmeier als Stellvertreterin der fehlenden Hausfrau ja nur etwas überspitzt repräsentiert wird, äußerst kritisch zu sehen ist.

Heidi ist also gezwungen, Anredeformen und die Hierarchie der Dienerschaft, Benehmen bei Tisch und vor allem Ruhe und Unauffälligkeit zu lernen. Darüber hinaus nimmt sie am Unterricht Klaras mit teil, der von einem Hauslehrer erteilt wird - erfolglos allerdings in ihrem Fall, denn hier lernt sie weder Lesen noch Schreiben. Dies ändert sich erst, als Klaras Großmutter für eine Weile zu Besuch kommt und für Heidi ein bebildertes Buch mit Geschichten mitbringt. Auf diesen Bildern finden sich die Geißen, die Berge und - so meint Heidi - auch der Ziegenhirt Peter wieder, die sie so sehr vermisst. Durch diese Bilder ist die Welt, aus der sie kommt, plötzlich auch in Frankfurt präsent, sie existiert und hat einen Wert, sie ist damit ein Etwas und nicht mehr ein Nichts. Mit dieser Wertsetzung und -schätzung fängt Heidis andere Lerngeschichte an. Die Großmutter liest ihr die Geschichten des Buches vor, und so nach und nach lernt Heidi sie auch selbst lesen, d. h. ihre eigenen diesbezüglichen Ressourcen wahrnehmen und nutzen. An diesem Punkt bekommt sie das Buch geschenkt und darf es am Ende auch mit nach Hause nehmen. Sie lernt aber von der Großmutter noch mehr. Nämlich mit ihrem Kummer aktiv umzugehen, ohne von anderen Menschen abhängig zu sein: durch Beten. Die Großmutter erklärt ihr, wie das Gebet funktioniert, und in einer Fortsetzung auch noch, dass eine nicht sofort einsetzende Wirkung nicht bedeute, dass Gott das Gebet nicht gehört habe und nichts für sie tun wolle, dass man also in längeren zeitlichen Reichweiten denken müsse. Das bringt für sie einen neuen Horizont und eine bisher ungeahnte Handlungsmöglichkeit, die ihr nun offensteht - eine Horizonterweiterung, die nicht mit der Reise und einer Fremdheitserfahrung an sich verbunden ist, sondern sich erst aus der Nähe einer persönlichen sozialen Beziehung und der Erfahrung des Wahrgenommen- und Verstandenwerdens ergibt. Eine weitere Anwendung ihrer neuen Fähigkeiten fällt Heidi auch sofort ein: Wenn sie wieder zu

gleicher Ebene mit Erwachsenen agieren und kommunizieren können. Das führt in konkreten Situationen zu erheblichen Dissonanzen, weil beide nach ganz unterschiedlichen Regeln handeln, deren Zusammenstoß durch die Figuren vorgeführt wird; s. etwa im 1. Bd. das Kapitel über Frau Settergrens Kaffeekränzchen: Pippi geht zum Kaffeekränzchen, 147-167; Frau Settergrens Ausspruch - »›Kleine Kinder soll man sehen, aber nicht hören.‹« - findet sich im 3. Bd. im Kapitel »Pippi heitert Tante Laura auf«, 27-40, bes. 29.

Hause ist, wird sie Peters Großmutter, die blind ist, aus dem großen Gesangbuch die Liedertexte vorlesen können, was diese sich immer gewünscht hat.

Nach ihrer Rückkehr tut sie das sofort. Und sie bringt auch ihrem Großvater bei, wieder auf Gott zu bauen, in die Kirche zu gehen, mit dem Pfarrer zu sprechen und als Ergebnis und Ziel davon auch ein gemeinsames Leben mit den Dorfbewohnerinnen wieder aufzunehmen. Dazu ist hilfreich, was sie über das Beten gelernt hat. V. a. aber spricht sie mit dem Großvater über die Geschichte vom verlorenen Sohn (Lk 15,11-32), die in ihrem Geschichtenbuch drinsteht und die sie - offenbar in vorausschauender Weisheit - besonders oft und gern gelesen hatte.[17] Es handelt sich also bei diesem Buch offenbar um eine bebilderte Kinderbibel, die sie von der Großmutter Sesemann geschenkt bekommen hat und mit der sie Lesen lernte.[18] Während Heidi von der Frankfurter Großmutter etwas über Religion lernt - etwas, was sie unmittelbar brauchen kann -, bringt Heidi dann ihrerseits dem Großvater etwas über Religion bei, was dieser ebenfalls sofort anwendet.[19]

Nebenbei hat sie in diesen Stunden mit der Großmutter auch Nähen gelernt,[20] was aber im Folgenden nicht mehr auftaucht - bemerkenswerterweise, denn nicht nur für arme Mädchen wie Heidi, die sich ihren Lebensunterhalt mit eigener Erwerbstätigkeit würden verdienen müssen, stellten Kompetenzen für Textilarbeiten aller Art eine zentrale Qualifikation dar. Sie wurden für eine weibliche Sozialisation in allen sozialen Schichten als unabdingbar eingeschätzt und mit Nachdruck vermittelt.[21]

Religion spielt für Heidi also eine große, ja entscheidende Rolle. Es ist nun aufschlussreich, zu schauen, *wie* Religion in dieser Geschichte vorkommt. Kirche in ihren institutionalisierten Formen von Gottesdienst und Pfarrer sind

---

[17] SPYRI, Heidis Lehr- und Wanderjahre, 155 f. 164 f.

[18] Zu bebilderten Kinder- und Erwachsenenbibeln s. C. REENTS/C. MELCHIOR, Die Geschichte der Kinder- und Schulbibel. Evangelisch - katholisch - jüdisch (ARP 48), Göttingen 2011, sowie jetzt M. KEUCHEN, Bild-Konzeptionen in Bilder- und Kinderbibeln. Die historischen Anfänge und ihre Wiederentdeckung in der Gegenwart. 2 Teile (ARP 61), Göttingen 2016, mit weiteren Literaturhinweisen. Da sonst nichts Näheres im Text dazu gesagt wird, könnte es sich eventuell auch um ein Mischwerk mit Geschichten unterschiedlicher - aber nicht notwendigerweise nur biblischer - Provenienz handeln. Es wäre interessant zu sehen, ob sich das von Spyri beschriebene Werk konkret identifizieren oder zumindest auf ein Spektrum möglicher Werke eingrenzen lässt.

[19] Genauer gesagt aktualisiert die Großmutter Sesemann etwas, was Heidi bereits als sehr kleines Kind bei ihrer leiblichen Großmutter mütterlicherseits gelernt, aber dann wieder vergessen hatte, s. SPYRI, Heidis Lehr- und Wanderjahre, 160; zum religiösen Lernen des Großvaters a. a. O. 227-231.

[20] SPYRI, Heidis Lehr- und Wanderjahre, 166.

[21] Vgl. etwa GUDRUN WEDEL, Lehren zwischen Arbeit und Beruf. Einblicke in das Leben von Autobiographinnen aus dem 19. Jahrhundert (L'Homme Schriften 4), Wien/Köln/Weimar 2000, 60 f. 96. 141. 156. 186 f. 217. 276. 278.

nur am Rande präsent und für ein religiöses Leben nicht wirklich relevant.[22] Wichtig sind in erster Linie das Gebet und danach auch religiöse Lieder, wie Peters Großmutter sie in ihrem Liederbuch hat und sich vorlesen lassen möchte, deren Aktualisierung sie sich explizit durch Lesen, aber nicht durch Singen wünscht; ausgewählt wird von der Großmutter »Die güldne Sonne« von Paul Gerhardt (1607-1676).[23] Schließlich spielt für Heidi auch noch ihr Buch mit der Geschichte des verlorenen Sohns eine große Rolle. All dies wird ihr erst durch ihren Aufenthalt im Frankfurter bürgerlichen Haushalt zugänglich. Dann aber eröffnet sich ihr durch diese Form von Religion ein bisher unbekannter Denk- und Handlungsraum, den sie mit ihrem längst vorhandenen sozialen Geschick und Engagement nach ihrer Rückkehr auf die Alm ausfüllen kann. Anders als die bürgerlichen Anstandsregeln ist das bei der Großmutter Sesemann Gelernte, und darunter eben in erster Linie diese Form von Religion, eine transferierbare Kompetenz und damit eine für Heidis weiteres Leben zentrale Ressource, auf die sie jederzeit zurückgreifen kann.

Ein weiterer Handlungsraum eröffnet sich für sie auch durch ihre Frankfurter Kontakte und die Freundschaft mit Klara, beschrieben im 2. Band mit dem Titel »Heidi kann brauchen, was es gelernt hat«. Dies allerdings erst, nachdem sie wieder auf der Alm lebt, also ganz anders, als es sich ihre Tante gedacht hatte. Die Frankfurter wollen dorthin zu Besuch kommen, was sich dann im zweiten Anlauf auch realisieren lässt. Klara lebt etliche Wochen mit auf der Alm, und ebenso wie Heidi bekommt sie durch die gute Luft, die Berge, Bäume, Tiere und das gute Essen Kräfte und Lebensfreude, wie sie sie bisher nicht besaß. Zu guter Letzt lernt sie sogar Laufen, und die Freude und Dankbarkeit allerseits ist groß.

---

[22] Das zeigt sich u. a. daran, dass der Hauslehrer der Sesemanns ein Kandidat (d. h. Theologe vor dem ersten Pfarramt) ist und als Lehrer bei Heidi völlig versagt.

[23] Dazu WISSMER, Heidi, 83 f. Es ist auffällig, dass die reformierte Autorin hier die Lieder eines lutherischen Theologen prominent einsetzt, ebenso wie sie sich für einen deutschen Verlag im lutherischen Thüringen entschied (Perthes in Gotha). Dies gilt umso mehr, als ihre Mutter Meta Heusser, geb. Schweizer – aus einem Pfarrhaus stammend –, ebenfalls religiöse Dichtung verfasste, die auch publiziert wurde und weithin anerkannt war, s. SCHINDLER, Johanna Spyri, 43-48. Vgl. dazu die Ausführungen von A. MARTI, »Die güldne Sonne«. Liedkommentar zur »Kernliederkiste«, in: Musik und Gottesdienst 65,2 (2011) 96 f., zitiert nach der Online-Fassung unter URL: http://www.rkv.ch/files/zeitschrift/111_marti-gueldne_sonne.pdf (Zugriff: 30.3.2016), 19-21: 20, zum Stichwort Rezeption: »›Die güldne Sonne‹ gehörte zunächst nicht zu den verbreiteten Gerhardt-liedern. Das mag daran liegen, dass es relativ spät entstanden ist und nicht über Johann Crügers Gesangbuch ›Praxis Pietatis Melica‹ bekannt wurde. Erst im 19. Jahrhundert wurde es sozusagen entdeckt und kam auch in Schweizer Gesangbücher: 1844 ins Aargauer, 1854 ins Basler und 1891 ins ›Achtörtige‹; die Romantik konnte es wohl als stimmungsvolles Morgenlied wahrnehmen. Probeband 1941 und reformiertes Kirchengesangbuch 1952 nahmen das Lied ebenfalls auf, 1952 mit dem schon im 19. Jahrhundert verwendeten modernisierten Anfang ›Die goldne Sonne‹.« Für den Hinweis auf Marti danke ich Martin Leutzsch.

Dies ist allerdings nur auf den ersten Blick eine bloße Happyendisierung, ein billiges Wunder für harmonisierenden Publikumsgeschmack.[24] Die Geschichte ist auch ein impliziter Kommentar zur Rolle des Frankfurter Doktors in Klaras Fall, der diese Immobilität immer als ärztliche Anweisung vorgeschrieben hatte. Bevor Klara tatsächlich eigene Schritte tun kann, sind nämlich zuvor bereits die Menschen mit ihren Fähigkeiten, eigene Kräfte zum Leben zu mobilisieren und solche Prozesse in Gang zu bringen, zu unterstützen und zu begleiten, auf den Plan getreten. Klara, die zu Hause immer überfürsorglich und den Regeln der bürgerlichen Lebensweise gemäß an eigenen Bewegungen gehindert und in jeder Hinsicht bedient und verwöhnt worden war, wird nun von einem nur im Haus lebenden Kind zu einem draußen lebenden Kind. Man trägt sie hin und her, und eines Tages versucht der Großvater, sie zu stützen und zu schauen, ob sie nicht doch mit ihren Beinen selbst etwas tun kann. Er verhält sich also als Physiotherapeut und als einer, der meint, was sie noch gar nicht probiert hat, davon kann vorerst niemand wissen, ob es völlig unmöglich ist. Schließlich kann sie ihre ersten eigenen Schritte mit Heidis und Peters Hilfe tun, als sie einen bestimmten schönen Fleck auf der Weide erreichen will.

---

[24] So thematisiert von I. REESE, Behinderung als Thema in der Kinder- und Jugendliteratur, Hamburg 2007, 158 f. mit Anm 148: »ZIMMERMANN weist auch darauf hin, dass die Kinder- und Jugendliteratur natürlich nicht nur erziehen, sondern auch unterhalten will. Beim Thema ›Behindert-Sein‹ bedeutet das, dass optimistische Entwicklungen und Problemlösungen bevorzugt werden. Durch ein typisches Happyend werden daher die realen Schwierigkeiten Behinderter verharmlost und beschönigt. Bekanntestes Beispiel ist der Heilungsprozess [148] von Klara in ›Heidi‹. | ZIMMERMANN schreibt: ›Ein typisches Muster der Verharmlosung von Behindertsein ist die Aufhebung der (körperlichen und geistigen) Schädigung – für viele Autoren ein probates Mittel, um ein Happyend zu erzielen. Als Prototyp für diese Form der Problemlösung kann das aus dem vorigen Jahrhundert stammende und noch heute weltweit verbreitete Kinderbuch ›Heidi‹ von Johanna SPYRI gelten. Die Autorin läßt die gelähmte Klara durch gute Almluft, Milch und die unkomplizierte, beherzte Heidi genesen [...]‹« (Hervorh. im Text; mit Verweis auf R. ZIMMERMANN, Behinderte in der Kinder- und Jugendliteratur (Sozialpädagogik, Sozialarbeit in Wissenschaft und Praxis 5), Berlin 1982, 172), die Anm. 148 bei Reese: »AMMANN und RIES (1987, 66) halten es auch für möglich, dass SPYRI die Heilung Klaras | zunächst gar nicht mit konzipiert hatte, als 1880 der Band ›Heidis Lehr- und Wanderjahre‹ erschien. Die beiden Autorinnen ziehen in Erwägung, dass SPYRI erst auf Drängen des begeisterten Publikums die Fortsetzung 1881 schrieb und mit der Heilungsszene dem kollektiven ›Lösungsbedürfnis‹ entsprach.‹ (Hervorh. im Text; der Verweis bezieht sich auf W. AMMANN/U. RIES, »Eine Gespielin für die lahme Klara«. Johanna Spyris »Heidi«, in: W. AMMANN u. a. (Hrsg.), Sorgenkinder – Kindersorgen. Behindert-Werden, Behindert-Sein als Thema in Kinder- und Jugendbüchern. Eine Ausstellung im Rahmen der 13. Oldenburger Kinder- und Jugendbuchmesse 1987 im Stadtmuseum Oldenburg aus Beständen der Universitätsbibliothek Oldenburg sowie privater und öffentlicher Leihgeber, Oldenburg 1987, 58-73, bes. 66.) Für den Hinweis auf Reese danke ich Marion Keuchen.

Wie Heidi lernt sie also erst, als genügend Unterstützung dafür da ist, genügend Aufmerksamkeit für ihre Kräfte und Möglichkeiten und v. a. auch eigene Motivation. Die eigentliche Behinderung ist also nicht physischer, sondern sozialer Art, und dementsprechend lässt sie sich bearbeiten und auflösen. Genau dies jedenfalls ist die Botschaft, aber nicht, dass jede Behinderung geheilt werden könne oder müsse. Peters Großmutter jedenfalls bleibt blind, und Heidi lernt allmählich, das zu akzeptieren als etwas, was nicht zu ändern ist, was aber trotzdem die Beteiligten nicht in Ohnmacht zurücklässt. Der Großmutter ist nämlich durch Heidis Gesellschaft sehr geholfen, und erst recht gewinnt sie eine Art von Lebenslicht zurück, als Heidi ihr auch die Lieder aus ihrem Gesangbuch vorlesen kann.

Diese Geschichte des zweiten Bandes endet nicht nur mit Klaras physischer Bewegungsfähigkeit und allgemeiner Dankbarkeit ihrer ganzen Familie, d. h. ihres Vaters und ihrer Großmutter. In einem furiosen Finale zum Thema Ressourcen wird von den Beteiligten verhandelt, wie die Dankbarkeit genau zum Ausdruck gebracht werden soll, wer welche Gegengaben erhält, wie sich Gaben und Gegengaben zueinander verhalten und wie sich dieses Geschehen auf die zeitlichen und räumlichen Aspekte des gegenwärtigen Zusammenseins auswirken sollen. Familie Sesemann gibt ihre Gaben in Form von Geld, aber nicht nur in unmittelbar ausbezahlter Münze, sondern auch langfristig als materielle Absicherung von Heidis Zukunft in testamentarischer Form. Zugleich wird ausgemacht, dass sie Heidi und den Großvater regelmäßig jedes Jahr als Urlaub besuchen wollen, so dass die Beziehung dauerhaft aufrecht erhalten bleibt und für Sesemanns auch der Aufenthalt in den Bergen als Quelle von Kraft und Lebensfreude immer wieder stattfinden wird, und das heißt auch für alle Beteiligten in voraussehbarer Form.

Damit ist nun ein gegenseitiger Transfer der jeweils verfügbaren und von der anderen Seite benötigten Ressourcen vereinbart und auf Dauer gestellt. Heidi und Klara sind zwar als einzelne Personen mit beteiligt, aber auf beiden Seiten ist ein ganzes Netzwerk von Personen und Beziehungen involviert. Im Grunde werden hier die Verhältnisse von städtisch-bürgerlicher Welt und der Welt der alpinen Bergbewohnerinnen insgesamt betrachtet und auf eine lebbare, kontinuierliche, für beide Seiten nützliche und notwendige Ressourcenbasis gestellt. Dies geschieht vor dem Hintergrund zunehmender Verstädterung, Verbürgerlichung, Industrialisierung und des damit einhergehenden Tourismus von den Städten in die Berge sowie der Arbeitsmigration aus den Bergen in die Städte. Das Mittel einer solchen dauerhaften Regelung sind ganz konkrete soziale Beziehungen zwischen den Menschen zweier Haushalte, die eine solche soziale und ökonomische Verknüpfungsleistung erbringen, zum Vorteil des jeweiligen Haushaltes und seiner Mitglieder, darüber hinaus aber auch des jeweiligen sozialen Umfeldes und über die Lebensdauer der aktuell als Haushaltsvorstände über die materiellen Ressourcen verfügenden älteren Generation hinausreichend.[25]

Spyri zeichnet also alles andere als das Bild einer statischen, in sich geschlossenen Bergwelt und schon gar keine heile Welt. Auch die an Heidi und Peter und Klara vorgeführte Kindheit ist weder heil noch undifferenziert. Statt dessen zeigt sie eine verflochtene Welt, deren Relationen von einer Mikro- bis zur Makroebene reichen, sowohl in geographischer als auch in zeitlicher und religiöser Hinsicht.[26] Maßgeblich für das Leben der Figuren sind zunächst die jeweiligen Haushalte, die ihrerseits in größere soziale Zusammenhänge eingebunden sind: Verwandtschaft, Dorf, Region, Stadt-Land-Beziehungen und schließlich überregionale Kontexte, zeitlich gesehen mit generationenübergreifender Vergangenheit und Zukunft. Heidi ist eine zentrale Figur, mit der solche Verflechtungen sichtbar gemacht werden, und sie ist eine Akteurin, die sich handelnd mit klaren Optionen in diese Relationen einbringt. Im Zentrum der Handlung steht eine äußerst kritische Sicht auf den Frankfurter Haushalt der Sesemanns mit seiner Ordnung und seinen Praktiken. Heidi ist die Figur, deren Wahrnehmungen und Erfahrungen diese kritische Perspektive transportieren und sowohl für andere Figuren des Buches als auch für die Leserschaft deutlich machen. Dies fällt umso mehr auf, als die Autorin selbst in einem solchen städtisch-bürgerlichen Haushalt in Zürich mit Mann und Sohn und Dienstbotinnen lebte, ja ihn als Hausfrau selbst leitete und betrieb. Die beiden Heidi-Bände vermitteln gerade diese kulturkritische Perspektive auf die eigene Lebenswelt der Schriftstellerin und auch ihres Publikums. Denn

---

[25] Mit diesem Akzent auf sozialen Beziehungen sowie auf Haushalten als sozialen Basiselementen werden neben den Modernisierungs- und Wandlungsprozessen des 19. Jahrhunderts auch Kontinuitäten frühneuzeitlicher Handlungslogiken und Konzepte deutlich, die zumindest im literarischen Diskurs als relevant präsentiert werden; vgl. dazu G. JANCKE, Gastfreundschaft in frühneuzeitlichen Haushaltsgesellschaften: Ökonomie und soziale Beziehungen, in: J. EIBACH/I. SCHMIDT-VOGES (Hrsg.) in Verbindung mit Simone Derix, Philip Hahn, Elizabeth Harding und Margareth Lanzinger, Das Haus in der Geschichte Europas. Sozialer Raum, Identitätsort, Ordnungskonzept. Ein Handbuch, Berlin/Boston 2015, 449-466, sowie DIES./D. SCHLÄPPI, Einleitung: Ressourcen und eine Ökonomie sozialer Beziehungen, in: JANCKE/SCHLÄPPI (Hrsg.), Die Ökonomie sozialer Beziehungen, 7-33.

[26] Zu einer verflochtenen Welt in ihren von der Mikro- zur Makroebene reichenden Aspekten, die keine funktionale Differenzierung der Handlungsfelder von Politik, Gesellschaft, Wirtschaft und Kultur aufweist, wie sie für moderne Gesellschaften und Gesellschaftskonzepte als maßgeblich angesetzt werden, so dass entsprechend andere Handlungslogiken und Konzepte relevant sind, s. C. ULBRICH, Verflochtene Geschichte(n). Ausgewählte Aufsätze zu Geschlecht, Macht und Religion in der Frühen Neuzeit, hg. v. A. GRIESEBNER u. a., Wien/Köln/Weimar 2014, sowie G. JANCKE, Gastfreundschaft in der frühneuzeitlichen Gesellschaft – Praktiken, Normen und Perspektiven von Gelehrten (Berliner Mittelalter- und Frühneuzeitforschung 15), Göttingen 2013, v. a. Kap. 1.1.: Verflochtene Lebenswelten, 53-69. In beiden Werken auch weitere Hinweise zu mikrohistorischen Untersuchungen frühneuzeitlicher Gesellschaften.

gekauft und gelesen wurden ihre Bücher in genau dieser Art von bürgerlichen Haushalten.

1.2 Pippi

So weit zu Heidi, die vielleicht als Figur ebenso wie in der Komplexität der mit ihr entfalteten fiktionalen Welt noch ein bisschen entdeckt zu werden verdient.[27] Und nun zu Pippi. Auch Pippi ist ein Kind, das ohne seine Eltern lebt - die Mutter ist lange tot, so sagt sie selbst, und der Vater ist abwesend. Er lebt noch irgendwo, nach ihrer Überzeugung jedenfalls, aber er ist für sie nicht greifbar, und sie wartet darauf, dass er wieder auftauchen wird. Auch Pippi ist da, wo sie lebt, neu zugezogen, und die Menschen dort sind ihr ebenso unbekannt wie ihre Art zu leben. Das Leben auf See mit ihrem Vater und seinen Matrosen und dem ständigen Unterwegssein in der ganzen Welt ist ihr vertraut, aber das Zuhausesein in einem Haus und in einer kleinen Stadt in Schweden ist für sie etwas Neues, das es für sie nun zu entdecken gilt. Sie bewegt sich also in dieser Welt als Ethnologin, die ähnlich wie Georg Forster im 18. Jahrhundert ihre Daten auch als Philosophin selbst interpretiert.[28]

Wie Heidi, so ist auch Pippi fremd in dieser neuen Welt, und zwar auf mehrfache Weise: Zunächst ist sie fremd als Kind in dem, was die Erwachsenen nach ihren Vorstellungen so eingerichtet haben, als müsse das so sein und als könne das nur für alle gleichermaßen selbstverständlich und richtig erscheinen. Sie ist auch fremd als Kind ohne Eltern, die sie in diese Welt Tag für Tag mit hineinwachsen lassen würden, so wie das etwa bei Thomas und Annika der Fall ist. Selbstverständlich ist sie fremd als Zugezogene, die bisher mit anderen Menschen, an anderen Orten der Welt und mit einer anderen Form von »Haushalt« und seinen Mitgliedern - dem Schiff ihres Vaters und dessen Matrosen - und entsprechend mit einer anderen Lebensweise ihre

[27] So auch WISSMER, Heidi, der grundsätzlich dafür plädiert, Kinderbücher nicht separat zu behandeln, sondern als Teil der Literatur insgesamt. Wissmer sieht sowohl Spyris Heidi-Bücher als auch ihre anderen Werke als bislang unterschätzt an und betont die Notwendigkeit für die literaturwissenschaftliche Forschung, diese Werke erst noch in die Literaturgeschichte des 19. Jahrhundert zu integrieren.

[28] Zu Pippi s. J. GAARE/Ø. SJAASTAD, Pippi & Sokrates. Philosophische Wanderungen durch Astrid Lindgrens Welt, Hamburg 2003 (zuerst norweg.: Pippi og Sokrates. Filosofiske vandringer i Astrid Lindgrens verden, Oslo 2000), sowie G. JANCKE, »Pippi Langstrumpf« als narrative Reisetheorie, in: H. KUHLMANN/M. LEUTZSCH/H. SCHROETER-WITTKE (Hrsg.), Reisen. Fährten für eine Theologie unterwegs (INPUT 1), Münster 2003, 70-78; zu Georg Forsters Konzept, ethnologische Beschreibung mit einer eigenen philosophischen Interpretation zu verbinden und damit die Definitionsmacht nicht anderen zu überlassen, s. DIES., Exchanging, Protecting, Collecting, Signifying: Clothes, Person, and Civilization in Georg Forster's *Voyage Round the World* (1777), in: C. ULBRICH/R. WITTMANN (Hrsg.), Fashioning the Self in Transcultural Settings: The Uses and Significance of Dress in Self-Narratives (Istanbuler Texte und Studien 17), Würzburg 2015, 45-69.

Erfahrungen gemacht hat.[29] Sie hat also eine Vergangenheit, die für alle aktuellen Erfahrungen einen Vergleichsmaßstab abgibt und einen schier unerschöpflichen Fundus an Geschichten bereitstellt (wahren und erfundenen). Und schließlich und nicht zuletzt ist sie fremd, weil sie ihre neue Welt daraufhin mit bestimmten Maßstäben für Verhaltensweisen und Wertsysteme betritt, die sich dann bei jeder Begegnung mit den ansässigen Menschen als ausgesprochen eigentümlich erweisen.

Anders als Heidi kann Pippi allein leben: allein in ihrem Haus, d. h. ohne Erwachsene und mit ihrem Affen, Herrn Nilsson, und ihrem Pferd. Sie ist also der Haushaltsvorstand, der für die anderen Haushaltsmitglieder sorgt. Allein kann sie auch in ökonomischer Hinsicht leben, denn sie verfügt nicht nur über dieses Haus, das ihr Vater zuvor gekauft hatte, sondern auch über einen ganzen Koffer voller Goldstücke, den sie vom Schiff mitgebracht hat. Unabhängig von Erwachsenen ist sie ebenfalls in allen Fragen von Erziehung und Bildung: Sie erzieht sich selbst, indem sie sich z. B. abends selbst ins Bett schickt, zunächst einmal freundlich und dann notfalls auch streng, und indem sie sich selbst ihr Schlaflied singt. Ansonsten verzichtet sie auf alles, was Bildung oder Ausbildung, Ordnung, Unterordnung und Benehmen heißt, weil sie deren Sinn nicht einsehen kann und weil es auch niemand schafft, ihr den begreiflich zu machen.

Genauer gesagt, sie verzichtet auf das, was andere - die Ansässigen und v. a. auch die Erwachsenen - darunter verstehen. Deren Vorstellungen sind auf Institutionen, abfragbares Wissen und auf die Allgemeingültigkeit aller Arten von Regeln und Ordnungen fokussiert, während für Pippi das Lernen in konkreten Lebenskontexten und für tatsächliche Situationen, das Praktizieren angemessener Verhaltensweisen meist aufgrund von so etwas wie »Herzensbildung« sowie den jeweiligen Notwendigkeiten und Bedürfnissen angepasste Regeln und Ordnungen ausschlaggebend sind - und eben nie, ohne Raum zu lassen für Lebensfreude, die Bedürfnisse des jeweiligen Momentes und auf jeden Fall von Schwachen und Kindern.[30] Pippi steht also nicht einfach für *keine* Bildung und *keine* Ordnung. Sie steht vielmehr dafür, dass die Kriterien dafür unter den verschiedenen Akteurinnen ausgehandelt werden und deren Bedürfnisse berücksichtigen müssen, statt als fremdbestimmte Größen ein für allemal und für alle festzustehen, nämlich so, wie eine dominante Gruppe sie festlegt und letztlich nach ihren eigenen Bedürfnissen für allgemeingültig erklärt. Es ist vielleicht nicht zufällig, dass sie in diesen Chor von Haushaltsvorständen selbst als Haushaltsvorstand mit eintreten kann, der jedoch nicht

---

[29] Speziell zu dieser Situation s. V. EDSTRÖM, Astrid Lindgren. Im Land der Märchen und Abenteuer, Hamburg 1997 (zuerst schwed.: Astrid Lindgren - Vildtoring och lägereld. Stockholm 1992), 95-97. 106-113, sowie JANCKE, »Pippi Langstrumpf« als narrative Reisetheorie.

[30] S. GAARE/SJAASTAD, Pippi & Sokrates, Kap.: Seeräuber und Wirklich-Feine-Dame, 47-63, sowie Kap.: Zur Wurzel des Chaos, 190-207.

gleichzeitig auch zu den Erwachsenen, Eltern und Vertreterinnen von Institutionen wie Schule oder Kinderheim gehört, sondern zu den Kindern mit ihrem Leben auch außerhalb dieser Einflussbereiche.[31]

Immer wieder werden von den Erwachsenen ihrer neuen Heimat Versuche unternommen, ihr so etwas wie Bildung, Benehmen und Ordnung zukommen zu lassen, weil das eben so sein muss. Pippi weist jedoch alle solche Ansinnen freundlich, aber entschieden zurück, sei es das Kinderheim, sei es Schule, sei es eine hier oder da zu erteilende Unterweisung in Höflichkeit, Anstand und gutem Benehmen. Sie ist nicht nur erfolgreich damit, was für ein Kind im Alter von neun Jahren ja durchaus erstaunlich ist. Mehr noch, sie schafft es regelmäßig, die von verschiedenen erwachsenen Autoritäten vorgetragenen Ansprüche in diese Richtung zurückzuweisen, indem sie sie als unbegründet erweist. Als letztes Argument steht ihr schließlich immer ihre physische Stärke zur Verfügung, die sie allen anderen überlegen macht. Niemand kann sie also zu irgendetwas zwingen, was sie nicht selbst will und einsieht. Nur so, so machen die einzelnen Geschichten deutlich, vermag sie der Plausibilität ihrer Argumente auch die nötige Kraft im sozialen Raum zu verschaffen.

Pippi ist damit erstens eine Außenseiterin und zweitens weitgehend eine autonome Person, nicht nur weil sie *fremd* ist, sondern gleichzeitig, weil sie ein *Kind* ist – denn aus diesen beiden Gründen ist sie nicht gewöhnt an die Normen der ansässigen Gesellschaft, wendet sie diese Normen nicht selbstverständlich auf sich und die Welt an und bringt durch ihre Distanz erst zum Vorschein, dass es sich um eine Normalität von *Erwachsenen* und von *Ansässigen* und *Mitgliedern* dieser speziellen Gesellschaft handelt. Jede einzelne Handlung und Äußerung von Pippi erweist sodann diese Normalität als partikular, als begründungs- und rechtfertigungsbedürftig, als defizitär und als interessenorientiert: gebunden an die herrschende Perspektive von Erwachsenen, die nichts anderes kennen und daher vieles für wahr und richtig halten, was bei näherem Hinsehen keineswegs so alternativlos ist, wie es ihnen selbst erscheint. Für dieses nähere Hinsehen sorgt Pippi sodann und bringt damit nicht nur *andere*, sondern immer auch *kritische* Perspektiven in ihre neue Welt hinein – kritische Perspektiven, die durch ihr alltägliches Verhalten, durch einzelne Handlungen und v. a. durch viele Dialoge kommunikativ und witzig entfaltet und immer wieder neu beleuchtet werden. Dass sie das durchsetzen kann und auch selbst einen Raum hat, um nach diesen Kriterien

[31] Diese Diskurse und Konflikte unter Haushaltsvorständen erinnern stark an frühneuzeitliche Verhältnisse, in denen die für alle Gesellschaftsmitglieder als gültig beanspruchten Regeln und Ordnungen grundsätzlich und – aus deren eigener Sicht zumindest – legitimer Weise von *Haushaltsvorständen* (mit unterschiedlichen Gewichten männlicher und weiblicher Haushaltsvorstände) definiert wurden. Vgl. Jancke, Gastfreundschaft in der frühneuzeitlichen Gesellschaft, v.a. Kap. 2: Haushaltstypen und gastliche Aufgaben – wo die Gastlichkeit sich abspielte und wer dabei handelte (Institutionen und AkteurInnen der Gastlichkeit), 147-214.

ihr Leben zu gestalten, hat sie der Tatsache zu verdanken, dass sie über einen eigenen Haushalt verfügt, dem sie selbst vorsteht. Nachdem sie das Schiff verlassen hat, ist dies neben ihrer physischen Stärke eine wesentliche Voraussetzung dafür, einen sozialen Raum selbst gestalten zu können.

Was Pippi aber braucht, ist menschliche Gesellschaft und Geselligkeit. Die bekommt sie in erster Linie von Thomas und Annika, den beiden Kindern aus dem Haus nebenan. Im Kontakt mit ihnen bildet sich ein Nahbereich von alltäglichen Begegnungen, gegenseitigen Besuchen und gemeinsamen Unternehmungen heraus, die einerseits von Pippi dominiert werden und Thomas und Annika die Teilhabe an aufregenden, abenteuerlichen Erfahrungen ermöglichen, die ihnen andererseits gleichzeitig auch Geborgenheit und Sicherheit garantiert - etwas, was ihre bereits erwähnte Mutter, Frau Settergren, denn auch deutlich erkennt und an Pippi schätzt.[32] De facto ist Pippi in dieser Sphäre ihres persönlichen Nahbereichs im Grunde wie eine Mutter, zunächst für Thomas und Annika, darüber hinaus aber auch für viele andere Kinder der Stadt: eine Mutter, die als eine stete Quelle von Gaben, Zuwendung, Unterhaltung, aber auch Schutz und Fürsorge da ist und sich auf die jeweiligen Bedürfnisse und Nöte anderer ansprechen lässt.[33] Darin ist sie das Gegenstück zu Karlsson, der umgekehrt seinen Freund Lillebror als stete Quelle zahlreicher Gaben ansieht, von Wecken und Fleischküchlein über Bonbons, Dampfmaschinen, Pistolen und andere Geschenke bis hin zum Putzen, Nähen und der Krankenversorgung, seinerseits aber solche Fürsorge und Versorgung nicht zu geben bereit ist.

Die drei Kinder schließen eine Freundschaft, die sie für die erzählte Zeit miteinander verbindet. Am Ende wollen sie sie darüber hinaus auch auf Dauer aufrechterhalten (auch dies findet sich noch nicht in der Ur-Pippi). Die Bedingung dafür, diese persönliche Nähe und Vertrauensbeziehung beibehalten zu können, scheint ihnen die lebenslange Dauer ihrer Kindheit zu sein. Dabei geht es zunächst um das Spielen und das Freisein von den Verpflichtungen der Erwachsenen. Aber darin steckt mehr: Dieser Freiraum bedeutet zugleich Kreativität in Handlungen, Denken und Reden; zweckfreie Situationen; meditative Aspekte des Lebens; keine Orientierung an Entwicklungsprozessen der Person, an funktionalen Vereinnahmungen, an teleologischen und anderen Vorstrukturierungen. Schließlich und nicht zuletzt geht es bei dieser Freundschaft um eine emotionale Gemeinschaft, die für die einsame Figur der Pippi eine ebenso zentrale Bedeutung besitzt wie für die auch in ihre Familie, Schule etc. eingebundenen Thomas und Annika. Freundschaft ist ein sozialer Raum, der jenseits der von Erwachsenen und ihren Ordnungen dominierten Familienhaushalte und Institutionen liegt und der andere Handlungsfelder mit

---

[32] LINDGREN, Pippi in Taka-Tuka-Land, 94 f.

[33] Dies ist in der Ur-Pippi noch nicht der Fall; s. A. LINDGREN, Ur-Pippi. Dt. v. C. Heinig und A. Kutsch. Kommentiert v. U. Lundqvist. Hamburg 2007.

anderen Handlungslogiken eröffnet. Um die Erhaltung dieses sozialen Raumes auf Dauer geht es den drei Kindern.

Von Religion findet sich bei Pippi so gut wie keine Spur; in Pippis Malli-Geschichten beim Kaffeekränzchen taucht eine alte Pastorenfrau auf, während in der Ur-Pippi Menschen vom Abendgottesdienst nach Hause gehen.[34] Pippi ist weit entfernt davon, in Gebeten, Gesangbuchliedern oder biblischen Geschichten eine Quelle von Handlungsfähigkeit und sozialer Kompetenz zu finden. Allerdings sind Lieder für sie wichtig – v. a. in der zunächst nicht gedruckten Ur-Pippi-Fassung von 1944: rotzfreche, absurde, groteske oder Nonsens-Lieder, spöttisch und überbordend vor Lebenslust und Selbstbewusstsein.

Auch Pippi lebt und agiert nicht in einer heilen Welt: Es gibt Gewalt gegen Kinder, Tiere und Erwachsene, es gibt Lebensgefahr und die Präsenz des Todes, es gibt Alkoholismus, es gibt Behinderungen, es gibt Armut – die letzteren beiden aber nur in Pippis Erzählungen über weit entfernte Gegenden der Welt und somit weit vom Ort der Handlung entrückt, und dies umso mehr, weil man bei Pippis Reise-Geschichten nie weiß, welchen Wahrheitsgehalt sie besitzen. Außerdem gibt es Migration: Es kommen einige Schaustellerinnen und Akrobatinnen im Zirkus und auf dem Jahrmarkt vor, die nur kurz Station machen und bald weiterziehen. Auch Pippi selbst ist im Grunde eine Migrantin, allerdings keine, die Probleme mit Staatsangehörigkeit, Aufenthaltsgenehmigung, Arbeitserlaubnis, Sprache und den materiellen Lebensgrundlagen hat. Über all diese Ressourcen verfügt sie bereits und bereitet in diesen Hinsichten der ansässigen Gesellschaft keine Probleme.

Um eine heile Welt handelt es sich auch insofern nicht, als Kolonialismus und Rassismus in Pippis Lebensgeschichte ebenso wie in ihre persönliche Identität fest eingebunden sind, in diesem Fall jedoch ohne dass auf der Figuren- oder Erzählebene je eine kritische Perspektive darauf entwickelt würde. Bei Pippis Vorstellung, dass ihr Vater König auf einer Südseeinsel sei, die sich schließlich als zutreffend herausstellt, als ihr Vater endlich bei ihr auftaucht, sind die Südsee und ihre Bewohnerinnen in klassischer europäischer Manier als Raum von edlen Wilden und einer durch Zivilisation nicht verbogenen Welt konzipiert.[35] Dieser Raum mit seinen Menschen bedarf zugleich der Herrschaft durch Mitglieder dieser zivilisierten europäischen Welt und unterwirft sich auch willig dieser Herrschaft.

Dieser Teil der Pippi-Bücher – übrigens in der Ur-Pippi noch nicht vorhanden und erst für die publizierte Fassung eingefügt – beruht auf Vorstellungen der europäischen Aufklärung des 18. Jahrhunderts, insbesondere auf den dort entwickelten Theorien von unterschiedlichen Gesellschaften als *Stufen* einer Kultur*entwicklung*, die vom Primitiven zum Zivilisierten voran-

[34] LINDGREN, Pippi Langstrumpf, 158; DIES., Ur-Pippi, 95.
[35] Dazu mit weiterer Literatur JANCKE, Exchanging.

schreite.[36] Die Südseebewohnerinnen der Taka-Tuka-Insel, deren König Pippis Vater geworden ist, stehen ganz gemäß diesen Kulturstufentheorien auf einer unteren Stufe »einfacher« Kulturen, die auch gerne mit der Kindheit der Menschheitsentwicklung verglichen wurden (und *werden* - diese Theorien gehören nach wie vor zu unserem geistigen Gepäck, mit dem wir die Welt und menschliche Gesellschaften verstehen).

Pippi steht im Zentrum einer räumlichen Ordnung, die mit ihrem Haus und Garten um sie und ihre Kindheit herum organisiert ist und ganz an der Peripherie, in der fernen Südsee, wiederum Ort einer Kindheit ist, die aber in diesem Fall auch altersmäßig erwachsene Menschen umfasst mitsamt deren Bedürfnis und Bereitschaft, sich einer Herrschaft unterzuordnen - eine konkrete Variante der modernen Konzepte vom autonomen Individuum, das in seiner häuslichen Privatsphäre angesiedelt ist und in diesem Rahmen seine Kräfte aus seinem eigenen inneren Kern schöpft.[37] Für sich lehnt Pippi eine solche Unterordnung konsequent ab, und sie kann ihr Konzept gegen die Widerstände der Erwachsenen in der kleinen Stadt schließlich durchsetzen, während ihr Vater, der König, ihr ohne weiteres konzediert, dass sie über ihr Leben selbst entscheiden könne. So sehr diese Herrschaft in der Südsee, ausgeübt durch Pippis Vater, ihr gegenüber das Recht auf Freiheit und Selbstbestimmung bestätigt, so klar besteht sie nach der anderen Seite darauf, dass Herrschaft und Unterordnung gerade für die Beherrschten notwendig seien. Ebenso gibt es hier eine Aneignung materieller Güter durch den König zu seinem eigenen persönlichen Gebrauch, nämlich von Perlen zum Kauf von Schnupftabak, was als völlig legitim und nicht fragwürdig erzählt wird.

Der erste der drei Pippi-Bände erschien 1945, die beiden anderen kurz darauf 1946 und 1948. Voraus ging eine Ur-Pippi-Fassung, die für den Druck stark überarbeitet und entschärft wurde. Für die ab 1949 erschienene deutsche Übersetzung wurden, wie es besonders bei Kinderbüchern gerne und ohne viel Aufhebens getan wird, weitere Änderungen und Entschärfungen vorgenommen. So gibt es etwa ein Gespräch über Dienstbotinnen, das sich bei einer Einladung Frau Settergrens zum Kaffeekränzchen entspinnt, zunächst unter den erwachsenen Damen, die aber jeweils von Pippi mit Erzählungen über die Dienstmagd ihrer Großmutter unterbrochen werden. Zunächst einmal heißt die Magd nun nicht mehr Malin, sondern Malli, und sodann heißt es im deutschen Text, dass sie, wenn Gäste kamen, diese anbellte. Im schwedischen

---

[36] Ausführlich nachzulesen bei T. NUTZ, »Varietäten des Menschengeschlechts«. Die Wissenschaften vom Menschen in der Zeit der Aufklärung, Köln/Weimar/Wien 2009, 143-185; s. auch L. WOLFF, Discovering Cultural Perspective. The Intellectual History of Anthropological Thought in the Age of Enlightenment, in: DERS./M. CIPOLLONI (Hrsg.), The Anthropology of the Enlightenment, Stanford, Calif. 2007, 3-32. 333-336.

[37] Mit diesem Konzept sind, so wie hier bei Pippi, umfassende und weltweite Raumkonzepte verbunden, dazu s. A. BÄHR/P. BURSCHEL/G. JANCKE, Räume des Selbst. Eine Einleitung, in: DIESS. (Hrsg.), Räume des Selbst. Selbstzeugnisse transkulturell (Selbstzeugnisse der Neuzeit 19), Köln/Weimar/Wien 2007, 1-12.

Text biss sie die Gäste ins Bein. Meinen Ausführungen liegt leider diese bearbeitete deutsche Übersetzung zugrunde, die in neueren Auflagen wiederum vielfach verändert wurde.[38] Hier gibt es also einige Unschärfen.

Sicher ist aber, dass Astrid Lindgren (1907-2002) dieses Buch schrieb, als sie als verheiratete und berufstätige Hausfrau in Stockholm lebte und selbst Mutter zweier Kinder war, eines älteren Sohnes und einer jüngeren Tochter.[39] Astrid Lindgren kam zwar aus einer ökonomisch erfolgreichen und sozial angesehenen Bauernfamilie, gehörte aber zu der Zeit, in der Pippi entstand, selbst zur bürgerlichen wohlsituierten Mittelschicht Stockholms, die sie mit ihrer Pippi-Figur in einer kleinstädtischen Variante kritisch und witzig aufs Korn nahm. Es sieht ganz so aus, als hätte sie in diesem Lebenskontext die Figur der Pippi nicht nur als Bettgeschichte für ihre häufig kranke Tochter und deren Freundinnen entworfen, sondern auch für sich selbst. Die ausgedachte, erzählte und aufgeschriebene Figur schafft dann ganz real für die Schriftstellerin selbst einen solchen Freiraum für die Entfaltung eines kulturkritischen und kreativen Potentials, wie sie ihn in ihrer Geschichte erzählend beschreibt und wie er ihr wohl für Erwachsene genauso wie für Kinder als notwendig erscheint.

2. Der zwölfjährige Jesus vor der Folie von Heidi und Pippi

2.1 Lukas 2,41-52

Und nun schließlich auch zum zwölfjährigen Jesus im Tempel. Wie sieht der Jesus im Evangelium des Lukas aus, nachdem Heidi und Pippi die Szene schon betreten haben? Nun, Jesus ist zunächst einmal männlich, und er hat seine Eltern noch und lebt bei ihnen. Der Erzählung zufolge hat er sogar ein Problem mit zu vielen Eltern, von denen die *einen* ihn von Jerusalem wieder mit nach Hause nehmen wollen, während Jesus behauptet, der *andere* Vater

---

[38] Im schwed. Text heißt das Dienstmädchen der Großmutter Malin, was in neueren dt. Versionen entsprechend korrigiert ist; bei der Pastorenfrau der dt. Fassung handelt es sich im schwed. Text um die Frau eines Dekans bzw. Propstes – für diese Informationen danke ich Francisca Hoyer. – Zu den Freiheiten, die sich Verlage und Übersetzerinnen bis heute mit Literatur für Kinder nehmen, s. Surmatz, Pippi Långstrump als Paradigma.

[39] Zu Lindgrens Biographie M. Strömstedt, Astrid Lindgren. Ein Lebensbild, Hamburg 2001 (zuerst schwed.: Astrid Lindgren – En levnadsteckning, Stockholm 1999), sowie jetzt B. Dankert, Astrid Lindgren. Eine lebenslange Kindheit, Darmstadt 2013, die zwischen den drei Ebenen der Texte (mit evt. autobiographischen Elementen), der Biographie der Person und der Gestaltung der Autorinnenrolle unterscheidet. Mit Gaare/Sjaastad, Pippi & Sokrates, halte ich es darüber hinaus für sinnvoll, den reflektierten und philosophischen Aspekt ihrer Texte, ihrer Person und ihrer Autorinnenrolle stärker zu beachten und mit Lindgrens Kindheitskonzepten zu verknüpfen.

verlange seine Anwesenheit eben dort im Tempel in Jerusalem, wo ihn seine leiblichen Eltern soeben erst nach tagelanger Suche wiedergefunden haben. Mit anderen Worten, sie hatten nicht damit gerechnet, dass Jesus eine doppelte Vaterbeziehung geltend machen könnte. Gemeint ist damit von Jesus ein ganz präziser Sachverhalt, nämlich ein doppeltes Gehorsamsverhältnis. Dies bedeutet, so macht Jesus klar, dass es hier zu einer Konkurrenz zwischen beiden gekommen sei und dass es eine klare Hierarchie gebe, welches von beiden in diesem Fall die Oberhand zu gewinnen hätte.

Mit seinen leiblichen oder bisherigen Eltern spricht Jesus eher unhöflich, jedenfalls nicht sehr respektvoll - es ist übrigens die Mutter, die mit ihm redet, er antwortet aber beiden -, und behauptet, sie hätten das längst wissen müssen, dass er zu seinem anderen Vater gehöre und daher auch ohne Bescheid zu sagen einfach seinem Elternpaar davonlaufen könne, ja müsse. Genau wie seine Eltern geht Jesus davon aus, dass er noch ein Kind sei und daher auch wieder mit ihnen nach Hause zu gehen habe, ob es ihm nun passt oder nicht. Was er dann auch tut: Nachdem er diese Demonstration seiner mit Hilfe des anderen Vaters freigeschaufelten Tempeltage gegeben hat, ist er zur Rückkehr und zum weiteren Gehorsam seinen Eltern gegenüber bereit - »er ordnete sich ihnen unter«.[40] Vorerst, wie die Leserinnen des folgenden Lukas-Textes wissen.

Aber um Freiheit und Autonomie geht es hier nicht. Jesus stellt den Gehorsam gegenüber Eltern keineswegs prinzipiell in Frage, auch nicht den gegenüber seinen eigenen Eltern. Man kann vermuten, dass ihm das Elternehrungsgebot mit seinen Gehorsamsimplikationen wohl ähnlich grundlegend erschien wie seit dem Spätmittelalter bis weit in die Moderne hinein den Menschen in europäischen Gesellschaften[41] - zumindest noch zu diesem Zeit-

---

[40] So Lk 2,51a nach der Bibel in gerechter Sprache (BigS), die ich hier zugrunde lege; vgl. dazu die Luther-Revision von 1964: »und war ihnen untertan«.

[41] Seit dem Spätmittelalter wurden in christlichen europäischen Gesellschaften die Eltern des 4. Gebots auch ganz umfassend verstanden als alle Arten von weltlicher und kirchlicher Obrigkeit; dazu R. J. BAST, Honor Your Fathers. Catechisms and the Emergence of a Patriarchal Ideology in Germany, 1400-1600 (Studies in Medieval and Reformation Thought 63), Leiden/New York/Köln 1997. - In der Antike scheint dieses weite Verständnis des Elternehrungsgebotes nicht üblich gewesen zu sein, vgl. R. ALBERTZ, Hintergrund und Bedeutung des Elterngebots im Dekalog, in: Zeitschrift für die alttestamentliche Wissenschaft 90 (1978), 348-374; P. BALLA, The Child-Parent Relationship in the New Testament and Its Environment, Peabody 2006 (zuerst Tübingen 2003); G. BLIDSTEIN, Honor Thy Father and Mother. Filial Responsibility in Jewish Law and Ethics, New York 1976; R. BOHLEN, Die Ehrung der Eltern bei Ben Sira. Studien zur Motivation und Interpretation eines familienethischen Grundwertes in frühhellenistischer Zeit (Trierer Theologische Studien 51), Trier 1991; H. JUNGBAUER, »Ehre Vater und Mutter«. Der Weg des Elterngebots in der biblischen Tradition (Wissenschaftliche Untersuchungen zum Neuen Testament II/146), Tübingen 2002; B. LANG, Altersversorgung in der biblischen Welt, in: DERS., Wie wird man Prophet in Israel? Aufsätze zum Alten Testament, Düsseldorf 1980, 90-103; A. STROTMANN, Vom Umgang

punkt, denn im weiteren Verlauf der Erzählung verlässt er seine Eltern und Familie dauerhaft und bestätigt sogar explizit und öffentlich, dass er diese Trennung von seiner Seite aus strikt beizubehalten gedenke.

Die Geschichte, die hier und im folgenden Text von Lukas erzählt wird, handelt jedenfalls davon, *welchen* Mächten jemand untertan *ist* und welchen man sich auch mit eigener Entscheidung untertan *macht*. Dabei kommen menschliche Mächte ebenso wie teuflische, dämonische und göttliche Mächte vor. Jesu Option zielt stets unzweideutig auf die göttliche Macht und zunehmend darauf, dass dies für andere auch eine Orientierung an seiner *eigenen* Person und Autorität bedeute (vgl. auch Lk 14,26).

Jesus setzt in dieser Geschichte als Zwölfjähriger und im Jerusalemer Tempel eine Markierung für sich selbst. Er gehört hierher, in das Haus seines Vaters, zu den Angelegenheiten seines Vaters (so die Übersetzungsvarianten nach de Jonge),[42] er müsse sein »in dem, was meines Vaters ist« (Luther-Revision von 1964) bzw. »unter denen ..., die zu meinem Vater gehören« (BigS). Der griechische Text ist hier offenbar nicht ganz eindeutig und lässt mehrere Deutungen zu. Klar ist aber, dass mit diesem Ort und dieser beanspruchten Zugehörigkeit der himmlische, göttliche Vater gemeint ist. Klar ist vor allem, dass Jesus sich als Person durch Zugehörigkeit und durch soziale Beziehungen definiert: Zugehörigkeit zu einem Ort, Zugehörigkeit zu einer Gruppe von Menschen (den Gelehrten), Zugehörigkeit zum göttlichen Vater, zu dem wiederum sowohl der Ort als auch die Gruppe der Gelehrten gehören; soziale Beziehungen ganz konkreter Art sowohl zu seinen menschlichen Eltern und seinem göttlichen Vater als auch zu den Gelehrten.[43]

---

mit den alten Eltern. Bibelarbeit zu Sir 3,1-16, in: S. A. Strube (Hrsg.), Lebensphasen – Lebenszeit (FrauenBibelArbeit 31), Stuttgart 2013, 61-67. Für die Hinweise zur Antike danke ich Martin Leutzsch.

[42] H. J. de Jonge, Sonship, Wisdom, Infancy: Luke ii. 41-51a, in: New Testament Studies 24, 3 (1978), 317-354: 331-337; auch für den Hinweis auf diesen Aufsatz danke ich Martin Leutzsch.

[43] Solche Personkonzepte der Zugehörigkeit und der sozialen Beziehungen sind auch in der Frühen Neuzeit von großer Bedeutung gewesen, wie die Selbstzeugnisforschung in den letzten Jahren herausgearbeitet hat; nicht zuletzt Gelehrte verstanden und präsentierten sich im Modus der Zugehörigkeit, der sozialen Beziehungen und gleichzeitig in einem umfassenden relationalen Modus. S. etwa E. Kormann, Ich, Welt und Gott. Autobiographik im 17. Jahrhundert (Selbstzeugnisse der Neuzeit 13), Köln/Weimar/Wien 2004, mit dem Konzept der Heterologie; S. Schmolinsky, Sich schreiben in der Welt des Mittelalters. Begriffe und Konturen einer mediävistischen Selbstzeugnisforschung (Selbstzeugnisse des Mittelalters und der beginnenden Neuzeit 4), Bochum 2012, 12, zu einem umfassenden relationalen Ansatz; zuletzt und auch speziell zu Gelehrten G. Jancke, Persons, the ›Autobiographical Person‹ and Cultural Concepts of the Person: Early Modern Self-narratives from German-speaking Areas in Transcultural Perspective, in: Medieval History Journal 18,2 (2015), special issue: Autobiographical Writings in Pre-modern Europe and Asia, hg. v. S. Church/K. Siebenhüner, 346-377.

Jesus outet sich hier vor seinen Eltern und vor den Gelehrten, mit denen er tagelang zusammen war, insbesondere als ein Kind (*pais*), das eine ganz spezielle Beziehung zum göttlichen Vater habe. Anschließend kann er auch *mit* dieser wichtigen Zugehörigkeits- und Gehorsamsbeziehung, die er nun öffentlich markiert hat, vorerst noch einmal wieder nach Nazaret nach Hause gehen, und zwar mit seinen bisherigen Eltern, die sich nunmehr als nur der *menschliche* Teil einer multiplen Elternschaft wahrnehmen müssen und im weiteren Verlauf der Handlung zunehmend an Bedeutung verlieren (vgl. auch Lk 8,19–21). Das nächste Ereignis, das aus seinem Leben berichtet wird, ist seine Taufe durch seinen Verwandten Johannes. Erst hier markiert Lukas in Jesu Leben einen Anfang (Lk 3,23), nämlich den Beginn seines weiteren Lebens als von der heiligen Geistkraft gestärkter Prophet, der durch die Lande zieht, predigt, Heilungen vollbringt und in eine ganze Reihe von Konflikten hineingerät. Erst diese Taufe oder das, was danach kommt, ist nach Lukas der Beginn, und Jesus ist 30 Jahre alt. Nicht Jesus, sondern der kleine zukünftige Johannes ist das erste Kind, das in Lukas' Geschichte als Akteur hervortritt: Als Maria nach dem Besuch des Engels zu ihrer schwangeren Verwandten Elisabeth kommt, um sie zu grüßen, da hüpft Johannes in Elisabeths Bauch (Lk 1,41). Dieser Fötus dürfte der kleinste vorkommende Akteur sein.

Mit dieser Bemerkung zum Anfang mit oder nach der Taufe ist zwar noch nicht klar, ob seine Tage im Jerusalemer Tempel 18 Jahre zuvor als ein Anfang dieses Anfangs oder als ein Ende von etwas anderem verstanden werden sollen. Aber eindeutig ist, dass diese Tempel-Tage die einzige Geschichte sind, die Lukas von Jesus als Kind erzählt, das als eigenständiger *Akteur* auftritt und handelt: Jesus entfernt sich von seinen Eltern und der ganzen Reisegruppe, selbstständig, ohne jemanden von diesen Menschen zu benachrichtigen oder zu fragen, mit denen er ja schließlich nach Jerusalem gekommen war und mit denen er dort das Pessachfest verbracht hatte, vermutlich alle aus Nazaret. Er geht von sich aus in den Tempel, und er setzt sich von sich aus zu den Gelehrten, die dort reden und lehren, und von sich aus hört er zu und stellt Fragen. Er will also lernen. Zusätzlich aber mischt er sich auch mit eigenen Reden in die gelehrten Gespräche der erwachsenen Gelehrten ein, denn es wird vermerkt, dass alle »über seine Einsicht und seine Antworten verblüfft« (Lk 2,47 nach BigS) gewesen seien. Er *hat* also schon gelernt, so sehr sogar, dass die Anwesenden erstaunt sind: Den zeitgenössischen Bildungsphasen entsprechend hätte ein Junge mit zwölf Jahren noch nicht mit fertig ausgebildeten Gelehrten auf dieser offenbar fast gleichen Ebene reden können.[44] Und man wird ergänzen dürfen, dass es sich um gelehrte *Männer* handelte, dass er

---

[44] DE JONGE, Sonship, 323 f.; N. KRÜCKEMEIER, Der zwölfjährige Jesus im Tempel (Lk 2. 40-52) und die biografische Literatur der hellenistischen Antike, in: New Testament Studies 50,3 (2004), 307-319; S. J. DAVIS, Christ Child. Cultural Memories of a Young Jesus (Synkrisis: Comparative Approaches to Early Christianity in Greco-Roman Culture), New Haven/ London 2014, 103-113.

sich also in eine Gelehrtenkultur unter Männern hineinbegeben hatte. Man könnte das mit Arnold van Gennep als eine selbstbestimmte Art eines Schwellen- und Initiationsrituals ansehen, womit das Kind Jesus einen Fuß in einen bestimmten Teil der sozialen Räume und Handlungsfelder von erwachsenen Männern setzt und sich damit selbst als Mitglied dieser sozialen Gruppe von Erwachsenen initiiert.[45]

Dieser Schilderung wird man entnehmen dürfen, dass der Zwölfjährige, von dem Lukas zuvor keinerlei Bildungsgeschichte berichtet hatte, hier ein *positives* Erstaunen hervorruft, dass er Anerkennung für seine Kenntnisse und Fähigkeiten erntete, und ganz besonders von dieser speziellen sozialen Gruppe von männlichen Gelehrten, mit denen er später so oft in Streit geraten wird, was Lukas beim Schreiben selbstverständlich schon wusste. Zum ersten Mal in diesem Text wird Jesus hier gezeigt als einer, der über Gelehrsamkeit verfügte und ein kompetenter Teilnehmer gelehrter Diskurse war – eine Fähigkeit, mit der er sich im Grunde hier schon als Erwachsener erweist und die er später als auch den Jahren nach Erwachsener noch oft brauchen und einsetzen wird. Hier ist bei Lukas auch (fast) die einzige Situation, in der dies, soweit es die Gelehrten betrifft, frei von Dissens und Konflikt abläuft (vgl. auch Lk 10,25–37). Anders als bei Bildungs- und Entwicklungsgeschichten nach dem Muster von Lehr- und Wanderjahren sind der Erwerb dieser Bildung und die allmähliche Veränderung des kindlichen oder jugendlichen Menschen durch seine Lernerfahrungen zur fertigen erwachsenen Persönlichkeit überhaupt kein Thema. Dies aber nicht, weil wie bei Heidi wenig formale Bildung erreichbar wäre, und auch nicht, weil wie bei Pippi neben formaler Bildung jeglicher Entwicklungsprozess, der aus der Kindheit hinausführen würde, abgelehnt wird. Lernprozesse und die Kindheit sind für die Erzählung des Lukas vielmehr nicht als solche relevant. Diese eine Geschichte über Jesus als Kind wird erzählt, weil damit etwas über den ansonsten dargestellten *erwachsenen* Akteur gesagt werden soll. Jesus wird wohl nicht zufällig genau auf der

[45] VAN GENNEP, Übergangsrituale. Nach den Gepflogenheiten der frühneuzeitlichen Gelehrtenkultur würde es sich hier um den Eintritt in die soziale Gruppe der Gelehrten handeln, aber nicht notwendigerweise zugleich um den Übergang in den Erwachsenenstatus. Auch junge Männer einschließlich derer, die mit dem Studieren erst noch beginnen zu wollen erklärten, wurden in diese soziale Gruppe als Mitglieder mit einbezogen und konnten von der dort gepflegten Gabenkultur profitieren, wurden aber auch genau wie die Erwachsenen ständig beurteilt und evaluiert; vgl. dazu M. FÜSSEL, Gelehrtenkultur als symbolische Praxis. Rang, Ritual und Konflikt an der Universität der Frühen Neuzeit (Symbolische Kommunikation in der Vormoderne), Darmstadt 2006, S. KÜHN, Wissen, Arbeit, Freundschaft. Ökonomien und soziale Beziehungen an den Akademien in London, Paris und Berlin um 1700 (Berliner Mittelalter- und Frühneuzeitforschung 10), Göttingen 2011, G. EMBERGER, Ain ewig Stipendium. Das Collegium Sanctorum Georgii et Martini – Eine Tübinger Studienstiftung des 16. Jahrhunderts (Berliner Mittelalter- und Frühneuzeitforschung 16), Göttingen 2013, sowie JANCKE, Gastfreundschaft in der frühneuzeitlichen Gesellschaft.

Schwelle zwischen Kindheit einerseits und Erwachsenenalter und -verhalten andererseits gezeigt.

Das Kind Jesus ist sicher fremd in dieser Runde: Es ist sein Debüt als Gelehrter, zudem am prominenten Ort des Tempels in Jerusalem angesiedelt. Er outet sich hier nicht nur als Kind eines göttlichen Vaters, sondern zunächst einmal als junger Gelehrter in der Runde der fortgeschrittenen, erwachsenen Gelehrten. Anders als bei Heidi und Pippi, die weder einen göttlichen Vater noch einen Gelehrtenstatus für sich reklamieren können, für die es keine ihren Fähigkeiten entsprechende soziale Gruppe von Erwachsenen gibt, in die sie sich hineinbegeben könnten, und die auch keineswegs an einem derart zentralen kulturellen und religiösen Ort auftreten, beansprucht Jesus damit hoch- und höchstrangige soziale und religiöse Statusmerkmale, die zudem transepochal und transkulturell verständlich und gültig sind.[46] Man kann sagen, dass er keineswegs bescheiden ist und trotz seiner knappen Worte unmissverständlich eine überragende Position für sich in Anspruch nimmt. Diesen Status erlangt er durch Zugehörigkeit, durch die Einbettung in ein komplexes Gefüge von Beziehungen menschlicher AkteurInnen und eben durch die besondere Beziehung zu dem einen, obersten göttlichen Akteur. Die Zugehörigkeiten, die in dieser Geschichte von Jesus etabliert werden, beinhalten zugleich, dass er fremd ist oder wird in Bezug auf *andere* Beziehungen und sozialen Gruppen. So etwa gegenüber seinem Heimatort, wo bei seiner Predigt angenommen wird, dass er nun auch dort und für dessen Bewohnerinnen heilend tätig werden wird, und *gerade* dort und für sie: Seine Zugehörigkeit wird an ihn als Anspruch auf bestimmte Leistungen herangetragen, was Jesus jedoch brüsk ablehnt (Lk 4,23-29).

An dieser Stelle im Tempel geht es anders als später in seiner Zeit als erwachsener Prophet nicht um Kulturkritik.[47] Auch Lukas scheint hier nicht Derartiges im Sinn zu haben. Die Szene hat vielmehr nur dann ihren Sinn, wenn die angesprochenen kulturellen Werte und Normen durch sie bestätigt werden: Jesus erfüllt die kulturellen Standards so ausnehmend, dass er sowohl von den erwachsenen Gelehrten und den umstehenden Menschen als auch von der obersten göttlichen Instanz anerkannt wird. Damit erhält er auch eine Beglaubigung und Autorisierung als Person. Diese Erfüllung kultureller Standards und die daraus gewonnene Autorisierung wird zwar an Jesus als Kind deutlich gemacht, soll aber über Kindheit nichts anderes sagen, als dass derlei in dieser Lebensphase absolut außergewöhnlich und jenseits des Üblichen ist. Jesus wird, wie das in biographischen Schriften der Antike über andere bedeutende Männer, die bereits Eingang ins generationenübergreifende

---

[46] Dazu vgl. die Studie des Ethnologen R. REDFIELD, Peasant Society and Culture, Chicago 1956, ch. 3: The social organization of tradition, 40-59.

[47] Das Verlassen von Eltern und Familien als Bedingung für die Unterstellung unter die göttliche Macht, die Jesus als durch seine eigene Person repräsentiert erklärt, wird von Jesus erst viel später formuliert (Lk 14,26).

kulturelle Gedächtnis gefunden haben, verbreitet ist, als *puer senex* dargestellt: als ein Kind, das wundersamerweise über die Weisheit des Alters verfügt.[48] Damit entfaltet die Darstellung am zwölfjährigen Jesus im Tempel ein Personkonzept, das sich mit Franz-Josef Arlinghaus als Inklusionsindividualität bezeichnen lässt und für vormoderne Gesellschaften, zumindest europäische des Mittelalters und der Frühen Neuzeit, charakteristisch zu sein scheint. Von Bedeutung ist hier ein Kriterium der Hierarchisierung, bei dem es um das Besser-Sein als andere geht.[49]

Lukas, über den sonst noch bekannt ist, dass er auch die Apostelgeschichte geschrieben hat, verfasste damit gegen Ende des 1. Jahrhunderts (jedenfalls nach der Zerstörung Jerusalems und in Kenntnis des Mk) unserer Zeitrechnung ein Statement, das einem römischen Ritter als Patron gewidmet ist und wohl als Werbeschrift für das Christentum anzusehen ist.[50] Die römische Herrschaft erscheint in positivem Licht, die jüdischen Eliten - sowohl die Reichen als auch die Gelehrten und die Hohenpriester - werden in ständiger Konfrontation mit dem erwachsenen Jesus gezeigt. Sein Jesus setzt sich durchaus nicht immer freundlich mit Teilen seiner eigenen Gesellschaft auseinander - wie Heidi und Pippi also kein Wesen, das sich den von anderen geltend gemachten Normen und sozialen Verhältnissen immer unterordnen würde.

2.2 Kindheitsevangelium des Thomas

Der zwölfjährige Jesus im Tempel erscheint auch noch in einem anderen antiken Text. Es handelt sich um das sogenannte Kindheitsevangelium des

---

[48] E. R. CURTIUS, Europäische Literatur und lateinisches Mittelalter, Bern 1948, 106-113 (^{2}1954, 108-115); C. GNILKA, Aetas spiritalis. Die Überwindung der natürlichen Altersstufen als Ideal frühchristlichen Lebens (Theophaneia 24), Bonn 1972.

[49] F.-J. ARLINGHAUS, Conceptualising Pre-Modern and Modern Individuality: Some Theoretical Considerations, in: DERS. (Hrsg.), Forms of Individuality and Literacy in the Medieval and Early Modern Periods (Utrecht Studies in Medieval Literacy 31), Turnhout 2015, 1-45; DERS., In and Out, Then and Now: The Conscious Self and its Relation to Society in Pre-modern and Modern Times, in: Medieval History Journal 18,2 (2015), special issue: Autobiographical Writings in Pre-modern Europe and Asia, hg. v. S. CHURCH/K. SIEBENHÜNER, 378-403; zu einem an einer Wettbewerbsnorm orientierten Personkonzept s. G. ALFÖLDY, Die Rolle des Einzelnen in der Gesellschaft des Römischen Kaiserreiches. Erwartungen und Wertmaßstäbe (SHAW, phil.-hist. Kl. 1980,8), Heidelberg 1980, zum Verhältnis von Wettbewerbs- und Kooperationsnormen in antiken Gesellschaften s. M. LEUTZSCH, Die Bewährung der Wahrheit. Der dritte Johannesbrief als Dokument urchristlichen Alltags (Bochumer Altertumswissenschaftliches Colloquium 16), Trier 1994, 113 f.

[50] M. LEUTZSCH, Die Weihnachtsgeschichte des Lukasevangeliums, in: R. FABER/E. GAJEK (Hrsg.), Politische Weihnacht in Antike und Moderne. Zur ideologischen Durchdringung des Fests der Feste, Würzburg 1997, 41-57: 43. 49-55.

Thomas[51], das aus einer ganzen Reihe kurzer Erzählungen über Jesus als Kind besteht. Die Episode im Jerusalemer Tempel, die wiederum eng an die Lukas-Version angelehnt ist, bildet den Abschluss.[52] Hier geht es ausschließlich um die Kinderjahre, und das Kind Jesus wird in diesem Text nachdrücklich als Akteur präsentiert. Jede einzelne erzählte Episode zeigt ihn als handelndes und darüber hinaus auch als wirkungsvoll handelndes Kind. Dies in einem geradezu extremen Ausmaß: Dieser Jesus ist Herr über Leben und Tod - er kann Vögel, die er aus Lehm geformt hat, lebendig machen;[53] er kann seinen durch einen Schlangenbiss getöteten Bruder Jakobus und auch andere Tote wieder zum Leben erwecken. Jedoch geht nicht nur Macht, sondern auch Gewalt von ihm aus. Dieser Jesus ist zugleich ein Gewalttäter und sogar ein Mörder: Stört ein anderes Kind seine Spiele oder rempelt ihn auf der Straße an, so spricht er ein Wort, und der andere ist tot. Beschweren sich die Eltern, spricht er ein Wort, und sie sind blind. Wird er unschuldig verdächtigt, ein

---

[51] Zu den verschiedenen Textversionen und zur Entstehung s. Evangelium Thomae de infantia Salvatoris/Kindheitserzählung des Thomas, in: Evangelia infantiae apocrypha/Apocryphe Kindheitsevangelien, übers. und eingel. v. G. SCHNEIDER (Fontes Chriastiani 18), Freiburg/Basel/Wien/Barcelona/Rom/New York 1995, 34-47, sowie DAVIS, Christ Child, 20-44; demnach ist weder eine Verfasserin noch eine Entstehungszeit klar identifizierbar, so dass sich über Kontext und Intention nichts Genaues sagen lässt.

[52] Evangelium Thomae ed. SCHNEIDER, 147-171; die arabische Übersetzung bzw. Bearbeitung ist gedruckt zuerst erschienen in der Edition: Evangelium Infantiae vel Liber apocryphus de infantia servatoris, hg. v. H. SIKE, Utrecht 1697; sowohl das Kindheitsevangelium des Thomas als auch das arabische Kindheitsevangelium finden sich in: Codex Apocryphus novi Testamenti, hg. v. J. A. FABRICIUS, Hamburg 1703, 129 ff. (EvThom). 168 ff. (arEvInf), beides auch in der 2. Aufl.: Codex Apocryphus novi Testamenti, hg. v. J. A. FABRICIUS, Band 1, Hamburg 1719, 129 ff. (EvThom). 168 ff. (arEvInf). - S. auch die materialreiche Untersuchung von DAVIS, Christ Child, wo es um soziales Gedächtnis geht; damit wird konsequent beim Publikum und seinen möglichen Erinnerungsassoziationen angesetzt, wobei der Text bzw. seine verschiedenen Versionen in zahlreichen Sprachen nicht mit den jeweiligen Textstrategien und Kontexten zur Debatte steht.

[53] Dies dürfte als Analogie zu Gen 2,7 und damit zum göttlichen Schöpfungsakt des Menschen gemeint sein. - Zu Vögeln aus Lehm (ProtevTh 2,1-4) vgl. auch Tam u-muad 15, 34-36: »Auch gab er Befehl und machte sich Vögel vom Himmel, flüsterte über sie einen Zauberspruch, wie Schlange und Otter zischen, und zauberte. Da flogen die Vögel (davon) unter den Himmel. Als nun die Männer von Galiläa sahen, was dieser Gottlose durch seine Zauberei vor den Augen aller ausführte, da fielen sie auf ihr Angesicht, beteten ihn an und sprachen: ›Er ist Gott!‹«; G. SCHLICHTING, Ein jüdisches Leben Jesu. Die verschollene Toledot-Jeschu-Fassung Tam u-mu'ad. Einleitung, Text, Übersetzung, Kommentar, Motivsynopse, Bibliographie (Wissenschaftliche Untersuchungen zum Neuen Testament 24), Tübingen 1982, Vogelwunder ebd. 111 Nr. 137; zum Glauben der Christen von Najran laut Ibn Ishaq vgl. N. ROBINSON, Christ in Islam and Christianity. The Representation of Jesus in the Qur'an and the Classical Muslim Commentaries, Houndmills/London 1991, 144; ferner DAVIS, Christ Child, 47-63. 148. 157. 162-172. 189. 191. 254 n 19. Für diese Hinweise danke ich Martin Leutzsch.

Kind zu Tode gebracht zu haben, so erweckt er es zum Leben und lässt sich von ihm seine eigene Unschuld bestätigen.

Grundsätzlich kann er über die Objekte der materiellen Welt verfügen: Sein Vater scheint in seinem Beruf nicht sehr kompetent zu sein, und so hilft Jesus ihm, die völlig falsch zurecht gesägten Teile für ein Bett so auszugleichen, dass die Maße passen und das Bett wie bestellt zusammengebaut werden kann. Als ihm beim Wasserholen das Gefäß zerbricht, nimmt er sein Gewand und kann das Wasser damit zu seiner Mutter nach Hause tragen. Jesus wird beim Spielen gezeigt, auf der Straße, am Bach - mit anderen, stets männlichen Kindern -, bei der Hilfe für seinen Bruder Jakobus, für seinen Vater Joseph oder seine Mutter Maria. Er ist Teil einer dörflichen[54] Gemeinschaft, wo Menschen verschiedener Familien zusammen leben, verschiedene Berufe ausüben, unterschiedlichen sozialen Status haben und wo es dann auch soziale Konflikte gibt, in die er selbst mitsamt seiner Familie eingebettet ist.

Und schließlich *hat* dieser Jesus nicht nur eine Bildungsgeschichte, bevor er als Zwölfjähriger im Tempel in Jerusalem seinen Auftritt hat, sondern sie wird in diesem Text auch thematisiert. Sein Vater bringt ihn nacheinander zu drei verschiedenen Lehrern, die ihm das Alphabet und das Lesen beizubringen versuchen. Da sie ihm damit auf die Nerven gehen, können sie schon mal schnell ihr Leben verlieren. Jesus ist, wie ein hochbegabtes Kind, genervt, weil er alles Verlangte längst kann: nicht nur das Alphabet und das Lesen, sondern er stellt außerdem Fragen, die die Lehrer nicht beantworten können, und er stellt sich sogar vorn ans Redepult und hält einen gelehrten Vortrag. Wie sich auch in der Erzählung des Thomas zeigt, ist er allen seinen Lehrern längst unerreichbar überlegen - seine tatsächliche Bildungsgeschichte wird also auch hier nicht wirklich dargestellt.

Wer von den Lehrern zunächst einmal auf der eigenen Autorität besteht und partout das Alphabet hergesagt haben will, kann das postwendend mit dem Leben bezahlen müssen. Wer seine Unterlegenheit zugibt und von weiteren Forderungen ablässt, wie sie gegenüber den Schülern üblich sind, ist davor gerettet. Erst ganz am Schluss kommt er als Zwölfjähriger in den Jerusalemer Tempel, um dort vor den Hauptstadtgelehrten und ihrem Publikum zu brillieren. Zu diesem Zeitpunkt ist den Hörerinnen oder Leserinnen dieses Textes Jesu Kraft zu töten und zum Leben zu erwecken ebenso wie seine Kompetenz in gelehrten Angelegenheiten bereits bekannt. Am Ende der vorangegangenen Episoden ist das also keine Überraschung mehr, nur eine Krönung und eine letzte und definitive Demonstration in einem anderen Kontext. Und es ist bereits längst klar, dass hier mehr demonstriert wird als nur Gelehrsamkeit und Zugehörigkeit zu den (männlichen) Gelehrten. Auch die ganze Macht, über die dieser Jesus verfügt und die in dieser Erzählung für den lernenden bzw. schon gelehrten Jesus den Rahmen abgibt, steht in dieser letzten Szene unausgesprochen mit im Raum. Vor diesem Hintergrund ist an

[54] Evangelium Thomae ed. SCHNEIDER, 151 zu EvThom 4.1.

der Begegnung mit den Gelehrten eher der friedliche Ausklang einer turbulent-gewaltsamen Kindheitserzählung überraschend, während die gleiche Episode im Evangelium des Lukas ein noch friedliches Vorspiel für die dann folgende turbulente Haupthandlung darstellte.

Der Jesus dieser Erzählung bewegt sich im Rahmen eines kulturellen Kontextes und setzt sich zugleich mit ihm auseinander. Auch in den Begegnungen mit den Lehrern geht es vermutlich nur mit einer modernen, etwa an Heidi und Pippi geformten Brille um Kritik an ihren Lehrmethoden, die autoritär sind und ohne Interesse an den vorhandenen Fähigkeiten und Kompetenzen des Kindes. Ein kritischer Punkt könnte eventuell dort liegen, wo die Lehrer Jesu Fragen nach den Buchstaben nicht beantworten können, obwohl es sich hier um ein übliches Schulwissen handelte.[55] In erster Linie aber ist Jesus einer, der sowohl die elementare Bildung als auch die höhere Gelehrsamkeit beherrscht und sie den (Elementar-)Lehrern ebenso wie den hauptstädtischen Gelehrten im Tempel zu demonstrieren vermag – als ein Selfmadeboy vom Dorf, der diese Kompetenzen ohne die Hilfe von Lehrern zu erwerben vermochte. In seinem dörflichen Kontext ist er auch die Lehrer zu belehren imstande, im Tempel in Jerusalem kann er die dort versammelten Gelehrten mit seinen Fragen in Gespräche verwickeln.

Anders als der Lukas-Jesus ist der Thomas-Jesus eng mit seiner Familie verbunden: Er wird als Helfer bei alltäglichen Gängen und Geschäften gezeigt, sowohl für einen Bruder als auch für beide Eltern, der auch deren Aufträge selbstverständlich ausführt und z.B. nicht ohne das von der Mutter gewünschte Wasser wieder nach Hause zurückkehren will. Die meisten anderen Episoden zeigen im Grunde nur, dass er stärker ist als die anderen und dass deshalb alle gut daran tun, sich nicht mit ihm und seiner göttlichen Macht anzulegen. Für Eltern und Familie wird an diesem Punkt bereits längst vor der Episode im Jerusalemer Tempel die Bruchstelle deutlich, an der auch ihnen gegenüber Jesus irgendwann vermutlich eine Grenze ziehen und seine eigenen Wege gehen wird.

Jesus ist in einer häuslichen, dörflichen und lokalen Welt zu Hause, wird aber durch seine göttlichen Kräfte zunächst im außerhäuslichen und erst später auch in seinem familiären Kontext fremd: Seine göttliche Macht und deren Anwendung ist es, die ihn zunehmend seinen näheren und ferneren Verhältnissen entfremdet. Diese aber ist als Fremdheitsfaktor bereits von Anfang an vorhanden und wird in ihren entsprechenden Auswirkungen vorgeführt.

Da die Episode vom Zwölfjährigen im Tempel das letzte ist, was dieser Text erzählt, erfährt niemand, wie wohl die erwachsene Version dieses Kindes mit der ihm verfügbaren göttlichen Macht umgehen konnte. Es reicht für Erzählerin und Publikum völlig aus, sie als göttlich zuzuordnen und das Kind damit nach Belieben spielen zu lassen. Ein Kind – und bereits ein unum-

---

[55] S. DAVIS, Christ Child, 108-121.

schränkter Herr über Leben und Tod: in Bezug auf Vögel, die es selbst aus Lehm geformt und ins Leben gerufen hat, ebenso wie in Bezug auf Menschen: andere Jungen, deren Eltern, Lehrer.

Seine Eltern kommen wegen dieser uneingeschränkten Macht ihres Sohnes in Schwierigkeiten gegenüber den betroffenen Menschen, unter denen sich auch der Hohepriester Ananias befindet. Ihre elterliche Autorität muss ihnen ebenso prekär erschienen sein wie die Autorität des Hohenpriesters, die der Lehrer und die der gesamten Öffentlichkeit ihres Gemeinwesens, die immer mal wieder von ihrem Kind in Frage gestellt und ausgehebelt wird, ohne dass sie auch nur einmal gefragt würden oder im mindesten dieses Verhalten gutheißen würden. Der kleine Jesus lässt sich von all dieser versammelten menschlichen Autorität nicht schrecken, im Gegenteil: Er führt sie vor. Er verbreitet Furcht, die jedoch mehr Schrecken zu sein scheint denn Ehrfurcht als eine gegenüber göttlichen und anderen Autoritäten angemessene Haltung.[56] Ausgenommen ist die römische Besatzungsmacht, die gar nicht auftaucht und für Erzählerin und Publikum offenbar nicht einer Relativierung in Bezug auf die göttliche Macht bedarf.

Anders als bei Lukas ist Jesus hier auch der göttlichen Macht nicht untertan – weder lässt die Figur derlei erkennen, noch erklärt sich die Erzählerin in diese Richtung. Dieses gewaltbereite männliche Kind ist göttlich begabt, gedenkt aber keineswegs, sich selbst einem erkennbaren Regelsystem oder irgendeiner – menschlichen oder göttlichen – Instanz mit Autorität unterzuordnen. Damit gibt es überhaupt keine Instanz, der dieser Jesus unterstellt wäre, an deren Weisungen er sich gebunden sähe, auf die hin er sich orientieren würde, an die er in irgendeiner Weise gebunden wäre oder mit der er sich seinerseits auseinanderzusetzen hätte. Die göttliche Macht taucht in der Geschichte nur auf, um seine übernatürlich großen, anscheinend unbegrenzten Kräfte zu begründen und zu legitimieren, aber nicht, um ihnen in irgendeiner erkennbaren Weise einen Rahmen, einen Auftrag oder eine Bindung zu verleihen und sie gegebenenfalls einzuschränken, zu korrigieren, zurückzunehmen, auf ein normatives Gefüge zu beziehen.

Die auf Gott zurückgeführte Kraft in dieser Geschichte wird so zu einem Blankoscheck, zur bloßen Macht und Gewalt an sich. Für Erzählerin und Publikum war dies trotzdem – oder gerade? – ausreichend, um die Geschichte des zwölfjährigen Jesus im Tempel, wie sie zunächst bei Lukas im Rahmen seines Evangeliums mit dem Narrativ des Untertanseins unter die göttliche Macht verbunden worden war, als eine wichtige Tradition anzusehen und zu verbreiten – jedoch herausgelöst aus dem von Lukas verwendeten Rahmen und mit einer ganzen Kindheitsgeschichte ungebundener Macht und Gewalt, auch den

[56] Zu frühneuzeitlichen Konzepten einer solchen Unterscheidung s. A. Bähr, Furcht und Furchtlosigkeit. Göttliche Gewalt und Selbstkonstitution im 17. Jahrhundert (Berliner Mittelalter- und Frühneuzeitforschung 14), Göttingen 2013, v. a. Kap. 3: Gottes Macht und Gottes Furcht, 55-183.

Lehrern gegenüber, verknüpft. In der Erzählung des Thomas geht es um den Erweis der göttlichen Herkunft dieser sehr speziellen Gaben und um deren Auswirkung als Katalysator von Fremdheit – zwar nicht ein Gottesbeweis, aber ein Göttlichkeitsbeweis, der die Jesus-Figur aus seiner menschlichen Umgebung herausheben und auch herauslösen soll.[57] Damit folgt dieser Text einem Personkonzept, das v. a. die Nicht-Zugehörigkeit, das Besser- bzw. Stärker-Sein und das sich aus menschlichen Beziehungen Herauslösenkönnen (oder -müssen) stark akzentuiert, ohne dass aber nach der anderen Seite hin eine konkrete persönliche Beziehung zur höchsten göttlichen Instanz erkennbar würde.

Der Jesus dieser Kindheitsgeschichte ist nicht festgelegt darauf, gut zu sein und Gutes zu tun. Nächsten- und Feindesliebe oder auch die andere Wange hinzuhalten ist seine Devise nicht. Nachdem die Verfasserinnen und Kompilatorinnen es so komponiert hatten, scheint ihm das auch ein genügend großes Publikum keineswegs übel genommen zu haben. Es trug dem Text im Gegenteil sogar eine ausdauernde Sorge für die Bewahrung und Überlieferung dieser Geschichte ein. Sie ging nicht verloren, hat eine weitreichende und lange Wirkungsgeschichte und konnte sich also offensichtlich bei vielen und über lange Zeit hinweg einer großen Wertschätzung erfreuen.[58] Dieser Jesus ist kein liebes Jesulein, ja, es wird sogar mit jeder einzelnen Episode eine Anstrengung unternommen, ihn nur ja nicht als solches erscheinen zu lassen.

Die Botschaft, die hier gesendet und auch angenommen wurde, scheint gerade in dieser Macht zu bestehen, über die Jesus verfügen kann und die er mit wenigen Worten in materielle Kraft und Gewalt zu verwandeln vermag. Die Performativität des Wortes könnte nicht eindrücklicher demonstriert werden als in diesen Geschichten von Jesus als Kind. Diese Botschaft wirkt umso nachdrücklicher dadurch, dass all dies einem bloßen Kind zugeschrieben wird, das von sich aus zu derlei nicht in der Lage sein kann. Die dahinterstehende, gelegentlich angesprochene göttliche Macht, auf die dieses Kind zurückgreifen kann, tritt damit umso deutlicher hervor. Auch die göttliche

---

[57] Diese Pointierung geht auf einen Vortrag von ASAPH BEN-TOV an der FU Berlin zurück (Nutzen des Korans in der Gelehrtenrepublik. Einige Beispiele aus deutschen Universitäten und Lateinschulen des 17. Jahrhunderts, 26. 1. 2016), insbesondere auf Ben-Tovs Ausführungen zu J. C. SCHWARTZ, Specimen Philosophiae Orientalis Antiquissimae ex Corano, Coburg 1719. Schwartz startet in diesem Buch mit einem philosophischen Gottesbeweis und geht in diesem Zusammenhang auch auf die 2. Sure des Korans ein. In der 2. Sure führt Abraham als Argumente u.a. an: »›Mein Herr ist's, der lebendig macht und tötet‹« sowie »›So nimm vier Vögel, und wende sie zu dir! Dann lege einen Teil von ihnen auf jeden Berg, dann rufe sie, so werden sie eilends zu dir gelaufen kommen! Wisse: Gott ist mächtig, weise!‹« – Aussagen, die einigen Passagen des Thomas-Textes sehr ähneln und hier eindeutig als Argumente markiert werden. Der Vergleich lässt deutlich hervortreten, dass diese Stellen in der Kindheitsgeschichte Jesu nach Thomas wohl ebenfalls als *Argumente* verwendet werden. Ich danke Asaph Ben-Tov für diese sich aus seinem Vortrag ergebende Einsicht.

[58] Dazu DAVIS, Christ Child.

Macht wird auf diese Weise besonders in ihrer Kraft und Gewalt profiliert, nicht als freundliche, die Verhältnisse berücksichtigende oder gar Unschuldige schützende Macht, wie sie in der Hebräischen Bibel ja häufig als auf den Plan tretend beschrieben und angerufen wird. Diese offenbar in keiner Weise begrenzte oder Begrenzungsnormen ausgesetzte Macht ist dem Kind zur Verfügung gestellt worden offenbar ohne ein Programm zur Verhinderung von Unbedachtsamkeit und Missbrauch, auch ohne jegliches Programm zum Erlernen eines angemessenen Umgangs mit dieser Macht. Die erzählte Bildungsgeschichte jedenfalls spricht diesen Punkt mit keinem Wort an, ja macht umgekehrt deutlich, dass niemand von den Erziehern und Lehrern dieses Kind zu bändigen vermag. Auch die Erzählerin klagt derlei nicht ein.

Für Kulturkritik lässt der Fokus auf dem Göttlichkeitserweis und der Fremdheit keinen Raum – dieser Jesus ist vollauf damit beschäftigt, seine Macht und Kraft auszuüben, um deren Herkunft an den Tag zu bringen und so alle sozialen Einbindungen, wie auch eine kultur*kritische* Perspektive sie implizieren würde, zu kappen. Damit ist ihm auch keine Gemeinschaft möglich – solange das a-soziale Prinzip der Macht ohne normative Einbindung für die Jesus-Figur maßgeblich ist, kann sie mit anderen Menschen keine Gemeinschaft haben, jedenfalls keine, die mit einer gewissen Verlässlichkeit für *beide* Seiten eine solche wäre. Wie zu dieser Kindheit der erwachsene Jesus aussehen würde, bleibt in der Erzählung des Thomas wohl nicht zufällig offen – die intensiven Gemeinschaftsbildungsprojekte, die bei Lukas zentral sind, könnte man sich hier jedenfalls kaum vorstellen.

Der Jesus in der Darstellung des Thomas ist in geradezu extremer Weise Akteur. Jedoch arbeitet er nicht mit eigenen Ressourcen, die er entwickeln, aufbauen, betreiben, klug einsetzen, haushälterisch verwalten und jedenfalls irgendwie bewirtschaften müsste. Da seine Ressourcen ihm ohne sein Zutun und sozusagen unplattbar aus göttlicher Quelle zur Verfügung gestellt werden, muss er sich als einziger in seiner menschlichen Welt in eine Ökonomie sozialer Beziehungen nicht hineinbegeben, und auch diese Unabhängigkeit vorzuführen ist ein Anliegen des Textes. Ob es sich dabei auch um Autonomie handelt, ist fraglich, denn die göttliche Quelle dieser Ressourcen soll ja als die letzte Instanz aufgefasst werden. Der Jesus in der Erzählung des Thomas ist weit mehr noch als der des Lukas in eine göttliche Sphäre gerückt; Kindheit wird ein Medium, um genau dies eindrücklich vorzuführen.

3 Schluss: Schiefer Vergleich – schräge Transformationen

Damit komme ich zum Schluss. Jesus wird durch den Vergleich mit Heidi und Pippi wohl nicht seiner besonderen Qualitäten bzw. seiner besonderen Wirkungsgeschichte entkleidet, aber ganz entschieden relativiert und partikularisiert. Nicht zuletzt tragen auch die verschiedenen Jesus-Versionen bei Lukas und bei Thomas dazu bei. Nach meiner Art der Lektüre sind alle drei Figuren bzw. deren jeweilige Versionen kulturell eingebettet und zunächst einmal für den jeweiligen kulturellen Kontext dargestellt. Der ist für Lukas, Thomas, Spyri und Lindgren ganz verschieden, und entsprechend auch die Art von sozialer Handlung, die mit dem jeweiligen Text in Rezeptionssituationen entstehen kann. Dass die Figur im Rahmen eines kulturellen Kontextes formiert wird, gilt sowohl für die fiktiven Figuren von Heidi und Pippi als auch für Jesus, die einzige Figur von diesen dreien, die auch als außertextliche Person existiert hat. Die Jesus-Figur ist aber keineswegs die einzige, die in sehr unterschiedlichen Geschichten beleuchtet wird und durch diese multiperspektivische Brechung nicht mehr so recht als *eine* Figur erkennbar ist. Dass auch Heidi und Pippi jede Menge Transformationen durchmachen und eine erhebliche Wirkungsgeschichte haben können, habe ich schon angedeutet. Gleich ob die Erzählung sich ursprünglich auf eine reale Person bezog oder ob es sich von Beginn an nur um eine fiktionale Konstruktion handelt, weisen alle Erzählungen deutlich einen je spezifisch gerichteten Konstruktionscharakter auf. Das ist bei Lukas und Thomas nicht anders als bei Spyri und Lindgren.

Diese Jesus-Transformation der Partikularisierung, des Vergleichs und des kulturkritischen Blicks, aber damit auch der immer erneuten Re-Kontextualisierung findet längst statt und ist im Grunde ein dauernder Prozess kultureller Aneignungen. Man könnte ihn auch als Traditions-Bearbeitungsprozess bezeichnen.[59] Außer Heidi und Pippi ließen sich viele andere Figuren finden, die dabei eine Rolle spielen. Aber die kontextuelle Einbindung in Verhältnisse zu anderen, gleichzeitig relevanten kulturellen Identifikationsfiguren könnte stärker reflektiert werden, zum einen als eine eigene Dimension von Transformationen und zum anderen, um auch bei den eigenen Aneignungsweisen kulturkritische Perspektiven zum Zug kommen zu lassen. Wenn man ohnehin für alle drei Figuren und bei allen vier Texten mit narrativen Konstruktionen zu tun hat, dann liegt es eigentlich nahe, von vornherein diese Konstruktionen zu diskutieren und von Vorannahmen über die jeweilig konstruierten Personen eher wegkommen als an ihnen festhalten

---

[59] Auf die grundlegenden Aspekte des Neu-Erfindens, an aktuelle Situationen Anpassens und ständigen Bearbeitens bei Tradition und überhaupt auf die Vielfalt und Vielschichtigkeit von Traditionen in synchroner Hinsicht ist mittlerweile häufiger hingewiesen worden, vgl. etwa E. HOBSBAWM, Introduction: Inventing Traditions, in: DERS./T. RANGER (Hrsg.), The Invention of Tradition, Cambridge 1983, 1-14; J. R. LEWIS/O. HAMMER (Hrsg.), The Invention of Sacred Tradition, Cambridge 2007; S. PRICKETT, Modernity and the Reinvention of Tradition: Backing into the Future, Cambridge 2009; REDFIELD, Peasant Society and Culture, ch. 3: The social organization of tradition, 40-59; s. auch G. JANCKE, Tradition(en) als kollektive Ressourcen – Nutzung und Formen der Teilhabe in gelehrten Kontexten von der Frühen Neuzeit bis in die Gegenwart, in: M. GRUBER/D. SCHLÄPPI (Hrsg.), Von der Allmende zur Share Economy. Gemeinbesitz und kollektive Ressourcen in historischer und rechtlicher Perspektive (Beiträge zur Rechts-, Gesellschafts- und Kulturkritik 15), Berlin 2018, 131-171.

zu wollen. Umso wichtiger wird es dann, sich über die Normen- und Wertsysteme und den eigenen kulturellen Kontext Rechenschaft zu geben, wenn man mit solchen Figuren umgeht.

An dieser Stelle werden neben den Figuren und Texten selbst v. a. die Aneignungsweisen wichtig. Es geht also bei Transformationen im Grunde um *Praktiken*: Die Aneignungsweisen sind ähnlich wie die *Sprechakte* der Autorinnen mit ihren Texten als *soziale Handlungen* aufzufassen, mit denen Akteurinnen in der eigenen, gegenwärtigen Gesellschaft aktiv werden. Es gibt verschiedene Aneignungsweisen von Figuren wie Heidi, Pippi und Jesus. Eine verbreitete besteht darin, für die eigene Person und soziale Gruppe eine Identifikationsfigur zu suchen, zur Bestätigung und ganz eindeutig im eigenen kulturellen Kontext. Wie existentiell wichtig das sein kann, zeigt etwa Heidis Erfahrung mit der Geschichte des verlorenen Sohnes und v. a. den Illustrationen dazu. Für viele Menschen des 20. und 21. Jahrhunderts, mich eingeschlossen, ist Pippi eine solche Figur. Andere Aneignungsweisen, die ich hier versucht habe zu zeigen, sind diejenigen der historischen Kontextualisierung und der Re-Konstruktion des historischen Sprechakts sowie der Vergleich.

Alle drei Figuren sind – in allen vier Versionen – Individuen. Sie eignen sich als Identifikationsfiguren bzw. als Vorbilder, drei davon sind auch religiöse Leitbilder – wobei Heidi sich, wie die modernen Transformationen in Buch und Film zeigen, auch davon ablösen lässt. Bei Jesus ist das allerdings ebenfalls erstaunlich weitgehend möglich, wie die Studien des Jubilars zu Jesus-Transformationen der Neuzeit gezeigt haben.[60] Dennoch: Auch wenn es nichtreligiöse Jesus-Transformationen mit starken anthropologisierenden Strategien geben mag, haftet der Figur kulturell, so scheint mir, als Religions- und Traditionsstifter unweigerlich eine religiöse und normative Aura an, die bei Heidi und Pippi nicht vorhanden ist. Jede auch noch so säkular angelegte Jesus-Transformation ist zumindest implizit eine Auseinandersetzung mit Religion bzw. ganz konkret mit Kirche und christlichen Versionen bzw. Konstruktionen von Religion. Bei dem hier vorgenommenen Vergleich mit historischer Kontextualisierung wurde diese normativ-religiöse Aura einerseits besonders deutlich, andererseits auch relativiert. Vielleicht ein heilsamer Prozess, um auf alle vorgestellten Texte und die jeweils konstruierte Figur noch einmal aus anderer Perspektive sehen zu können.

Über diese konkreten Beispiele hinaus gilt grundsätzlich: Transkulturelle und transepochale Geltungsansprüche, die für solche Figuren (oder wohl genauer für bestimmte Aspekte solcher Figuren-Konstruktionen) erhoben werden, sind tatsächlich in bestimmten kulturellen Kontexten angesiedelt, werden von bestimmten AkteurInnen vertreten und können wohl kaum ohne Transformationen wirksam werden. Es handelt sich also im Grunde um kontextgebundene Aushandlungsprozesse. Als solche sollten sie auch wahrgenommen werden. Dann müssen die zur Debatte stehenden Figuren nicht über-

---

[60] Besonders prägnant in LEUTZSCH, Jesusvorstellungen der Neuzeit.

frachtet werden. Und dann können die jeweils aktuell beteiligten Menschen sich als Akteurinnen und Akteure verstehen und als solche auch offen sichtbar und hörbar machen.

Wenn man Jesus als Kind vor dem Hintergrund von Heidi und Pippi wahrnimmt, dann zeigt sich, dass nach Lukas nun gerade das Kind Jesus erstens kulturellen und religiösen Standards sehr genau entspricht und zweitens sich auch ausdrücklich um eine solche Entsprechung bemüht. Erst der erwachsene Jesus setzt sich differenziert und kritisch mit solchen Standards auseinander, ebenso wie mit denjenigen Menschen, die auf die Einhaltung bestimmter Normen pochen. Der von Lukas präsentierte zwölfjährige Jesus im Tempel ist zwar außergewöhnlich, aber nicht *anders* als andere und nicht *anderen Normen* folgend, sondern nur *besser* gemäß einem *gemeinsamen* Normen- und Wertesystem. Zusätzlich ist er in höherrangigen Beziehungen verankert, deren Bedeutung von anderen genauso hoch wie von ihm selbst veranschlagt wird. Seine Außergewöhnlichkeit bestätigt die Standards, stellt sie aber nicht in Frage. Kindheit ist nicht als eigene Lebensphase gesehen, die als solche der Darstellung würdig wäre. Das Evangelium des Lukas ist kein Kinderbuch, das sich an Kinder richtet und sich mit Kindern beschäftigt, auch wenn es sicher u. a. von Kindern rezipiert wurde und wird und wenn gelegentlich Kinder darin vorkommen, in einigen Fällen auch als Akteurinnen.[61] Bei Thomas wiederum entspricht Jesus v. a. in den auf Bildung bezogenen Episoden den kulturellen Standards seiner Gesellschaft in ähnlicher Weise so, dass er anderen seines Alters voraus ist und sie ebenso wie seine Lehrer überragt. Mit seinen besonderen Kräften, seiner Macht über Leben und Tod wiederum wird Jesus den Gottesprädikaten angenähert und zugleich handelnd als außerhalb der kulturellen Standards sich bewegend gezeigt.

Jesus als Streber, der immer Papas Bester sein will, der gar über Papas Ressourcen frei verfügen kann? Oder eher so: Die Texte zeigen sehr unterschiedliche Kindheitskonzepte und Literatursysteme in den jeweiligen Gesellschaften, auf die sie bezogen sind? Die Jesus-Figur des Lukas wird sich auch im Erwachsenenalter als Kind definieren, ebenso wie der verlorene Sohn des Gleichnisses dies tat und wie es in antiken und anderen vormodernen Gesellschaften weitgehend üblich war. Die Jesus-Figur des Thomas gibt es nur als Kind, um gerade so seine göttliche Begabung hervorzuheben. Man kann diese Jesus-Figuren nicht in einem absoluten Sinne messen an Figuren wie Heidi oder Pippi, die in einer anderen Gesellschaft mit anderen Literatursystemen und mit anderen Konzepten von Kindheit entstanden sind.

---

[61] Z. B. Johannes als Fötus (Lk 1,41), die zwölfjährige Tochter des Jaïrus (Lk 8,42), die zu Jesus gebrachten Kleinkinder (Lk 18,15-17); als Vergleich zu Kindern, die auf dem Marktplatz sitzen und einander abwechselnd zurufen: »Wir haben euch aufgespielt, / doch ihr habt nicht getanzt! / Wir haben Klagelieder gesungen, / doch ihr habt nicht geweint!« (Lk 7,32, nach BigS).

Neben solchen Differenzen gibt es auch Ähnliches. Grundsätzlich sind alle vier Figuren in unterschiedlicher Weise fremd in ihren jeweiligen Kontexten, wozu ihre Kindheit in unterschiedlicher Weise beiträgt. Insbesondere sind alle vier mit besonderen, ihr jeweiliges Alter übersteigenden Fähigkeiten ausgestattet. Dadurch überschreiten sie die Grenzen der Lebensphasen und stellen auch eine Entwertung von Zeit im Sinne der üblichen Entwicklungsstufen dar.[62] So wie Jesus von Lukas und von Thomas als *puer senex* dargestellt wird, sind auch die von Johanna Spyri und Astrid Lindgren beschriebenen Mädchen *puellae senes.*[63]

Neben den beiden antiken Jesus-Figuren verfügen damit auch Heidi und Pippi als Kinder-Figuren der Moderne über außergewöhnliche, ihr Alter weit übersteigende Fähigkeiten, über eine Weisheit, die man eher bei viel älteren Menschen erwarten würde. Sie sind starke Persönlichkeiten, die als Akteurinnen in ihrer Welt wirksam werden können. Von den Normen und Wertsystemen ihrer Gesellschaft haben sie nicht nur wenig Kenntnis, sie entwickeln darauf sogar mit zunehmender Kenntnis einen ausgesprochen kritischen Blick. Wie die Erzählungen so nach und nach zeigen, sind ihre *Erfahrungen* ein Prüfstein. Die Mädchen bringen entweder - als Naturkind oder als edle Wilde - bereits ein alternatives, als Korrektur wirksames Normensystem mit, oder sie entwickeln es im Laufe ihrer Interaktionen mit einer vorstrukturierten Welt.[64] Man muss dazu nicht Jesus sein oder mit einer besonderen Gottesbeziehung, mit besonderen, göttlichen Kräften aus anderen herausgehoben und von ihnen grundsätzlich unterschieden sein. Man muss auch dazu nicht männlich sein, man muss keine Eltern haben - weder zwei noch drei -, man muss nicht gelehrt sein und nicht Zugang zu den Vertreterinnen der höchstmöglichen Bildung bekommen. Es geht auch so, auf bescheideneren kulturellen Grundlagen, mit oder ohne Religion, aber auf jeden Fall ohne Pfarrer und Kirche.

Heidi ist als *puella senex* eine soziale und religiöse Akteurin, die soziale Beziehungen gestaltet und dabei sich selbst selbstbewusst als eine wichtige

---

[62] Zu diesem Aspekt vgl. die wichtige Studie von Gnilka, Aetas spiritalis, wo auch auf Lk 2,41-51a eingegangen wird (45. 183. 231. 234. 238. 239-241); zum Jesus des Lukas unter dem Aspekt von für sein Alter ungewöhnlicher Weisheit s. de Jonge, Sonship, 321-324. 339-345. 348 f., und Krückemeier, Der zwölfjährige Jesus im Tempel, beide mit Diskussion von Vergleichsmaterial aus der antiken biographischen Literatur, aber ohne explizit das Motiv des *puer senex* zu nennen.

[63] Curtius, Europäische Literatur; A. Adler, Eneas and Lavine: Puer et puella senes, in: Romanische Forschungen 71, 1/2 (1959), 73-91; Gnilka, Aetas spiritalis, 31 f. Anm. 5 mit Hinweis, dass »unter dem Begriff des *puer senex* immer auch die ideale Vorstellung der *puella anilis* mitzuverstehen« sei; Wissmer, Heidi, 49.

[64] Zu Heidi s. Wissmer, Heidi, 49. 55. Auch Pippi dürfte eine edle Wilde sein, neben ihr auch noch ihr Vater sowie die SüdseebewohnerInnen. Zugleich ist sie aber auch die beste edle Wilde im Rahmen der Figuren der drei Pippi-Bände, so ähnlich wie Karlsson immer der beste Karlsson der Welt ist - auch wenn sie bescheidener ist und sich nicht selbst lobt.

Ressource in das Leben anderer und in ein gemeinsames Leben einbringt und die ihrerseits durch das Gebet auf göttliche Ressourcen zurückgreift. Pippi ist - neben vielem anderen - eine Philosophin, die ständig die Konstruktionen ihrer Gesellschaft ernst nimmt und genau abklopft, um ihren Sinn und ihre Geltungskraft herauszufinden, und die selbst Praktiken eines guten Lebens ausprobiert.[65] Jesus ist einer, der schon als Junge seine außerordentlichen gelehrten Fähigkeiten, seine Kräfte und seinen Auftrag als Gesandter Gottes wahrnimmt und diesen konsequent durch alle Widrigkeiten hindurch verfolgt, so wie er ihn versteht. Alle drei Figuren - d. h. Heidi, Pippi und der Jesus des Lukas - befassen sich damit, was gutes Leben eigentlich ist, wie man das herausfindet und wie man das lebt. Aus diesem Modell der Konstruktion von vorbildhaften Figuren fällt der Jesus des Thomas heraus - für diese an ethischen Personkonzepten orientierten Aneignungsweisen ist er offensichtlich nicht gedacht.

Gerade in ihrer jeweiligen Kontextgebundenheit können alle vier Figuren und ihre Transformationen zu diesen existentiellen Angelegenheiten auch kontextübergreifend wichtige Auskünfte geben und Fragen stellen. Und die Fragen, die sich nicht zuletzt aus ihren unterschiedlichen Arten von Fremdheit ergeben, sind vielleicht das Wichtigste daran.

---

[65] S. Pierre Hadot, Exercices spirituels et philosophie antique, Paris 1981 (dt. Übersetzung mit z. T. veränderten Kapiteln u. d. T.: Philosophie als Lebensform. Antike und moderne Exerzitien der Weisheit, Frankfurt a. M. 2002), der auf die Traditionen dieser Auffassung von Philosophie als Kunst des guten Lebens in den geistlichen Institutionen des Mittelalters hinweist (v.a. Klöster). Vgl. ferner: L. J. Jost/R. A. Shiner (Hrsg.), Eudaimonia and Well-Being: Ancient and modern concepts (Apeiron 35, 4), Kelowna 2002, und J.-E. Pleines, Eudaimonia zwischen Kant und Aristoteles. Glückseligkeit als höchstes Gut menschlichen Handelns, Würzburg 1984.

Der spielende Jesus

Georg Herbert Meads Spieltheorie als Zugang zu Jesusvorstellungen in Christopher Moores Roman *Die Bibel nach Biff* und in der apokryphen *Kindheitserzählung des Thomas 2*

Jonathan Frommann-Breckner

1 Einleitung

Wie könnte Jesus im Kindesalter beim Spielen seine religiöse Identität entwickelt haben? Wie wird diese Entwicklung in Apokryphen und Belletristik dargestellt? Beide Fragen beantworte ich exemplarisch anhand der apokryphen *Kindheitserzählung des Thomas 2*[1] (KThom) und eines Auszugs aus Moores Roman *Die Bibel nach Biff*[2]. Meine Wahl fällt auf diese beiden Texte, weil darin im Unterschied zu den biblischen Evangelien der Zeitraum von der Kindheit Jesu bis zu seinem frühen Erwachsenenalter ausführlicher dargestellt wird. In den biblischen Evangelien vorhanden sind lediglich Überlieferungen zur Geburt Jesu (Mt 1,18-2,12; Lk 1,26-38; 2,1-38), zur anschließenden Flucht nach Ägypten bzw. späteren Rückkehr nach Nazareth (Mt 2,13-23; Lk 2,39-40) und

---

[1] Kaiser problematisiert den alternativen Titel *Kindheitsevangelium nach Thomas* (EvInfThom), da er anfänglich vermutlich eher *Die Kindheitstaten Christi* (*παιδικὰ τοῦ Χριστοῦ*) gelautet habe und die Bezeichnung Evangelium inhaltliche Überschneidungen mit den kanonischen Evangelien suggeriere. Vgl. U. U. Kaiser, Die Kindheitserzählung des Thomas, in: C. Markschies/J. Schröter (Hrsg.), Antike christliche Apokryphen in deutscher Übersetzung, Bd. 1: Evangelien und Verwandtes. Teilband 2, Tübingen [7]2012, 930-959, hier: 936. Vgl. Dies., Jesus als Kind. Neuere Forschungen zur Jesusüberlieferung in den apokryphen »Kindheitsevangelien«, in: J. Frey /J. Schröter (Hrsg.), Jesus in apokryphen Evangelienüberlieferungen. Beiträge zu außerkanonischen Jesusüberlieferungen aus verschiedenen Sprach- und Kulturtraditionen (WUNT 254), Tübingen 2010, 253-269, hier: 253 f. Cullmann nennt weitere Titel, die je nach Handschrift variieren können: *Kindheit des Herrn Jesus, Thomas, des israelitischen Philosophen Bericht über die Kindheit des Herrn* und *Schrift des heiligen Apostels Thomas über den Wandel des Herrn in seiner Kindheit.* Vgl. O. Cullmann, Kindheitsevangelien, in: W. Schneemelcher (Hrsg.), Neutestamentliche Apokryphen. In deutscher Übersetzung, Bd. 1: Evangelien, Tübingen [6]1990, 352. Aufgrund dieser Gemengelage verwenden sowohl Kaiser als auch Cullmann etwas allgemeiner den Titel *Kind-Kindheitserzählung des Thomas,* die ich in abgekürzter Form übernehme.

[2] Vgl. C. Moore, Die Bibel nach Biff. Die wilden Jugendjahre von Jesus, erzählt von seinem besten Freund, übers. v. J. Ingwersen, München [34]2002, 20 ff.

zu seinem Auftreten im Tempel im Alter von zwölf Jahren (Lk 2,41-52). Texte wie KThom 2 und den Roman[3] verstehe ich in Anlehnung an Kaiser als erzählerische Versuche, solche biografischen Leerstellen aufzufüllen und die kanonischen Evangelien zu ergänzen.[4]

Vor diesem Hintergrund erkläre ich einleitend, wieso KThom als apokryph gewordener Text beurteilt wird und welcher theologische Eigenwert ihr im Verhältnis zu den biblischen Evangelien beigemessen werden kann. Luther und Röder weisen darauf hin, dass die Autorität der Bibel in ihrer Apostolizität, Historizität und häufigen Rezeption gründe.[5] Apokryphen hingegen erfüllen diese Kriterien nicht, was an ihren möglichen Erzählfunktionen deutlich werde: Sie harmonisieren biblische Texte, vertiefen sie, interpretieren sie um, konkurrieren mit ihnen, protestieren gegen sie bzw. unterhalten anders als sie.[6] Folglich gilt KThom als apokryph in dem Sinne, dass sie nicht kanonisch ist, eben weil sie manche dieser Funktionen erfüllt. Unabhängig davon begreife ich sie auch in dem übertragenen Sinne als apokryph, dass sie die weitestgehend verborgene Phase von Jesus als Kind ausgestaltet und in dieser Ausgestaltung eine bis dahin verborgene Christologie erkennen lässt. Diese Übertragung hat insofern ihre Berechtigung, als Apokryphes per definitionem auch Verborgenes bezeichnen kann. Obwohl KThom und im Übrigen auch der Roman nicht die Autorität der biblischen Evangelien in Bezug auf Aussagen über die Offenbarung Gottes in Jesus als Christus besitzen, halte ich beide Texte aus theologischer Sicht für hochinteressant: Denn sie bezeugen die Wahrheitssuche von Menschen, die sich Einblicke in die Persönlichkeitsentwicklung des Kindes Jesus wünschen und bereits in seinem frühen Auftreten Andeutungen seiner späteren Messianität erhoffen. Ein Spiel ist in diesem Zusammenhang von Bedeutung, weil Jesus dabei Erfahrungen macht, die seine religiöse Sozialisation widerspiegeln und seine messianische Identität prägen.

Zusätzlich zur soeben vorgenommenen Bestimmung des Verhältnisses von KThom und des Romans zu den biblischen Evangelien begründe ich einleitend meine Vorgehensweise zur Beantwortung der eingangs gestellten Fragen. Da Menschen vielfältige Spielerfahrungen mitbringen und eine Vielzahl von Spieltheorien besteht, bedarf es eines theoretischen Ansatzes, der wissenschaftliche Kriterien für die Analyse und Deutung beider Texte bereithält.

---

[3] Im Folgenden meine ich mit »Roman« nicht die Textsorte, sondern der Einfachheit halber immer »Die Bibel nach Biff«.

[4] Vgl. KAISER, Die Kindheitserzählung des Thomas, 937 f. Vgl. DIES., Jesus als Kind, 260 f.

[5] Vgl. S. LUTHER/J. RÖDER, Der neutestamentliche Kanon und die neutestamentliche apokryphe Literatur. Überlegungen zu einer Verhältnisbestimmung, in: E.-M. BECKER/S. SCHOLZ (Hrsg.), Kanon in Konstruktion und Dekonstruktion. Kanonisierungsprozesse religiöser Texte von der Antike bis zur Gegenwart. Ein Handbuch, Berlin/Boston 2012, 469-501, hier: 474 ff.

[6] Vgl. LUTHER/RÖDER, Der neuttestamentliche Kanon, 479.

Meads Text *Spiele und Spielen als Beiträge zur Genese des Ich*[7] eignet sich als Grundlage, weil er darin eine entwicklungspsychologische Perspektive einnimmt und spielerische Wege der Identitätsfindung darstellt. Andererseits bin ich mir dessen bewusst, dass eine moderne Spieltheorie wie von Mead, ein antikes Spielverständnis wie in KThom 2 und eine literarische Darstellung eines Spiels wie in dem Roman nicht über einen Kamm geschert werden können. Meads Spieltheorie mache ich mir daher methodisch nur insofern zu eigen, als ich daran anlehnend zwischen den Rollen, Regeln und Resultaten eines Spiels unterscheide. Diese Unterscheidung ermöglicht es zum einen, die in KThom 2 und in dem Roman vorkommenden Spiele aus denselben drei Blickwinken zu analysieren und zu deuten. Zum anderen ermöglicht sie es, inhaltliche Gemeinsamkeiten und Unterschiede von KThom 2 und des Romans im Hinblick darauf zu vergleichen, wie der jeweils dargestellte Jesus im Kindesalter beim Spielen seine Identität entwickelt.

2 Georg Herbert Meads Spieltheorie

2.1 Spiel als Mittel der Identitätsfindung

Mead vertritt die These, dass die Entwicklung eines kindlichen Selbstbewusstseins in einem untrennbaren Verhältnis zu der Prägung durch die jeweilige Gesellschaft stehe, in die ein Kind hineingeboren ist. Das Selbstbewusstsein deutet er dementsprechend als ein Ergebnis von Sozialisation, da ein Individuum »nur in Beziehung zum Ich der anderen Mitglieder einer sozialen Gruppe ein Ich«[8] besitze. Sprachliche Kommunikation sei bei der Entwicklung eines Selbstbewusstseins ein Mittel, um die individuelle bzw. kollektive Identität auszudrücken. Denn ein verbales »Symbol [sollte, J. F.-B.] bei einem selbst das hervorrufen [...], was es bei einem anderen Individuum bewirkt.«[9] In diesem Zitat deutet sich der sogenannte symbolische Interaktionismus an, den Dittmar wie folgt erklärt: »*Via* Interaktion hat Sprache *direkt* soziale Bedeutung, und *via* Sprache stellt sich soziale Ordnung her.«[10] Mead setzt sich also mit der Frage auseinander, wie Sprache eine Verständigung ermöglichen kann und Selbstbewusstsein im Horizont von Gemeinschaftsbewusstsein entsteht.

In diesem Zusammenhang misst er einem geregelten Spiel eine besondere Bedeutung bei. Dabei könne sich ein Kind nämlich mit anderen zum einen

---

[7] Vgl. G. H. MEAD, Spiele und Spielen als Beiträge zur Genese des Ich (posthum 1956), in: H. SCHEUERL (Hrsg.), Das Spiel, Bd. 2: Theorien des Spiels, Weinheim/Basel [12]1997, 112–123.

[8] MEAD, Spiele und Spielen, 122.

[9] MEAD, Spiele und Spielen, 122.

[10] N. DITTMAR, Grundlagen der Soziolinguistik. Ein Arbeitsbuch mit Aufgaben (Konzepte der Sprach- und Literaturwissenschaft 57), Tübingen 1997, 89.

über den Spielablauf verständigen, zum anderen könne es zwischen der eigenen Perspektive als Spielerin und den Perspektiven ihrer Mitspielerin wechseln. Mithilfe eines solchen Perspektivwechsels könne es Mead zufolge gelingen, »seinem Ich als ein anderer gegenüberzutreten«[11] und so der eigenen Rolle bewusst zu werden. Zugleich bestehe für das Gelingen eines Spiels die Notwendigkeit, »Haltung[en] der gesamten Gemeinschaft«[12] zu verkörpern und daraus Spielregeln abzuleiten. Bezug nehmend auf Mead fasst Pohlmann deshalb zusammen, dass ein wichtiges Resultat eines Spiels »die Herausbildung basaler Formen von Selbstreflexivität«[13] sei. Um die hier anklingende Differenzierung zwischen Selbst- und Fremdbild zu verstehen, betrachte ich im weiteren Verlauf die drei soeben angerissenen Blickwinkel: die Rollen, Regeln und Resultate eines Spiels.

2.2 Rollen des Spiels: Einüben anderer Perspektiven

Während eines Spiels könne sich ein Kind nach Meads Verständnis »einen unsichtbaren, imaginären Spielgefährten«[14] schaffen - z. B. »eine Mutter, einen Lehrer, einen Polizisten«[15]. Beim inneren Dialog mit diesen Spielgefährten komme es zu einer Selbstbegegnung, die Popitz in Anlehnung an Mead am Beispiel des Rollenspiels »Mutter und Kind« veranschaulicht: Ein Kind kann sich beim Puppenspiel in seine Mutter hineinversetzen und dem Puppenkind - also im übertragenen Sinne sich selbst - gegenübertreten.[16] Einerseits nimmt es in diesem Fall die Außenperspektive der Erziehungsberechtigten ein, die z. B. Entscheidungen abwägen muss und Verbote aussprechen kann. Andererseits lernt es Hierarchien kennen und wird auf sein eigenes Selbst verwiesen, da es z. B. sein Angewiesensein auf mütterliche Fürsorge wahrnimmt und auf etwaige Verbote reagieren kann. Es sieht sich im Zuge dessen, wie Popitz es treffend veranschaulicht, »mit anderen Augen«[17]. Pohlmann verwendet eine vergleichbare Veranschaulichung für die Herausbildung eines Selbstbewusstseins, wenn er von »*Verdopplung*«[18] im folgenden Sinne spricht: »Ich kann mit *mir* sprechen, über *mich* nachdenken, bin zugleich Subjekt und Objekt einer Kommunikation mit mir selbst, also ‚doppelt da'.«[19]

Eine wichtige Voraussetzung für das Einüben einer neuen Perspektive bei einem Spiel ist das Beobachtungslernen, bei dem andere für eine Rolle typisch erscheinende Verhaltensweisen eine so starke Aufmerksamkeit bei einem

---

[11] MEAD, Spiele und Spielen, 113.
[12] MEAD, Spiele und Spielen, 115.
[13] F. POHLMANN, Die soziale Geburt des Menschen. Einführung in die Sozialpsychologie und Anthropologie der frühen Kindheit, Weinheim/Basel 2000, 87.
[14] MEAD, Spiele und Spielen, 112.
[15] MEAD, Spiele und Spielen, 112.
[16] Vgl. H. POPITZ, Wege der Kreativität, Tübingen ²2000, 17.
[17] POPITZ, Wege der Kreativität, 16.
[18] POHLMANN, Die soziale Geburt, 83.
[19] POHLMANN, Die soziale Geburt, 83.

Kind erzeugen, dass es sie nachahmt. Diese Nachahmung beschreibt Bandura als ein »Lernen am Modell«[20], wobei ein Kind Lebenskonzepte er- und überarbeitet, wie es sich z. B. als Teil einer Familie verhalten könnte oder sollte. Dementsprechend besteht der Lernzuwachs Mead zufolge im beginnenden Wissen darüber, welche Verhaltensweisen für eine Rolle charakteristisch sind, und in der sicheren Erwartung, dass diese Verhaltensweisen von allen Beteiligten in anderen Rollen ebenfalls verstanden werden. Diese Entsprechung von Eigen- und Fremdperspektive beschreibt er anhand von Reiz-Reaktions-Konzepten: »[D]as Kind verfügt über eine bestimmte Gruppe von Reizen, die bei ihm selbst dieselben Reaktionen wie bei anderen wecken würden und die der Vorstellung von [...] [einer Rolle, J. F.-B.] entsprechen.«[21] Dass die kindliche Übernahme von Verhaltensmustern bei einem Spiel jedoch keinem vollständigen Perspektivwechsel, sondern einer kurzzeitigen Nachahmung gleichen könne, betont er ausdrücklich. Als Gründe nennt er, dass Rollen mitunter beliebig gewählt und spontan gewechselt würden.[22]

2.3 Regeln des Spiels: Übernahme von sozialen Haltungen

Ein geregeltes Spiel, so Mead, könne diese Beliebigkeit und Spontaneität einschränken, da Regeln ein Bewusstsein für die jeweils anderen Rollen schaffen und auf gegenseitige Kooperationen abzielen würden.[23] Baseball nennt er als Beispiel, um die zwischenmenschlichen Wechselbeziehungen einer bestimmten sozialen Ordnung – in diesem Fall diejenige einer Sportmannschaft – zu veranschaulichen: »Die Handlungen des Baseballspielers werden dadurch kontrolliert, daß er zugleich er selbst und jeder andere Spieler der Mannschaft ist, jedenfalls soweit deren Haltungen jeweils Einfluß auf seine eigene Reaktion haben.«[24] Für ihn ist es demnach wichtig, bestimmte Schlagpräferenzen des Batters zu antizipieren, damit sie den Ball schnellstmöglich unter Kontrolle bringen kann. Andersherum verlassen sich ihre Mitspielerinnen darauf, dass er ihr Stellungsspiel berücksichtigt und sich im Spiel ohne Ball an der geeigneten Stelle bereithält. Eine Mannschaft, deren Spieler aufeinander abgestimmt und organisiert sind, wird von Mead als »der ›generalisierte Andere‹« bezeichnet.[25]

Ohne die folgende Begrifflichkeit einzuführen, impliziert Meads Überlegungen des Weiteren die Annahme, dass ein geregeltes Spiel ein Kind auf sein zukünftiges »Spiel des Lebens« als Erwachsener vorbereitet. Denn wie ein Kind mithilfe von Regeln die Haltungen seiner Mannschaft einnimmt, so

---

[20] A. BANDURA, Sozial-kognitive Lerntheorie, hg. v. R. VERRES u. übers. v. H. KOBER (Konzepte der Humanwissenschaften), Stuttgart 1979, 39.
[21] MEAD, Spiele und Spielen, 113.
[22] Vgl. MEAD, Spiele und Spielen, 113.
[23] Vgl. MEAD, Spiele und Spielen, 113.
[24] MEAD, Spiele und Spielen, 115.
[25] MEAD, Spiele und Spielen, 115.

»übernimmt [es später, J. F.-B.] die sittlichen Normen [...] [seiner, J. F.-B.] Gesellschaft und wird zu einem wirklichen Mitglied.«[26] Diesen Lernprozess erläutere ich wiederum am Beispiel von Baseball. Falls eine Mannschaft für das Ende der Saison einen Platz in der oberen Tabellenhälfte anvisiert, kann es z. B. darauf ankommen, dass sie sich zuvor erreichbare Trainingsziele setzt, kontinuierlich die Taktik verbessert, individuelle Stärken in den Dienst der Mannschaft stellt, bei einem Spiel geschlossen auftritt und Spielereignisse kritisch reflektiert. Dabei sind Verhaltensregeln nicht nur auf den Sport beschränkt, sondern beziehen sich außerdem auf verantwortliches Handeln abseits des Spielfeldes. Deshalb stellt Mead Organisation und Kooperation als lebensumfassende Spielregeln des Miteinanders heraus.

2.4 Resultate des Spiels: Entwicklung eines selbstbewussten Ich

Im letztgenannten Zitat weist Mead implizit außerdem auf eine Chance eines geregelten Spiels hin, das ein grundlegendes, menschliches Bedürfnis befriedigt: den Wunsch des Dazugehörens zu einer sozialen Gruppe. Um eine solche Zugehörigkeit zu erreichen, seien Bourdieu zufolge »*Beziehungen* gegenseitigen Kennens oder Anerkennens«[27] von grundlegender Bedeutung. Er beschreibt beides in diesem Kontext als soziales Kapital. Welcher Wert im Begriff Kapital anklingt, verdeutliche ich ebenfalls am Beispiel von Baseball. Ein Spieler kann mit einem Spielverhalten bestimmte Reaktionen seiner Mitspieler auslösen. Eine Voraussetzung für dieses Auslösen ist, dass es zwischen ihnen einen Konsens über die Frage gibt, wer in welcher Situation und zu welchem Zeitpunkt zu einer bestimmten Position läuft. Deshalb sprechen Schlögl-Flierl und Flierl davon, dass »bei einem Spiel Regeln den Raum für Kreativität, Entwicklung und planerisches Denken eröffnen«[28]. Je besser ein solcher Spielraum genutzt wird, desto wahrscheinlicher ist eine Aussicht auf Erfolg. Diese kreativ-konstruktive Haltung schweißt die Mitglieder einer Mannschaft nicht nur zusammen, sondern ist gleichzeitig Ausdruck eines besonderen Selbstbewusstseins im Horizont eines Gemeinschaftsbewusstseins.

Das aus einem geregelten Spiel gewonnene Selbstbewusstsein im Sinne eines Bewusstseins von sich selbst innerhalb eines Sozialgefüges hält Mead für eine Voraussetzung von Identität. Einerseits beziehe sich Identität auf ein »Erwachen der Gruppe von Haltungen in uns selbst, die wir bei anderen hervorrufen«[29]. Aus Sicht der Innenseite des Ich bedeute Selbstbewusstsein also,

---

[26] MEAD, Spiele und Spielen,119.

[27] P. BOURDIEU, Ökonomisches Kapital – Kulturelles Kapital – Soziales Kapital, in: DERS., Die verborgenen Mechanismen der Macht, hg. v. M. STEINRÜCKE u. übers. v. J. BOLDER (Schriften zu Politik & Kultur 1), Hamburg 2005, 49-79, hier: 63.

[28] K. SCHLÖGL-FLIERL/A. FLIERL, »Und er ist nur da ganz Mensch, wo er spielt«. »Spielerische« Aspekte ethischen Denkens, in: MThZ 61 (2010), 36-42, hier: 36.

[29] MEAD, Spiele und Spielen, 122.

dass es eine Echtheit gibt, bei der eine Haltung und ein Verhalten kongruent sind. Es kann zu Übereinstimmungsproblemen kommen, sofern ein anderer Mensch das Bild nicht bestätigt, das jemand von sich hat oder präsentiert. Andererseits schließe Identität »die Fähigkeit [ein, J. F.-B.], bei uns selbst eine Reihe von bestimmten Reaktionen hervorzurufen, die für die anderen Mitglieder der Gruppe charakteristisch sind.«[30] Im Hinblick auf Gemeinschaften hebt Mead dementsprechend die Wichtigkeit von Normen und Werten hervor, denen ihre Mitglieder entsprechen sollen. Falls es zu keiner solchen Entsprechung kommt, kann diese Situation der Auslöser für die Gründung weiterer Gruppen sein, in denen sich Andersdenkende und -fühlende vereinigen. Diese Wechselwirkungen in Meads Ausführungen zum Selbstbewusstsein fasst Ziebertz wie folgt zusammen: »Identität resultiert insofern aus Interaktion, denn *was jemand von sich weiß, das er ist, ist er auch durch andere, die ihn dafür halten, dass er so ist.*«[31]

3 Apokryphe »Kindheitserzählung des Thomas 2«

3.1 Spiel als Auslöser eines identitätsstiftenden Konflikts

Der folgenden inhaltlichen Zusammenfassung von KThom 2 liegen die Übersetzungen zweier Textzeugen zugrunde[32]: Kaisers Übersetzung von Tischendorfs als Rezension A bekannter Edition aus dem 15./16. Jahrhundert (*Ga*) ist bedeutsam, da diese griechische Version in der Forschungsgeschichte am meisten beachtet wurde.[33] Felschs Übersetzung der Handschrift *Sabaiticus* (*Gs*) von 1089/1090 ist bedeutsam, da es sich hierbei um die älteste bekannte griechische Version handelt und sie kaum von späteren Zusätzen verändert wurde.[34]

Die Handlung von KThom 2 beginnt mit der Situation, als der fünfjährige Jesus an der Furt eines Stromes (*Ga*) bzw. Flusses (*Gs*) mit fließendem Wasser spielt, das er in Gruben leitet und vom Schmutz reinigt. Beides vollbringt er nicht durch eine Tat (*Gs*), sondern mit einem gebieterischen (*Ga*) bzw. bedeutungstragenden (*Gs*) Wort. Nachdem er den weich gewordenen Lehmboden vorbereitet hat, formt (*Ga/Gs*) er daraus zwölf Sperlinge (*Ga*) bzw. Spatzen

[30] MEAD, Spiele und Spielen, 122.

[31] H.-G. ZIEBERTZ, Wozu religiöses Lernen? Religionsunterricht als Hilfe zur Identitätsbildung, in: G. HILGER/S. LEIMGRUBER/DERS. (Hrsg.), Religionsdidaktik. Ein Leitfaden für Studium, Ausbildung und Beruf, München [4]2015, 142-154, hier: 147.

[32] Kaiser schildert detailliert, welche Bedeutung diese und weitere Überlieferungen von KThom für die bisherigen oder zukünftigen Forschungen zu KThom hatten oder noch haben könnten. Vgl. KAISER, Die Kindheitserzählung des Thomas, 931 ff.

[33] Vgl. KAISER, Die Kindheitserzählung des Thomas, 945 f.

[34] Vgl. D. FELSCH, Spielender Schöpfer (Erschaffung der Spatzen). KThom 2 (arabK 36.46; Koran Sure 3,49), in: R. ZIMMERMANN (Hrsg.), Kompendium der frühchristlichen Wundererzählungen, Bd. 1: Die Wunder Jesu, Gütersloh 2013, 827-831, hier: 827.

(*Gs*). Dieses Spiel, bei dem viele Kinder mitspielen (*Ga*) bzw. bei dem sie dabei sind (*Gs*), findet am Sabbat statt. Es nimmt ungehindert seinen Lauf, bis die Empörung eines Juden einen Wendepunkt im Geschehen einleitet. Nachdem er Jesus nämlich beim Spielen gesehen hat, geht er zu dessen Vater Josef. Er teilt ihm seine Beobachtung mit (*Ga*) bzw. erhebt die Beschuldigung (*Gs*), dass Jesus Lehm am Sabbat benutze, um Tiere daraus zu formen. Auf diese Weise habe Jesus den Sabbat entweiht (*Ga*) bzw. mit der Lehmherstellung etwas Unerlaubtes getan (*Gs*). Daraufhin kommt Josef zu Jesus, um mit ihm zu schimpfen (*Ga*) bzw. ihn zu tadeln (*Gs*). Er fragt seinen Sohn, warum er dies tue (*Ga/Gs*), obwohl es nicht erlaubt sei (*Ga*). Anstatt sich zu rechtfertigen oder zu entschuldigen, klatscht Jesus in die Hände. Gleichzeitig ruft er den Lehmvögeln zu (*Ga*) bzw. gebietet ihnen im Beisein aller (*Gs*), dass sie fortfliegen sollen. Anschließend fliegen sie tschilpend (*Ga*) bzw. zwitschernd (*Gs*) los. Schließlich gehen die anwesenden Juden voller Erstaunen weg und erzählen ihren Obersten von dem Gesehenen (*Ga*) bzw. der anwesende Pharisäer staunt darüber und berichtet es seinen Freunden (*Gs*).

In diesen Überlieferungen von KThom 2 fallen mehrere Aspekte auf: Erstens wird das Kind Jesus nicht als herausragender Messias gefeiert, sondern Macht und Recht des Spiels eines Kindes am Sabbat stehen zur Debatte. Obwohl Jesus mit anderen Kindern spielt, spielt er auf eine andere Weise als sie. Diese Spielweise sorgt unter den Erwachsenen, aber nicht unter seinen Gleichaltrigen für Aufsehen. Der Auslöser des Anstoßes besteht darin, dass Erwachsene das Spiel mit Lehm als eine solche Art von Arbeit auffassen, die Kindern wegen des zeitgleichen Sabbats nicht erlaubt sei. So gesehen bedarf die Rollenverteilung zwischen Kindern und Erwachsenen einer genaueren Betrachtung. Zweitens entwickelt Jesus auch kanonischen Evangelien zufolge durch seine Abgrenzung von den Pharisäern eine eigene religiöse Identität, wie z. B. Mk 2,23-28 bezeugt. Im Rahmen dieser Auseinandersetzungen geht es vor allem um die Grenzfälle des Sabbats. Aus theologischer Sicht stellt sich mir in Bezug auf KThom 2 deshalb die Frage, welches Sabbatverständnis hierin vorausgesetzt wird und inwiefern Jesus dieses Sabbatverständnis ernst nimmt. Drittens beinhalte sein Verhalten neben einer kindlichen auch eine göttliche Dimension, was Klauck zufolge am Erzählstil von KThom 2 deutlich werde, der demjenigen der Wundergeschichten im Neuen Testament ähnele. Seiner Meinung nach lassen sich in ihr entsprechende »Aufbauelemente [...] wie [...] wunderwirkendes Wort, Konstatierung des geschehenen Wunders, Demonstration und Chorschluss [...] nachweisen.«[35] Diesem theologischen Eigenwert von KThom 2 und ihren anderen Kapiteln stehen in exegetischen Ansätzen der letzten Jahrzehnte mitunter scharfe Kritiken gegenüber, weshalb das Spiel Jesu in KThom 2 im Laufe der Rezeptionsgeschichte ambivalent gewertet wurde.

---

[35] H.-J. Klauck, Apokryphe Evangelien. Eine Einführung, Stuttgart 2002, 100.

3.2 Rollen des Spiels: Kinder und Erwachsene

Um die Rollenverteilung zwischen Kindern und Erwachsenen in KThom 2 genauer zu betrachten, sind sozialgeschichtliche Vorbemerkungen zur Bedeutung von Spielen im antiken Mittelmeerraum wichtig. Die Untersuchung von Hübner hat ergeben, dass u. a. judäische und israelitische Kinder mit lebenden und künstlichen Tieren gespielt haben.[36] Als Beispiel für ein solches Spiel nennt er die Domestizierung von Vögeln, die u. a. in Ijob 40,29 als bekannt vorausgesetzt wird.[37] In dieser Tradition könnte KThom 2 stehen, obwohl darin sicherlich ein Unterschied zu einem Spiel mit lebenden Tieren auffällt, da die Lehmvögel zu Beginn noch leblos sind und erst zum Ende belebt freigelassen werden. Das in alttestamentlichen Texten wie Ijob 40,29 häufig verwendete hebräische Verb *ṣiḥeq*, dass Metzenthin zufolge einen Scherz ausdrücken könne, birgt für meine Interpretation des Spiels in KThom 2 jedoch eine besondere Bedeutung.[38] Von einem Scherz ist in KThom 2 zwar nicht direkt die Rede, als Jesus mit Wasser und Lehm spielt. Ich halte es aber für denkbar, dass sich Jesus und die Kinder, die gemeinsam mit ihm spielen (*Ga*) bzw. bei ihm sind (*Gs*), einen Scherz erlauben. Aus kindlicher Perspektive könnte nämlich ein Vergnügen darin bestehen, im Ungehorsam gegenüber den Erwartungen der Erwachsenen die Grenzen der eigenen Freiheit auszutesten. Außerdem weist Chartrand-Burke im Hinblick auf die ländlichen Verhältnisse und die gesellschaftliche Ordnung der Antike darauf hin, dass ein Spiel schon deshalb Vergnügen beinhalten konnte, weil Kinder auf diese Weise die Gelegenheit hatten, während des Spiels für einen bestimmten Zeitraum aus ihrem möglicherweise anstrengenden Alltag auszubrechen: »For many [children, J. F.-B.], childhood was fleeting. While the wealthy males could spend several more years in playful adolescence, girls were rushed into early marriage, and the poor into a lifetime of labour. Most children in antiquity, therefore, [by today's standards, J. F.-B.] had little opportunity to be children.«[39]

An diesen Erläuterungen wird deutlich, inwiefern ein Spiel zu Konflikten zwischen Kindern und Erwachsenen – also zwischen Rollen – führen konnte. In Lebensbereichen wie Frühverheiratung, Haushalt oder Landwirtschaft bestand die Möglichkeit, dass kindliche Wünsche und elterliche Erwartungen miteinander kollidierten. In KThom 2 fällt am Konflikt infolge des Spiels Jesu am Sabbat eine besondere Aneinanderreihung von Ereignissen auf, in der erwachsene Autoritätspersonen von einem Kind die Befolgung der jüdischen

---

[36] Vgl. U. HÜBNER, Spiele und Spielzeug im antiken Palästina (OBO 121), Freiburg (Schweiz)/Göttingen 1992, 28 ff.

[37] Vgl. HÜBNER, Spiele und Spielzeug, 28.

[38] Vgl. C. METZENTHIN, »Ich spielte vor Gott auf dem Erdenrund«. Spiel und Spielzeug in der Bibel, in: D. PEZZOLI-OLGIATI/T. SCHLAG (Hrsg.), Vom Avatar bis zur Zauberei. Religion im Spiel, Zürich 2011, 14-20, hier: 15.

[39] T. CHARTRAND-BURKE, The Infancy Gospel of Thomas. The Text, its Origins, and its Transmission, URL: <http://www.nlc-bnc.ca/obj/s4/f2/dsk3/ftp05/NQ63782.pdf>, (Zugriff: 20.10.2017), 337 f.

Traditionen rund um den Sabbat einfordern. Denn der Jude, der auf das Spiel Jesu empört reagiert, wendet sich nicht an den Jungen, sondern an Josef. Dass dessen anschließende Zurechtweisung seines Sohnes aus historischer Sicht der Stellung von Vätern in der Antike entspricht, beschreibt Chartrand-Burke folgendermaßen: »Along with education, Roman and Jewish fathers were obliged to discipline their children. It is in this regard that young children seemed to have had most of their contact with parents. [...] As for fathers, Roman and Jewish law [e. g. Dtn 21,18-21, J. F.-B.] gave them the power to take their children's lives.«[40] Eine derart rigorose Disziplinierung lässt sich in KThom 2 nicht erkennen, deshalb spreche ich von einer indirekten Disziplinierung. Denn Josefs Äußerung – als appellative Frage gedeutet – beinhaltet nicht unmittelbar die Aufforderung, mache dies und unterlasse jenes, sondern zielt auf eine selbstständige Antwortfindung vonseiten Jesu ab, aus welchen Gründen seine Tat verboten ist und wie stattdessen ein angemesseneres Tun aussehen könnte. Die Antwort kann Jesus nur finden, wenn er sich in die Rolle Josefs als eines erwachsenen Juden hineinversetzt.

3.3 Regeln des Spiels: Arbeitsverbot und Tradition des Sabbats

Ein Merkmal des Sabbats ist die Arbeitsruhe am siebten Wochentag, der mit dem Sonnenuntergang am Freitag beginnt und mit dem Sonnenuntergang am Samstag endet. In der Dramaturgie von KThom 2 gilt das Formen von Lehmtieren als eine unerlaubte Arbeit, das Jesus irrtümlicherweise als Spiel auffasst. An dieser Stelle sei darauf hingewiesen, dass Arbeit demnach nicht nur auf Erwerb ausgerichtetes Handeln meint. Eine ähnlich weit gefasste Vorstellung von Arbeit finde sich Grimm zufolge auch im Alten Testament, worin zum einen das hebräische Verb *āśāh* ganz grundsätzlich Schöpfertaten – auch diejenigen Gottes – einschließe, bei denen ein Werk gewirkt bzw. vollbracht werde.[41] Zum anderen gebe es das hebräische Verb *ābad*, das unter anderem den Frondienst des hebräischen Volkes während der Sklaverei in Ägypten bezeichne.[42] Diese beiden Arten von Arbeit verortet Grimm in den beiden hier angedeuteten Ereigniskomplexen, in denen die Feier des Sabbats ihren Ursprung hat: in der Schöpfungstheologie und in der Exodus-Erfahrung. Indem Jüdinnen am Sabbat eine Pause von ihrer Arbeit einlegen, versetzen sie sich in »das ›Ruhen‹ des Schöpfers nach dem Sechstagewerk«[43] hinein. Zugleich gedenken sie des schützenden Eingreifens Gottes, das die Befreiung aus der ägyptischen Sklaverei ermöglichte. Sie erleben beides nach und dadurch eine Regeneration, die einem »›Aufatmen‹«[44] als Metapher für Erleichterung und Zufriedenheit gleiche. Vor dem Hintergrund dieser Verständnisse von Arbeit

---

[40] Chartrand-Burke, The Infancy Gospel, 344.
[41] Vgl. W. Grimm, Art. Arbeit, in: CBL[2] 1 (2006), 106–109, hier: 106.
[42] Vgl Grimm, Arbeit, 106.
[43] W. Grimm, Art. Sabbat, in: CBL[2] 2 (2006), 1152–1155, hier: 1152.
[44] Grimm, Sabbat, 1153.

und des Sabbats wird in Bezug auf KThom 2 nachvollziehbar, wieso der Jude und Josef der Einhaltung des Sabbats einen hohen Stellenwert beimessen.

Andere Sabbatkonflikte kommen auch im Neuen Testament vor, wenn Jesus und die Pharisäer streiten (Mt 12,1-8; Mk 2,23-28; Lk 6,1-5). Diese Konflikte haben Müller zufolge »ihren Kern darin, dass Jesus die von der pharisäischen Bewegung eng gezogenen Grenzen nicht anerkannte.«[45] In KThom 2 lehnt Jesus fragwürdige Regelungen des Sabbats hingegen nicht explizit ab, sondern schenkt ihnen einfach keine Beachtung. Er beschäftigt sich ausschließlich mit dem Spiel, bis Josef ihn mit seinem Vorwurf konfrontiert. Bevor es zu einer Bestrafung kommen könne, so Hartenstein, löse Jesus das Problem spitzfindig: »Die Lehmvögel [...] macht Jesus lebendig, weil ihm Arbeit am Sabbat vorgeworfen wird: er lässt das Beweismaterial wegfliegen.«[46] Hartenstein zufolge gründe diese Reaktion Jesu in einem »ganz normalkindliche[n] Motiv«[47]. Sie könnte aber auch seine Einsicht widerspiegeln, dass er einen Fehler gemacht hat, der womöglich Konsequenzen nach sich zieht. Obwohl KThom 2 keine Anhaltspunkte liefert, wie dieser Erkenntnisprozess abläuft, zeigt Jesu Reaktion doch, dass er sich in Josefs Position hineinversetzt und mit dessen Vorwurf auseinandersetzt.

3.4 Resultate des Spiels: banale versus theologische Implikationen

In den auf KThom 2 folgenden Kapiteln verhält sich Jesus auf eine Weise, die verheerende Folgen nach sich zieht – z. B.: Ein Kind lässt er wie einen Baum verdorren, nachdem es die zuvor von Jesus für das Spiel angelegten Wassergruben zerstört hat (KThom 3). Kapitel wie dieses haben in der neueren Rezeptionsgeschichte viel Missbilligung erfahren. Das Kind Jesus steht wegen seiner Gewalttätigkeit unter dem Verdacht, entgegen dem Doppelgebot der Liebe zu handeln, für das der erwachsene Jesus der Evangelien plädiert (z. B. Mt 22, 34-40). Elliott macht dementsprechend die Feststellung: »Jesus is an *enfant terrible* who seldom acts in a Christian way!«[48] Schneider erhebt den Vorwurf der Einfältigkeit mancher Teile von KThom, der es an theologischem Tiefgang fehle: »Das Jesusbild [...] wird nicht nur in einem einfältigen Stil dargeboten, es ist auch theologisch unerhört banal.«[49] Das Kind Jesus durchlaufe während seiner Kindheit keine Persönlichkeitsentwicklung, die in irgendeiner Weise mit dem erwachsenen Jesus der Evangelien in Einklang gebracht werden könne, konstatiert Vielhauer: »Der Achtjährige ist genauso bösartig wie der Fünfjährige (vgl. 14 mit 3; 5) und der Fünfjährige genauso

[45] K. W. MÜLLER, Art. Pharisäer, in: CBL^2 2 (2006), 1056–1057, hier: 1057.

[46] J. HARTENSTEIN, Art. Kindheitsevangelium nach Thomas (KThom), URL: <http://www.bibelwissenschaft.de/stichwort/51906/>, (Zugriff: 20.10.2017).

[47] HARTENSTEIN, Kindheitsevangelium.

[48] J. K. ELLIOTT, The Apocryphal New Testament. A Collection of Apocryphal Christian Literature in an English Translation, Oxford 1993, 68.

[49] G. SCHNEIDER, Evangelia infantiae apocrypha/Apocryphe Kindheitsevangelien (FC 18), Freiburg im Breisgau 1995, 37.

klug wie der Zwölfjährige (vgl. 6 mit 19).«[50] Cullmann wertet die Wunder und den ästhetischen Eigenwert von KThom kategorisch ab: »Je grobsinnlicher und verblüffender ein Wunder ist, desto größeren Gefallen findet der Sammler an ihm, ohne den geringsten Anstoß an ihrer Fragwürdigkeit zu nehmen.«[51] Weiterhin spricht er von einem erzählerischen »Mangel[...] an gutem Geschmack, an Maß und Diskretion«[52]. Rebell versteht Jesus als »›Trickster‹«[53], dessen Wesen in KThom als unberechenbar und schelmisch dargestellt werde, um schlicht zu erstaunen und zu unterhalten. Außerdem bestehe ihre Funktion darin, eine »fromme Neugier zu befriedigen«[54] – somit resultiere ihre Popularität aus dem neugierigen Wunsch derer, die mehr über das Kind Jesus erfahren möchten, anstatt aus einer Selbstoffenbarung Gottes bereits im Kind Jesus, die sie begeistern und zum Glauben motivieren würde.

In Bezug auf gegenwärtige Leseerwartungen erkennt Kaiser solche Abwertungen und Ablehnungen an. Sie selbst problematisiert die scheinbare Gleichwertigkeit von Jesu Wundern in KThom, obwohl sie je nach Wirkung genau genommen belanglos, erstaunlich oder strafend sein können: »All dies trägt zu einem ambivalenten Jesusbild bei, das heutigen Lesern oft als befremdlich aggressiv und unbedacht erscheint.«[55] Diese Wirkung liege ihres Erachtens an einer vorrangig biblisch bestimmten Jesusvorstellung, »die bewusst oder unbewusst bei der Lektüre mitschwingt«[56] und wegen derer »manche Begebenheiten, von denen die ›Kindheitsevangelien‹ über den kleinen Jesus erzählen, heute anstößig oder zumindest irritierend wirken.«[57] Kaiser erklärt den Entstehungshintergrund der oben genannten Kritiken an KThom nicht nur, sondern weist zugleich auf die Probleme dieser Kritiken hin. Denn die Vorwürfe drücken »recht schnell[e] Geschmacksurteile«[58] aus, lassen aber wissenschaftliche Maßstäbe dafür manchmal vermissen. Des Weiteren hält sie fest, dass »Kriterien moderner Biographik«[59] bei der theologischen Wertung von KThom unangemessen seien, da bei ihrer mündlichen Überlieferung bzw. schriftlichen Fixierung andere Konventionen gegolten hätten. Sie macht deshalb auf die Notwendigkeit von Vorurteilsfreiheit aufmerksam, damit der Eigenwert von KThom für die Christologie festgestellt werden könne. Sie

---

[50] P. VIELHAUER, Geschichte der urchristlichen Literatur. Einleitung in das Neue Testament, die Apokryphen und die Apostolischen Väter, Berlin 1978, 674.
[51] CULLMANN, Kindheitsevangelien, 352.
[52] CULLMANN, Kindheitsevangelien, 352.
[53] W. REBELL, Neutestamentliche Apokryphen und Apostolische Väter, München 1992, 135.
[54] REBELL, Neutestamentliche Apokryphen, 134.
[55] KAISER, Die Kindheitserzählung des Thomas, 939.
[56] KAISER, Die Kindheitserzählung des Thomas, 256.
[57] KAISER, Die Kindheitserzählung des Thomas, 256.
[58] KAISER, Die Kindheitserzählung des Thomas, 266.
[59] KAISER, Die Kindheitserzählung des Thomas, 941.

spricht in diesem Zusammenhang von einer »reduzierten Christologie«[60] – nicht in dem Sinne, dass sie grundsätzlich vereinfacht oder abgeschwächt sei, sondern in dem Sinne, dass sie sich auf die Kindheit Jesu beschränke.

Der theologische Eigenwert von KThom bestehe Kaiser zufolge in der Auffüllung und Ergänzung biblischer Leerstellen rund um lange Phasen der Kindheit Jesu, wie ich bereits in der Einleitung angedeutet habe. Luther und Röder konkretisieren: »Dabei werden die Taten des Jesuskindes berichtet, um seine (kindliche) Identität zu definieren, die außerhalb der Erzählung der kanonischen Evangelien liegt.«[61] Vielhauer hebt den Verheißungscharakter von KThom hervor: Sie ergänzt die kanonischen Evangelien »durch Anekdoten, die schon im Kinde den künftigen großen Wundermann und weisen Lehrer ahnen lassen sollen.«[62] In Anlehnung an Lindemann ließe sich sodann sagen, dass Jesus nicht erst im Kontext der Lehrergeschichten in KThom »hochbegabt«[63] ist, da er bereits früher als Kind die Begabung besitzt, leblose Materie zu belebter Natur werden zu lassen. Schneiders Anmerkungen zu Tischendorfs Rezension *Ga* haben in diesem Zusammenhang eine wichtige Bedeutung, weil sie das wundersame Wirken Jesu rund um das Spiel mit den Schöpfungserzählungen des Alten Testaments in Beziehung setzen. In Gen 1,9 werde wie in KThom 2,1 die entsprechende Flexionsform des griechischen Verbs *συνάγω* verwendet, in Gen 2,7 steht wie in KThom 2,2 die entsprechende Flexionsform des griechischen Verbs *πλάσσω*.[64] Wie Jesus das Wasser in Gruben zusammenleitet, so sammelt Gott das Wasser am dritten Tag unter dem Himmel. Wie Jesus zwölf Vögel aus Lehm bildet, so macht Gott den Menschen aus der Erde. Indem Jesus im kleinen Maßstab einzelne Phasen der Schöpfungsereignisse nachspielt, identifiziert er sich mit dem Schöpfergott. Nicht von einer Identifikation Jesu mit Gott, sondern von einer Identifikation Gottes mit Jesus spricht Thomas in diesem Zusammenhang: The birds »serve to emphasize that the action is carried out not through any power of Jesus himself but under God's supervision and with his express help.«[65] Eine weitere Analogie, die mit den Vögeln zusammenhängt, nennt Klauck: »Wie das Kind Jesus in der KThom 2,4 zwölf Vögel belebt und davonfliegen lässt, so schenkt Jesus seinen zwölf Aposteln einen lebendigen Glauben und sendet sie zur Verkündigung des Evangeliums in die Welt.«[66] Hieran anknüpfend fällt mir insofern eine weitere Entsprechung zwischen dem jungen Jesus und Gott als

---

[60] KAISER, Die Kindheitserzählung des Thomas, 940.

[61] LUTHER/RÖDER, Der neutestamentliche Kanon und die neutestamentliche apokryphe Literatur, 481.

[62] VIELHAUER, Geschichte der urchristlichen Literatur, 674.

[63] A. LINDEMANN, Jesus als begabter Schüler. Die Lehrergeschichten in der apokryphen Kindheitserzählung des Thomas, in: C. AMMER (Hrsg.), Weite Horizonte. Beiträge der 129. Tagung. 25.-28. Mai 2012, Hannover 2012, 90-117, hier: 109.

[64] Vgl. SCHNEIDER, Evangelia infantiae apocrypha/Apocryphe Kindheitsevangelien, 149.

[65] D. THOMAS, Art. Birds. V. Islam, in: EBR 3 (2011), 1218-1220, hier: 1219.

[66] Vgl. KLAUCK, Apokryphe Evangelien, 101.

Schöpfer auf, als Ersterer mit seinem Wort die Lehmvögel zum Leben erweckt und Letzterer mit seinem Wort die Welt erschafft. Diese soeben genannten Analogien beinhalten die theologisch bedeutsamen Implikationen, dass Gott schon im Kind Jesus in Erscheinung tritt und es bereits das Potenzial birgt, später zum Messias zu werden.

4 MOORES ROMAN »DIE BIBEL NACH BIFF«

4.1 Spiel als Vorahnung der messianischen Identität Josuas

Vorweg fasse ich den Kontext des Spiels zusammen, bei dem der sechsjährige Josua[67] eine Vorahnung von seiner messianischen Identität bekommt: Sein bester Freund Levi bar Alphaeus, der den Spitznamen Biff hat, wird in der Gegenwart zum Leben erweckt. Denn er erhält vom Engel Raziel den Auftrag, ein weiteres Evangelium zu schreiben. Darin steht Josuas Kindheit und Jugend im Mittelpunkt des Interesses, während er Unsicherheiten in Bezug auf seine Rolle als heranwachsender Messias fühlt. Weil seine heilende Wunderkraft gerade erst erstarkt und Gott ihm keine eindeutige Bestätigung für seine Messianität zuteilwerden lässt, befindet sich Josua in einer Identitätskrise. Nach einem von dem jüdischen Volk nicht verstandenen und missglückten Wiederbelebungsversuch einer Toten, konstatiert Josua dementsprechend ratlos: »›Aber die meisten wollen es. Ständig reden sie davon, dass der Messias kommt, um uns zu erlösen. Muss ich ihnen denn nicht zeigen, dass er da ist?‹«[68] An anderer Stelle äußert er Frustration, da Gott nicht auf seine Gebete reagiert: »›Ich frage, aber ich bekomme keine Antwort.‹«[69] Diese Erfahrungen des Selbstzweifels bringt Josua in der folgenden Feststellung auf den Punkt: »›Ich weiß nicht, wie man Messias wird.‹«[70]

Ein Beleg aus der bisher kaum vorhandenen theologischen Rezeption des Romans ist derjenige von Müller, dem diese Äußerungen ebenfalls auffallen und der folgende Deutung vorschlägt: Selbst unvollkommene Wunder »geschehen, weil [...] [Josua, J. F.-B.] der Messias ist, auch wenn er selbst erst nach und nach lernen muss, was das bedeutet.«[71] Er interpretiert Josuas Sehnsucht nach Gewissheit als Auslöser für eine Suchbewegung, die als Grundmotiv die späteren Lehr- und Wanderjahre vom Mittleren Osten bis nach Zentral-

---

[67] Jesus ist die gräzisierte Form des hebräischen Namens Josua, die in dem Roman verwendet wird und die ich der Eindeutigkeit halber gebrauche, wenn ich mich im Folgenden mit dem Roman beschäftige.

[68] MOORE, Die Bibel nach Biff, 51.

[69] MOORE, Die Bibel, 63.

[70] MOORE, Die Bibel, 70.

[71] P. MÜLLER, Wie wird man Messias? »Die Bibel nach Biff« von Christopher Moore und das Neue Testament, in: PGP 60 (2007), 27-29, hier: 27.

asien durchziehe.[72] Zu meinem Thema sehe ich einen Bezug, weil Josua nicht nur während seiner Reisen, sondern zuvor bereits in einem Spiel nach Möglichkeiten sucht, eine Vorahnung seiner messianischen Identität zu erhalten.

4.2 Rollen des Spiels: Moses und Pharao

Im Folgenden erläutere ich diesen Lernprozess der Identitätsfindung anhand des Rollenspiels »Moses und Pharao«, da der sich darin ankündigende Exodus sowohl für das jüdische Selbstverständnis als auch für den Glauben an den Messias grundlegend ist.[73] Kegler behauptet diesbezüglich: »Immer wieder in der zweitausend Jahre währenden Geschichte verfolgter jüdischer Minderheiten in der Diaspora wird die[...] Tradition [des Exodus, J. F.-B.] zu einer Quelle der Hoffnung, einer Freisetzung von Energie für die Zukunft durch das Mit- und Nacherleben der Vergangenheit.«[74] Da der Exodus einen hohen Stellenwert im kulturellen Gedächtnis des israelitischen Volkes zu Lebzeiten Jesu einnimmt, stellt sich mir die Frage, welche Funktion das Spiel Josuas und Levis in diesem Zusammenhang hat. Es beginnt mit der Situation, als der von Josua gespielte Moses infolge seiner Berufung durch Gott am Berg Horeb (vgl. Ex 3, 1-4, 17) und seiner Rückkehr nach Ägypten (vgl. Ex 4, 18-31) die Forderung an Levi in der Rolle des Pharao richtet, sein Volk ziehen zu lassen. Der einleitende Satz des Dialoges zwischen Moses und Pharao »Lass mein Volk ziehen« hat in dem Roman und in Ex 5,1 denselben Wortlaut.[75] In Ex 5,1 unterscheidet sich das Gewicht des Appells allerdings, da Moses und Aaron als Sprachrohre Gottes mit einer göttlichen Vollmacht auftreten. Außerdem beinhaltet die Aufforderung die Begründung, zu Ehren Gottes ein Fest in der Wüste feiern zu wollen. Daraufhin reagiert der Pharao im späteren Gesprächsverlauf mit Unverständnis und Sanktionen. In Roman erhält der Dialog eher eine komische als bedrohliche Konnotation, weil Levi die Sprechererwartungen,

---

[72] Vgl. MÜLLER, Wie wird man Messias?, 28. Aufgrund seiner Erfahrung der Ratlosigkeit fasst Josua gemeinsam mit Biff den Entschluss zu einer Reise in Richtung Syrien, um sich auf die Suche nach den drei Weisen aus dem Morgenland zu begeben. Von Balthasar, Kaspar und Melchior als Vertretern anderer Religionen erhofft er sich die Bestätigung dafür, den Ansprüchen eines Messias gerecht zu werden, und Hinweise darauf, wie dies gelingen kann.

[73] Vgl. MOORE, Die Bibel nach Biff, 20 ff. Im weiteren Verlauf greife ich Äußerungen Josuas und Levis während dieses Rollenspiels auf, die sich, wenn nicht anders kenntlich gemacht, immer auf diese Romanpassage beziehen. Weitere in der Romanhandlung genannte, aber nicht ausführlich geschilderte Rollenspiele sind »›Straf das Schaf‹«, »›Kanaaniten-Kicken‹« »Sodomiten vor Lots Tür« und »›Steinigt die Ehebrecherin‹«. MOORE, Die Bibel nach Biff, 17, 22, 27. Abgesehen davon kommt ein weiteres Spiel vor, bei dem Josuas jüngerer Bruder mit einer Eidechse spielt und sie tötet. Anschließend belebt Josua die tote Eidechse mehrmals wieder, indem er sie kurz in den Mund nimmt. Vgl. MOORE, Die Bibel nach Biff, 13 f.

[74] J. KEGLER, Art. Exodus, in: CBL^2 1 (2006), 339-342, hier: 341.

[75] Vgl. EKD (Hrsg.), Die Bibel nach Martin Luthers Übersetzung. Mit Apokryphen. Bibeltext in der revidierten Fassung von 2017, Stuttgart 2017.

wie sie der biblischen Überlieferung entsprechen würden, in ihr Gegenteil verkehrt. Anstatt wie in Ex 5,2 mit Unverständnis und Desinteresse auf die Aufforderung Moses zu reagieren, sagt er »Okay«. Anstatt wie in Ex 7,3 die Verhärtung seines Herzens durch Gott zu spielen, fragt er sich nach dem Grund für einen solch drastischen Eingriff in das emotionale Wohlbefinden. Anstatt um die Abwendung der Froschplage zu bitten wie in Ex 8,4, gesteht er ganz zur Verärgerung Josuas seine Vorliebe für Frösche.

Diese Ambivalenzen des Spiels haben eine Bedeutung, weil Josua und Levi dem Roman zufolge eine Vorstellung davon entwickeln, welche Rollen in der eigenen jüdischen Tradition Heldenhaftes und Böses verkörpern.[76] Auf der einen Seite steht Moses, der in den Textschichten des Pentateuchs eine herausragende Stellung einnimmt. Schmitt hält fest, dass dessen Stellung in diesen Schichten - deren folgende Benennung und Klassifizierung exegetisch umstritten ist - jedoch mit verschiedenen Nuancen dargestellt werde: Der Elohist stelle Moses als »den Führer Israels aus Ägypten«[77] dar, der Jahwist spreche von ihm »als eine[m] prophetischen JHWH-Boten«[78], die Priesterschrift fasse ihn als »alleinigen Mittler«[79] auf und dem deuteronomistischen Verständnis zufolge vertrete er »sowohl das Amt des Gesetzgebers als auch des Propheten und Fürbitters«[80]. Moses Gegenpart stellt der Pharao dar, den Zwickel als »den Inhaber des großen Hauses/Palastes«[81] und als »ein gottgleiches Wesen«[82] bestimmt. Auf den ersten Blick erscheint er als schillernde und bewundernswerte Führungspersönlichkeit einer Großmacht, der das Buch Exodus jedoch die Verantwortung für den Frondienst zuschreibt, die das israelitische Volk ertragen musste. Das Spiel pflegt das Gedächtnis an diesen Ereigniskomplex, indem es unter Rückgriff auf die zwei gegensätzlichen Rollen des Moses und des Pharao die Chancen von gutem Handeln aufzeigt und vor den Gefahren von bösem Handeln warnt. Ersteres umfasst die Befreiung aus Unterdrückung mit der Hilfe Gottes, Letzteres hingegen destruktive Strukturen der Ausbeutung.

4.3 Regeln des Spiels: Stimme und Stimmigkeit

Die im Spiel aneinander vorbeigehenden Erwartungshaltungen Josuas und Levis bringen zum Ausdruck, wie schwer es ihnen fällt, sich über Gutes und Böses zu verständigen, ohne mit tradierten Ansichten zu brechen. Eine Herausforderung besteht darin, dass beide Freunde noch Analphabeten sind, weshalb sie den Auszug aus Ägypten nur vom Hörensagen kennen können.

---

[76] Vgl. MOORE, Die Bibel nach Biff, 20, 22.
[77] H.-C. SCHMITT, Art. Mose, in: CBL^2 2 (2006), 928-930, hier: 929.
[78] SCHMITT, Mose, 929.
[79] SCHMITT, Mose, 929.
[80] SCHMITT, Mose, 929.
[81] W. ZWICKEL, Art. Pharao, in: CBL^2 2 (2006), 1056.
[82] ZWICKEL, Pharao, 1056.

Wenn aber - in der Erzähllogik des Romans - der Zugriff auf verbindliche Schriftzeugen fehlt, können umso leichter Variationen bei einer mündlichen Überlieferung auftreten. Vette weist dementsprechend in Bezug auf biblische Mehrfachüberlieferungen darauf hin, dass »[v]olkstümliches Erzählgut, Legenden, Sagen, Anekdoten [...] relativ offen für Veränderungen in der Wortwahl und der Gestaltung«[83] gewesen seien. Eine mögliche Interpretation für die Missverständnisse zwischen Josua und Levi ist deshalb, dass sich ihr Vorwissen unterscheidet, das sie beim Spiel mitbringen. Die Folge ist, dass Josua die Rolle des Moses ausfüllt, indem er ihr eine angemessene Stimme verleiht. Levi hingegen fällt die Rollenübernahme schwer, weswegen Unstimmigkeiten auftreten. Seine von persönlichen Empfindungen geprägten Reaktionen und seine Flexibilität gegenüber den nachzuspielenden, tatsächlichen Ereignissen zeigen, in welchen Momenten er aus der Rolle fällt. Denn die Stimme, die Levi in der Rolle des Pharao zum Klingen bringt, stimmt nicht mit dem tradierten Verhalten überein, was Josua in der Rolle des Moses aber gelingt. Deswegen befolgt Levi die Regel nicht, der eigenen Rollenerwartung gerecht zu werden.

Da mündliche Überlieferungen nicht bloß Nacherzählungen, sondern auch Wertungen, Ergänzungen oder Verbesserungen vorheriger Versionen einschließen können, bietet sich eine weitere Deutung an. Denkbar ist nämlich, dass Levi mit seinen ungewöhnlichen Kommentaren und Rückfragen implizit seine eigene Stimme erhebt, um auf Unstimmigkeiten der Erzählungen über die zehn Plagen aufmerksam zu machen. Wenn Gott dem Pharao durch Moses die Anweisung gibt, das zu ihm gehörige Volk aus Ägypten davonziehen zu lassen, und Wunder ankündigt, welche der ägyptischen Bevölkerung als Plagen widerfahren werden, könnte ein Okay als ein kleinlautes Zeichen der Ehrfurcht durchgehen. Wenn Gott das Herz des Pharao gegenüber den von Moses vorgebrachten Forderungen verhärtet, könnte dieser Eingriff in die Emotionen möglicherweise Irritationen wecken, zumal eine Erweichung des Herzens in dieser Situation sicherlich zielführender wäre. Deswegen fügt Levi dem Spiel die neue, wenn auch nicht abgesprochene Regel hinzu, die bestehenden Rollenerwartungen zu hinterfragen.

Des Weiteren ist das Spiel von einer Regel geprägt, die sich auf die menschliche Gottebenbildlichkeit beziehen lässt. Diese Überlegungen sind wichtig, weil in den Rollen des Moses und des Pharao zwei verschiedene Bestimmungen des Verhältnisses des Menschen zu Gott zum Vorschein kommen. In der ägyptischen Königstheologie, so Moltmann, gelte der Pharao als Gottes Abbild in der Welt, worin seine Legitimation als vorrangiger Herrscher in politischen sowie religiösen Belangen gründe.[84] Demgegenüber könne jeder Mensch der in Gen 1,26-27 erwähnten Gottebenbildlichkeit entsprechen, so

---

[83] J. Vette, Art. Historisch-kritische Bibelauslegung (AT), URL: <http://www.bibelwissenschaft.de/stichwort/15249/>, (Zugriff: 20.10.2017).

[84] Vgl. J. Moltmann, Gott in der Schöpfung. Ökologische Schöpfungslehre, Gütersloh ^{5}2002, 225.

Biemer, wenn er seine Bestimmtheit als ebenbürtiges Gegenüber Gottes verwirkliche.[85] Ein Unterschied beider Blickrichtungen besteht darin, dass bei der biblischen Sichtweise weder Geschlecht noch Status noch soziale Herkunft Gründe dafür sind, einem Menschen Würde abzusprechen. Sie stellt außerdem menschliche Absolutheitsansprüche infrage, weil sich individuelle und kollektive Ausprägungen von Freiheit die Waage halten sollen, wenn jeder Mensch als Ebenbild Gottes gilt. Sie macht deutlich, dass das Leben des Menschen nicht davon geprägt sein soll, einer mit dem Pharao vergleichbaren Person unterstellt zu sein und ihr zu gehorchen, sondern davon, anderen Menschen gleichgestellt zu sein und mit ihnen zu kooperieren. Mit diesem Vergleich hebe ich einen weiteren theologischen Hintergrund des Spiels hervor. Denn Josua in der Rolle des Moses legt Wert darauf, sich als *cooperator Dei* zu verhalten. Levi spielt zwar nicht die Macht des Pharao aus, aber Beliebigkeit kennzeichnet sein Verhalten trotzdem und verursacht so Unstimmigkeiten. Deswegen impliziert das Spiel die Regel, die individuelle Ausprägung der eigenen Gottebenbildlichkeit zu finden.

4.4 Resultate des Spiels: Identifikation und Identität

Josua möchte Wege finden, um sein ganz individuelles Gottesverhältnis als Messias im Horizont des jüdischen Glaubens zu verwirklichen. Bei dieser Suche nimmt er sich den von Gott berufenen Moses zum Vorbild, indem er sein Verhalten nachvollzieht. Ein solches Vorbildlernen veranschaulicht Greiwe mithilfe einer Metapher: »Wenn die ›Vorbild-Chemie‹ stimmt, erkennt der Suchende Teile des eigenen Problems in den Lösungen des Vorbilds wieder.«[86] Vergleichbare Problemlösestrategien wendet Josua an. Denn dass sich Gott trotz seiner Gebete in Schweigen hüllt, stellt für Josua ein solches Problem dar. Da seine Macht, Wunder zu tun und Menschen zu heilen, noch nicht vollständig ausgebildet ist, sehnt er sich nach einem Zuspruch Gottes. Wie Moses eine Berufung durch Gott erfährt und sie mit Gottes Hilfe umsetzt, so würde Josua gerne dem Anspruch gerecht werden, den er meint, als Messias erfüllen zu müssen.

Im Folgenden erkläre ich ausführlicher als bisher, inwiefern die Moses in der Bibel zuteilwerdende Selbstoffenbarung Gottes und Gottes Verheißungen an das Volk Israel dem heranwachsenden Josua in dem Roman angesichts seiner Selbstzweifel Mut machen. In Ex 3,1-4,17 offenbart sich Gott Moses am Berg Horeb mit dem hebräischen Tetragramm *jhwh* und beruft ihn dazu, das israelitische Volk aus Ägypten in das verheißene Land zu führen. Es gibt eini-

---

[85] Vgl. G. Biemer, Das Vorbild Gottes. Zur theologischen Bedeutung des Vorbildes, in: Ders./A. Biesinger (Hrsg.), Christ werden braucht Vorbilder. Beiträge zur Neubegründung der Leitbildthematik in der religiösen Erziehung und Bildung, Mainz 1983, 11-24, hier: 13 f.

[86] U. Greiwe, Die Kraft der Vorbilder. Ihre Rolle gestern, heute und morgen, München 1998, 150.

ge Übersetzungsvorschläge des Gottesnamens, die seine hoffnungsvolle Bedeutung für ein wanderndes Volk mit einer ungewissen Zukunft zum Ausdruck bringen: Schmidt zufolge drückt dieser Gottesname die Gesprächsbereitschaft Gottes und das Kennenlernen Gottes aus: »Gott redet, der Mensch hört.«[87] Becking zufolge drückt er eher die Existenz Gottes und seine Schaffung von Existenzgrundlagen aus: »Gott ist [...] entweder ›der Seiende / Existierende‹ [...] oder ›der Daseinsgeber‹«[88]. Rosenzweig zufolge drückt er darüber hinaus die Gegenwart Gottes aus: »ICH BIN DA«[89] im Sinne von »Gegenwärtigsein, [...] Für-euch- und Bei-euch-dasein und –daseinwerden.«[90] Dieser – obgleich knappe – Überblick über die Theologie des Gottesnamens genügt, um Rückschlüsse darüber zuzulassen, wieso sich Josua mit Moses identifiziert: Wie Moses in Ex 2,11–12 wütend über den Frondienst ist, den sein Volk in Ägypten erleidet, so weiß Josua um die Gewalt, die von der römischen Besatzungsmacht gegen manche jüdische Gruppierungen ausgeübt wird.[91] Wie Gott Moses in Ex 3,1–4,17 beruft, so erhofft sich Josua eine Bestätigung Gottes dafür, der von ihm auserwählte Messias zu sein.[92] Diese Vergleiche machen nachvollziehbar, dass Josua seine Hoffnungen in den Gott seiner Vorfahren steckt – genauer: in den *jhwh* heißenden Gott, der zum Menschen redet, ihn im Alltag begleitet und ihm eine verheißungsvolle Zukunft in Aussicht stellt. Deswegen ist Josuas Identifizierung mit Moses ein Ausdruck für seine jüdische Identität.

5 SCHLUSS

Abschließend bündele ich die oben gewonnenen Antworten zu den eingangs gestellten Fragen, wie Jesus im Kindesalter beim Spielen seine religiöse Identität entwickelt und wie diese Entwicklung in Apokryphen und Belletristik dargestellt wird. Dem organisierenden Prinzip der Kapitel folgend, vergleiche ich hierzu die Rollen, Regeln und Resultate der jeweiligen Spiele. Hieran anknüpfend verdeutliche ich außerdem den theologischen Eigenwert der Spiele und weiterführende wissenschaftliche Impulse.

Mead zufolge schaffe sich ein Kind imaginäre Spielgefährten, was z. B. am Rollenspiel »Mutter und Kind« deutlich wird. Dass es andere Perspektiven einnehme, sei eine Voraussetzung für das Lernen durch Nachahmung. In

---

[87] W. H. SCHMIDT, Alttestamentlicher Glaube, Neukirchen-Vluyn [10]2007, 78.

[88] B. BECKING, Art. Jahwe, URL: <http://www.bibelwissenschaft.de/stichwort/22127/>, (Zugriff: 20.10.2017).

[89] F. ROSENZWEIG, »Der Ewige«. Mendelssohn und der Gottesname, in: DERS., Zweistromland. Kleinere Schriften zu Glauben und Denken (Gesammelte Schriften 3), hg. v. R. u. A. MAYER, Dordrecht 1984, 801-815, hier: 804.

[90] ROSENZWEIG, »Der Ewige«, 806.

[91] Vgl. MOORE, Die Bibel, 84.

[92] Vgl. MOORE, Die Bibel, 51, 63, 70.

KThom 2 spielt Jesus mit Lehm und Wasser, um daraus Lehmvögel zu formen. Rollen sind im Spiel kein Thema, sondern um das Spiel herum. Weil ein Jude und Josef einen Vorwurf gegen die Angemessenheit des Spiels am Sabbat erheben, behandelt KThom 2 nämlich das Verhältnis von Kindern zu Erwachsenen bzw. Kindern und ihren Eltern am Beispiel eines Konflikts über die theologische Bedeutung dieses Wochentags. In dem Roman hingegen geht es offensichtlicher um eine Imitation im Sinne Meads, da Josua die Rolle Moses und Levi die Rolle des Pharao spielen. Dieses Spiel kreist um die Frage, wie ihr jüdisches Selbstverständnis in der Erinnerung an die einstige Exodus-Erfahrung des jüdischen Volks gründet. Außerdem thematisiert es Rollenbilder, die Gutes und Böses verkörpern.

Den generalisierten Anderen führt Mead als Terminologie ein, die sich auf die kollektive Übernahme von sozialen Haltungen innerhalb eines Sozialgefüges beziehe. Dementsprechend hätten die Regeln bei einem Spiel wie z. B. Baseball die Funktion, Kooperation durch Identifikation mit anderen zu ermöglichen. Der Begriff des Mitspielers deute bereits an, dass die gegenseitige Abstimmung des individuellen Verhaltens und Organisierung des gemeinsamen Verhaltens ein Schlüssel zum Erfolg sein können. In KThom 2 liegt der inhaltliche Schwerpunkt auf der Einhaltung des Arbeitsverbots am Sabbat, das ein regenerierendes Aufatmen bzw. eine ganzheitliche Erholung des Menschen bewirkt. Beides hat seinen Ursprung und seine Begründung im Ruhen Gottes nach der Erschaffung der Welt und in der Befreiungserfahrung rund um den Exodus aus Ägypten. Dass Jesus die Lehmvögel belebt und wegfliegen lässt, ist darüber hinaus ein Hinweis für einen Lernprozess. Konfrontiert mit der Empörung eines Juden bzw. der anschließenden Ermahnung durch Josef, sieht er den Fehler ein, am Sabbat ein offenbar verbotenes Spiel gespielt zu haben. Ein Indiz für diese Einsicht könnte seine Reaktion sein, dass er die Lehmvögel - also das Beweismaterial für sein Fehlverhalten - belebt und davonfliegen lässt. Seine Reaktion deute ich als die Folge einer reflektierten Auseinandersetzung mit einer religiösen Regel, deren Einhaltung Erwachsene von einem Kind erwarten. Um Stimmen und die Stimmigkeit der jüdischen Tradition, die solche Erwartungen überliefert, kreist in dem Roman auch das Spiel Josuas und Levis, bei dem sie die Ankündigung des Exodus aus Ägypten nachspielen. Die implizit vorausgesetzte Regel lautet ähnlich wie bei einem Schauspiel auf einer Bühne, sich gewissermaßen an das Drehbuch der biblischen Überlieferung zu halten und der eigenen Rolle eine angemessene Stimme zu verleihen. Levi hält sich stattdessen an die Regel, die überlieferten Rollenvorstellungen zu hinterfragen und so auf Unstimmigkeiten in ihnen hinzuweisen, ohne diese Regel zuvor mit Moses abzusprechen. Des Weiteren versuchen die beiden Freunde, Regeln aus ihrer je individuell ausgeprägten Gottebenbildlichkeit als Moses und Pharao abzuleiten. Jedoch gelingt nur Josua die Rollenübernahme, wohingegen Levi aufgrund persönlicher Empfindungen oder Einwände aus seiner Rolle fällt.

Die Teilnahme an einem geregelten Spiel könne idealerweise dazu führen, so Mead, dass unter den Beteiligten ein Zugehörigkeitsgefühl entstehe. Wenn es ihnen im Zuge dessen gelinge, ein Bewusstsein für die eigene Rolle im Horizont anderer Rollen zu entwickeln, könne ein Spiel außerdem Identität stiften. In KThom 2 zeigen die Reaktionen eines Juden und Josefs, inwiefern Missbilligung und Konflikte Auswirkungen eines Spiels sein können, das zu einem falschen Zeitpunkt gespielt wird. Rezeptionen von KThom tendieren mitunter dazu, den spielende Jesus in KThom 2 mit dem vermeintlichen *Enfant terrible* der folgenden Kapitel über einen Kamm zu scheren. Aber KThom 2 ist keineswegs einfältig, banal, bösartig, grobsinnlich, geschmacklos und bloße Neugier befriedigend, wie es dann für KThom verallgemeinernd suggeriert wird. Losgelöst von solchen wissenschaftlichen Vorurteilen fallen bedeutsame christologische Analogien auf. Die impliziten Anspielungen auf die Schöpfungstheologie und Aussendung der Apostel lassen sich als Hinweise darauf verstehen, dass Gott schon in Jesus als Kind in Erscheinung tritt und sich bereits im Kind seine Identität als Messias ankündigt. In dem Roman schöpft Josua seine Identität aus der einstigen Selbstoffenbarung Gottes als *jhwh*, die ihm Hoffnung angesichts der Situation schenkt, dass Gott sich ihm gegenüber bis zum Zeitpunkt des Spiels in Schweigen gehüllt hat. Er lernt dabei von Moses wie von einem Vorbild. Wie Moses aus einer schwierigen Situation heraus seiner Berufung mit Gottes Hilfe folgt, so findet Josua im spielerischen Nacherleben dieses göttlichen Beistands ein Mittel gegen seine Selbstzweifel, die sich in der Unsicherheit ausprägen, ob er angesichts seiner noch nicht vollends erstarkten Wunderkraft tatsächlich zum Messias avancieren kann.

Meads entwicklungspsychologische Spieltheorie hat einen Zugang dazu eröffnet, welche Wechselbeziehungen zwischen den Rollen, den Regeln und den Resultaten der jeweiligen Spiele in KThom 2 und in dem Roman bestehen. Im Kern thematisieren die Spiele Konflikte – wie den Ungehorsam Jesu gegenüber den von der Erwachsenengeneration geforderten Sabbatregelungen bzw. die Auseinandersetzungen zwischen Josua und Biff über die jüdische Tradition. Die Bewältigung dieser Konflikte gelingt Jesus bzw. Josua durch Formen von Imitation und Identifikation, die ihn seine jüdische bzw. messianische Identität herausfinden lassen. Diese Erkenntnisse übersteigen die Aussagen der kanonischen Evangelien zum Erwachsenwerden Jesu und können Impulse für spielerische Annäherungen an den christlichen Glauben geben. Zu letzterem Punkt weise ich abschließend und weiterführend auf zwei exemplarische Veröffentlichungen hin, wegen derer die Annahme naheliegt, dass die Entwicklung religiöser Identität vermittels eines Spiels nicht nur christologisch beachtenswert ist: Rahner stellt die Kirche als eine Gemeinschaft der Spielenden anstatt der bloß Heiligen dar.[93] Matuszkiewicz zufolge können auch in digitalen Spielen religiöse Erfahrungen simuliert oder sogar

[93] Vgl. H. RAHNER, Der spielende Mensch (ChHe 8), Einsiedeln [11]2008, 44 ff.

bei den Spielenden stimuliert werden.[94] Ich habe anhand von KThom 2 und des Romans eine Theologie des Spiels entfaltet, an die Forschungen zu einer solchen ekklesiologischen Behauptung und popkulturellen Beobachtung anknüpfen könnten.

---

[94] Vgl. K. Matuszkiewicz, Religion in digitalen Spielen – Eine Frage des Genres, in: T. Lörke/R. Walter-Jochum (Hrsg.), Religion und Literatur im 20. und 21. Jahrhundert. Motive, Sprechweisen, Medien, Göttingen 2015, 645-666, hier: 661.

Jesus-Transformation als Filmmusikkinderbibel

Mario Castelnuovo-Tedescos Klavierzyklus »Εὐαγγέλιον. La storia di Gesù, narrata ai fanciulli in 28 piccoli pezzi per Piano« (1949)

Harald Schroeter-Wittke

1 Evangelium als Fundsache

Als ich 2001 nach Paderborn kam, habe ich als hochschuldidaktisches Element sofort regelmäßige Studienfahrten einzuführen versucht. So ging unsere erste Studienfahrt 2003 nach Neapel. Wir übernachteten in der Casa Materna[1], einer baptistischen Diakonie-Einrichtung in Portici mit einer Schule für Kinder aus sozial schwachen Verhältnissen, pastoral begleitet von Sergio Manna und Elisabeth Löh Manna. Martin Leutzsch machte vor und während der Reise gerne darauf aufmerksam, dass Portici (nahe Herculaneum) musikalisch eine gewisse Berühmtheit erlangt hatte durch die große historische Oper »La muette de Portici (1828)« (Die Stumme von Portici) von Daniel-François-Esprit Auber, die sich auf einen Aufstand der Neapolitaner gegen die spanische Besatzung im 17. Jahrhundert bezieht, in deren Mittelpunkt die stumme Fenella steht, die im spanischen Vizekönig, der im Begriff ist zu heiraten, ihren Entführer und Vergewaltiger wiedererkennt, wodurch sich eine verwickelte Handlung entspinnt mit Liebe, Seitenwechseln, Versöhnung, Verrat und Tod und an deren Ende der Vesuv ausbricht, in dessen Lava sich die verzweifelte Fenella stürzt – Großes Kino!

Ebenso großes Kino war neben dem Nachmittagsseminar mit dem berühmten neapolitanischen Pädagogen Marcello D'Orta[2] ein Notenfund in einem Antiquariat in Neapel, wo mir das 1. Heft eines mir völlig unbekannten Jesus-Klavierzyklus des jüdischen Komponisten Mario Castelnuovo-Tedesco (1895–1968) in die Hände fiel, der mir bis dato nur als Komponist für Gitarrenwerke entfernt bekannt war. Auf dem Titelbild war das Chi-Rho-Zeichen mit einem Fisch zu sehen. Da ich die anderen Hefte nirgendwo im Internet

---

[1] Vgl. C. Davey, Die Familie Santi und ihr Waisenhaus »Casa Materna«, Basel 1981.

[2] Vgl. M. D'Orta, Religion und Pädagogik in Neapel – ein Reisegespräch, in: H. Kuhlmann u. a. (Hrsg.), Reisen. Fährten für eine Theologie unterwegs. Hans-Martin Gutmann zum 50. Geburtstag. INPUT 1, Münster 2003, 212-220.

finden konnte, schrieb ich auf gut Glück den mir nicht weiter bekannten Verlag dieses 1. Heftes von 1959, A. Forlivesi Firenze, an, der mir umgehend die Hefte 2 bis 4 dieses Zyklus kostenlos zukommen ließ. Was für eine Fundsache!

Das Paderborner Projekt Jesus-Transformationen bot mir dann die Gelegenheit, mich an diesen Klavierzyklus heranzutrauen und ihn zum Abschluss der Martin Leutzsch gewidmeten gleichnamigen Ringvorlesung an einem Klavierabend zum Besten zu geben. Der Zyklus, der 2013 von Alessandro Marangoni bei Naxos erstmals komplett eingespielt wurde, fristet ein Schattendasein, vermutlich weil er sich zwischen alle Stühle begibt.

2 BIOGRAPHISCHE SKIZZE

Mario Castelnuovo-Tedesco wurde am 3. April 1895 in Florenz geboren. Er entstammte einer alten jüdischen Familie, die 1492 aus Spanien nach Florenz geflohen war und sich dort als Bankiers neu verwurzelten. Gefördert durch Ildebrando Pizzetti, Alfredo Casella und Gian Francesco Malipiero etablierte er sich als junger Komponist schnell in der modernen italienischen Musikszene, wurde häufig im Radio und in Konzerthäusern gespielt und war allseits anerkannt und geschätzt. Mit dem Rassenmanifest Mussolinis von 1938 aber wandelte sich die Situation für die italienischen Jüdinnen grundlegend.[3] Als Castelnuovo-Tedesco mitsamt Familie im Spätsommer 1939 nach New York reiste, blieb er nach dem Kriegsausbruch in den USA und siedelte 1940 nach Kalifornien über, wo er am 16. März 1968 in Beverly Hills starb. Bis dahin hatte er zu über 250 Filmen von Metro-Goldwyn-Mayer die Musik geschaffen, zumeist B-Movies, u. a. besetzt mit Johnny Weißmüller, dem weltberühmten Tarzan-Darsteller. Daneben komponierte er Werke für alle Gattungen: Klavier- und Kammermusik, Opern und Oratorien, Symphonien und Solokonzerte. Ab 1946 lehrte er auch Komposition am Konservatorium in Los Angeles. Zu seinen Schülern, die den Hollywood-Sound bis heute prägen, gehören u. a. André Previn, Henry Mancini, der Komponist der Pink Panther-Musik, John Williams, der Filmkomponist fast aller Spielberg-Filme und der Star-Wars-Episoden, sowie Scott Bradley, der Komponist der Musik von Tom and Jerry. Ein biographisch entscheidender Moment für Castelnuovo-Tedesco war 1925 die Berührung mit dem Nachlass seines Großvaters mütterlicherseits, Bruto Senigaglia, der hebräische Melodien gesammelt hatte. Diese veranlassten ihn, sich mit seinen jüdischen Wurzeln auch musikalisch auseinanderzusetzen, so dass sie in vielen seiner Werke zum Klingen kommen.

---

[3] Vgl. dazu M. SARFATTI, Grundzüge und Ziele der Judengesetzgebung im faschistischen Italien 1938-1943, in: Quellen und Forschungen aus italienischen Archiven und Bibliotheken 83 (2003), 436-444.

So schrieb er für *Klavier*: 1925 »Le danze del Re David«[4], 1926 »Tre Corali, su melodie ebraiche« und 1955 »The Stories of Joseph«; für *Orgel*: 1962 »Prayers My Grandfather Wrote«; für *Harfe*: 1967 »The Harp of David«; für *Gesang*: 1928 »Chant Hebraique« (Vocalise), 1947 »Three Sephardic Songs«, 1964 »Vos Toig Mir«, 1966 »The Divan of Moses Ibn-Ezra«; 1931 das *Violinkonzert* I Profeti[5], für den *Gottesdienst*: 1936 »Lecho Dodi«, 1941 »Kol Nidrei«, 1943 »Sacred Service for the Sabbath Eve«, 1950 »Songs and Processionals For a Jewish Wedding«, 1952 »Naaritz'cho«, 1960 »Memorial Service for the Departed«; mehrere *Oratorien, Kantaten* und *Chorwerke*: 1944 »The Flood« from »The Genesis Suite«[6], 1947 »Naomi and Ruth«, 1951 »The Book of Jonah«, 1953 »The Queen of Sheba«, »The Song of Songs«, »The Book of Proverbs«, »Lament of David, for the death of Jonathan«, 1958 »The Book of Daniel«, 1962 »The Book of Esther«, 1965 »The Book of Tobit«; und schließlich 1960 die dreiaktige *Oper* »Saul«.[7]

3 Castelnuovo-Tedescos Εὐαγγέλιον in der Forschung

In den gängigen Forschungsbeiträgen zu Mario Castelnuovo-Tedesco wird dieser Jesus-Zyklus nicht erwähnt. Fast drängt sich der Eindruck auf, er werde verschwiegen. Harriette Mildred Rosen behandelt diesen Zyklus in ihrem Buch über den Einfluss der jüdischen liturgischen Musik auf säkulare Werke bei Mario Castelnuovo-Tedesco und Darius Milhaud nicht. Auch Roland von Weber, der Castelnuovo-Tedesco mit guten Gründen »the Italian Brahms«[8]

---

[4] Vgl. dazu H. Schroeter-Wittke, David Danced. Musikalische Spurensuche zu einer populären Szene, in: A. Strotmann/N. Eke (Hrsg.), Davidfigur und Opfermotiv. Jüdisch-christliche Transformationen, Paderborn 2018.

[5] Vgl. dazu H. Schroeter-Wittke, I profeti. Zum 50. Todestag von Mario Castelnuovo-Tedesco (1895–1968), in: PrTh 53 (2018), 120-121.

[6] Vgl. dazu H. Schroeter-Wittke, Multikulturelle Urgeschichte. Zur Genesis-Suite von 1945 aus Hollywood, in: PrTh 44 (2009), 210-212.

[7] Nach »Table I. Judaic-Influenced Compositions by Castelnuovo-Tedesco«, in: H. M. Rosen, The influence of Judaic liturgical music in selected secular works of Mario Castelnuovo-Tedesco and Darius Milhaud, University of California, San Diego, 1991, 58–63.

[8] R. von Weber, Castelnuovo-Tedesco, in: D. Ewen (Hrsg.), The New Book of Modern Composers, New York ^{3}1972, 113. Mit dieser Charakterisierung kennzeichnet von Weber die durchgängige Wiedererkennbarkeit der Werke Castelnuovo-Tedescos – ein Charakteristikum, was auch der Brahmsschen Musik eigen ist: »Here are no problems, no experimentalism, no intellectualism, no disjointed modernism, no reassembled chords, and no theories to be explained, but a clear, direct expression that has matured by deepening itself and subtilizing its technique. [...] Castelnuovo is audibly himself, and himself alone, from his beginnings as a composer." (A. a. O.)

nennt, erwähnt den Zyklus nicht, obwohl er ansonsten alle wichtigen Werke Castelnuovo-Tedescos aufzählt, wobei er dessen spanisch und jüdisch getönte Musik als »two ›atavistic‹ tendencies«[9] in seinem Schaffen bezeichnet, was möglicherweise nicht ganz wertfrei gemeint ist. Vermutlich geschieht diese Nichtberücksichtigung, weil der Klavierzyklus zum Leben Jesu nicht als jüdische Musik gewertet wird.

Castelnuovo-Tedesco hält seinen Zyklus in seiner leider nur auf Italienisch veröffentlichten Autobiographie für seinen »punto d'arrivo« seines pianistischen Schaffens, der frei ist von den klanglichen Gefälligkeiten und virtuosen Eleganzen seiner früheren Stücke; »qui tutto è purificato, casto, essenziale, ridotto alla più semplice espressione nelle linee e nelle armonie«[10]. Er vergleicht diesen Zyklus in seinem Gesamtwerk mit der Stellung der 24 Préludes bei Frédéric Chopin oder Claude Debussy. Wir haben es hier also mit dem pianistischen Hauptwerk, der Summa Pianistica Castelnuovo-Tedescos zu tun, was deren Nichterwähnung in der musikwissenschaftlichen Forschung umso problematischer erscheinen lässt.

In seiner Autobiographie widmet Castelnuovo-Tedesco diesem Zyklus ein eigenständiges Kapitel. 1934 verbrachte er seinen Sommer in der Nähe des Franziskanerklosters La Verna, wo Franziskus seine Stigmata erhielt, und besuchte dieses Kloster häufig. Beim Anblick der dortigen in blau und weiß gehaltenen glasierten 15 Terracotta-Tafeln mit Szenen aus dem Lebens Jesu, kam ihm 1934 zum ersten Mal die Idee zu einem solchen Zyklus »in bianco e azzuro«. Dabei schwebte ihm nicht die monumentale Art Palestrinas, Bachs oder Beethovens vor, sondern »un vangelo minimo, ma con uno spirito di assoluta semplicità ed innocenza«[11]. Seit seiner Lektüre von »La Vie des Jésus« (1863) von Ernest Renan,[12] hatte er daran gedacht, ein Leben Jesu zu vertonen. An Renans Jesus schätzte er die Darstellung eines menschlichen Christus, in dessen »creatura terrestre« (Erdenkreatur) die größte Hommage seiner Göttlichkeit liege. Renans Jesus liest Castelnuovo-Tedesco als »vangelo dell'incredulo« (Evangelium eines Ungläubigen), als »Vangelo secondo San Tommaso« (Thomasevangelium). So schrieb er schon 1934 eine erste Reihe von Klavierstücken zum Leben Jesu, von denen er aber nur eines aufhob, welches dann zum Nucleus für die Idee des Zyklus Εὐαγγέλιον wurde.

---

[9] Weber, Castelnuovo-Tedesco, 114.

[10] M. Castelnuovo-Tedesco, Una vita di musica, Firenze 2005. Ich danke Pfarrer Matthias Lenz, Elztal-Dallau, für seine Übersetzung der entsprechenden Passagen zu diesem Klavierzyklus: »Alles ist hier gereinigt, schlicht, wesentlich, auf den einfachsten Ausdruck von Linie und Harmonik reduziert.«

[11] Castelnuovo-Tedesco, Una vita, 506: »ein Mini-Evangelium mit einem Geist absoluter Einfachheit und Unschuld«.

[12] Zur Rezeption des Jesusbuches von Ernest Renan vgl. M. Leutzsch, »Jesus der Mann« im Prozess der Differenzierung und Transformation der Männlichkeitsideale 1863–1945, in: theologie.geschichte Beiheft 8/2003, 33-54.

Als ihn 1949 ein amerikanischer Verleger fragt, kurze und einfache Klavierstücke für Kinder zu schreiben, macht er sich wieder an die Arbeit zu diesem Klavierzyklus, aber mit anderer Zielrichtung. Er lehnt die Infantilisierung dieser Klaviergattung ab, weil er Kindern, die er für ästhetisch klug hält, keine Dummheiten anbieten will. Stattdessen will er Stücke schreiben, die »raffinati e intelligenti« und zugleich so »semplice ed essenziale« sind, dass ein Kind es verstehen können würde. Damit versteht er seinen Klavierzyklus zwar als »pezzi di bambini«[13], aber nicht als kindlich oder kindisch, sondern im Sinne einer wohldurchdachten Elementarisierung, die Kindern nicht die existenziellen Komplexitäten vorenthält.[14] »The Story of Jesus, narrated to the children, in 28 little Piano Pieces«[15] stellt also eine Art Jesusfibel für die Ohren dar, illustriert[16] mit den Mitteln der Filmmusik, aber ohne unnötige Ausschmückungen und Stimmungsmache.

Zunächst las er die vier Evangelien, entschied dann, dass er das Matthäusevangelium zum Rückgrat des Zyklus machte, nicht ohne die anderen Evangelien auszublenden. In weniger als zwei Monaten schrieb er im Herbst 1949 den gesamten Zyklus, fand dann aber über 10 Jahre lang keinen Verleger mehr dafür, weil der Zyklus mit 80 Minuten Dauer und 100 Seiten Noten die Länge eines Klavierabends ebenso überschritt wie die übliche Länge eines Zyklus für Kinder. Bei seinen Aufführungen dieses Zyklus traf Castelnuovo-Tedesco oft auf irritierte und enttäuschte Zuhörerinnen, was er darauf zurückführte, dass er zum einen als Vertreter der jüdischen Musik galt und zum anderen als Renan-Leser nicht als katholisch genug angesehen wurde. Diese Erwartungen enttäuschend sagt Castelnuovo-Tedesco in Klammern, dass er auch bereit sei, Musik über Mohammad, Buddha oder Konfuzius zu schreiben und fragt sich am Ende, ob er damit zum wiederholten Mal zwischen zwei Welten schwebe[17], so dass für ihn mit Dante die Frage gelte: »A Dio spiacenti

---

[13] CASTELNUOVO-TEDESCO, Una vita, 507.

[14] Zu einem solchen Konzept von Elementarisierung vgl. B. BEUSCHER: Positives Paradox. Entwurf einer neostrukturalistischen Religionspädagogik, Wien 1993.

[15] CASTELNUOVO-TEDESCO, Una vita, 507.

[16] Castelnuovo-Tedesco hatte ursprünglich auch daran gedacht, dass dieser Zyklus mit Abbildungen von Bildwerken und Skulpturen aus der christlichen Ikonographiegeschichte illustriert werden sollte, was aber kein Verleger realisieren wollte. Ein solches Modell einer Bilderbibel ist erst vor einigen Jahren durch RAINER OBERTHÜR und RITA BURRICHTER verifiziert worden: Die Bibel für Kinder und alle im Haus, München ^{5}2007. Zur Frage der Illustration von Kinderbibeln vgl. M. KEUCHEN: Bild-Konzeptionen in Bilder- und Kinderbibeln. Die historischen Anfänge und ihre Wiederentdeckung in der Gegenwart. 2 Teile. ARP 61, Göttingen 2016.

[17] CASTELNUOVO-TEDESCO, Una vita, 510: »sospeso fra due mondi?« Zum Schweben als einem theologischen Topos des 20. Jahrhunderts vgl. H. SCHROETER-WITTKE, Schwebende Verfahren. Zur performativen Dimension der Seelsorge, in: WzM 64 (2012), 327-342.

ed a' nemici sui«[18]? So sieht er sich selber als »Peccorella smarrita«[19], als verlorenes Schaf, dessen Vertonung ihm das liebste seiner Stücke ist.

4 DER KLAVIERZYKLUS »Εὐαγγέλιον. LA STORIA DI GESÙ, NARRATA AI FANCIULLI IN 28 PICCOLI PEZZI PER PIANO«[20]

4.1 Die Mehr- und Weltsprachigkeit von Εὐαγγέλιον

Wer die Partitur dieses Zyklus studiert, wird mit einer Vielzahl von Sprachen konfrontiert, die allesamt auf ihre Weise Weltsprachen sind. Das Phänomen der Mehrsprachigkeit zeigt, dass es hier auch um Übersetzungsarbeit zwischen verschiedenen Welten geht. Schon der Titel des Werkes »Εὐαγγέλιον« lässt erstaunen, handelt es sich hierbei doch um das einzige griechische Wort dieses Zyklus, welches aber einen weltumspannenden Bedeutungshof hat: »EVANGÉLION«, wie es im lateinisch geschriebenen Untertitel des ersten Heftes heißt, bedeutet »gute Botschaft«. Dass dieser griechische Begriff für die christliche Theologiegeschichte zentral ist, steht außer Frage, dass er zugleich in der Sprache begegnet wird, in der das weltweite Judentum z. Zt. Jesu gesprochen und seine Traditionen z. B. mit der Septuaginta überliefert hat, zeigt, dass das Griechische als Weltsprache eben auch jüdisch konnotiert werden kann. Die Weltsprache, die das Mittelalter prägte, das Lateinische, begegnet verschiedentlich, wenn Bibelstellen in die Partitur hineingeschrieben werden, z. B. bei dem Stück Nr. 15 »The Sermon on the Mountain« (Bergpredigt): »Beati pauperes spiritu quoniam ipsorum est regnum coelorum.« (III/1), oder in Stück Nr. 27 »The Last Words« (Letzte Worte), das mit der Überschrift beginnt: »Tenebrae factae sunt«[21] (Finsternis brach herein) (IV/15). In diesem Stück Nr. 27 begegnet auch das nicht weiter übersetzte aramäische Zitat: »Eli, Eli, lama sabachtani« (IV/15) in der Muttersprache Jesu.[22] Die gegenwärtige Weltspra-

[18] CASTELNUOVO-TEDESCO, Una vita, 510: »Weder zum Gefallen Gottes noch seiner Feinde.«

[19] CASTELNUOVO-TEDESCO, Una vita, 510.

[20] Die Zitate im Folgenden werden nach dem jeweiligen Heft in römischer Ziffer mit entsprechender arabischer Seitenzahl belegt.

[21] Hier geschieht auch eine Anspielung an die Weltsprache der Liturgie, heißt doch das fünfte der neun Responsorien für die Matutin des Karfreitags genau so.

[22] Es gehört für mich zu den Ungereimtheiten der Lutherübersetzung 1984 sowie 2017, dass Mt 27,46 nicht die aramäische Fassung des matthäischen Textes (»Eli, Eli, lema sabachthani«) bietet, sondern die hebräische Version des Psalms 22, 2 (»Eli, Eli, lama asabtani«). Richtig ist, dass schon Luther 1545 ebenso verfahren ist. Jedoch hat Bachs Matthäuspassion glücklicherweise die aramäische Originalfassung des Matthäustextes vertont, die vermutlich in seiner Lutherbibel auch so übersetzt worden war. Welche Gründe auch immer hier ausschlaggebend für die heutige Lutherübersetzung waren,

che Englisch, zugleich die Sprache seines Exils, die Castelnuovo-Tedesco aber schon vorher sehr gut beherrschte, wie seine vielfältigen Shakespeare-Kompositionen zeigen, erscheint in den Überschriften, bei Spielanweisungen oder musikalischen Charakterisierungen, aber auch bei einem Bibeltext in Stück Nr. 18 »Invectice« (Weherufe): »Woe unto you, Scribes and Pharisees, hypocrites!« (III/9) Auch die Weltsprache der Musik, Italienisch, zugleich die Muttersprache Castelnuovo-Tedescos, erscheint im Titel und den Überschriften, die jeweils zweisprachig englisch-italienisch ausgeführt werden, sowie bei Spielanweisungen und musikalischen Charakterisierungen, z. B. »Più calmo - Estatico« (II/3). Schließlich lassen sich mit »r.h.« und »l.h.« (z. B. I/2) auch Rudimente deutscher Sprache in den Spielanweisungen finden: rechte Hand und linke Hand. Das Zwischen-den-Stühlen-Sitzen dieser Komposition bildet sich somit auch in der Vielsprachigkeit dieser Partitur ab, die alle für das Sujet dieses Stückes wesentlichen Weltsprachen in einem wilden Durcheinander, das zugleich aber sofort verständlich ist, zu Wort kommen lässt.

4.2 Der Aufbau des Zyklus und die Auswahl der Szenen

Der Zyklus beginnt mit dem Kammerton a und endet mit einem C-dur-Akkord im vierfachen Piano, der sich vom tiefsten c im Bass zum höchsten c im Diskant erstreckt und damit die gesamte Tastatur des Flügels umfasst. Damit ist musikalisch ein größtmöglicher Bogen vom Anfang aller musikalischen Anfänge zu einem umfassenden himmlischen Raum voller Reinheit, Unschuld und Erlösung gespannt. In diesem Bogen begegnen vier Teile, deren erster mit der Kindheit Jesu in sechs Szenen beginnt, deren zweiter Jesu Leben in acht Szenen skizziert, dem im dritten Teil seine Botschaft in sieben Szenen folgt und der im vierten Teil mit der Passion ebenfalls in sieben Szenen endet. Die Zusammenstellung der Szenen, die insgesamt mit Geburt, Leben, Botschaft, Leiden, Tod und Auferstehung Jesu eine Summe des Jesus-Narrativs aller Evangelien darstellen, berücksichtigt dramaturgische Gesichtspunkte, so dass in jedem Teil auch ausreichend dramatische Sequenzen begegnen. Die vier Teile sind in aufsteigender Schwierigkeit komponiert, so dass der erste Teil durchaus auch von Kindern gespielt werden kann, nicht aber die Teile drei und vier. Ähnlich den Kinderszenen Schumanns so ist auch Castelnuovo-Tedescos Zyklus keine Kindermusik in dem Sinne, dass sie von Kindern pianistisch bewältigbar wäre, sondern in dem Sinne, dass die Phantasie der Kinder im Hören dieser Stücke unmittelbar angeregt wird, was z. T. eben komplexere musikalische Strukturen erfordert. Diese Logik hat dieser Zyklus mit nahezu aller Filmmusik gemein, die in ihrer unaufdringlichen Unmittelbarkeit

---

mit der hebräischen Version des Psalms 22,2 wird Jesus seiner aramäischen Muttersprache beraubt und zu einem Menschen umfunktioniert, der noch am Kreuz den richtigen, den vermeintlich originalen biblischen Text korrekt aufzusagen weiß. Ich nenne solche Verfahren identitäre Frömmigkeitspolitik.

für die Filmrezeption fundamental und gleichwohl hoch komplex strukturiert ist.

4.3 Musikalischer Kommentar

4.3.1 Part I: The Infancy/L'infanzia

Der 1. Teil »Kindheit« enthält sechs Szenen: Die Ankündigung der Geburt Jesu, die Geburt Jesu, die heiligen drei Könige, der Kindermord des Herodes, die Flucht nach Ägypten sowie der zwölfjährige Jesus im Tempel. Der Zyklus beginnt in der Geburtsankündigung mit einer einfachen und stillen viertönigen Sequenz ohne Halbtonschritte, die die Unaufgeregtheit des gesamten Zyklus vorwegnimmt. Es entspinnt sich sofort ein kleines zartes fugato, unterbrochen von einer bitonalen Sequenz mit durchlaufend repetiertem Wiederholungston, der das Herzklopfen der Maria sowie das Geheimnis dieser Zeugung in Töne fasst. Das Allegretto pastorale des zweiten Stückes führt in die lukanische Weihnachtsgeschichte zu den Hirten aufs Feld, die später betend vor der Krippe stehen und darin von einem himmlischen Chor der Engel begleitet werden, der auch den Schluss dieses Stückes ausmacht. Erst die heiligen drei Könige bringen Orientalismen in die Musik ein. Ihr Karawanenzugmotiv mit den Bass-Quinten durchzieht das gesamte Stück und wird von der Klarheit des Sterns geführt, der in der Mitte des Stückes aufleuchtet. Das Massaker an den unschuldigen Kindern lässt das Militärische brutal erklingen und stellt den dramatischen Höhepunkt des 1. Teils dar. Hier scheint es kein Entkommen zu geben. Um so erfreuter sind die Zuhörenden, wenn sie mit dem hektisch-leisen Fluchtmotiv der Fluchtgeschichte der Katastrophe doch noch musikalisch entgehen und in das berühmte ikonographische Motiv der Ruhe der heiligen Familie auf der Flucht[23] münden, bevor im Hintergrund noch einmal die militärischen Fanfaren erklingen. Abgeschlossen wird der 1. Teil von einem musikalischen Dialog zwischen den gewichtig daherkommenden Schriftgelehrten (Doktoren) und dem unschuldigen Kind Jesus. Dem freundlichen Choral der Schriftgelehrten wird in gänzlich anderer Tonart eine kindliche musikalische Sequenz entgegengehalten, die den Choral in ungesichertes Gelände führt, wobei beide Themen am Ende zusammen kommen.

4.3.2 Part II: The Life/La vita

Der 2. Teil »Leben Jesu« enthält folgende Szenen: Taufe Jesu, Tanz der Salome, See Genezareth, Sturmstillung, die Samaritanerin am Brunnen, Auferweckung des Lazarus, Maria Magdalena und Jesus im Tempel. Die Jünger Jesu kommen explizit nicht vor. Es beginnt mit der Taufe Jesu am Jordan, die die Leben spendende und zugleich ekstatische Kraft des Wassers (»Estatico«, II/3) sowie das Herabkommen des Geistes Gottes in einem zweifachen pianissimo-glissando am Ende vertont. Der Tanz der Salome, auch wiederum ein kultur-

---

[23] Das Motiv begegnet seit dem Mittelalter. Berühmte Gemälde dieses Motivs stammen etwa von Caravaggio, Tizian, Dürer, Cranach d. Ä., Rembrandt und Runge.

geschichtlich weit verbreitetes Motiv,[24] enthält leichte Orientalismen und verschweigt bei aller musikalischen Erotik am Ende die Brutalität dieser Szene nicht. Im nächsten Stück macht Castelnuovo-Tedesco mit einer wunderschönen Barcarolle den See Genezareth zur Szenerie eines venetianischen Gondellieds. Das Ineinander von Zweier- und Dreierrhythmen lässt die Barke zwischen Behaglichkeit und Bedrohlichkeit schaukeln, was sich im nächsten Stück zu einem handfesten Sturm hochschaukelt, den der Wellenreiter Jesus aber zu zähmen vermag. Die Samaritanerin am Brunnen wird durch eine Siciliana musikalisch charakterisiert und lässt so die kulturellen Differenzen innerhalb ein und desselben Landes (Juden - Samaritaner/Italiener - Sizilianer) an- und zugleich popmusikalisch abklingen. Die Auferweckung des Lazarus, übrigens die einzige Szene, die den großen biblischen Komplex der Heilungsgeschichten anklingen lässt, beginnt mit einem Trauermarsch in moll, der durch Jesu Eingreifen (»Lazare, veni foras«, II/18) unterbrochen wird und in einem ungläubig Töne suchenden transformierten Trauermarsch in Dur mündet, der denselben Gestus des moll-Trauermarsches atmet, aber am Ende ganz ruhig wird. Das folgende Stück Maria Magdalena greift das Ankündigungsmotiv des ersten Stückes aber in weit gespreizter Form und dissonanterer Harmonik auf. Das Stück ist »like Viola sola« (II/20) gedacht, also für Altstimme, die für eine Vertonung von Traurigkeit, Zärtlichkeit, Buße und innerer Wandlung prädestiniert ist. Mit einem dramatischen Stück, in dem Jesus die Wechsler im Tempel hörbar mit der Peitsche vertreibt, endet der zweite Teil und zeigt Jesus auch als einen wütenden Menschen.

4.3.3 Part III: The Words/Le parole

Bergpredigt, Vaterunser, Lasst die Kinder zu mir kommen, die Weherufe sowie die drei Gleichnisse von den 10 Jungfrauen, dem verlorenen Schaf sowie dem verlorenen Sohn bilden das Material für diesen Teil, der die Lehre Jesu darstellt - ein instrumentalmusikalischer Übersetzungsvorgang, der musikgeschichtlich nur sehr selten begegnet. In diesem Teil gibt es daher auch einige Textstellen, die in der Partitur mitnotiert sind. Musikalisch finden sich einige Anklänge an den Gregorianischen Choral, wie schon die Spielanweisung der ersten Seligpreisung zu Beginn des Stückes zur Bergpredigt zeigt: »in a free meter, like a Gregorian Chant« (III/1). Das Vaterunser lässt hingegen eher eine Volksliedmelodie anklingen - ganz anders etwa als Franz Liszts Pater noster aus seinen »Harmonies poétiques et réligieuses«,[25] das gregorianische Atmosphäre atmet. Der Volksliedcharakter begegnet auch in dem Stück Jesus

[24] Vgl. dazu S. Petersen: Salome: Die Tochter der Herodias tanzt und bekommt einen Namen, in: M. Keuchen u. a. (Hrsg.): Tanz und Religion. Theologische Perspektiven. Helga Kuhlmann zum 50. Geburtstag, Frankfurt 2008, 49-79.

[25] Vgl. dazu H. Schroeter-Wittke, Das Amen in der Musik, in: Ders.: Musik als Theologie. Studien zur musikalischen Laientheologie in Geschichte und Gegenwart, Leipzig 2008, 189-192.

und die Kinder, das von einer kurzen wuseligen Sequenz gerahmt ist und im Mittelteil einen Kindertanz enthält. Das dramatische Stück stellen die Weherufe Jesu dar, die als Machtwort daherkommen und mit ihren Quarten durchaus die Quinten der militärischen Passagen des ersten Teils als deren Umkehrung anklingen lassen. Die klugen und törichten Jungfrauen werden mit zwei Tänzen (Sarabanda - Bourrèe) gegenübergestellt, unterbrochen von dem Trompeten-Ruf des Jüngsten Gerichts, mit dem das Kommen des Bräutigams angekündigt wird. Interessanterweise werden beide Gruppen aber am Ende nicht auseinanderdividiert, sondern musikalisch zusammengeführt, in dem beide Motive und Tänze in einem »Religioso« am Ende zugleich erklingen.[26] Castelnuovo-Tedescos Lieblingsstück ist das folgende verlorene Schaf, dessen Klage von einem eindrücklichen einstimmigen Rezitativ erhört wird und sich dann in ein befriedetes Dur verwandelt. Das letzte Stück »Die Rückkehr des verschwenderischen Sohnes« ist im Stile eines palästinischen Bauerntanzes geschrieben, dessen Höhepunkt viel Wärme (»with warmth«, III/18) und Zärtlichkeit (»with tenderness«, III/19) verströmt und einen weiten Raum eröffnet, der auch den älteren Sohn zur Versöhnung animiert, wie das Stichwort gebende Bibelzitat des Stückes anklingen lässt: »And as he came and drew nigh to the house, he heard music and dancing.« (Lk 15,25).

4.3.4 Part IV. The Passion/La passione

Der letzte Teil des Zyklus enthält die Ereignisse vom Einzug Jesu in Jerusalem bis zur Auferstehung Jesu. Als Stationen dazwischen erklingen das Abendmahl, Jesu Gebet im Garten Gethsemane, das »Kreuzige ihn!« vor Pilatus, den Gang nach Golgatha mit Kreuzigung sowie Jesu letzte Worte. Die Einzugsszene ist als Huldigung gestaltet. Es beginnt mit einem Hosanna-Chor, in dessen »alla Marcia«-Passagen die Trompeten der Massakrierenden aus dem ersten Teil und in dessen Triolen schon die Fanfaren aus dem Palast des Pilatus im vierten Teil anklingen. Dazwischen erscheint eine einzelne klagende Stimme, die an das verlorene Schaf erinnert. In aller freundlichen Huldigung kündigt sich das Unheil an, indem hier die Ambivalenz aller Massenaufläufe zum Klingen gebracht wird, die 1949 noch deutlich in aller Ohren war. Das letzte Abendmahl enthält eine langsame Passacaglia, die mit einem gregorianisch anmutenden vierstimmigen Motiv wechselt. Jesu Gebet in Gethsemane erklingt als Reihe langsam absteigender Quintparallelen, die am Ende aus den höchsten Regionen des Klaviers unaufhaltsam »bare and desolate« nach unten ziehen, bitonal unterbrochen von einem einzelnen sich wiederholenden Bittton, der am Ende »barely audible« (IV/7) verklingt. Das folgende Crucifige! bringt den aufbrausenden Mob mit all seinem Furor zu Ohren, angeheizt von den Struktur vorgaukelnden römischen Fanfaren aus dem Praetorium des

---

[26] Zu einer solchen Auslegung von Mt 25,1-13 vgl. H. BOHNEKAMP/R. JANUS/H. SCHROETER-WITTKE, Bibelarbeit im Zentrum Jugend (Mt 25,1-13), in: S. LECHNER u. a. (Hrsg.): Dokumente CD-ROM des 35. DEKT Stuttgart 2015, Gütersloh 2016 (BAE_006).

Pontius Pilatus, die in ersten Kreuzigungsschlägen enden. Der darauf folgende Gang nach Golgatha enthält drei aufeinander geschichtete Klangmotive in weit ausladender Form, an deren Ende die Kreuzigungsschläge »hammered« (IV/14) zu hören sind, die in einem nervtötenden pianissimo enden – Folter kann auch leise erklingen! Dieses Motiv wird bei Jesu letzten Worten wieder aufgegriffen und ist stilbildend für das einzige letzte Wort Jesu, das Castelnuovo-Tedesco, sich an Markus haltend, vertont: »Eli, Eli, lama sabachtani« (IV/15). Diesem eindringlichen, aber leisen Klageruf folgt, motivisch angelehnt an das verlorene Schaf, die Klage der drei Marien, der letzte Schrei Jesu, das Beben der Erde und das Aushauchen des Geistes, motivisch verwandt mit dem Bittmotiv aus der Gethsemane-Szene. Die Auferstehung beginnt wiederum mit dem marianischen Klagemotiv, das sich leise transformiert zu einem nicht militärischen Trompetenmotiv, welches dann, impressionistisch und trillernd umspielt, zu einer leisen, tragenden Gewissheit wird und im vierfachen Pianoklang des die gesamte Tastatur umfassenden C-dur-Dreiklangs himmlisch ausklingt.

5 Εὐαγγέλιον als Jesus-Transformation

In Castelnuovo-Tedescos Jesus-Zyklus begegnen mindestens drei unterschiedliche Ebenen von Jesus-Transformationen: eine religiöse, eine musikalische und eine pädagogische.

5.1 Eine jüdische Jesus-Transformation

In seinen Forschungen zum »Soundtrack der israelischen Geschichte«[27] hat Assaf Shelleg auch Castelnuovo-Tedesco einer eingehenden Retrospektive unterzogen. Shelleg sieht die europäisch-jüdische Kunstmusik beginnend mit der jüdischen Emanzipation im 18. Jahrhundert in einem umfassenden Pluralisierungsprozess, der die Frage nach dem, was jüdische Musik ausmacht, virulent und zugleich sehr komplex werden lässt. Shelleg dekonstruiert die gängige Identifizierung des Jüdischen in der Musik mit musikalischen Traditionen des osteuropäischen Judentums und steht daher auch den Kriterien skeptisch gegenüber, mit denen z. B. Harriette Mildred Rosen den jüdischen Einfluss bei Castelnuovo-Tedesco dingfest gemacht hat. Shelleg fordert stärkere Kontextualisierungen ein und gibt dazu bei Castelnuovo-Tedesco wichtige Hinweise für dessen italienische Zeit bis 1939. Er kommt aus einem Judentum, dessen sephardisch-italienische Liturgie sich vor allem auch musikalisch deutlich von der aschkenasischen Tradition des vornehmlich osteuropäischen Judentums unterscheidet, so dass er sowohl von der zeitgenössischen jüdi-

---

27 A. Shellag, Musikalische Grenzgänge. Europäisch-jüdische Kunstmusik und der Soundtrack der israelischen Geschichte. SchrLBI 78, Tübingen 2017. Die Seitenangaben im Folgenden beziehen sich darauf.

schen Musikkritik kritisiert als auch musikhistoriographisch marginalisiert wurde. Als Castelnuovo-Tedesco 1925 ein Notenheft mit dreistimmigen Arrangements liturgischer Melodien seines Großvaters mütterlicherseits, Bruto Senigaglia, entdeckte, die dieser zwischen 1862 und 1864 notiert hatte, war das für ihn musikalisch nur von »dürftigem Wert«[28], so dass dieser Fund »weniger als stilistischer denn als emotionaler Katalysator« (91) wirkte. Castelnuovo-Tedescos Eltern gehörten zur ersten Generation der nach der Einheit Italiens (Risorgimento) in säkularer Umgebung aufwachsenden italienischen Juden, die bestimmte Aspekte des Judentums aufgegeben hatten, die bis ins 18. Jahrhundert konstitutiv für die weltweite jüdische Identität waren. Castelnuovo-Tedesco konnte weder hebräisch, sein Gottesdienstbesuch beschränkte sich auf die hohen Festtage »meinen Eltern zuliebe [...] für mich, einen Florentiner, besaß der schöne Kirchenbau aus der Renaissance mehr Reiz als der Orientalismus der Synagoge [...] deren Riten mir wenig bedeuteten und deren Musik mir weitgehend gleichgültig war«[29] (92).

Sein Lehrer Ildebrando Pizzetti, bei dessen Oper *Debora e Jaele* (1915-1921) er mithalf, hatte ihm gesagt, dass sich im gregorianischen Gesang Spuren jüdischer Musik befinden würden. Das lässt die gregorianischen Passagen in Castelnuovo-Tedescos Jesus-Zyklus doppeltcodiert christlich und jüdisch lesen bzw. hören. Allerdings begegnen bei Castelnuovo-Tedesco keine gregorianischen Reinformen, sondern Mischformen, Melodiefetzen, zusammengestellte Melodiepassagen, so wie er in seinen dezidiert jüdischen Kompositionen ab 1926 auch die Melodien seines Großvaters behandelte, als »Centonisierung von Melodieprototypen« (93). Musikalisch war für ihn *Schelomo*[30] von Ernest Bloch (1880-1959) »eine Offenbarung [...]: Es vermittelte mir ein erstes Gefühl dafür, was ›jüdische Musik‹ sein könnte (oder zumindest eine bestimmte Art von jüdischer Musik: Was jüdische Musik letzten Endes ist, weiß ich bis heute nicht, abgesehen davon, dass sie eine gewisse biblische Inspiration teilt). [...] *Schelomo* fiel mir auf: In dieser Musik voller Phantasie (wenngleich ein wenig an Form und Ordnung mangelnd) fand ich Akzente, die erfüllt waren von Schmerz, plötzlichem Entzücken, plötzlichen Depressionen und unerwarteten Begeisterungen, alles in allem eine ›offenbarte Seele‹ (selbst in der orientalisierenden Fülle der orchestralen Aufführung): Ich war buchstäblich fasziniert und spielte das Stück viele Male.«[31] (95) Allerdings entschied er sich 1926 mit La danze del Re David nicht für das musikalische Sujet Salomo, den er als »salbungsvoll« (Proverbia) und »verbittert und pessimistisch« (Kohelet) empfand. Demgegenüber »verkörperte [David] eine

---

[28] CASTELNUOVO-TEDESCO, Una vita, 92 (Übersetzungen auch im Folgenden nach Shellag).

[29] Castelnuovo-Tedesco, Uno vita, 192.

[30] E. BLOCH, Schelomo – Hebräische Rhapsodie für Violoncello und Orchester (1915-1916)

[31] CASTELNUOVO-TEDESCO, Una vita, 192.

andere Klanglandschaft«: »jung und kühn, kampflustig und leidenschaftlich«. Im Kontrast dazu benennt Castelnuovo-Tedesco die Unterschiede zu Blochs *Schelomo* explizit, denn dieser habe »ein gewisses ›weinendes‹ Element, eine Erinnerung an die ›Klagemauer‹ und die in die Versklavung gezwungenen ›Träumer des Ghettos‹«[32] (96 f.).

Castelnuovo-Tedescos Jesus-Zyklus weist musikalisch dieselben Elemente auf, wegen derer er sich mehr als 20 Jahre zuvor für David und gegen Salomo als Sujet entschieden hatte. Dabei zeigt sich seine Ästhetik besonders am musikalischen Effekt bzw. an der Unterhaltung interessiert, weshalb er als Filmkomponist im Gegensatz zu vielen seiner Musikkolleginnen im kalifornischen Exil auch nicht unglücklich war. Religiös lässt sich hier ein selbstbewusstes Judentum finden, das sich den aus dem Judentum an ihn herangetragenen Identitätsansprüchen ebenso entzieht wie denen von außerhalb seiner Religion. Es würde ihm überhaupt nichts ausmachen, auch einen Muhammad-, Buddha- oder Konfuzius-Zyklus zu komponieren. Ich lese Castelnuovo-Tedescos Jesus-Zyklus daher in einer expliziten Doppeltcodiertheit als eine jüdische und zugleich christliche Transformation ins Genre einer Filmmusik für innere Bilder, die beim Spielen oder Hören des Zyklus entstehen.

5.2 Eine pianistische Jesus-Transformation

Für den Jesus-Zyklus von Castelnuovo-Tedesco lassen sich durchaus pianistische Vorläufer benennen, die aber zumeist unter dem Terminus Biblische Bilder formieren. Die Biblischen Sonaten (1700) von Johann Kuhnau (1660-1723), dem Vorgänger Bachs als Thomaskantor, fallen hier aus, weil sie nur alttestamentliche Stoffe enthalten.[33]

Die Biblischen Bilder op. 96 (1844) von Carl Loewe (1796-1869) enthalten drei Geschichten aus den Evangelien: Bethesda (Joh 5,2-9), Gang nach Emmahus (Lk 24,28-29) und Martha und Maria (Lk 10,38-42), die aber nicht chronologisch, sondern thematisch zusammen gestellt sind.[34]

Die Biblischen Bilder op. 220 (1893) in 4 Heften von Carl Heinrich Reinecke (1824-1910) lassen mit ihren 4 Heften formal einige Parallelen erkennen.[35] Allerdings enthalten hier nur Heft III (mit 4 Stücken) und Heft IV (mit 3 Stücken) neutestamentliches Material aus den Evangelien. Heft III thematisiert Weihnachten mit den Szenen: Die Hirten auf dem Felde, Wanderung nach Bethlehem, Die Ruhe der heiligen Familie[36] sowie die Weisen aus dem

---

[32] Castelnuovo-Tedesco, Una vita, 194-196.

[33] Vgl. dazu H. Schroeter-Wittke, Private Religionspädagogik. Beobachtungen zu Johann Kuhnaus Biblischen Sonaten (1700), in: Ders., Musik, 80-97.

[34] Vgl. dazu H. Schroeter-Wittke, Biblische Bilder. Beobachtungen zur Transformation der Bibel in der deutschen Klaviermusik im 19. und 20. Jahrhundert, in: Ders., Musik, 158-167.

[35] Vgl. dazu Schroeter-Wittke, Biblische Bilder, 168-173.

[36] Interessanterweise bezieht sich diese »Ruhe« nicht auf die Fluchtgeschichte nach Ägypten, sondern auf die bürgerlich inszenierte Stallidylle in Bethlehem.

Morgenlande. Das Heft IV vertont den barmherzigen Samariter, die Hochzeit zu Kana sowie die Heilung am Teich Bethesda. Die Idylle Reineckes enthält keine Anklänge mehr an Kreuz und Leiden Christi und sind frei von aller christologischen Ambivalenz.

Ganz anders gestaltet sich 30 Jahre später die Passion in 9 Inventionen op. 25 (1927-1930) von Hermann Reutter (1900-1985).[37] Hier ist alles von existenzialistisch-expressiver Härte. Nahezu martialisch kreuzigt hier der Pianist mit dem Klavier als Schlaginstrument Jesus erneut. Die Szenerie ist verwandt mit dem vierten Heft von Castelnuovo-Tedesco, allerdings mit feinen Unterschieden. Bei Reutter gibt es keinen Hosanna-Huldigungschor zu Beginn, sondern es beginnt gleich mit dem Abendmahl, gefolgt von der Gethsemane-Szene. Gefangennahme, Geißelung und Dornenkrönung bilden bei Reutter dann eigenständige Szenen, die die Brutalität des Geschehens in den Vordergrund spielen. Die letzten vier Stücke sind dann von der Szenerie her identisch: Gang nach Golgatha, Kreuzigung, Grablegung und Ostermorgen. Gegenüber Reutters brutaler musikalischer Performance bleibt Castelnuovo-Tedesco distanzierter und kann auch der Brutalität der Passion noch einen Unterhaltungswert abgewinnen. Reutter hämmert seinen Zuhörenden das Passionsgeschehen protestantisch um die Ohren, Castelnuovo-Tedesco verlässt die geschmeidige musikalische Welt des Hollywood-Kinos nicht.

Der letzte vergleichbare Vorläufer-Zyklus stammt aus den USA und wurde 1941-1943 von Robert Nathaniel Dett (1882-1943) komponiert: Eight Bible Vignettes. Dett war der erste Afro-Amerikaner mit einem Bachelorabschluss in klassischer Musik. Er sammelte und erforschte Negro Spirituals und verband sie als erster in seinen Kompositionen mit westlicher Kunstmusik. Seine Bible Vignettes sind eine sehr komplexe Klaviersuite mit folgendem Aufbau: Die Vignetten 1-4 (Father Abraham, Desert Interlude, As His Own Soul, Barcarolle of Tears) beziehen sich eher auf das Alte Testament, die Vignetten 5-8 (I Am the True Vine, Martha Complained, Other Sheep, Madrigal Divine) eher auf das Neue Testament. In den Bible Vignettes begegnet eine Vielzahl komplexer Mehrfachcodierungen, die auch theologisch noch einmal eine eigenständige Studie erforderlich machten, was hier aber nicht geleistet werden kann. »Father Abraham« z. B. sieht Abraham an der Seite des »Holy Lamb« und verwischt damit die Grenzen zwischen den beiden Teilen der christlichen Bibel, zumal es auch noch einen hebräischen Gesang des 14. Jahrhunderts verarbeitet. »Desert Interlude« bezieht sich auf die Hagar-Geschichte Gen 21,14. »As His Own Soul« hat 1 Sam 18,1 mit David und Jonathan zur biblischen Grundlage. »Barcarolle of Tears« lässt keine konkrete Bibelstelle erkennen. »I Am the True Vine« bezieht sich auf Joh 15. »Martha Complained« beschreibt Luk 10,38-42 (Maria und Martha) aus der Sicht der Martha, die in ihrem Handeln entgegen der verbreiteten christlichen Rezeption positiv gewürdigt wird. »Other Sheep« hat Joh 10,16 zur Grundlage, wobei Dett das

---

[37] Vgl. dazu SCHROETER-WITTKE, Biblische Bilder 174-176.

melodische Material von einem früheren Schüler, »Mr. Dahklama Simango, a native African«[38], verarbeitet. Der Zyklus wird abgeschlossen von einem »Madrigal Divine«, das Psalm 23 vertont. Detts biblische Vignetten bringen in beeindruckender Weise Randfiguren zu Gehör: Vater Abraham (Lk 16,24), Hagar, die Freundschaft von David und Jonathan, eine rehabilitierte Martha sowie das andere, in diesem Fall das afrikanische Schaf und vertonen vom Rand aus Evangelium mit einer Musik, die eine hohe Unterhaltungsqualität aufweist. An diesem Punkt teilen Castelnuovo-Tedesco und Dett ästhetisch ein amerikanisches Paradigma, wie es Roland von Weber charakterisierte: »As an American, it awakened admiration in me a decade ago to find in this friendly musician an immediate and certain response to what was American, in the unique sense that Walt Whitman is American, that good jazz is American, that Coca-Cola and mint juleps are American.«[39]

Um es mit Castelnuovo-Tedescos eigenen Worten zu sagen: »In my artistic life, I have had only one ideal: to write good music without prejudices of any kind. [...] My principal sources of inspiration have been: my home place (Florence and Tuscany), the Bible, and Shakespeare. [...] I have never believed in modernism, or in neoclassicism, or in any other isms. I believe that music is a form of language capable of progress and renewal. [...] I have believed in God, in the family, and in the country. I have been living far from my own native land. I hope to be able to give the great country that has given me a haven, to America, the best of my life and my art, just as I gave them for more than thirty years, in full and absolute conscientiousness, to my own country.«[40]

5.3 Eine religionspädagogische Jesus-Transformation

Das unterhaltsame und zugleich lehrreiche Spiel mit der Tradition führt bei Castelnuovo-Tedesco zu einer mehrfachcodierten, nicht-identitären Jesus-Transformation. Ein Zyklus von 28 Stücken hat kein Zentrum mehr, auch wenn hier und da musikalische Verstrebungen begegnen. Ein solcher Zyklus zieht an den Zuhörenden vorbei, passiert sie, vergeht - wie ein guter Film. Castelnuovo-Tedesco hat diesen Zyklus seinem jüngeren italienischen Kollegen und Freund Nino Rota gewidmet, der mit Federico Fellini, Luchino Visconti und Francis Ford Coppola intensiv zusammenarbeitete und für seine Filmmusik zum Paten Teil II 1975 den Oscar erhielt. Diese Widmung betont noch einmal das cineastische Unterhaltungsformat, mit dem Mario Castelnuovo-Tedesco lehrt, dass die Distanz zum Gegenstand im Medium der Unterhaltung pädagogisch bezaubern und genau dadurch wirken kann. Mit diesem Jesus muss sich niemand identifizieren, genau deshalb geht er zu Herzen und be-

---

[38] Zitiert nach C. ERICKSON, The Six Piano Suites of Nathaniel Dett. A Dissertation Submitted to the Temple University Graduate Board, Philadelphia/Ann Arbor 2014, 162. Diese Dissertation bietet eine gute Analyse der Eight Bible Vignettes a. a. O., 133-174.

[39] VON WEBER, Castelnuovo-Tedesco, 116.

[40] CASTELNUOVO-TEDESCO, The Composer Speaks, in: EWEN (Hrsg.): Book, 111 f.

wegt. Ein solches Verfahren[41] bringt Religionspädagogik als tiefgehende unaufgeregte Hintergrundmusik für den inneren Jesus-Film und damit für die eigene Vorstellungskraft zum Klingen. Was für eine sympathische Form subjektorientierter ästhetischer Religionspädagogik!

6 ANHANG: DER ZYKLUS Εὐαγγέλιον IM ÜBERBLICK

Mario Castelnuovo-Tedesco (1895–1968):
Εὐαγγέλιον
EVANGÉLION
The Story of Jesus, narrated to the children in 28 little Piano pieces
La storia di Gesù, narrata ai fanciulli in 28 piccoli pezzi per Piano

Part I. - The Infancy/Parte 1ª - L'infanzia
I The Annunciation/L'Annunciazione
(Lk 1,26–28): Simple and quiet
dolce - clear - un poco più mosso - espressivo
II The Nativity/La Natività
(Lk 2,1–20): Allegretto pastorale
(The shepherds on earth) - (In the manger) - (The angels in heaven)
III The Three Kings/I Re Magi
(Mt 2,1–12): Tempo di Marcia, molto moderato
(like a Caravan coming from afar) - (in an Oriental mood) - clear (like a star)
IV The Massacre of the Innocents/La strage degli Innocenti
(Mt 2,16–18): Molto mosso (Lively but rhythmic)
(like Trumpets) heavy and ferocious - (like Horns) - crying - imploring - rough - heavy
V The Flight into Egypt/La fuga in Egitto
(Mt 2,13–15): Agitato
espressivo - dolce (quasi recitativo) - (like the echo of a fanfare) - agitato
VI Child Jesus and the Doctors/Gesù bambino fra i Dottori
(Lk 2,41–50): Moderato
(The doctors) solemn and pompous (like a Choral) - innocent (Jesus) - dolcissimo (Jesus)

Part II. - The Life/Parte 2ª - La vita
VII The Baptism on the Jordan/Il Battesimo sul Giordano
(Mt 3,13–17/Mk 1,9–11/Lk 3,21 f./Joh 1,29–34): Quiet and transparent
even but accented the melody - transparent - dolce e grave - Estatico dolcissimo

[41] Vgl. dazu H. SCHROETER-WITTKE, Mission als Ver-Fahren. Praktisch-theologische Anmerkungen zu einer performativen Religionspädagogik, in: M. BÖHME u. a. (Hrsg.): Mission als Dialog. Zur Kommunikation des Evangeliums heute, Leipzig 2003, 151-168.

VIII The Dance of Salome/La danza di Salomè
(Mt 14,3-12/Mk 6, 16-29): Sensous and exotic espressivo - brillante - capricious (light) - rhythmic (like drum) - nasty and furious - deciso

IX By the Sea of Galilee/Sul lago di Galilea
(Mt 4,18-22/Mk 1,16-20/Lk 5,1-11): Quiet and ondulated (Andantino mosso) dolce - (like a Fishermen song) - (more intense) - espressivo (quasi Cello) - delicate

X Jesus Walking on the Waves/Gesù cammina sulle acque
(Mt 14,22-33/Mk 6,45-51/Joh 6,15-21): Stormy
dark - (lamenting) - Un poco meno - clear - Stormy - Molto più calmo - dolce

XI The Woman of Samaria at the Well / La Samaritana al pozzo
(Joh 4,5-26): Andantino grazioso
very free - a tempo (ritmo di Siciliana) - Calmo - simple dolcissimo - (like drops of water)

XII The Ressurrection of Lazarus/La ressurezione di Lazzaro
(Joh 11,1-46): Slow and funereal
dark - (like Timpani) - imperatif (»Lazare, veni foras«) - (like echo) - calmo, dolcissimo - clear

XIII Mary Magdalene/Maria Maddalena
(Mt 26,6-19/Lk 7,36-50/Joh 12,1-9): Moderato (Tender and sad) - Quiet espressivo (like Viola sola) - espressivo cantando - dolcissimo

XIV Jesus and the Money-Chnagers/Gesù scaccia i Mercanti dal Tempio
(Mt 21,12 f./Mk 11,15-19/Lk 19,45 f./Joh 2,13-17): Very lively (Angry and excited)

Part III. - The Words/Parte 3ª - Le parole

XV The Sermon on the Mount/Il sermone della montagna
(Mt 5-7/Lk 6,29-40): Very quiet, simple and pure (in a free meter, like a Gregorian Chant)
»Beati pauperes spiritu quoniam ipsorum est regnum coelorum.«

XVI Pater Noster (Our Father who art in Heaven)/(Padre nostro che sei nei Cieli)
(Mt 6,9-13/Lk 6,1-5): Quiet, simple and fervent (like a Prayer)
»Pater noster qui es in coelis sanctificetur nomen tuum.«
espressivo - Movendo un poco - Quiet dolcissimo - Un poco agitato - dark - Very Slow - dolce e grave - dolcissimo (like an echo of the beginning)

XVII Sinite parvulos venire ad me (Jesus and the little children)/(Gesù fra i bambini
(Mt 19,13-15/Mk 10,14-16/Lk 18,15-17): Molto mosso - Andantino (Quiet) - Allegretto - Andantino - Allegretto - Subito mosso
fast and gay (like children rushing) - quiet - (simple and innocent like a Children Round)
»Sinite parvulos venire ad me talim est enim regnum coelorum.«

XVIII Invectice (Woe unto you, Scribes and Pharisees, hypocrites)/Invettiva contro gli Scribi e I Farisei!
(Mt 23/Mk 7,1-14/Lk 11,37-54): Angry, but not fast (in a sustained Recitativo style)
furious - più dolce - marcato - stringendo - broad - furious - sostenuto - rough »Woe unto you, Scribes and Pharisees, hypocrites!«

XIX The Wise Wirgins and the Foolish Virgins (A Parable)/Le vergini savie e le vergini folli (Parabola) (Mt 25,1-13):
(THE WISE VIRGINS): Tempo di Sarabanda (Quiet) - austere - dolce e grave - a piacere
Subito mosso (like a Trumpet call): »Ecce sponsus venit!« (like 3 Trumpets) - (THE FOOLISH VIRGINS): Mosso (Tempo di Bourrée) - Tempo di Sarabanda (severe) - Tempo di Bourrée - Tempo di Sarabanda (both themes outstanding) - Più sostenuto (Religioso) - dolce - marcato - Lento

XX The Lost Sheep (A Parable)/Le pecorella smarrita (Parabola)
(Lk 15,3-7): Andantino moderata (Sad)
espressivo - Tempo II (a piacere - quasi recitativo) - Tempo I (but happy) - Calmo

XXI The Return of the Prodigal Son (A Parable)/Il ritorno del figliuol prodigo (Parabola)
(Lk 15,11-32): Heavy and jolly (like a Palestinian Peasant Dance)
»And as he came and drew nigh to the house, he heard music and dancing.« (Lk 15,25) marcato - espansivo (with warmth) - harmonious - molto espressivo (with tenderness) - Ancora più lento

Part IV. - The Passion/Parte 4ª - La passione

XXII Hosanna (The Entrance into Jerusalem)/Osanna (L'entrata a Gerusalemme)
(Mt 21,1-11/Mk 11,1-11/Lk 19,28-40/Joh 12, 12-16): Molto moderato - alla Marcia (like a Procession)
Hosanna Hosanna: dolce (like a religious choir) - Un poco più mosso (like a single voice shouting)

XXIII The Last Supper/L'ultima cena
(Mt 26,17-29/Mk 14,12-25/Lk 22,3-20/Joh 13-17): Molto moderato (Quiet and sad) (quasi Passacaglia)
even - dolcissimo - espressivo - (with anguist) - dolcissimo

XXIV Gethsemane (The Prayer in the Garden)/Getsemani (La Preghiera nell' Orto)
(Mt 26,36-46/Lk 22,39-46/Mk 14,32-42): Slow and tragic
cold and mysterious - murmuring - Un poco agitato, ma in tempo - Calmo - bare and desolate - barely audible

XXV Crucifige! (Before Pontius Pilate)/(Dinanzi a Ponzio Pilato)
(Mt 27,11-25/Mk 15,1-14/Lk 23,13-24/Joh 19,1-15): Stormy
dark and menacing (the mob) - marcato: Crucifige! Crucifige! - Più sostenuto (Solemn) (like a Roman Fanfare from the Praetorium) - heavy - Stormy - Più sostenuto

XXVI Golgotha (on the way to the Calvary)/Golgota (L'Ascesa al Calvario)
(Mt 27,26-33/Mk 15,15-25/Lk 23,27-33/Joh 20,16-18): Slow, painful and weary
marcato - grave - espressivo - marcato - suffering - more intense - hammered - tragic and desperate - heavy - cruel (as loud and resonant as possible)

XXVII The Last Words/Le ultime parole (Mt 27,45-50/Mk 15,33-38/Lk 23,44-49):
»Tenebrae factae sunt« - Very slow - Funeral
Quasi Recitativo: espressivo e doloroso Andante doloroso: Eli, Eli, lama sabachtani - (like eco)
The lament of the three Marys: Andantino un poco agitato - weeping - espressivo - dolce
Andante sostenuto e doloroso: desperate -
»Et terra tremuit«: Violent - »Et emisit spiritus«: Expiring

XXVIII The Resurrection/La Ressurezione (Mt 28,1-8/Mk 16,1-8/Lk 24,1-12/Joh 20,1-18):
Slow and sad - Fast - Mossoe luminoso - clear (like a Trumpet call) - Un poco più largamente: celestial - Più sostenuto: solemn (like a Choral), ma dolce - Più mosso: aerial - affrettan do (vanishing) - Mosso (from a far) - Quiet

»WER IST ABER DER, ÜBER DEN ICH SOLCHE DINGE HÖRE?«

Jesulogie und Christologie als Jesus-Transformationen im Religionsunterricht

Marion Keuchen

1 EINLEITUNG UND FRAGESTELLUNG

»Herodes, der Fürst, vernahm alles, was geschah. Er war irritiert, da von einigen gesagt wurde, Johannes sei von den Toten auferstanden, von anderen aber, Elija sei erschienen, von wieder anderen, einer der Propheten aus alter Zeit habe sich erhoben. Und Herodes sagte: ›Johannes habe ich köpfen lassen. Aber, wer ist dieser, über den ich soviel höre?‹ Und er versuchte, ihn zu Gesicht zu bekommen.«[1] (Lk 9,7-9)

Wer ist dieser Jesus? Diese Frage stellen sich Menschen bis ins 21. Jahrhundert. Um diese Frage für sich zu beantworten, möchte Herodes Jesus persönlich kennen lernen. Nur bei Lukas bekommt Herodes auch die Chance, Jesus kennen zu lernen (Lk 23,6-12). Die Chance einer persönlichen Begegnung haben wir anders als Herodes heute nicht mehr. Im schulischen Religionsunterricht inszenieren aber heute noch Lehrkräfte »Begegnungen« mit Jesus.

Wer ist Jesus? Dieser Frage sind verschiedene Frageperspektiven immanent. Die Frage »Wer ist Jesus für mich?« ist eine andere als »Wer war Jesus von Nazareth?«. Beide Fragen haben ihre Berechtigung im Religionsunterricht. Jesus und seine Botschaft sprechen bis heute viele Menschen unterschiedlicher Glaubensrichtungen, verschiedener Weltanschauungen und Werthaltungen an. Bei Schülerinnen aller Altersstufen dominiert vor allem die Verbindung Jesu mit ethischem Handeln und seinem Einsatz für Schwache und Entrechtete. Die Frage »Wer war Jesus von Nazareth?« wird so auch von Schülerinnen die sich selbst als »atheistisch« und/oder »kirchenfern« betiteln, und Angehörigen anderer Religionen beantwortet.

Armbänder mit der Aufschrift W.W.J.D. (What would Jesus do?), deren Ursprung in evangelikalen US-amerikanischen Strömungen liegt, zeigen auch einen ethischen Blick auf Jesus und sein Handeln. Solche Armbänder tragen

[1] U. BAIL u. a. (Hrsg.), Bibel in gerechter Sprache, Gütersloh 2006 = BigS.

Schülerinnen, die sich als explizit christlich bezeichnen. Jesus wird als Vorbild für das eigene Leben aufgegriffen. So wird die Frage »Wer ist Jesus für mich?« individuell beantwortet.

Mehrere empirische Studien zu Jesusvorstellungen von Schülerinnen untersuchen, wie Kinder und Jugendliche zu Beginn des 21. Jahrhunderts in Deutschland von Jesus denken und sprechen.[2] Die Studien decken sich mit meinen schulischen Erfahrungen als Religions-, Philosophie- und Deutschlehrerin. In allen Studien wird Jesus von einem Teil der Schülerinnen als herausragender Mensch angesehen, dessen ethisches Handeln und konsequente Lebensführung mit Respekt wahrgenommen werden. Jesu Eintreten für Gewaltlosigkeit, Frieden und Liebe wird allgemein wertgeschätzt bis hin als vorbildhaft für das eigene Leben.

Die Menschen, die Jesus in erster Linie oder gar ausschließlich als ethisch handelnden Menschen wahrnehmen, vertreten nach Hanna Roose und Friedhelm Kraft eine »Jesulogie«.[3] »Jesulogie« ist ein breites Themenfeld im schulischen Religionsunterricht. Im Unterschied dazu steht die »Christologie«, bei der nicht das Leben Jesu im Zentrum steht, sondern die Frage, wie Jesus Christus der »Erlöser« für Christinnen sein kann. Lebensstationen von Jesus wie Empfängnis, Geburt, Leiden, Kreuz, Auferstehung und Wiederkunft werden in ihrer Bedeutung für Christinnen gedeutet. Auch die Christologie ist ein Themenfeld im Religionsunterricht. Sie scheint zunächst unzugänglicher für Schülerinnen als die »Jesulogie«, da sie etwa Schülerinnen anderer Religionszugehörigkeit, die auch im evangelischen Religionsunterricht sitzen, ausschließt. Zwei Argumente zeigen aber, dass die Aufnahme von Christologie im Religionsunterricht unverzichtbar ist. Schon die biblischen Schriften selbst in den Evangelien und in der Briefliteratur erzählen das Leben Jesu aus einer nachösterlichen Sicht. Sie beschreiben das Leben Jesu aus der Perspektive des Glaubens an die Auferstehung Jesu. Daher ist schon dem Neuen Testament

---

[2] H. HANISCH/S. HOPPE-GRAF, »Ganz normal und trotzdem König«. Jesus Christus im Religions- und Ethikunterricht: Begriffkonstruktionen von Jugendlichen im sechsten Schuljahr, Stuttgart 2002. G. BÜTTNER, »Jesus hilft!« Untersuchungen zur Christologie von Schülerinnen und Schülern, Stuttgart 2002. T. ZIEGLER, Jesus als »unnahbarer Übermensch« oder »bester Freund«? Elementare Zugänge Jugendlicher zur Christologie als Herausforderung für Religionspädagogik und Theologie, Neukirchen-Vluyn 2006. M. ALBRECHT, Für uns gestorben. Die Heilsbedeutung des Kreuzestodes aus der Sicht Jugendlicher, Göttingen 2007. C. BUTT, Kindertheologische Untersuchungen zu Auferstehungsvorstellungen von Grundschülerinnen und Grundschülern, Göttingen 2009. M. ZIMMERMANN, Kindertheologie als theologische Kompetenz von Kindern. Grundlagen, Methodik und Ziel kindertheologischer Forschung am Beispiel der Deutung des Todes Jesu, Neukirchen-Vluyn 2010.

[3] F. KRAFT/H. ROOSE, Von Jesus Christus reden im Religionsunterricht, Göttingen 2011, 9.

eine reine »Jesulogie« fremd. Das zweite Argument ist neben dem bibelhermeneutischen ein didaktisches und systematisches. Roose und Kraft betonen:

> Uns ist es wichtig, deutlich zu machen, dass Aussagen über Jesus und seine Überlegungen zu seiner Person eine Form von Christologie darstellen. Damit sind wir nicht nur den biblischen Texten nahe, sondern entsprechen dem Denken von Kindern und Jugendlichen, deren Bild von Jesus wesentlich ›christologischer‹ bestimmt ist, als allgemein angenommen wird. Weiterhin gilt: Wer christologisch fragt, fragt zugleich nach den Deutungen menschlichen Lebens.[4]

Wie gelangen Jesulogie und Christologie in den Religionsunterricht? Wie wird ›Jesus‹ ›gelernt‹? Das Lehr-Lerngeschehen ist im kompetenzorientierten Religionsunterricht das Zentrum. In der Definition von Bildungsstandards ist Lernen ein zentraler Begriff. Bildungsstandards formulieren nach der Klieme-studie »Anforderungen an das Lehren und Lernen in der Schule. Sie benennen Ziele für die pädagogische Arbeit, ausgedrückt als erwünschte Lernergebnisse«.[5] Lernen im Religionsunterricht ist ein weites Forschungsfeld, wobei große Teile in der Blackbox ›Schülerinkopf‹ verborgen bleiben.[6] Lernen im Unterrichtsgeschehen geschieht häufig anhand von Medien. Schon seit dem 16. Jahrhundert wurde mit Kinderbibeln und ihrer Bebilderung religiös gelernt.[7] »Das Schulbuch als klassisches Leitmedium mit Orientierungsfunktion behält im schulischen Medienverbund weiterhin eine wichtige Funktion«[8] und ist ein nicht zu vernachlässigender Faktor des gegenwärtigen Religionsunterrichts. Die Theorie und Methoden der Schulbuchforschung, führend hier das international tätige Georg-Eckert-Institut – Leibniz-Institut für internationale Schulbuchforschung, weiten sich in jüngster Zeit auf Fragen der Nutzung und Aneignung von Lehr- und Lernmitteln in der Unterrichtspraxis aus.[9] Anhand

---

[4] KRAFT/ROOSE, Von Jesus Christus, 11.

[5] E. KLIEME u. a., Zur Entwicklung nationaler Bildungsstandards. Eine Expertise, Bonn/Berlin 2003/Nachdruck 2009, 13. https://www.bmbf.de/pub/zur_entwicklung_nationaler_bildungsstandards.pdf (Zugriff: 23.03.2018).

[6] Vgl. C. GRAMZOW u. a., Lernen wäre eine schöne Alternative. Religionsunterricht in theologischer und erziehungswissenschaftlicher Verantwortung, Leipzig 2008.

[7] Vgl. C. REENTS/C. MELCHIOR, Die Geschichte der Kinder- und Schulbibel. Evangelisch – katholisch – jüdisch, Göttingen 2011. Zum Bildwerk: M. KEUCHEN, Bild-Konzeptionen in Bilder und Kinderbibeln. Die historischen Anfänge und ihre Wiederentdeckung in der Gegenwart, Göttingen 2016.

[8] V.-J. DIETRICH, Schulbuchforschung, in: wibilexhttps://www.bibelwissenschaft.de/wirelex/das-wissenschaftlich-religionspaedagogische-lexikon/lexikon/sachwort/anzeigen/details/schulbuchforschung/ch/15d2dc0213aefc3d441f0f712485007b/ (verfasst Januar 2015, Zugriff: 23.03.2018).

[9] Vgl. E. FUCHS/S. SAMMLER, Schulbücher zwischen Tradition und Innovation. Ein Streifzug durch die Geschichte des Georg Eckert Instituts, Braunschweig 2015, 12.

eines von Silke Hagemann und mir konzipierten Schulbuchs[10] zu Jesus Christus zeige ich auf, wie in Unterrichtsmaterial Jesulogie und Christologie verbunden werden können und dadurch ein Beitrag zu schülerinnenorientierten Zugängen zu Jesus Christus im Unterrichtsgeschehen geleistet werden kann.

2 JESULOGIE UND CHRISTOLOGIE AUF DEM COVER

Das Cover eines Buches fällt sofort ins Auge, darin unterscheidet sich ein Schulbuch nicht von anderen Büchern. Auf dem Cover werden programmatische Entscheidungen und Konzeptionen von Büchern sichtbar. Das Cover verbildlicht im Schulbuchbereich oft ein didaktisches Potenzial, das genutzt werde sollte.[11] Inwiefern entfaltet ein Cover Jesulogie und Christologie?

Mit der Verbindung von Jesulogie und Christologie sollen die Lebensrelevanz und Lebensförderlichkeit von Jesus Christus für das Leben von Schülerinnen deutlich werden. Die Lebensrelevanz von Religion aufzuzeigen, ist ein wichtiges Teilziel eines kompetenzorientierten Religionsunterrichts.[12] Dabei bedarf die Formulierung von Kompetenzen für den gegenwärtigen Religionsunterricht einer bildungstheoretischen Begründung. Albert Biesinger fasst diese in zwei Kriterien zusammen: »Für den religionspädagogischen Diskurs sind die beiden Kriterien ›Lebensrelevanz‹ und ›Fachrepräsentanz‹ unausweichliche Bezugspunkte.«[13] Biesinger hat hier besonders den Religionsunterricht an beruflichen Schulen im Blick, diese Pole sind aber auf jede Schulform in Abstufungen übertragbar. Rainer Lachmann wendet sich an Religionslehrkräfte mit der Konkretisierung für den Unterricht:

> Freilich kann sich der RU, der wie alle Fächer an der erzieherischen Aufgabe und dem Bildungsauftrag der Schule partizipiert, nicht mit bloßer Wissensvermittlung und Kenntnisanhäufung begnügen. Wenn Sie von der Erinnerungswürdigkeit und Lebensrelevanz der religionsunterrichtlich zu vertretenden christlichen Sache wirklich überzeugt sind, werden Sie mit Ihrem Unterricht stets darum bemüht sein, Ihre Schülerin-

---

[10] S. HAGEMANN/M. KEUCHEN, Jesus Christus. Themenheft für den evangelischen Religionsunterricht in der Oberstufe, Göttingen 2014.

[11] Die Germanistin Laudenberg plädiert für die Nutzung des didaktischen Potenzials im Bereich der Kinder- und Jugendbücher: B. LAUDENBERG, Das Titelbild von Kinder- und Jugendbüchern – mehr als ein visueller Kaufanreiz und ›stummer Impuls‹?!, in: G. MARCI-BOENECKE/M. RATH (Hrsg.), BildTextZeichen lesen. Intermedialität im didaktischen Diskurs, München 2006, 93-104.

[12] Einen Überblick über die Debatte bietet: G. OBST, Kompetenzorientiertes Lehren und Lernen im Religionsunterricht, Göttingen ^{4}2015.

[13] A. BIESINGER, Kompetenzorientierung – mehr als des Kaisers neue Kleider?, in: DERS. u. a., Kompetenzorientierung im Religionsunterricht an berufsbildenden Schulen, Münster/New York 2014, 9-16, hier 10.

nen über die Vermittlung von Kenntnissen hinaus zu tieferer Einsicht, zu existentiellem Verstehen der christlichen Inhalte zu führen und anzuleiten.[14]

Dabei wird besonders im Bereich der Bibeldidaktik in der Religionspädagogik die Schwierigkeit diskutiert, eine Lebensrelevanz biblischer Texte Schülerinnen zu zeigen.[15] Jesulogie und Christologie, die beide auf die Lebensförderlichkeit für Schülerinnen zielen, sollen auf dem Cover des Unterrichtsmaterials zum Vorschein kommen.

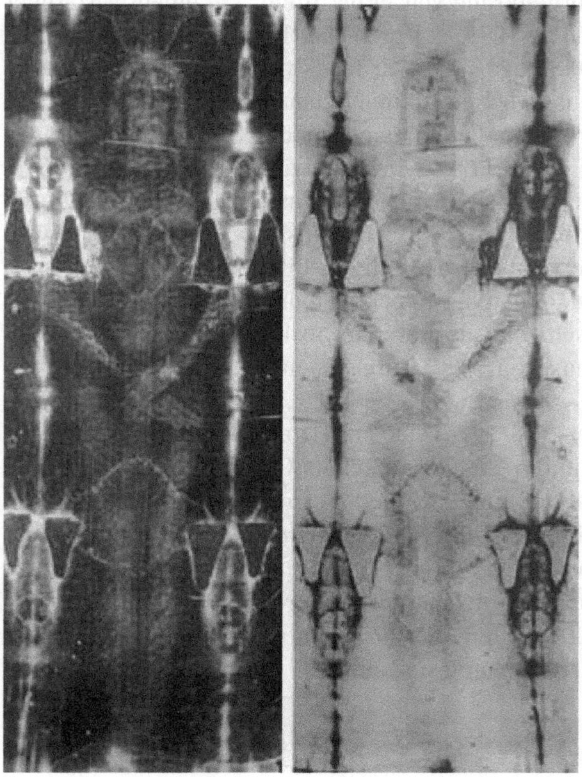

Abb. 1: Die erste Fotografie des Turiner Grabtuchs, Negativ (links und seitenverkehrt) und Positiv

[14] R. Lachmann, Einführung in den Beruf einer Religionslehrkraft, in: Ders. u. a., Religionsunterricht – Orientierung für das Lehramt, Göttingen 2006, 1-50, hier 35.

[15] Exemplarisch hierzu die Habilitationsschrift: M. Fricke, ›Schwierige‹ Bibeltexte im Religionsunterricht. Theoretische und empirische Elemente einer alttestamentlichen Bibeldidaktik für die Primarstufe, Göttingen 2005.

Ein oft als Jesusdarstellung verstandenes, sehr bekanntes Bild ist das ›Turiner Grabtuch‹. Das Grabtuch ist ein Leinentuch, das ein Ganzkörper-Bildnis der Vorderseite und Rückseite eines Menschen zeigt. Ein Mann mit langen lockigen Haaren und Bart ist erkennbar. Das Tuch wird im Turiner Dom aufbewahrt, daher sein Name. Um das Tuch gibt es eine intensive Debatte in der Geschichtswissenschaft, Archäologie und Theologie.[16] Von einigen Gläubigen wird es als das Tuch verehrt, in das Jesus nach seiner Kreuzigung eingewickelt und in das Grab gelegt wurde. Dieses Tuch hat eine Reihe von Christusdarstellungen der vergangenen Jahrhunderte bis heute inspiriert z. B. das Bildnis Christus mit Dornenkrone von Franz Ittenbach, einem Nazarener der Düsseldorfer Schule (1813-1879).[17] Durch das Tuch wird das Aussehen Jesu eindeutig festgelegt. Die Frage »Wer war Jesus von Nazareth?«, die Frage nach dem historischen Jesus, wird sogar mit einem visuellen Bild von ihm beantwortet. Das Kerncurriculum betont dagegen die Offenheit des Unterrichts in der Beantwortung dieser Frage: »Im Unterricht kommt es darauf an, dass die Schülerinnen einen eigenen Zugang zu Jesus Christus gewinnen und ihre Vorstellungen im Hinblick auf Jesus Christus als Gottes Sohn erweitern.«[18] Dieses Ziel des Unterrichts wird durch das Bild nicht befördert. Dieses Bild als Cover nimmt zudem keinen der Aspekte einer Christologie auf - wenn man von der Wirkungsgeschichte als Reliquie absieht. Die Lebensrelevanz von Jesus Christus für Menschen, für Schülerinnen rückt gar nicht in den Blick.

Das Cover des »Spiegel« (22/1996) hat den Titel »Gesucht: Ein Mensch namens Jesus. Auf den Spuren des historischen Christus«. Das Coverbild nimmt das Turiner Grabtuch auf und verfremdet es dadurch, dass es das Bild in verschiedenen Farben einfärbt. Durch diese Verfremdung wird der Aspekt betont, dass es verschiedene Bilder von Jesus gibt. Eine Deutungsoffenheit für Schülerinnen in der Jesulogie wird befördert. Allerdings liegt auch diesem Cover das Turiner Grabtuch zugrunde mit der eben angeführten Problematik der hervorgehobenen Historizität von Jesus.

---

[16] Einen Überblick über den aktuellen Forschungsstand mit einer ausführlichen Literaturliste und Links zu vielfältigem Bildmaterial bietet: https://de.wikipedia.org/wiki/Turiner_Grabtuch (Zugriff: 23.03.2018).

[17] Vgl. H. FINKE, Der Madonnenmaler Franz Ittenbach: 1813-1879, Köln 1898.

[18] KIRCHENAMT DER EKD (Hrsg.), Kerncurriculum für das Fach Evangelische Religionslehre in der gymnasialen Oberstufe. Themen und Inhalte für die Entwicklung von Kompetenzen religiöser Bildung, EKD Texte 109, Hannover 2010, 36.

Abb. 2: »Spiegel« Titelblatt 1996 »Gesucht: Ein Mensch namens Jesus. Auf den Spuren des historischen Christus«

Zum »Spiegel« des damaligen Jahrgangs passt diese Wahl, da das Heft nach dem historischen Menschen Jesus fragt. Im Untertitel taucht zwar die Bezeichnung »Christus« auf, Christus wird aber in seiner historischen Dimension betrachtet. Die Jesulogie steht im Vordergrund, was auch einer nicht christlichen Zeitschrift entspricht.[19]

[19] Vgl. O. Gehrs, Der Spiegel-Komplex, München 2005. Der »Spiegel« hat eine lange Geschichte mit Jesus, so veröffentlichten ein Spiegelredakteur und der Herausgeber jeweils Jesusbücher: W. Harenberg, Jesus und die Kirchen, Bibelkritik und Bekenntnis, Stuttgart/Berlin 1966 und R. Augstein, Jesus Menschensohn, München/Gütersloh/Wien 1972. (Auf diese Literatur machte mich freundlicherweise Martin Leutzsch aufmerksam.)

Abb. 3: »Time-Magazin« Titelblatt 1988

Das Cover eines Oberstufen-Materialheftes zu Jesus Christus zeigt das Titelblatt vom 15. August 1988 des »TIME-Magazin«, das Jesus aus verschiedenen Gesichtsteilen zusammensetzt.[20] Der Grafiker von TIME-Magazine, Tom Bentkowski, hat aus fünfzehn Jahrhunderten siebzehn Jesusbilder ausgewählt und zu einer Collage zusammengesetzt.[21] Hier wird Jesus als Gestalt sichtbar, von dem nach seinem Leben und Sterben weiter berichtet worden ist. Die Vielfältigkeit von Jesusbildern wird ins Bild gebracht. Jesulogie wird nicht eindimensional gezeigt. Dieses Cover wird dem Titel des Materials gerecht: »Der Mann aus Nazareth – Jesus Christus«. Dieser Materialtitel spricht den historischen und menschlichen Jesus an und hebt hervor, dass dieser Mann aus Nazareth kommt. Dadurch wird sein historisch wahrscheinlicher Geburtsort beschrieben[22] und die Historizität betont. Neben der Historizität wird das kurze Bekenntnis von Petrus in Mk 8,29 genannt: »Du bist der Christus.«

[20] E. MARGGRAF/E. RÖHM, Oberstufe Religion: Der Mann aus Nazareth – Jesus Christus, Schülerheft, Stuttgart 1993.

[21] Die Herkunft der einzelnen Jesusbilder wird aufgeführt vgl. MARGGRAF/RÖHM, Der Mann aus Nazareth, Umschlagrückseite.

[22] Vgl. A. STROTMANN, Der historische Jesus. Eine Einführung, Paderborn 2012, 56 f.

(Übersetzung nach Martin Luther 1984) oder anders übersetzt »Du bist der Messias, der Gesalbte Gottes« (Bibel in gerechter Sprache). Dieses Bekenntnis ist zum Eigennamen »Jesus Christus« geworden. Die samaritanische Frau setzt in Joh 4,25 beide Begriffe »Christos« und »Messias« gleich: »Ich weiß, dass der Messias kommt, der Christos oder der Gesalbte genannt wird. Wenn jener kommt, wird er uns alles verkünden.« (BigS) Seine Anhängerinnen identifizieren den historischen Jesus als erwarteten jüdischen Heilsbringer. Durch den Titel des Materialheftes wird Christologie deutlich. Allerdings ist in dem Bild Jesu Heilsbotschaft weniger visuell, sondern nur in der Bezeichnung »Jesus Christus« erkennbar.

Abb. 4: Salvador Dalí »Corpus Hypercubus« 1954

Ein Bild verbindet Jesulogie und Christologie in besonderer und für Schülerinnen lebensrelevanter Weise: Das surrealistische Bild »Corpus Hypercubus« aus dem Jahr 1954 von Salvador Dalí.[23] Dalí wollte mithilfe geometrisch-mathematischer Präzision Aussagen zur Transzendenz abbilden.[24] Er verbildlichte folgenden Satz des Theologen Nikolaus von Kues (1401–1464): »Da uns zu den göttlichen Dingen nur der Zugang durch Symbole als Weg offensteht, so ist es recht passend, wenn wir uns wegen ihrer unverrückbaren Sicherheit mathematischer Symbole bedienen.«[25] Dalí bringt einen Corpus Hypercubus ins Bild. »Obwohl das menschliche Anschauungsvermögen auf den dreidimensionalen Raum beschränkt ist, kann durch Analogieschlüsse und formale algebraische Überlegungen ein vierdimensionales Objekt erfasst werden. Der Hyperwürfel ist ein Versuch, diese vierte Dimension darzustellen. Dalí malt Jesus Christus auf das Netz eines solchen Hyperwürfels.«[26] Jesus Christus hat seinen Kopf abgewendet. Er schaut die Betrachtenden nicht an, sodass Raum bleibt, sich ein eigenes Jesusbild zu machen. Die Perspektive auf das Kreuz ist eine klassische, wobei der Hyperwürfel surreale Elemente aufweist, ebenso wie die Tatsache, dass Jesus Christus am Kreuz zu schweben scheint. Wundmale und Nägel fehlen. Von der unteren linken Ecke blickt Maria Magdalena auf den Gekreuzigten. Dalís Frau Gala stand Dalí dafür Modell.[27] Maria Magdalena trägt ein Gewand mit klassischem Faltenwurf und steht in ebenfalls klassischer Pose. Durch die Einfügung dieser Person wird der Blick auf Jesus Christus ins Bild gebracht. Jesus wird eben erst durch den Blick seiner Anhängerinnen auf ihn zum Christus. Auch die Betrachtenden des Bildes nehmen eine ähnliche Blickrichtung wie die von Maria Magdalena von unten hinauf zu Jesus ein. Sie reihen sich dadurch in die Reihe der Menschen ein, die auf Jesus blicken. In dem Bild scheint Jesus Christus als Gestalt auf, von der erst nachösterlich erzählt wurde. Seine Botschaft erscheint zeitlos und gültig für Vergangenheit, Gegenwart und Zukunft. Die Vergangenheit kommt durch den Einsatz von klassischen Elementen wie Gewand, Blickperspektive und Lichtgestaltung zum Vorschein. Die Gegenwart tritt durch einen modernen, mathematischen Raumkörper auf und die Zukunft durch die Inszenierung von Transzendenz durch die Verbindung der einzelnen Bildelemente. Die transzendente Botschaft von Jesus Christus scheint auf. Dalí malt das Überschreiten des Irdischen hin auf Gott. Jesus als ausgebildete Gestalt mit der damit verbundenen Offenheit, seine Botschaft im Bezug zu Menschen, die auf ihn blicken, und der zeitlose Bezug sowohl seiner Botschaft als auch

---

[23] Zum Hintergrund des Bildes vgl. H. J. HORNIK, Prayer in a Fourth Dimension, in: Virtual Lives. Christian Reflection, Baylor University 2011, 47-48.

[24] Zu Dalís ›nuklearen Mystik‹ vgl. R. DESCHARNES, Salvador Dalí, Das malerische Werk, 1946-1989, Bd. 2, Köln 1993, 407 ff.

[25] »[...] cum ad divina non nisi per symbola accedendi nobis via pateat, quod tunc mathematicalibus signis propter ipsorum incorruptibilem certitudinem uti poterimus.« Zit. n.: N. VON KUES, Philosophisch-theologische Werke, Lateinisch-Deutsch, Bd. 1, Hamburg 2002, De docta ignorantia I.XI.32, 44.

[26] HAGEMANN/KEUCHEN, Jesus Christus, 45.

[27] Zu Gala Dalí vgl. A. SEEMANN, »Ich bin alles!« Gala Dalí, München 1999.

seiner Gestalt sind durch das gewählte Bild auf dem Cover des Schulbuchs sichtbar. Christologie und Jesulogie werden mit ihrer Lebensrelevanz für Menschen gezeigt.

3 DIE ANFORDERUNGSSITUATION IM RELIGIONSUNTERRICHT

Jeder Baustein des Schulbuchs beginnt mit einer »Anforderungssituation« als didaktischer Eröffnung eines Unterrichtsgeschehens. In der Religionsdidaktik hat sich seit ungefähr einem knappen Jahrzehnt dieser Begriff durchgesetzt. Durch Anforderungssituationen sollen kompetenzorientierte Lernprozesse im Religionsunterricht in Gang gesetzt werden.[28] Gabriele Obsts einschlägige Definition wird weithin rezipiert:

> Kompetenzen zielen auf den Umgang mit alltäglichen [...] Situationen, in denen der Einzelne sich zu konkreten Herausforderungen reflektierend und urteilend verhalten [...] muss. [...] In solchen Situationen können sich z. B. Fragen stellen, die geklärt oder beantwortet werden sollen. [...] Kompetenzorientierter RU macht solche didaktische Handlungssituationen zum didaktischen Ausgangspunkt des Lernens.[29]

Kompetenzorientierter Unterricht präsentiert nicht wie ein Geschäft Waren als Angebote für die Lernenden, sondern zielt auf eine aktive Auseinandersetzung sowohl von Seiten der Lernenden[30] als auch von Seiten der Lehrkräfte. Die Lernenden rücken näher an das gesellschaftliche Leben nach der Schule heran. Und die Lehrkräfte setzen sich intensiver mit der gegenwärtigen und zukünftigen Lebenswelt ihrer Schülerinnen auseinander.

---

[28] Eine gute Übersicht über die kontrovers geführte Diskussion um Kompetenzorientierung im Religionsunterricht bietet OBST, Kompetenzorientiertes Lehren, 130-159 mit dem Hinweis auf einschlägige Literatur 269-288.

[29] OBST, Kompetenzorientiertes Lehren, 186. Schweitzer kritisiert, dass Obst hier einen unmittelbaren Zusammenhang zwischen dem Bewältigen von ›Aufgaben‹ oder dem Lösen von ›Problemen‹ einerseits und der angestrebten Kompetenzorientierung herstelle. Zugespitzt komme es hier zu einer Gleichsetzung zwischen dem Ausgang der Anforderungssituationen und Kompetenzorientierung. Vgl. F. SCHWEITZER, Vom Desiderat zur evidenzbasierten Unterrichtsgestaltung: Lernaufgaben in fachdidaktischer Perspektive am Beispiel Religionsdidaktik, in: B. RALLE u.a. (Hrsg.): Lernaufgaben entwickeln, bearbeiten und überprüfen. Ergebnisse und Perspektiven fachdidaktischer Forschung, Münster 2014, 23-32, hier 25.

[30] Zum vielfach thematisierten Kriterium der Lernendenaktivierung kritisch vgl. A. RENKL, Lernaufgaben zum Erwerb prinzipienbasierter Fertigkeiten: Lernende nicht nur aktivieren, sondern aufs Wesentliche fokussieren, in: RALLE u. a. (Hrsg.), Lernaufgaben, 12-22.

Dieser Ansatz wurde in der Religionspädagogik stark diskutiert. Die Grundsatzdiskussion über Chancen und Grenzen des kompetenzorientierten Religionsunterrichts hat aber an Schärfe verloren, seit die Metastruktur deutschlandweit für alle Fächer verbindlich eingeführt wurde.[31] Bernhard Dressler fokussiert den Begriff »Anforderungssituation« auf seine Problemlösungskompetenz. Dressler markiert mit Recht eine rechtfertigungstheologische Grenze. Er stellt fest, dass sich religiöse Herausforderungen in realen Lebenssituationen von solchen unterscheiden, die in der Schule didaktisch inszeniert werden. Der didaktische Versuch der Grenzüberschreitung in der Schule verfehlt die grundlegende Einsicht, dass es im Leben vielfach nicht um lösbare Probleme geht. »Religiöse Kompetenz schließt gerade das Wissen ein, dass das Leben nicht nur im Aktivismus von Problemlösungen bestehen kann und soll.«[32] Inszenierter Unterricht und reales Leben sind grundlegend zu unterscheiden. Friedrich Schweitzer kritisiert darüber hinaus zu Recht, dass es häufig bei Anforderungssituationen im Religionsunterricht nur darum gehe, den religiösen Hintergrund zu finden.

> Karikierend zugespitzt, droht der Unterricht in Schülersicht dann zu einer Art Suchaufgabe zu werden, bei der es vorhersagbar immer nur um eines geht: *Finde den religiösen Aspekt oder Hintergrund!* Beim ersten Mal mag es dabei die erwünschten Aha-Effekte geben, im Wiederholungsfall hingegen wird sich eher Langeweile einstellen. Der Religionsunterricht entdeckt eben immer und überall dasselbe – Religion![33]

Eine solche Suche ist langweilig. Zudem sei die alleinige Fokussierung auf Anforderungssituationen als Gestaltung von Religionsunterricht als einzigem Ansatz eine didaktische Engführung. Dem ist zuzustimmen, da gerade narrative, poetische und – auf den Religionsunterricht bezogen – biblische Texte oftmals andere Formen der Erarbeitung erfordern, die nicht auf eine konkrete Handlungsrelevanz gerichtet sind. Handeln ist dabei immer ein Teil von kognitiven Prozessen, in denen Emotionen eine grundlegende Bedeutung haben.[34] (Ich zeige im fünften Unterpunkt anhand des Materials zum Vaterunser ein Beispiel dieser Form der Erarbeitung.) Religionsunterricht hat aber grundlegend mit Handlungssituationen zu tun, in denen Probleme zu lösen und entsprechende Kompetenzen zu erwerben sind. In den Handlungssituationen

---

[31] Vgl. Obst, Kompetenzorientiert Lehren, 130.

[32] B. Dressler, Religionspädagogik zwischen Bildungstheorie und Kompetenzdidaktik, in: Theologische Literaturzeitung 135 (2010), 511-526, hier 526.

[33] Vgl. Schweitzer, Desiderat, 27.

[34] Zum Zusammenhang zwischen Kognition und Emotion vgl. Martin Sander-Gaiser, Neue Lerntheorien und ihre Relevanz für den kompetenzorientierten Religionsunterricht, in: C. Gramzow u. a. (Hrsg.), Lernen wäre eine schöne Alternative. Religionsunterricht in theologischer und erziehungswissenschaftlicher Verantwortung, Leipzig 2008, 73-91, bes. 75 f.

(Obst) oder Anforderungssituationen geht es nicht immer um dieselbe Prozedur, es sind keine ›situierten Lernaufgaben‹, sondern weiter gefasste Handlungssituationen. Eine mögliche Vielfalt solcher Handlungssituationen wird an den einzelnen Anforderungssituationen unseres Heftes deutlich. Zudem muss der religiöse Aspekt nicht erst gefunden werden, sondern steht schon von vornherein im Mittelpunkt der Bearbeitung. Das Wichtige dabei ist, dass er schon von Anfang an in reale Kontexte eingebettet ist. Diese Einbettung in einen realen Kontext und die Weite der zu bearbeitenden Aufgaben möchte ich als Chance dieses Ansatzes hervorheben.[35] Beide Aspekte werden bei der Anforderungssituation des ersten Bausteins deutlich.

4 Die Anforderungssituation: Wie musste es beginnen?

Abb. 5: Werbeplakat des »Media Markts« Dezember 2011

[35] Ein grundlegendes Defizit im Bereich der religionsdidaktischen Diskussion zu Anforderungssituationen bleibt dabei die bisherige fehlende empirische Überprüfung. Schweitzer bemerkt, dass fast durchweg »mit allgemeinen Plausibilitäten oder mit (oft eigenen) ›Erfahrungen‹ argumentiert« werde. (Schweitzer, Desiderat, 28.) Meine Argumentation beruht auf eigenen Erfahrungen mit dem Einsatz des Materials im konkreten Unterricht. Hier eröffnet sich ein interessantes und notwendiges Forschungsfeld, die Lehr-Lern-Prozesse im Unterrichtsgeschehen mit Anforderungssituationen zu erforschen, um die Reichweite und die Wirkung dieser Konstruktion von Lernen aufzeigen zu können.

Das Plakat zeigt ein Werbeplakat des Elektronikgroßhändlers Media Markt, das im Dezember 2011 deutschlandweit plakatiert wurde. Der Kontext ist folglich real und nicht didaktisch konstruiert. Menschen sind zu sehen, die unter ihrem Weihnachtsbaum jeweils überglücklich Computer, Flachbildbildschirme und Kameras auspacken. Das Plakat trägt den Titel: „Weihnachten wird unterm Baum entschieden". Das Plakat suggeriert, dass das Weihnachtsfest als religiöse Wahrheit einen Gabenaustausch hat. Das Finale, das »Wichtigste«, findet nach dem Plakat eben unter dem Baum statt, unter dem die Geschenke liegen. Die Aufgaben zu dem Plakat sind weit gefasst und folgen nicht einem gleichbleibenden, schon bekannten Schema einer Erarbeitung: Die Schülerinnen äußern sich kritisch zum Wahrheitsgehalt der Werbebotschaft. Sie tauschen sich in Partnerinnenarbeit darüber aus, was sie unbedingt brauchen, um ein Weihnachtsgefühl zu entwickeln, und in welchen Aspekten der aufgezählten Dinge sie Spuren christlicher Religion entdecken. Abschließend entwerfen sie selbst ein Werbeplakat für die christliche Weihnachtsbotschaft.

Die Mehrheit der Schülerinnen macht selbst religiös bedeutsame Erfahrungen mit dem Weihnachtsfest. Auf welchen Ebenen die Erfahrungen liegen und ob sie religiöse Spuren aufweisen, reflektieren die Schülerinnen selbst. Als grundlegende Kompetenz des Religionsunterrichts zielt die Wahrnehmungs- und Darstellungsfähigkeit nach den Einheitlichen Prüfungsanforderungen in der Abiturprüfung (EPA) auf die Kompetenz, religiöse Spuren in der Lebenswelt wahrzunehmen und darzustellen.[36] Die Reflexion der individuell erfahrenen Weihnachtserlebnisse und die eigene Gestaltung von Weihnachtsbotschaften unterstützen die Entwicklung dieser Kompetenz.

Der gesamte Baustein stellt die Frage ins Zentrum: Wie musste es, wie musste die Geschichte mit Jesus beginnen? Fragen der biblischen und nichtbiblischen Quellen zu Jesus und seinem Leben werden aufgegriffen. »Legendarisches« und »Historisches« werden voneinander unterschieden.[37] Die Perspektive der nachösterlichen und christologischen Deutung auf Jesus wird deutlich. Durch die Aufnahme der Weihnachtsgeschichte in der Anforderungssituation liegt der Fokus zum einen auf Jesu Person, dem Beginn seiner Biographie, den Quellen seiner Biographie und ihrer nachösterlichen Deutung. Zum anderen kommt Jesu Botschaft in die Diskussion. Person und Botschaft werden thematisiert und miteinander verbunden. Zugleich wird nach der Bedeutung von Jesus und seiner Botschaft für das heutige individuelle Leben gefragt.[38]

---

[36] Vgl. http//:www.kmk.org/fileadmin/veroeffentlichungen_beschluesse/1989/1989_12_01-EPA-Ev-Religion.pdf, 8 (Zugriff: 18.04.2018).

[37] Vgl. STROTMANN, Jesus, bes. Kap. 2: Nichtchristliche und christliche Quellen über Jesus von Nazaret und seine Umwelt.

[38] Klammerbemerkung zu einer unerwünschten Transformation: Leider konnte die Media-Markt-Werbung aufgrund fehlender Rechte nicht abgedruckt werden. Das Pla-

5 DAS VATERUNSER: WIE SOLL ICH HANDELN?

Im zweiten Baustein wird die Urteilsfähigkeit der Schülerinnen angesprochen.[39] Durch das Gleichnis »Die Arbeiter im Weinberg« (Mt 20,1-16) werden die Diskussionen um gerechten Lohn und ein bedingungsloses Grundeinkommen entfaltet. Damals wie heute werden Fragen eines gerechten Lohns für geleistete Arbeit, Fragen nach einem menschenwürdigen Leben, religiöse Visionen und Hoffnungen für die Gestaltung der Gesellschaft laut. Wie soll ich handeln? Diese Frage durchzieht den Baustein und hinterfragt die Lebensförderlichkeit von Jesu Botschaft.

Indirekt steckt diese Frage auch in den Bitten des Vaterunsers, sofern man davon ausgeht, dass eine ernst gemeinte Bitte etwas mit dem eigenen Leben zu tun hat[40]: Was bedeutet dann die Bitte um das Reich Gottes, die Bitte um das tägliche Brot oder die Bitte um Vergebung der eigenen Schuld?

Zunächst sollen sich die Schülerinnen dem Vaterunser durch Gebärden nähern. Als Grundlage dient das abgedruckte Gebet aus der Gebärdensammlung der evangelischen Behindertenhilfe »Schau doch meine Hände an«.[41] Die Schülerinnen sollen die Gesten zu den einzelnen Begriffen nachahmen und in einem zweiten Schritt reflektieren, welche Gebärde ihrer Meinung nach den jeweiligen Begriff gut und welche ihn weniger gut wiedergibt. Da es verschiedene Gebärden zu den religiösen Begriffen gibt[42], ist die Frage keine didaktisch konstruierte, sondern entspringt dem realen Kontext von unterschiedlichen Gebärdensprachen. Durch diesen Zugang werden schwerer zugängliche Begriffe zunächst geklärt und Deutungen dann jeweils zur Diskussion gestellt.

---

kat ist nur beschrieben mit den entsprechenden Aufgaben im Heft abgedruckt. Das abgedruckte andere Werbeplakat »Himmlische Weihnachten« greift nur den Aspekt einer weihnachtlichen Werbung auf. Weihnachten wird hier aber in den Himmel verlagert und es wird eben nicht die Bedeutung der Weihnachtsbotschaft für die Erde angesprochen. Der abgebildete Weihnachtsmann hat keine religiöse Ebene. Er ist weder jesuanisch noch christologisch interpretierbar. Jesus, seine Person, seine Geschichte und seine Botschaft werden nicht ins Bild gesetzt. Daher eignet sich das Bild nicht als Anforderungssituation eines Bausteins zu den Geburts- und Kindheitsgeschichten um Jesus Christus.

[39] Zur Kompetenz ›Urteilsfähigkeit‹ vgl. http//:www.kmk.org/fileadmin/veroeffent lichungen_beschluesse/1989/1989_12_01-EPA-Ev-Religion.pdf, 8 f. (Zugriff: 18.04. 2018).

[40] Die ethische Deutung des Vaterunsers ist einer von drei Grundtypen, die sich schon bei Tertullian findet. »Prägnantester Vertreter in der alten Kirche [war] wohl Gregor von Nyssa.« U. LUZ, Das Evangelium nach Matthäus 1: Mt 1-7, EKK I/1, Zürich/Einsiedeln/Köln/Neukirchen-Vluyn 1985, 339.

[41] HAGEMANN/KEUCHEN, Jesus Christus, 25.

[42] Einen guten Überblick über die verschiedenen Gebärden religiöser Begriffe bietet das »Lexikon religiöser Gebärdensprachbegriffe« der Deutschen Arbeitsgemeinschaft für Evangelische Gehörlosenseelsorge e.V. (DAFEG): http://gebaerde.dafeg.net/index.php?id=403 (Zugriff: 18.04.2018).

Systematische und existentielle Fragen nach Schuld, Vergebung und Erlösung werden durch Körpererfahrungen mit sichtbaren und nachspürbaren Inhalten gefüllt. Erlösung wird z. B. gebärdet, indem beide Hände als Fäuste vor die Brust zusammengeballt werden und mit den äußeren Fingern zusammengelegt werden. In einer Bewegung werden die zusammengelegten Fäuste dann von der Brust weg nach oben geführt. Die Fäuste werden gelöst und die Hände werden geöffnet, je eine nach hinten und über die jeweilige Schulter geworfen. Erlösung ist das Lösen einer Enge vor dem eigenen Bauch. Die Enge öffnet sich nach oben hin. Das empfundene Engegefühl wird hinter sich gelassen. Die Gebärde ist eine körperliche Zusammenfassung eines Erlösungsprozesses. Im Vaterunser werden auch explizit religiöse Begriffe entfaltet. »Vater« wird durch die empor gehaltene rechte (Schwur-)Hand mit drei emporgereckten Fingern gebärdet. Die den Schülerinnen oft fremde Vorstellung der Trinität wird so in einer Geste erfahrbar, dadurch sichtbar und zur Diskussion gestellt. Die Geste ist die Gebärdensprachform ausschließlich für ein christliches Gottesverständnis. Gott interreligiös wird mit dem ausgestreckten Zeigefinger, der eine Bewegung nach rechts oben macht, gebärdet.[43] Eine weitere Variante für Gott dezidiert als Vater sind geöffnete Arme. Die Gebärde geht auf die biblische Erzählung Lk 15,11-32 zurück, in der der Vater seinen »verlorenen« Sohn mit offenen Armen empfängt.[44] Die dem Menschen zugewandte Seite Gottes wird betont.

Nach diesen körperlichen und begrifflichen Auseinandersetzungen sollen die Schülerinnen verschiedene Auslegungen des Vaterunsers kennen lernen und damit als einen immer wieder neu subjektiv und kontextuell sich ereignenden Text. Die Schülerinnen erfahren so, dass das Verständnis des Vaterunsers auch abhängig ist von Person und Kontext der Beterin. Das Vaterunser wird als Übersetzung der 2015 verstorbenen Neutestamentlerin Luise Schottroff aus der »Bibel in gerechter Sprache« abgedruckt.[45] Diese Übersetzung ist in mehrfacher Weise der Gerechtigkeit verpflichtet, wie Peter Steinacker die Kriterien dieses Übersetzungsprojektes beschreibt.[46] Neben dem Bemühen, dem Ursprungstext gerecht zu werden, legt diese Übersetzung ihr besonderes Augenmerk auf Geschlechtergerechtigkeit, »dass und wie Frauen an den Geschehnissen und Erfahrungen der biblischen Texte beteiligt und damals wie heute von ihnen angesprochen sind.«[47] Die Übersetzung achtet auf

[43] Verschiedene Gebärden zu ›Gott‹ vgl. »Lexikon religiöser Gebärdensprachbegriffe« http://www.dafeg.net/index.php?id=605 8 (abgerufen am 08.02.2018) mit Videos und Hintergründen.

[44] Vgl. Gebärde ›Gott Vater‹: http://www.dafeg.net/index.php?id=614 (Zugriff: 08.02. 2018) mit Video und Hintergrund.

[45] Mt 6, 9-13 (BigS).

[46] BigS, 5.

[47] Zu geschlechtergerechten Bibelübersetzungen vgl. die von Martin Leutzsch betreute Dissertation: H. Köhler, Gerechte Sprache als Kriterium von Bibelübersetzung. Von der Entstehung des Begriffes bis zur gegenwärtigen Praxis, Gütersloh 2012.

Gerechtigkeit im Hinblick auf den jüdischen und christlichen Dialog, »d. h. [es handelt sich] um eine Übersetzung, die versucht, auf antijudaistische Interpretationen zu verzichten.« Zudem kommt der Aspekt der sozialen Gerechtigkeit zum Vorschein, »indem die sozialen Realitäten im Wortlaut der Übersetzung deutlich werden.« Die Schülerinnen erkennen, inwiefern Schottroffs Übersetzung die Kriterien der »Bibel in gerechter Sprache« erfüllt. Soziale Realitäten z. B. in der Brotbitte, die mit »Das Brot, das wir brauchen, gib uns heute« übersetzt ist, werden erkannt. Das Brot wird hier mit der Notwendigkeit von Nahrung für Menschen verbunden. In einem zweiten Schritt bewerten sie diese Übersetzung. Schon der Beginn irritiert. Schottroff übersetzt: »So also betet. Du, Gott, bist uns Vater und Mutter im Himmel.« An dieser Stelle können Fremdheitserfahrungen und Unverständnis der Schülerinnen artikuliert werden und einen Raum bekommen.

Nach einer textlichen Analyse des Gebets vollziehen die Schülerinnen nach, wie das Gebet von einzelnen Menschen in speziellen Kontexten und mit individuellem Hintergrund wahrgenommen und gebetet wird.[48] Der Humanist Erasmus von Rotterdam (geb. 1467(?)-1536) fragt sich:

> Wie kann nur ein Soldat in diesen Feldgottesdiensten das Vaterunser beten? Unverschämter Maulheld! Du wagst es, Gott als Vater anzurufen, während du deinem Bruder das Messer an die Kehle setztest? Geheiligt werde dein Name? Wie könnte der Name Gottes tiefer in den Kot gezerrt werden als durch diese gegenseitigen Schlägereien?[49]

Die Problematik, dass Christinnen das Vaterunser beten und zugleich in kriegerische Auseinandersetzungen mit Leid und Tod für Menschen verwickelt sind, ist ein leider zeitloses Problem, mit dem Schülerinnen in ihrem medialen Alltag konfrontiert werden. Die französische, jüdische Philosophin Simone Weil (1909-1943) schreibt 1941:

> Dieses Gebet enthält alle möglichen Bitten; man kann kein Gebet ersinnen, das nicht darin schon beschlossen wäre. Es ist das Gebet, was Christus als Mensch ist. Es ist unmöglich, es einmal zu sprechen und dabei auf jedes Wort die Fülle der Aufmerk-

[48] Grundlage des Materials ist ein Liturgischer Tag zum Vaterunser, der für den Evangelischen Kirchentag in Hannover 2005 von Ulrike Suhr und Martin Leutzsch gemeinsam verantwortet wurde. M. Leutzsch/U. Suhr, Liturgischer Tag Vaterunser: Das Vaterunser neu entdecken, 30. Deutscher Evangelischer Kirchentag, Hannover 2005, 28.5.05. Der ganze Tag ist dokumentiert unter: http://www.kirchentag2005.de/presse/dokumente/dateien/VUN_1_721.pdf (Zugriff: 18.02.2018).

[49] E. von Rotterdam, Querela Pacis, 1517 zit. n.: W. P. Eckert, Erasmus von Rotterdam, Werk und Wirkung I, Köln 1967, 212.

samkeit zu richten, ohne daß in der Seele eine vielleicht unendlich kleine, aber wirkliche Veränderung bewirkt wird.[50]

Dieses Zitat enthält mehrere herauszuarbeitende Aspekte des Gebets. Besonders deutlich äußert Weil im letzten Satz, dass durch das Gebet Veränderungen im betenden Menschen bewirkt werden. Der brasilianische, katholische Befreiungstheologe Leonardo Boff (geb. 1938) betont, dass er das Gebet als umfassende Befreiung für die umfassende Glaubensgemeinschaft betet.[51] Boff hebt die Sprengkraft des Gebets für die Menschheit und die ganze Gesellschaft hervor. Anhand dieser drei unterschiedlichen Lesarten des Gebets von Menschen unterschiedlicher Glaubens- und Werthaltungen, verschiedener Kontinente und historischer Kontexte kommen die Schülerinnen zu einer eigenen Einschätzung des Gebets.

Das Material fokussiert das Vaterunser auf seine ethische Ausrichtung und konkrete Beantwortung der grundlegenden Frage des Bausteins: Wie soll ich handeln? Martin Leutzsch und Ulrich Luz formulieren als zwei Theologen der Gegenwart explizite ethische Forderungen an einzelne Verse des Gebets. Martin Leutzsch schreibt zur Brot-Bitte: »Ist die Bitte nicht Ausdruck des Versagens von Politik, von Verteilungsgerechtigkeit? Oder ist sie eingebunden in ein vielfältiges Netz gegenseitiger Unterstützung im Judentum und in der Jesusbewegung, verknüpft mit Projekten wie der Gütergemeinschaft...? Ist sie die Bitte von ›uns allen‹? Oder die Bitte derjenigen, die nicht wissen, wie sie morgen ihren Hunger stillen sollen? Hätte Politik im biblischen Sinne bei und mit ihnen zu beginnen?«[52] Leutzsch legt hier den Blickwinkel darauf, ökonomische Ungleichheiten und ihr Eingebundensein in politische und soziale Strukturen beim Beten mitzubedenken. Auch Ulrich Luz, wie Martin Leutzsch Neutestamentler, stellt die Frage, wie ein sozial abgesicherter Bewohner einer Industrienation diese Bitte überhaupt beten kann. In Abgrenzung zur Auslegung der Brotbitte in Luthers[53] kleinem Katechismus betont Luz, dass eine Ausweitung der Brotbitte auf weitere Lebensbedürfnisse textfremd sei. Diese Bitte solle sich als »fremde« Bitte zu eigen gemacht werden.[54] Beide Äußerungen sind auf den Anfang dieses Bausteins zu beziehen.

---

[50] S. WEIL, Betrachtungen über das Vaterunser, in: Dies., Das Unglück und die Gottesliebe, München 1953, 235-248, hier 248.

[51] Vgl. L. BOFF, Vater unser. Das Gebet umfassender Befreiung, Düsseldorf ^{4}1986, 18.20f.

[52] Vgl. LEUTZSCH/SUHR, Vaterunser, 11.

[53] »Die Kirchenväter und die mittelalterlichen Exegeten haben [...] – gefördert durch den liturgischen Gebrauch des Unservaters vor der Kommunion – das Brot fast immer auf die Eucharistie oder christologisch im Sinne von Joh 6 gedeutet. [...] Der Umschwung zu einer wörtlichen Auslegung wurde durch die Reformatoren eingeleitet, er setzte sich in der katholischen Kirche nur zögernd durch.« Vgl. LUZ, Evangelium nach Matthäus 1, 345.

[54] Vgl. LUZ, Evangelium nach Matthäus 1, 347 mit Anm 91.

An das biblische Gleichnis »Die Arbeiter im Weinberg« schließt sich ein Erlebnisbericht eines Tagelöhners in München an, der jeden Tag in einer Job-Vermittlungsstelle seine Arbeit tageweise für einen geringen Stundenlohn anbietet. Seine Situation ähnelt der Situation der Arbeiter im Weinberg. Das biblische Gleichnis wird sozialgeschichtlich ausgelegt und auf die Gegenwart der Schülerinnen bezogen. Wie soll ich handeln?

Das letzte Material des Bausteins greift mit der ethischen Auslegung des Vaterunsers die in der Anforderungssituation aufgeworfene Frage auf und gibt eine konkrete Handlungsanweisung. Die Schülerinnen erkennen die konkrete Aufforderung zum Handeln im Vaterunser als grundlegendem christlichem Gebet.

6 Jesulogie und Christologie: Lebensrelevanz für Schülerinnen in Jesus-Transformationen

»Transformation« als analytischer Begriff in der Theologie wird seit spätestens 1853 auf vier verschiedene Typen von Untersuchungsgegenständen bezogen: Interne Transformation, Externe Transformation, Reaktionen auf Transformationen und Transformationskonzepte. Jesus-Transformationen im Schulbuch sind als Transformation dem dritten Typ zuzuordnen. Martin Leutzsch beschreibt diesen Typ als Reaktion auf Transformationen folgendermaßen:

> Transformationen des sozialen, politischen usw. Kontexts [können] konstatiert und praxisbezogene Antworten von Theologie, Kirche, Christentum auf diese Veränderungen formuliert werden. In *diesem* Fall werden die genannten Transformationen nicht immer (aber doch manchmal) eigens untersucht.[55]

Im schulischen und gesamtgesellschaftlichen Bereich sind Transformationen im Bereich des sog. Traditionsabbruchs zu konstatieren. Gerade im Bereich der Kenntnis von biblischen Grundlagen kommen diese Transformationsprozesse deutlich zum Vorschein. Sowohl empirische Untersuchungen über die Erfahrungen mit biblischen Texten[56] als auch religionssoziologische Studien über Veränderungen der Kindheit und der religiösen Sozialisation[57] belegen eine zunehmende Abnahme der Kenntnis von biblischen Inhalten und biblischen Personen. Der Bibel wird außerdem keine Relevanz mehr für das eigene

---

[55] Vgl. unveröffentlichtes Vortragsskript von Marin Leutzschs Vortrag »Jesus-Transformationen - Rückblick, Ausblick, Stoff zum Denken«, Universität Paderborn, 09.02.2016.

[56] Michael Fricke bietet einen Überblick über bisherige empirische bibeldidaktische Forschungen, vgl. FRICKE, ›Schwierige‹ Bibeltexte, bes. §6.

[57] Vgl. B. SCHRÖDER, Religionspädagogik, Tübingen 2012, bes. § 20.

Leben zugetraut. Die Transformationsprozesse sind hinreichend untersucht und werden in der Religionspädagogik wiederholt formuliert. Eine zukünftige immer wichtiger werdende Aufgabe wird es sein, bei der Wahrnehmung und Beschreibung dieser Transformationsprozesse verstärkt die Bedeutung interreligiöser und innerkonfessioneller Einflüsse mit einzubeziehen.[58] Die Theologie mit ihrem Teilbereich Religionspädagogik hat die Aufgabe, auf diese Transformationen eine praxisbezogene Antwort zu geben. Warum soll ›Jesus‹ ›gelernt‹ werden? Jesus Christus und seine Botschaft müssen als relevant und förderlich für das eigene Leben erfahren werden.

Lebensrelevanz ist eine grundlegende und allgemein unterstützte Forderung an Schule und den Religionsunterricht. Die Frage nach der Bedeutung des Gehörten, Erlebten, Gelesenen und Erfahrenen durchzieht schon die biblischen Texte selbst. Menschen wie der »reiche Jüngling« (Lk 18,18-27) und die samaritanische Frau (Joh 4,1-42) kommen zu Jesus und stellen Fragen zu ihrem eigenen Leben.

Mein Beitrag zeigt, welche Aspekte von Jesus Christus und seiner Botschaft Eingang in ein Schulbuch des 21. Jahrhunderts gefunden haben, um auf den konstatierten Traditionsabbruch zu reagieren und die Lebensrelevanz der biblischen Texte aufzuzeigen.

Die Material-Auswahl knüpft daher an die bei den meisten Schülerinnen greifbaren Erfahrungen mit dem christlichen Weihnachtsfest an. Die Lebensrelevanz bildet den Ausgangspunkt. Das Kerncurriculum für den evangelischen Religionsunterricht entfaltet explizit, dass die religiöse Bildung im Religionsunterricht durch folgenden konstitutiven Lernprozess gefördert wird: »Die Kultur, in der wir leben, verdankt sich gerade auch christlich begründeten Überzeugungen. Daher werden zentrale biblische Gehalte und Elemente christlicher Tradition im kulturellen Gedächtnis in Erinnerung gerufen, aufgedeckt und geklärt.«[59] Weihnachten und die Adventszeit sind bis heute zentral und gesellschaftlich erlebbar. Auch das Vaterunser ist ein recht verbreitetes Gebet. Ein großer Teil der Auswahl basiert folglich auf zentralen biblischen Texten, die im kulturellen Gedächtnis verankert sind und in der Gegenwartskultur wie z. B. in Werbung, Literatur, Kunst, Medien, Alltagsgebräuchen oder Politik - verfremdet - sichtbar werden.[60] Die Auswahl unterstützt einen kulturhermeneutischen Horizont im Religionsunterricht.[61]

---

[58] So z. B. wegweisend das Kapitel »Religionspädagogik in vergleichender Perspektive«, in: SCHRÖDER, Religionspädagogik, 363-423.

[59] KIRCHENAMT DER EKD, Kerncurriculum, 10.

[60] Zugleich werden auch unbekanntere Texte wie die ›Arbeiter im Weinberg‹ aufgenommen, um den reichen Schatz an biblischen Erzählungen weiterzugeben, zu erinnern und zu bewahren.

[61] Zum kulturhermeneutischen Horizont von Religionsunterricht exemplarisch vgl. I. REUTER, Religionspädagogik und populäre Bilderwelten, Jena 2008; zur Einordnung des Ansatzes vgl. B. SCHRÖDER, Religionspädagogik, Tübingen 2012, 656.

Jesu Reden und Tun sind untrennbar verbunden mit seinem Selbstverständnis als dem von Gott gesandten Erlöser. Jesu Verkündigung und Leben erzählen vom Anbrechen des Himmelreichs. »Aus dem Wissen um und die Hoffnung auf den U-topos Reich Gottes ist die christliche Religion Ausdruck einer bezugnehmenden Differenz zur Welt.«[62] Von dieser Differenz zu erfahren, ist Aufgabe im Religionsunterricht und ist lebensrelevant für Schülerinnen. Durch die aufscheinende Ahnung, dass die erlebte Realität ganz anders und besser sein könnte, wird an dem Vertrauen gerüttelt, dass das, was ist, gut und in Ordnung ist.[63] Jesulogie und Christologie erzählen gemeinsam davon, wie die erlebte Realität ganz anders und besser sein könnte. In ihrer Verbindung im Religionsunterricht liegt ein didaktisches und theologisches Potenzial.

---

62 F. Rappel, Die Utopie des Gottesreiches als Chance für den Religionsunterricht, Münster 2012, 150 f.

63 Vgl. H. Luther, Religion und Alltag. Bausteine zu einer Praktischen Theologie des Subjekts, Stuttgart 1992, 244-247.

Jesus-Transformationen

Eine systematisch-theologische Perspektive

Helga Kuhlmann

1 Jesus nie ohne Transformationen

Im Unterschied zu allen anderen Religionen stellt die christliche Religion einen Menschen ins Zentrum, der historisch existiert hat. Sie ist von der Überzeugung getragen, dass sich in dieser Person Gott auf einzigartige und unüberbietbare Weise gezeigt und der Welt heilsam zugewendet habe. Das Wissen und die Glaubenserkenntnisse über Jesus von Nazareth, der als Jesus Christus verehrt wird, sind im Neuen Testament gesammelt. Im Sinn moderner Geschichtsschreibung dokumentierbar ist nicht viel mehr, als dass er gelebt hat und zur Todesstrafe der Kreuzigung verurteilt wurde, weil er beschuldigt wurde, zur Unruhe anzustiften.[1] Die unterschiedlichen teils widersprüchlichen Zeugnisse über Jesus Christus im Neuen Testament spiegeln, wie die Autoren der Texte die Person verstanden haben, über die sie durch die Texte ihren Gemeinden und folgenden Generationen etwas mitteilen wollten.

Keiner der Schriftsteller des Neuen Testaments hat Jesus selbst gesehen, sondern alle sind vermittelt über Zeuginnen selbst zu Zeuginnen geworden. Sie lebten in Gemeinden von Christen, die an den auferstandenen Gekreuzigten glaubten und die ihn in ihrer Gemeinschaft und in ihrem Leben als im Geist Gegenwärtigen erfuhren. Sie interpretierten ihn im Horizont der Messias- und Heilsvorstellungen jüdischer Theologie. In ihren eigenen Biographien hat sich ihnen erschlossen, dass der jüdische Mensch Jesus von Nazareth der Messias und Heiland der Welt war, der Gesalbte, Retter, Erlöser und Sohn Gottes. Die christliche Gemeinde identifiziert Jesus von Nazareth mit dem erwarteten Messias und verändert zugleich die inhaltlichen Akzente der Messiasfigur. In ihm wird Gottes Nähe und Hilfe erfahren. Allerdings bringt die von Jesus verkündigte Gottesherrschaft keinen Machtzuwachs für Israel. Dennoch erkennen die Gemeindeglieder in ihm Gottes Gegenwart. Sie können für sich bestätigen, dass sich in ihm Gott heilsam gezeigt hat und immer wieder neu zeigt. Ihr Wissen über Jesus und ihre Erfahrungen geben sie in ihren eigenen Jesus-Narrativen und Jesus-Transformationen weiter. Weil Jesus der

---

[1] Vgl. J. Roloff, Jesus Christus. 1.d) Jesus von Nazareth, Äußerer Lebensgang, in: RGG³, Bd. 4, 466.

Nachwelt in Gestalt von biographischen Erzählungen überliefert ist, sind auch Jesus-Transformationen im Kern Jesus-Narrationen, Lebensgeschichten über und mit Jesus. Auch die Verehrung Jesu durch Hoheitstitel ist in Narrative eingebunden. In den Titeln »Sohn Gottes«, »Christus«, »Menschensohn«, »Heiland«, »Retter« werden Geschichten über das heilsame Wirken Jesu erzählt.

Theologie über Jesus Christus oder Christologie ist von Beginn an im Kern Soteriologie, auf das Heil, die Befreiung und die Rettung, griechisch »soteria« bezogen, das sich in der eigenen Begegnung mit dem »Heiland« »soter« ereignet hat und sich neu ereignen kann. Die Eigenart der Texte über Jesus besteht darin, dass Glaubende über ihn schreiben, die mit ihren Texten andere in den Glauben an ihn einladen. Was ihnen Gutes ermöglicht hat, kann auch anderen Gutes ermöglichen. Kommunikation über Jesus ist also von Beginn an »Kommunikation des Evangeliums«, der Freudenbotschaft, dass der Welt und der Geschichte Gottes Liebe so zugesagt ist, wie sie in Jesus Christus erkennbar wurde. Christliche Jesus-Transformationen zeigen subjektiv geprägte unterschiedliche und »engagierte« Perspektiven auf ihn. Jede dieser Perspektiven kann als eine Jesus-Transformation dessen betrachtet werden, was ihr schon als Jesustransformation vorausliegt. Jesus-Transformationen entsprechen der gewachsenen Überzeugung der Autoren dieser Transformationen. Damit werden sie nicht beliebig, denn sie bleiben gebunden an die biblische und spätere theologiegeschichtliche Überlieferung. Der Beginn der Jesus-Transformationen und dieser Überlieferung sind die ersten Zeugnisse, dass der am Kreuz Gestorbene lebe, dass er vom Tod auferstanden sei. Dies hörten nach den Evangelien des Lukas und des Johannes als erste die Frauen, die am Morgen nach dem Sabbat das Grab leer fanden, und teilten dies den anderen Jüngern mit (Lk 23,9; Joh 20,18). Anderen erschien der Auferweckte.

Schon in paulinischen Texten zeigt sich, dass sich die frühe Gemeinschaft der Christinnen selbst als besondere Jesus-Transformation verstand, als soma christou, als Leib Christi, dessen Haupt Christus selbst sei und in dessen Einheit soziale, ethnische und geschlechtliche Differenzierungen irrelevant werden. Hier ist nicht jüdisch noch griechisch, nicht männlich noch weiblich, nicht Herr noch Knecht, sondern ihr seid alle eins in Christus (Gal 3,27 f.).

Dass im hierarchischen Aufbau der frühen Kirche Frauen als Subjekte der Verkündigung zurücktreten und dann ganz verschwinden, bedeutet, dass sich die Kirche in einen Selbstwiderspruch begab, der bis heute in römisch-katholischen, orthodoxen und manchen evangelischen Kirchen nicht aufgehoben ist. Im Widerspruch zu ihrer Ursprungssituation und ihrer Voraussetzung: dem wesentlich, wenn auch nicht ausschließlich von Frauen überlieferten Zeugnis von der Auferweckung des Gekreuzigten beraubt sich die Christusgemeinschaft der möglichen Vielfalt der Perspektiven und des neutestamentlich überlieferten Reichtums der prinzipiellen Gleichstellung der Geschlechter. Männerdominierte Kirchen bleiben hinter der in den Evangelien überlieferten Gemeinschaft der Anhängerinnen Jesu und hinter der paulinisch entworfenen Vorstellung vom Leib Christi zurück.

2 Transformationen personaler Identität aufgrund unterschiedlicher Heilserfahrungen

Die Transformation von Jesus zum Christus wird von weiteren Transformationen begleitet.

Die Mitglieder der christlichen Gemeinschaft verstehen sich so, dass sie mit Gott in Christus vermittelt durch den Heiligen Geist etwas erfahren haben, was ihr Leben entscheidend zum Guten verändert hat, was ihnen Frieden, Glück, Erfüllung, Heilung und/oder Versöhnung gegeben hat. Voller Dank blicken sie darauf zurück und genießen das. Schon im Neuen Testament werden unterschiedliche Konkretionen der Heilserfahrung festgehalten. Als besondere Wende zum Guten werden die Begegnung mit dem Auferstandenen Jesus Christus und die Erfahrung der Gemeinschaft mit ihm erzählt.

Ohne den gekreuzigten Auferstandenen sei der Glaube vergeblich, so meint Paulus. 1 Kor 15,14. Der systematische Theologe Ingolf Dalferth sieht es so, dass die Freudenbotschaft, dass der Gekreuzigte lebe, drei Aussageaspekte umfasse: Neben der »ganz und gar« unwahrscheinlichen und »widersprüchlichen« Aussage über das neue Leben des gekreuzigten und gestorbenen Jesus von Nazareth sei darin die Aussage über Gott enthalten, dass dieser Jesus am Kreuz »treu geblieben« sei und »an seiner Lebensgemeinschaft mit ihm durch den Tod hindurch festgehalten« habe.[2] Drittens schließlich werde über die Gemeinde oder die Menschheit die in der Auferstehung des einen begründete Hoffnung und Erwartung zum Ausdruck gebracht, dass am Ende der Zeit »eschatologisch« alle daran teilhaben werden, indem auch sie ins ewige Leben auferstehen. Dalferth beschreibt den Weg von der Botschaft Jesu von der nahenden Herrschaft des liebenden Gottes zur auf Jesus Christus, auf Gott und auf die Gemeinde bezogenen Aussage, dass der Gekreuzigte lebe, einerseits als »Transformation«, die die ersten Christen vollzogen haben, andererseits als Erschließungserfahrung, die die eschatologische Gewissheit in ihnen begründete, dass sie selbst wie er auferstehen werden.[3]

Aktivität und Passivität in den Glaubenden scheinen in der Transformation zusammenzugehören. Einerseits transformieren die Glaubenden das, was ihnen selbst mitgeteilt wurde und was sie mit ihren eigenen Erfahrungen verknüpfen konnten, aktiv in eigene Mitteilungen darüber. Andererseits schließt es sich ihnen so auf, dass sie es in die Deutung ihres eigenen Lebens integrieren können. Die Erschließungserfahrung geschieht an ihnen, ungeplant und überraschend.

Die Bedingung der Möglichkeit, innerhalb der Gemeinschaft der an Jesus Christus Glaubenden Jesus zu transformieren, ist die Erfahrung, im eigenen Selbstverständnis transformiert worden zu sein, somit die Erfahrung eines

[2] I. Dalferth, Der auferweckte Gekreuzigte, Tübingen 1994, 25.

[3] A. a. O.

Geschehens, das den Mitgliedern der Interpretationsgemeinschaft der christlich Glaubenden widerfahren ist. Ein analoges Geschehen, eine analoge Erschließungserfahrung ist nicht planbar und nicht herstellbar, aber wünschbar. Sie ereignet sich wie eine Gabe, die Menschen überraschend - und daher sie selbst in ihren Gewohnheiten unterbrechend - zukommt. Ihr Denken, ihr Fühlen, ihr Wollen, ihr Tun, ihr Leben ändern sich dadurch. Entsprechend der Transformation der eigenen Person geben Menschen ihre Jesus-Transformationen weiter. Die Transformation der eigenen Person bewirkt neue Jesus-Transformationen.

Auch wenn in der Geschichte der Christenheit viele das paulinisch entfaltete Selbstverständnis teilen können, dass der Gekreuzigte lebe, dass Gott sich selbst in seiner Identifikation mit ihm treu geblieben sei und dass alle an dem neuen Leben des auferstandenen Gekreuzigten am Ende der Zeit teilhaben dürfen, indem sie selbst nach ihrem Tod ins ewige Leben auferstehen, konzentrieren sich in ihren Selbstbeschreibungen dessen, was für sie der Kern christlichen Glaubens ausmache, auf Unterschiedliches. So steht für Martin Luther in mehreren Schriften die Rechtfertigung des gottlosen sündigen Menschen im Zentrum der Heilserfahrung, für andere die Versöhnung mit Gott und mit anderen Menschen, für andere die Heilung von einer Krankheit, für andere ist es Christus im prophetischen, königlichen und priesterlichen Amt, die Erfahrung der Lösung von Fesseln und/oder von Schuld, die Reich-Gottes-Botschaft Jesu, die in den Evangelien überlieferte Praxis Jesu, eine Praxis der Inklusion Ausgegrenzter, Armer und Schwacher. In welchen Aspekten einzelne und Gruppen das als »Heil« Bezeichnete erkennen und benennen, unterscheidet sich je nach individueller und sozialer Lebensgeschichte, gesellschaftlicher Situation, kultureller Beurteilung und historischen Möglichkeiten und Grenzen. Dass aber das unterschiedlich wahrgenommene göttliche Heil durch und in Jesus Christus erfahren wird, dem Menschen, mit dem sich Gott identifiziert hat und in dem er sich aus christlicher Sicht end-gültig der Welt und den Menschen präsentiert hat, eint die Gemeinschaft der Christinnen und Christen.

Die Pluralität der konkreten Heilserfahrungen impliziert keine Beliebigkeit, denn sie bleibt an die im Kanon und in dessen Interpretationen überlieferten Zeugnisse über die spezifische Bedeutung Jesu Christi für die neutestamentlichen Zeugen gebunden. Jesus-Transformationen, die mit den kanonisierten Jesus-Transformationen unvereinbar sind, stehen außerhalb der christlichen Theologiegeschichte.

3 Drei Jesus-Transformationen konstitutiv für Christlichkeit

Die vorangegangenen Überlegungen konzentrieren sich auf drei Jesus-Transformationen, die schon biblisch für das christliche Selbstverständnis als bestimmend verstanden werden: a) Jesus wird als Christus bekannt. b) Die eigene Person wird mit Christus gleich gestaltet, sogar als »Nicht-Ich« und »Christus in mir« beschrieben und zieht Christus an (Röm 8,29; Gal 4,19; Gal 2,20; Phil 3,10) c) Die christliche Gemeinschaft versteht sich als Leib Christi, in den sie hineingetauft wird (Röm 12, 1 Kor 12, Gal 3,27 f.).

Dass Jesus von Nazareth der Gesalbte Gottes ist, hebräisch der »Messias«, griechisch der »Christus«, wird im Neuen Testament einerseits vorausgesetzt. Andererseits wird in vielen Geschichten und Reflexionen erläutert, was das bedeutet.

Einig sind sich Christinnen darin, dass sie durch die Begegnung und/oder die Verbundenheit mit Jesus Christus eine grundlegende Veränderung hin zum Guten erfahren haben. Diese Gemeinschaft vereint Transformierte. Sie wurden aus einer problematischen, dunklen und bedrückenden Situation der Gottesferne, der körperlichen, seelischen und materiellen Not, des Mangels an Frieden mit anderen und an Selbstübereinstimmung in eine Situation versetzt, die Anlass zur Hoffnung gibt, die sie bereichert, die ihnen Lebensmöglichkeiten eröffnet, ihnen Frieden, Erfüllung und Zufriedenheit gewährt, in der sie Gottes Nähe erfahren können. Die Wende oder Transformation des eigenen Ich bzw. des eigenen Wir der Gemeinde begründet in den Transformierten Zuversicht und Gelassenheit, eine Haltung des Vertrauens, die Hoffens und des Liebens.

Von Paulus wird die persönliche Transformation nicht nur als Rettung und Befreiung, sondern darüber hinaus als Subjektwechsel beschrieben: nicht mehr ich lebe, sondern Christus lebt in mir, heißt es in Gal 2,22. An anderen Stellen spricht Paulus von einer Gleichgestaltung mit Christus und vom Anziehen Christi. Einer Person wird durch die Christustransformation geschenkt, die Sorge und die Angst um sich selbst loszulassen und sich mit Christus zu identifizieren. In der Gemeinschaft der Christinnen gehen Christinnen miteinander so um wie Christus mit ihnen, wie Luther z. B. in seiner Freiheitsschrift ausführt.[4]

Aus der Perspektive der christlichen Religion ist Jesus der Christus, er wird als Christus praesens erfahren. Sein Ort ist die christliche Gemeinschaft, die durch ihn und nur in ihm zur communio sanctorum wird, in der alle Glieder trotz sozialer, geschlechtlicher, ethnischer und kultureller Differenzen

---

[4] »So will ich ... meinem Nächsten gegenüber auch ein Christ werden, so wie Christus es mir geworden ist.« M. LUTHER, Von der Freiheit in: K. BORNKAMM u. a. (Hrsg.), Martin Luther. Ausgewählte Schriften, Bd. 1, Frankfurt am Main 1982, 260.

einander gleichgestellt sind. Nur Christus selbst kommt die Aufgabe und Würde des Hauptes zu. Die Transformation der mit Christus Verbundenen zur Einheit des Leibes Christi ist eine weitere Jesus-Transformation. Paulus und ihm folgend Martin Luther deuten die Taufe als Einleibung in den Leib Christi.

Die Bezogenheit auf Gott in Jesus Christus und die Verbundenheit mit ihm eint die christliche Gemeinschaft. Aus meiner Sicht hängt an ihr die christliche »Identität«, damit meine ich die Selbstdeutung und das Selbstverständnis, sich als Christin zu sehen oder sehen zu wollen, zu fühlen oder fühlen zu wollen und es demzufolge auch, zumindest in Phasen des Lebens, explizit zu bekennen. Das gemeinte Bekenntnis muss kein durch die Geschichte der Christenheit vorgegebenes sein, es kann ein persönliches sein. Damit wird nicht bestritten, dass die Selbstdeutung Brüche haben kann, dass sie als fragil oder mangelhaft erfahren werden kann, als beeinflussbar durch Lebensereignisse. Das Selbstverständnis der Verbundenheit mit Christus ist kein gesicherter Besitz. Es kann verloren und auch wiedererlangt werden.

Allen vielfältigen Perspektivendifferenzen und allem Streit um die christliche Identität und um spezifisch formulierte Bekenntnisse geht die Verbundenheit mit Gott in Jesus Christus voraus. Sie kann keinem Bekenntnis untergeordnet werden, sondern liegt ihm zugrunde.

Diese Aussagen sind »affirmativ« gemeint. Zugleich sind sie deskriptiv in dem Sinn zu verstehen, dass sie das Selbstverständnis der christlichen Gemeinschaft beschreiben. Das bedeutet, dass sie auch der Erfahrung und dem Selbstgefühl der Gemeindeglieder zumindest fragmentarisch, partiell und bei einigen zeitweise auch ohne Einschränkungen entsprechen. Wenn diese Überzeugungen ausgesprochen werden, müssen sie der erfahrenen Wahrheit so weit entsprechen, dass sich Christinnen mit ihnen identifizieren können.

4 Einzigkeit Jesu Christi? Solus Christus?

Um die Qualität der Exklusivität, die Einzigkeit oder die Einzigartigkeit Jesu Christi wird seit der Alten Kirche gestritten. Hängt an ihr die christliche Identität? Muss sie bekannt werden? Wie kann sie »gut« verstanden werden?

In der Gegenwart bestreiten manche Theologinnen die exklusive Bedeutung Jesu Christi für den Glauben an Gott, die im interreligiösen Dialog arbeiten und sich der pluralistischen Religionstheologie zuordnen, sowie Theologinnen, die gendertheologisch arbeiten. Die Argumentationen unterscheiden sich.

Feministische und Gendertheologinnen betonen, dass das Heil und die Erlösung nicht in die Figur des historischen Mannes Jesus von Nazareth eingeschlossen sind[5], sondern dass Christus in der jeweiligen Gegenwart in der

[5] Rosemary Radford Ruether beispielsweise kommt zu der Überzeugung, dass »ein nur männlicher Christus [...] die Fülle der Möglichkeiten des Menschen und die göttliche

Gemeinschaft der Brüder und Schwestern Christi zu finden ist. Der amerikanischen Theologin Carter Heyward zufolge inkarniert sich die »christic power« immer wieder neu im gerechten und heilenden Handeln von Christinnen und Christen. Carter Heyward sieht die Besonderheit Jesu nicht in seinen überlieferten Taten, sondern in seiner Beziehung zu Gott, die sie als »*die* befreiende Beziehung« erkennt, »die ein Mensch zu Gott haben kann.«[6] Sie besteht darauf, dass der Tod Jesu nicht als gerechter oder guter Tod verklärt wird, sondern als »Akt der Verachtung gegen ihn, der die Menschheit liebte«[7], wahrgenommen wird, als »unnötiger« »gewaltsamer« und ungerechter Tod.[8]

Geschlechterbewussten Theologien geht es darum, dass die historische Männlichkeit des Christus Begrenzungen aufweist, wie sie auch eine weibliche Erlösungsfigur hätte. Diese Kritik stellt die Frage, welche theologischen Konsequenzen die Männlichkeit des Erlösers hat. In der römisch-katholischen Kirche wird das Priesteramt an die Ähnlichkeit mit der Männlichkeit Christi gebunden. Lange Zeit wurde in der Christenheit mit Berufung auf 1 Kor 14,34 das Schweigen von Frauen in der gottesdienstlichen Öffentlichkeit erwartet. Zugleich fordert eine geschlechterbewusste Theologie, alle Hierarchien am Leib Christi zu überwinden und mit Jesus als Bruder und als Freund umzugehen. Auch Jesus brauchte andere Menschen. Für Carter Heyward ist Jesus nicht die einzige Inkarnation Gottes, sondern »es gibt so viele und so unterschiedliche Inkarnationen Gottes wie es Menschen gibt, die durch die Macht in Beziehung angetrieben werden, zu berühren und von Schwestern und Brüdern berührt zu werden.«[9]

Wenn allen Eigenheiten, Taten und Verhaltensweisen des in den Evangelien geschilderten Jesus von Nazareth theologische Qualität zugeschrieben wird, wie dies in der Tradition des Thomas von Aquin Karl Rahner vorgeschlagen hat[10], ist aus theologischen Gründen die Männlichkeit Jesu als theologisch kontingent zu betrachten. Das gilt unabhängig davon, ob historisch einer weiblichen Erlösungsfigur im antiken Israel oder im Raum des Römischen Reiches im ersten Jahrhundert eine realistische Chance auf Durchsetzung und Gründung einer weltgeschichtlich bedeutsamen Religion zuerkannt

---

Natur des Männlichen und Weiblichen nicht sichtbar machen« könne. R. RADFORD RUETHER, Sexismus und die Rede von Gott. Schritte zu einer anderen Theologie, Gütersloh 1985, 164.

[6] C. HEYWARD, Und sie rührte sein Kleid an. Eine feministische Theologie der Beziehung, Stuttgart 1986, 116 f.

[7] HEYWARD, Und sie rührte, 108.

[8] HEYWARD, Und sie rührte, 107.

[9] Vgl. HEYWARD, Und sie rührte, 186.

[10] »Nicht nur Inkarnation, Kreuz und Auferstehung sind Ereignisse, die universale Bedeutung in und trotz ihrer historischen Einmaligkeit und Kontingenz für das Heil aller haben, ..., sondern dasselbe gilt grundsätzlich von allen Ereignissen im Leben Jesu.« (K. RAHNER, Mysterien des Lebens Jesu, Sämtliche Werke, Bd. XVII/1, Freiburg 2002, 717).

werden kann. Entscheidend ist, dass theologisch nur aus der Menschlichkeit Jesu Konsequenzen zu ziehen sind. Die faktische Männlichkeit Jesu impliziert keine Vorordnung der Männlichkeit vor der Weiblichkeit in der Heilsordnung, für die neben dem historischen Geschlecht Jesu die theologiegeschichtlich mächtige Zuschreibung der Sündigkeit an die Weiblichkeit als Argument herangezogen wurde. Die Männlichkeit des Erlösers und die Weiblichkeit der Eva sind theologisch dazu missbraucht worden, die Herrschaft des Männlichen und der Männer über das Weibliche und die Frauen zu legitimieren. Beides bedarf theologischer Kritik.

Im Menschen Jesus von Nazareth zeigt Gott aus christlicher Sicht seine Liebe, an ihm wird Gott erkennbar. Das Jüdisch-Sein Jesu, seine Gottesliebe und seine Menschenliebe, seine Reich-Gottes-Verkündigung, seine Heilungen, seine Inklusion Benachteiligter, Marginalisierter, Schwacher, Armer und Frauen, seine Gewaltlosigkeit, seine Klugheit, seine Freundlichkeit, seine Menschlichkeit, ebenso aber auch seine Bedürftigkeit, all das kann als je besonderes Zeichen des göttlichen Heils gesehen werden, nicht aber seine Männlichkeit.

Der englische Vertreter der pluralistischen Religionstheologie John Hick sieht den Sprung vom biblisch bezeugten Sohn Gottes zur zweiten Person der Trinität, zu Gott dem Sohn, als dogmengeschichtlichen Fehler an. Während in der biblischen Überlieferung über den Sohn Gottes eine metaphorische Aussage gemacht werde, sei mit der Identifikation Gott der Sohn eine metaphysische Aussage gemacht, die unzulässig sei. Der amerikanische katholische Theologe Paul Knitter argumentiert ähnlich. Jesus sei zwar ganz Gott (totus Dei), aber nicht das Ganze Gottes (totum Dei).

> So gewiss Jesus ein Fenster ist, durch das wir auf das Universum des göttlichen Mysteriums schauen können und müssen, so kann es doch noch andere Fenster geben. Wenn man sagt, Jesus ist ganz Gott (totus Deus), so bedeutet das noch nicht, dass er das Ganze Gottes (totum Dei) hervorbringt.[11]

Manche neutestamentliche Exklusivitätsaussagen seien zeitbedingt und in der jeweiligen Gegenwart neu zu interpretieren. Beide Theologen lehnen die Idee der Einzigartigkeit Jesu für Christinnen nicht ab, lassen aber neben ihr im interreligiösen Dialog andere Offenbarungsquellen zu.

Aus meiner Sicht ist entscheidend, welcher Rang den anderen Offenbarungsquellen zuerkannt wird, und ob sie die göttliche Offenbarung in Jesus Christus ersetzen und widerlegen können. Darüber dass trinitätstheologisch die zweite Hypostase nicht die beiden anderen überflüssig macht, ist inner-

---

[11] P. KNITTER, Horizonte der Befreiung. Auf dem Weg zu einer pluralistischen Theologie der Religionen. Paderborn 1997, 161; vgl. dazu auch J. HICK, God and the Universe of Faith. Essays in the Philosophy of Religion, London 1973, 159.

halb der christlichen Theologie große Zustimmung zu erzielen. Die biblische und die theologiegeschichtliche Tradition unterscheiden zwischen Gottvater und Gottsohn sowie zwischen Gott und Gottsohn. Dennoch kann, so meine ich die Jesus-Transformation in Jesus Christus innerhalb des christlichen Glaubens nicht in dem Sinn transformiert werden, dass ein anderer Mensch eine gleichwertige Bedeutung wie Jesus von Nazareth gewönne. Auch wenn ihm andere zur Seite gestellt werden, bildet er aus der Innenperspektive der Religion den Maßstab, das Kriterium dafür, was als christlich gelten kann.

Damit wird keine Perspektive anderer Religionen abgewertet, die die christliche Sicht der Einzigkeit und Einzigartigkeit Jesu Christi nicht teilt. Islamische und jüdische Positionen lehnen die Vorstellung ab, in Jesus Christus zeige sich Gott auf einzigartige und deutliche Weise. Diese Differenzen in der Gotteserkenntnis anzuerkennen, begründet keine Feindschaft und erlaubt keine Herabsetzung oder Verachtung der anderen Position, sondern gibt Anlass zu Fragen und zur Suche nach weiserer Gotteserkenntnis, Seite an Seite mit denen, die in anderen Religionen auf der Suche danach sind. Das gilt auch gegenüber Menschen, die sich in zwei Religionen beheimatet fühlen, sich also als »dual belonging« oder als »multiple belonging« verstehen und die möglicherweise neben Jesus Christus andere für sie ebenso deutliche Offenbarungen Gottes erkennen.

Wie können Christen Menschen begegnen, die ihre religiöse Erkenntnis und Überzeugung nicht teilen, weil sie andere religiöse Überzeugungen vertreten oder weil sie agnostisch sind?

Die in der Jesus-Transformation von Jesus zu Christus implizierte Exklusivität hat eine inklusive Bedeutung, weil sie eschatologisch die ganze Menschheit in die Versöhnung Gottes mit den Menschen einschließt. Sie schließt also nicht aus, sondern ein, und zwar unabhängig vom Bekenntnis. Aus christlicher Sicht haben alle Menschen Anteil an dem Heil, durch das Gott in Jesus Christus die Geschichte und die Welt verändert hat. Er wird als neuer Adam, als neuer Mensch erfahren und verheißen, durch den die ganze Menschheit mit Gott versöhnt ist, durch den die Menschheit Hoffnung auf die Auferweckung vom Tod und Anteil am ewigen Leben erhoffen darf. Subjektiv ist diese Perspektive universal. Sie gebietet Respekt und Wertschätzung allen Menschen gegenüber.

Wie alle menschliche Gotteserkenntnis ist auch die eigene Gotteserkenntnis prinzipiell begrenzt. Daher müssen andere Perspektiven nicht als Bedrohung interpretiert werden. Dass sich der eine Gott anderen anders zeigt als in der eigenen Religion, wirft für alle monotheistischen Religionen die Frage auf, ob die Vielfalt religiöser Perspektiven Gottes Willen entspricht und wie die Gottglaubenden gemeinsam zu besserer und einheitlicherer Gotteserkenntnis kommen können. Dass Menschen an keine Gottheit glauben können, lässt Glaubende fragen, warum sich Gott ihnen bisher nicht gezeigt hat.

Eine solche Sicht betrachtet nicht notwendig die Offenbarung Gottes als abgeschlossen. Wenn sich Gott selbst Menschen zu erkennen gibt, indem sein

Geist Menschen immer wieder neu so erfüllt, dass sie sich in Jesus Christus ihres eigenen und der Welt Heil, der Versöhnung, Rettung und Heilung gewiss werden, setzt dies voraus, dass sich Gott immer neu offenbaren kann. Christen vertrauen darauf, dass sich Gott im Prozess seiner Offenbarungen nicht widerspricht und sich so offenbaren wird, dass seine Offenbarung in Jesus Christus vollständiger und klarer verstanden werden kann. Gott kann sich zeigen, wann, wie und wem er will.

5 Die Unaufgebbarkeit des biblisch-neutestamentlichen Jesus Christus für Jesus-Transformationen

An drei Jesus-Transformationen möchte ich die vorhergehenden Gedanken konkretisieren. Dabei wird deutlich, dass aus christlicher Sicht die biblischen Jesus-Transformationen und in ihnen der vorösterliche Jesus nicht aufgegeben werden können, zugleich aber auch interpretationsbedürftig sind. Sie bilden einen Reichtum an Aspekten, durch den sich je neue Jesus-Transformationen nähren können und an dem vorbei Jesus-Transformationen innerhalb der christlichen Gottesperspektive nicht möglich sind. Dennoch ist auch unter den unterschiedlichen Jesus-Transformationen innerhalb der biblischen Überlieferung ein Kanon im Kanon zu bilden. Wie dieser im Einzelnen bestimmt ist, darüber ist zu streiten. Auch die kanonisierten Jesus-Transformationen können Gott verfehlen. Im biblischen Kanon sind menschliche Zeugnisse über Gottesbegegnungen und Gotteserkenntnisse gesammelt. Hier begegnet aus christlicher Sicht Gotteswort im Menschenwort.

Das erste Beispiel ist die Vorstellung des Sühnopfers, die in Röm 3,24 und im Hebräerbrief entfaltet wird.

Jesus – kein Opfer für den Zorn Gottes, sondern freiwillige Hingabe aus Liebe um der Liebe zu Gott und den Menschen willen

Entsprechend der Pluralität der konkreten Heilserfahrungen können auch die Leidens- und Mangelerfahrungen, aus denen Menschen durch Gott in Jesus Christus befreit werden, unterschieden werden. Angst, Unwahrheit, Ungerechtigkeit und Armut, Sinnlosigkeit, Schuld, Krankheit, soziale Ausgrenzung, das Gefühl, den Erwartungen anderer und den eigenen Erwartungen nicht entsprechen zu können, all das wird als Elend und Mangel benannt, dem Menschen entkommen können.

In den vergangenen Jahrzehnten machen in der christlichen Theologie zunehmend mehr Stimmen darauf aufmerksam, dass die in der Folge von Anselm von Canterbury geprägte Vorstellung, dass Jesus Christus vor allem für die Besänftigung des göttlichen Zorns über die Sünde der Menschen habe sterben müssen, der biblisch überlieferten Überzeugung von der Liebe und der Freiheit Gottes widerspreche. Die Jesus-Transformation der Sühnopfertheologie wird als problematisch erkannt, obwohl einige biblische Verse zu ihrer

Begründung herangezogen werden können. Jesus sei nicht gestorben, weil Gott ein Opfer für seinen Zorn brauchte, sondern um der Versöhnung der Menschen mit Gott willen, so lesen wir es im 2. Brief des Paulus an die Gemeinde in Korinth 5,17 f. und in anderen biblischen Texten. Diesen Texten zufolge ist Gott nicht versöhnungsbedürftig, sondern die Menschen, die sich von Gott und von sich selbst entfernt haben, indem sie sich gegenseitig verletzen statt sich aneinander zu freuen und sich zu unterstützen. In der Perspektive biblischer Überzeugungen ist Gott involviert, wenn sich Menschen gegenseitig schädigen, genauso wie dann, wenn sie sich gegenseitig lieben und fördern. Der Hebräerbrief sieht in Jesus zwar ein Sühnopfer, aber nicht für Gott, sondern für die Sünde.

Weil sich offensichtlich die Menschen aus der Verstrickung in ihre Selbstbezogenheit, in ihre Ängste, in ihren Neid, in ihre Feindschaften nicht lösen und befreien können, tritt Gott für sie ein. Jesus Christus bleibt gewaltlos, frei von Hass und erfüllt von Liebe und Solidarität. Dafür nimmt er in Kauf, gefangen genommen, gequält und getötet zu werden. Auf diese Weise setzt sich Gott in Jesus Christus der gewalttätigen und tötenden Macht der Menschen aus und wird gekreuzigt. Nach drei Tagen schenkt Gott dem Gekreuzigten neues ewiges Leben. Aus christlicher Sicht auf dem Boden der alttestamentlichen Verheißung öffnet Gott damit dieses neue Leben für alle anderen Menschen. Gottes Liebe erweist sich als stärker als die tötende menschliche Macht der Vernichtung des Liebenden, die die Mächtigen des Staates, der Religion nach dem Willen der Menge des Volkes an ihm verüben. Gott zeigt sich in seiner Macht stärker als die lebensvernichtende und liebesfeindliche menschliche Gewalt und stärker als der Tod.

Die Jesus-Transformation, Jesus sei als Sühnopfer gestorben, um der Forderung Gottes nach einem Sühnopfer zu genügen, wird aus theologischen Gründen abgelehnt, denn sie widerspricht der christlichen Gotteserkenntnis, der Erkenntnis göttlicher Liebe und göttlicher Freiheit. Gott ist keinem Opfergesetz unterworfen und bedarf des Sühnopfers eines unschuldigen Menschen nicht. Obwohl dies mindestens seit zwei Jahrhunderten mehrfach bestätigt worden ist, wird das Jesus-Narrativ des Sühnopfers für Gott im Liedgut des Evangelischen Gesangbuchs und noch gegenwärtig auch in theologischen Texten weiter transportiert.

Aus der Fülle aktuell relevanter Jesus-Transformationen greife ich zwei aus meiner Sicht heute hilfreiche heraus:

5.1 Jesus der Jude

In den letzten Jahrzehnten wird über Aspekte des vorösterlichen Jesus theologisch nachgedacht, insbesondere über sein Jüdisch-Sein. Christliche Theologie ist ohne die Theologie des Alten Testaments nicht zu verstehen und nicht zu denken. Der Gott Jesu ist der Gott des Alten Testaments. Die Alte Kirche hält an diesem Erbe fest, indem sie die Identität des einen Gottes mit Gott in Jesus Christus bekennt und Denkmodelle dafür entwickelt. Zwar werden Texte des

Alten Testament christlich teils anders interpretiert als in der jüdischen Theologie. Bestimmte Fragen werden kontrovers beantwortet. Dennoch gehört der Reichtum christlicher und jüdischer Interpretationen derselben Texte in die christliche Theologie hinein, denn Jesus, die zentrale Figur des christlichen Glaubens, ist jüdisch. Den Evangelien zufolge versteht sich Jesus von der Tora und von der Schrift her, vom in der Schrift bezeugten Gott her. Spannungen und Widersprüchlichkeiten zwischen jüdischen und christlichen Deutungen bilden kein Argument gegen eine Reflexion beider Interpretationen. Vielmehr prägen Spannungen schon den alttestamentlichen Kanon selbst. Das beginnt bereits mit den beiden unterschiedlich akzentuierten Schöpfungserzählungen am Beginn der Tora und am Beginn der Bibel. Dass zweimal von der Erschaffung der Welt erzählt wird, bedeutet nicht, dass an zwei Erschaffungen der Welt oder an die Erschaffung zweier Welten geglaubt wird. Unabweisbar bedarf schon das Alte Testament von seinen ersten Kapiteln an einer deutenden Interpretation, die die intertextuellen Spannungen in eine konsistente theologische Gesamt-Deutung der Texte in der jeweiligen Rezeptions-Gegenwart integriert. Die christliche Theologie steht von Beginn an in einem jüdisch vorgegebenen Interpretationshorizont. Wenn Jesus-Transformationen die jüdischen Wurzeln Jesu und die des christlichen Glaubens ignorieren, berauben sie sich ihrer eigenen Wurzeln und verlassen die Grenzen christlicher Jesus-Transformationen. Ein arischer Jesus, der von manchen konstruiert wurde, kann zwar erfunden werden. Ihre Autoren aber exkommunizieren sich selbst aus der Gemeinschaft christlicher Perspektiven.[12]

5.2 Jesus der schwache und verletzliche Gott

> Gott lässt sich aus der Welt herausdrängen ans Kreuz, Gott ist ohnmächtig und schwach in der Welt und gerade so und nur so ist er bei uns und hilft uns. [...] Nur der leidende Gott kann helfen.[13]

Davon war Dietrich Bonhoeffer 1944 in der Haft überzeugt. Er sieht darin sogar »den entscheidenden Unterschied zu allen Religionen«[14]. Der schwache Jesus wird als Hilfe erfahren, nicht aufgrund seiner Schwachheit, sondern aufgrund der Identifikation des mächtigen Gottes gerade mit ihm. Menschen, die selbst Schwäche erfahren und die in einer Situation der Ohnmacht leben, können sich durch Gottes Identifikation mit ihnen stärken.

---

[12] Vgl. M. LEUTZSCH, Der Mythos vom arischen Jesus, in: L. SCHERZBERG (Hrsg), Vergangenheitsbewältigung im französischen Katholizismus und deutschen Protestantismus, Paderborn 2008, 173-186. DERS., Karrieren des arischen Jesus zwischen 1918 und 1945 in: U. PUSCHNER/C. VOLLNHALS (Hrsg.), Völkisch-religiöse Bewegung, Göttingen 2012, 195-217.

[13] D. BONHOEFFER, Widerstand und Ergebung. Briefe aus der Haft. München 1977, 394.

[14] BONHOEFFER, Widerstand und Ergebung, 394.

Vieles am Gott in Jesus Christus passt nicht zu einem all-mächtigen, leidensunfähigen und souveränen Gott. Dass Gott selbst geboren wird von einer jungen Frau, bekräftigt das ökumenische und nicht widerrufene Dogma der Maria als Theotokos, als Gottesgebärerin. In Jesus wird Gott bedürftig wie jedes Kind seiner Eltern bedarf. Jesus wird in einem Viehstall geboren, weil die Eltern keine Herberge finden, sondern ohne Dach sind. Weil er schon als Säugling mit dem Tod bedroht wird, müssen seine Eltern mit ihm nach Ägypten fliehen. Gott in Jesus hat eine Fluchtgeschichte. Der erwachsene Jesus erregt den Neid, den Ärger und den Zorn von Mächtigen der politischen und der religiösen Herrschaft. Einer aus seinem engsten Freundeskreis verrät ihn. Mehrere seiner Freunde verleugnen, ihn zu kennen, als sich die öffentliche Stimmung gegen ihn wendet. Jesus zeigt seine Tränen, seine Angst, seinen Ärger, seine Zuneigung, sein Mitgefühl und seine Trauer. Er wird als Mann dargestellt, der verletzlich ist, der Gefühle äußert. Immer wieder unterstützt er Schwache, Kranke und Arme und bricht damit Konventionen. Er stirbt als Verbrecher. Er wird gefoltert. In ihm wird Gott verwundbar. In ihm wird Gott verletzbar und sterblich. Auch aus christlicher Perspektive ist Gott größer als der Mensch Jesus von Nazareth. Aber genau mit diesem identifiziert er sich. Den Gekreuzigten, den schändlich Gestorbenen, das Opfer menschlicher Rechts- und Religionsgewalt erweckt Gott zu neuem ewigem Leben. Daran können sich Menschen orientieren und stärken, das kann sie trösten, wenn sie selbst in ausweglosen Situationen zu Opfern werden.

In den letzten vier Jahrzehnten sind diese Jesus-Transformationen intensiv diskutiert worden. Es ist zu wünschen, dass der jüdische und der verletzbare Jesus die theologischen Debatten weiter beleben. Auch für das Gespräch unter den Religionen und für die Gespräche mit agnostischen Positionen bieten diese Jesus-Transformationen weiterführende Anregungen.

Autorinnenverzeichnis

EBACH, JÜRGEN, Dr. theol., geb. 1945, war bis 2010 Professor für Exegese und Theologie des Alten Testaments und biblische Hermeneutik an der Evangelisch-Theologischen Fakultät der Ruhr-Universität Bochum.

FROMMANN-BRECKNER, JONATHAN, geb. 1987, ist wissenschaftlicher Mitarbeiter am Institut für Evangelische Theologie an der Universität Paderborn.

JAHNKE, GABRIELE, Dr. phil., geb. 1958, ist Privatdozentin für neuere Geschichte (mit dem Schwerpunkt Frühe Neuzeit) an der Freien Universität Berlin.

JANUS, RICHARD, Dr. phil., geb. 1970, ist wissenschaftlicher Mitarbeiter am Institut für Evangelische Theologie an der Universität Paderborn.

JAPS, MARIA, geb. 1984, ist Promotionsstudentin am Institut für Evangelische Theologie an der Universität Paderborn.

KEUCHEN, MARION, Dr. phil. geb. 1973, ist Privatdozentin für Religionspädagogik am Institut für Evangelische Theologie an der Universität Paderborn.

KLAPHECK, ELISA, Dr. phil., geb. 1962, ist Professorin für Jüdische Studien an der Universität Paderborn und Rabbinerin der liberalen Synagogengemeinschaft »Egalitärer Minjan« in der Jüdischen Gemeinde Frankfurt am Main.

KUHLMANN, HELGA, Dr. theol., geb. 1957, ist Professorin für Systematische Theologie und Ökumene am Institut für Evangelische Theologie an der Universität Paderborn.

NIEPERT-RUMEL, SOPHIA, geb. 1988, ist wissenschaftliche Mitarbeiterin am Institut für Evangelische Theologie an der Universität Paderborn.

NORD, ILONA, Dr. theol., geb. 1966, ist Professorin für Religionspädagogik und Didaktik des Religionsunterichts am Institut für Evangelische Theologie und Religionspädagogik an der Julius-Maximilians-Universität Würburg.

SANDER, GISELA MARIA, Dr. phil., geb. 1980, ist Studienrätin für die Fächer Deutsch, Katholische Religionslehre, Philosophie und Praktische Philosophie am Städtischen Gymnasium Delbrück.

SCHROETER-WITTKE, HARALD, Dr. theol., geb. 1961, ist Professor für Didaktik der evangelischen Religion mit Kirchengeschichte an der Universität Paderborn.

VON STOSCH, KLAUS, Dr. theol., geb. 1971, ist Professor für Systematische Theologie am Institut für Katholische Theologie an der Universität Paderborn.